시작하는 글

교사의 시간을 지키기 위한 도전 _ 유수근

"업무를 먼저 해야 동료들에게 피해가 안가죠."
"수업 준비하는 시간보다는 업무하는 시간이 더 많은 것 같아요"
"이건 누가 보려고 만드는 문서일까요?"

교사로서 일하며 한 번쯤은 해봤을 법한 말들입니다. 교실 밖에서도 늘 분주히 '일'을 하고 있지만, 정작 수업 준비나 학생과의 관계 형성처럼 교사의 본질적인 역할은 우선순위에서 자꾸 밀려나곤 합니다. 그 자리를 차지하고 있는 것은 다름 아닌, 해마다 늘어나는 행정업무입니다. 보고서, 계획서, 공문, 회의록, 안내장, 설문지, 조사표… 이름도 종류도 다양한 문서들이 교사의 시간을 조금씩 잠식해 갑니다.

물론 행정업무가 중요하지 않다는 말은 아닙니다. 학교 운영과 교육활동이 원활히 이루어지기 위해 필요한 일들 입니다. 하지만 교사가 본연의 일에 집중할 수 없는 상황은 분명 개선되어야 할 문제입니다. 그리고 지금, 우리는 그 해답 중 하나를 찾았는지도 모릅니다. 바로 ChatGPT입니다. 2022년 11월, ChatGPT의 등장으로 행정업무를 쉽고 빠르게 해결할 수 있는 가능성이 열렸습니다. 이전의 AI가 단순히 정보를 제공하거나 정해진 명령에 반응했다면, ChatGPT는 사람의 언어를 이해하고 '함께 작업'하는 파트너입니다. 공문 초안, 회의록 요약, 가정통신문 작성, 자료 정리, 보고서 구조 제안 등 지금까지 혼자 머리를 싸매고 고민해야 했던 일들을 ChatGPT가 도와줄 수 있습니다. 마치 '업무를 도와주는 디지털 동료' 한 명이 생긴 것입니다.

하지만 기술은 도구일 뿐, 그것을 어떻게 활용하느냐는 전적으로 우리 손에 달려 있습니다. 그리고 이 책은 교사의 시간을 되찾기 위한 실용적인 안내서입니다. AI를 마법처럼 보이게 하기보다, 지극히 현실적으로 교사의 입장에서 '어떻게 요청하고, 어디에 써먹을 수 있을까?'를 중심에 두고 풀어냈습니다. 'AI를 하나도 모르는데 내가 배울 수 있을까?'라며 걱정하실 필요 없습니다. 교사는 기술 전문가가 아니라, 교육의 전문가입니다. 이 책 역시, AI 기술이 아니라 AI를 활용하는 방법에 대해서 다루고 있습니다. 교육에 필요한 만큼, 업무에 꼭 필요한 만큼만 알아도 충분합니다. ChatGPT의 모든 기능을 잘 써야 할 필요도 없습니다. 교사의 시간을 아껴주고, 아이들을 더 바라볼 수 있게 하는 데에 도움 되는 만큼만 쓰면 됩니다.

함명규, 김태훈, 김대겸, 정관영, 공 진 선생님과 이 책을 함께쓰며 나눈 말이 있습니다. "선생님들이 행정업무에 덜 지치고, 수업에 더 집중할 수 있도록 하는 것이 교사의 전문성을 살리는 것이다." 저희는 모두 이 바람으로 책을 썼습니다. ChatGPT를 처음 접하신 선생님들도, 어느 정도 써보셨지만 활용에 고민이 있으신 분들도, 지금보다 조금 더 효율적이고 여유 있는, 그리고 교육에 조금 더 집중하는 교사 생활을 꿈꾸신다면 이 책이 실용적인 한 걸음이 되기를 바랍니다.

마지막으로, 바쁜 일상 중에도 이 책을 쓸 수 있도록 응원과 배려를 아끼지 않은 아내와 건강하게 잘 태어난 호수에게 감사와 사랑의 마음을 전하고 싶습니다.

시작하는 글

매일 바쁜 선생님들을 위한 메시지 _ 함명규

필자는 초등학교 교사입니다. 초등교사는 담임이라는 특수성으로 인해서 담당해야 할 과목의 수가 너무나도 많습니다. 수업뿐만 아니라 점점 늘어나는 학생 생활지도, 학부모 상담, 행정 업무, 평가, 행사 준비 등 매우 다양하고 방대합니다. 하루 동안 교사는 학생들의 안전을 책임지며 교실 안팎에서 일어나는 모든 상황에 신속하게 대처해야 합니다. 수업 준비는 단순히 교과서만 보는 것이 아니라 학생들의 수준을 고려한 맞춤형 자료 제작, 교구 준비, 수업 흐름 구성 등 많은 시간이 요구되는데, 심지어 수업 후에는 학습 평가와 피드백, 과제 확인, 생활지도 기록 등을 수행하며, 방과 후에도 업무는 이어집니다.

또한 학부모와의 지속적인 소통이 필요하며, 상담을 통해 학생의 생활이나 정서 문제를 함께 해결해 나가야 합니다. 점점 사회성이 낮아지는 학생들로 인해 유치원처럼 학생들의 약을 직접 먹여주거나, 옷을 갈아입혀줘야 하고 심지어 운동화도 신겨 줘야합니다. 행정적으로는 각종 보고서, 공문 작성, 연수 참석, 학교 행사 기획 및 운영 등 교육 외적인 업무도 병행해야 하므로 몸과 마음이 항상 긴장되어 있습니다. 하루에 정말 화장실 한 번 가기도 어려울 지경입니다. 특히 최근에는 다문화 교육, AI 활용 교육, 학생 인권 및 교권 보호 등 교사의 전문성과 판단력을 요구하는 분야도 증가하고 있어 부담이 가중되고 있습니다. 일은 늘어나는데 몸은 하나라 분신술이라도 쓰고 싶어질 정도입니다. 그래서 선생님들께서 선생님들만의 전용 비서 ChatGPT를 소개해 드리고 싶습니다. 이 책을 통해 선생님들의 바쁜 삶에 조금이나마 도움이 되기를 원합니다.

AI 시대, 교사의 새로운 업무처리 방식 _ 정관영

시대의 변화에 따라 교사의 새로운 업무처리 방식이 요구됩니다. AI 시대에 교사는 단순한 지식 전달자가 아닌, 학습 촉진자이자 윤리적 안내자, 그리고 인간 중심 교육의 조율자로서 새롭게 역할을 정립해야 합니다. 정보의 전달은 AI가 더 빠르고 정확하게 수행할 수 있지만, 학생 개개인의 감정, 맥락, 상황을 이해하고 이를 바탕으로 관계를 맺으며 성장의 방향을 제시하는 일은 여전히 교사의 고유한 몫입니다. 특히 비판적 사고, 창의성, 협업 능력 등 미래 핵심 역량을 기르기 위해서는 교사의 철학과 교육적 판단이 중요합니다.

교사는 이제 AI 도구를 활용하여 수업을 설계하고, 개인화된 학습을 제공하며, 학습 데이터를 분석해 학생에게 맞춤형 피드백을 줄 수 있어야 합니다. 이를 위해 교사는 기술 활용 역량과 함께, 디지털 시민성, 알고리즘의 편향과 윤리성 등에 대한 이해도 갖춰야 합니다. 새로운 업무 방식으로는 단순 반복 업무를 AI에 위임하고, 교사는 학생 상담, 감정 코칭, 프로젝트 기반 수업 설계 등 고차원적 교육 활동에 집중할 수 있어야 한다고 판단됩니다.

결국 AI 시대의 교사는 기술을 단순히 도구로 사용하는 것을 넘어, 학생이 스스로 배우고 성장할 수 있도록 환경을 조성하는 조력자이며, 인간성과 공감 능력을 바탕으로 교육의 본질을 지켜나가는 존재가

시작하는 글

되어야 합니다. 그 기반에는 결국 ChatGPT와 같은 '도구'가 반드시 필요합니다. 이 책은 교사의 실제 업무 흐름 속에서 챗GPT를 어떻게 적용할 수 있는지, 구체적인 사례와 방법을 중심으로 안내하고 있습니다. ChatGPT는 수업 자료 준비, 학생 맞춤형 피드백 제공, 행정 문서 작성 등 다양한 영역에서 교사의 시간을 절약하고 창의적인 수업 설계를 가능하게 합니다. ChatGPT는 변화하는 4차 산업혁명 시대에 든든한 교육적 동반자가 될 수 있으며, 이 책이 그 길잡이가 되기를 바랍니다.

ChatGPT와 함께, 수업과 업무의 무게를 나누다 _ 공진

처음 교단에 섰던 날을 떠올리면, 수업보다도 행정 업무의 양에 더 놀랐던 기억이 납니다. 학생들과의 하루하루가 버겁기도 했지만, 수업 준비 외에도 각종 공문, 자료 작성, 행사 운영 등 처음 겪는 업무들은 생각보다 더 복잡하고 어려웠습니다. 시간이 흘러 교직 경력이 쌓인 지금도, 여전히 여러 업무를 동시에 처리하다 보면 "조금만 더 효율적으로 할 수는 없을까?" 하고 고민하게 됩니다.

4차 산업혁명 시대, 특히 AI 기술의 발전은 우리의 삶과 교육 현장에도 빠르게 스며들고 있습니다. 기술은 막을 수 없는 흐름입니다. 무작정 받아들이거나 무작정 비판하기보다는, 어떻게 하면 나의 수업과 업무에 도움이 될 수 있을지를 고민하는 것이 우리에게 더 필요한 태도일 것입니다.

AI 디지털 교과서의 도입을 포함하여 다양한 AI 도구들이 학교 현장에서 활용되기 시작했습니다. 그 중에서도 ChatGPT는 특히 교사 업무 경감에 실질적인 도움을 줄 수 있는 강력한 도구입니다. 여기서 중요한 것은 '어떻게 활용할 것인가' 입니다. 이 책은 그런 고민에서 출발했습니다. AI에 익숙하지 않더라도, ChatGPT를 수업 준비부터 피드백 작성, 행사 운영까지 다양하게 활용할 수 있는 구체적인 사례를 나누고자 합니다.

선생님들의 귀한 시간과 에너지가 '진짜 중요한 일'에 더 많이 쓰일 수 있도록, 그리고 모두의 수업과 삶이 조금 더 가벼워질 수 있도록, 이 책이 작은 도움이 되기를 바랍니다.

교사의 하루를 가볍게 하는 동반자 _ 김태훈

안녕하세요? 날아라후니쌤 김태훈입니다. 선생님들께 수업과 생활지도에 도움을 드리기 위해 노력하고 있습니다. 이번에는 ChatGPT를 활용해서 교육활동을 조금 더 쉽게 접근할 수 있는 방법을 찾아보았습니다. 저와함께 여러 선생님들이 노력한 결과물을 이 책으로 확인하실 수 있습니다.

요즘 교실을 둘러보면, 예전에는 상상하기 어려웠던 도구들이 하나둘 들어오고 있습니다. 그중에서도 ChatGPT는 교사들에게 가장 많이 회자되는 이름이 아닐까 싶습니다. 처음 접하면 '이걸 어떻게 수업이나 업무에 활용할 수 있을까?'라는 궁금증과 함께, 막상 손에 잡히지 않아 망설여지기도 하지요. 아마 이 책을 펼친 선생님도 같은 고민 속에 계셨을 거라 생각합니다.

시작하는 글

이 책은 바로 그 지점에서 출발했습니다. 교사라면 꼭 알아두면 좋을 ChatGPT의 기본 기능을 먼저 다루고, 이어서 실제 학교 현장에서 곧바로 활용할 수 있는 사례들을 정리했습니다. 교육과정 운영 계획을 세울 때, 학급 행사를 기획할 때, 생활교육 운영안을 작성할 때, 혹은 연수와 채용 면접을 준비할 때 챗GPT가 어떻게 든든한 조력자가 될 수 있는지를 담았습니다. 복잡하고 힘들었던 일들이 조금은 가벼워지고, 혼자서 고민하던 부분들이 훨씬 더 수월해질 수 있을 것입니다.

무엇보다 이 책은 '새로운 기술을 공부해야 한다'는 부담이 아니라, '같이 써보면 좋겠다'는 마음으로 준비했습니다. ChatGPT는 교사의 일을 대신하는 도구가 아니라, 선생님의 아이디어와 열정을 더 풍부하게 펼쳐주는 도구이기 때문입니다. 작은 시도 하나가 교실 문화를 바꾸고, 학생들과의 만남을 더욱 따뜻하게 만들 수 있습니다.

부디 이 책이 선생님께 ChatGPT를 친근하게 다가가게 하는 다리가 되기를 바랍니다. 서로의 경험을 나누듯, 함께 배우고 활용하면서 교직 생활이 조금 더 즐겁고 가벼워지길 소망합니다.

교직 생활 최적화의 파트너 _ 김대겸

저는 중학교에서 국어를 가르치며, 동시에 대학원에서 국어교육을 공부하고 있는 교사입니다. AI와 관련한 대단한 능력을 가지고 있는 특별한 교사가 아닌, 여러분과 같은 고민을 하고 있는 평범한 교사입니다.

'어떻게 하면 끊임없는 학교 업무 속에서 선택과 집중을 효과적으로 할 수 있을까'하는 고민에서부터 ChatGPT를 학교 생활에 활용하기 시작했습니다. 이 책을 접하시게 되는 선생님들도 저와 같은 고민 속에서 이 책의 내용을 접하시게 되었으리라 생각이 듭니다. 이러한 고민 속에서 저는 ChatGPT를 제 교직 생활의 파트너로 바라보기 시작했습니다.

이 책을 집필하며 '교사가 교육에 더 집중할 수 있는 환경을 만들고, 이를 위해서는 행정 업무의 효율화가 필요하다.'는 결론에 다다르게 되었습니다. 그래서 화려한 기술보다는 더 쉽고 간편하게 ChatGPT를 활용하는 것에 방점을 두고, 책의 내용들을 집필했습니다.

한 개의 달이 천 개의 강물 속에 비추어졌을 때, 강물 위에는 천 개의 달이 뜹니다. 학교 현장에서 ChatGPT를 어떻게 활용하시느냐에 따라서 교직 생활의 모습이 달라질 수 있다고 저는 생각합니다. 학교의 다양한 공문들을 작성하는 시간을 절반으로 줄여주는 파트너가 될 수 있고, 또 다른 누군가에게는 원활한 학급 운영을 묵묵히 도와주는 부담임 교사가 될 수 있습니다.

이 책을 읽고 ChatGPT를 활용하시는 선생님들의 교직 생활이, 학교 행정 업무 부담은 줄이고 학생들과 마주하는 시간은 더 깊어지기를 바랍니다. 그 과정 속에서 선생님들의 학교 생활이 강물 위에 뜬 달처럼 환히 빛나도록 소망합니다.

초중등 현직 교사 5인이 알려주는 ChatGPT 업무 활용 모든 것

요즘 선생님을 위한
챗GPT 업무 활용법

실제 교실 속 이야기로 풀어내는 ChatGPT 실전 활용 가이드

 **GPT-5**

| 행정업무 경감 | 평가 지원 | 학부모 소통 |
| 수업 준비 | 학급운영 | 교육과정 연구 |

유수근, 함명규, 정관영, 공진, 김태훈, 김대겸 공저

쉬운 설명
왕초보 선생님도 바로 적용할 수 있는 친절한 실습!

업무 활용
업무에 바로 활용할 수 있는 ChatGPT 실사례

교사 꿀팁
실제 교실에서 경험한 ChatGPT 업무 활용 노하우!

최신 내용
ChatGPT 5 최신 버전 활용 사례 반영

앤써북 ANSWERBOOK

요즘 선생님을 위한
챗GPT 업무 활용법

실제 교실 속 이야기로 풀어내는 ChatGPT 실전 활용 가이드

- 행정업무 경감
- 평가 지원
- 학부모 소통
- 수업 준비
- 학급운영
- 교육과정 연구

초판 1쇄 인쇄 | 2025년 11월 15일

지 은 이 | 유수근, 함명규, 정관영, 공진, 김태훈, 김대겸 공저
발 행 인 | 김병성
발 행 처 | 앤써북
편 집 책 임 | 조주연
주　　소 | 경기도 파주시 탄현면 방촌로 548번지
전　　화 | (070)8877-4177
팩　　스 | (031)942-9852
등　　록 | 제382-2012-0007호
도 서 문 의 | answerbook@naver.com

I S B N | 979-11-93059-67-8 13370

이 책은 저작권법에 따라 보호받는 저작물이므로 무단 전재와 무단 복제를 금하며,
이 책 내용의 전부 또는 일부를 사용하려면 반드시 저작권자와 앤써북 발행인의
서면동의를 받아야 합니다.

※ 책값은 뒤표지에 있습니다.
※ 잘못된 책은 구입한 서점에서 바꿔 드립니다.

추천사

교실 속에서 우리 선생님들은 손이 열 개라도 부족합니다. 하지만 이제 AI라는 든든한 디지털 조력자가 우리 곁에 있습니다. 이 책은 단순한 기술 설명서가 아닙니다. 교육 현장을 누구보다 잘 아는 선생님들이 직접 경험하고 검증한 실무 노하우가 담겨 있습니다. 생활기록부 작성부터 가정통신문 문구, 학급 운영 계획까지 우리가 매일 마주하는 업무들을 ChatGPT와 함께 효율적으로 해결할 수 있는 구체적인 방법들이 제시되어 있습니다. 특히 기능별, 시간대별로 정리된 "교사의 하루에 녹여보기" 전략은 바쁜 교육 현장에서 즉시 적용할 수 있어 매우 실용적입니다. AI 시대, 교사는 기술에 밀려나는 것이 아니라 기술을 활용해 더 창의적이고 의미 있는 교육활동에 집중할 수 있게 됩니다. 많은 선생님들이 이 책과 함께 업무 효율성을 높이고, 아이들에게 더 많은 시간과 에너지를 쏟을 수 있기를 진심으로 바랍니다.

이준권 ((사)교사크리에이터협회 회장)

AI시대의 트랜드 챗지피티를 통해 교사들의 업무경감에 많은 도움을 줄 책이 출간된다고 하여 기쁜 마음으로 축하드립니다. 저도 여러가지 활동과 업무에 많이 활용하는데, 잘 활용하면 많은 시간을 효율적으로 사용할 수 있게 해주고, 디지털 동료 교사로도 협업이 가능할 것 같습니다. 학교의 바쁜 하루 일과 속에서 선생님들께 많은 도움될 '책제목'을 챗지피티 활용능력의 향상을 위해 적극 추천합니다.

남윤제 (세종교총 회장/참샘초등학교 교장)

AI를 도구가 아니라 동료교사로 느낄 수 있게 만든 책입니다. 교사의 전문성을 지켜내면서도, 새로운 가능성을 열어주는 ChatGPT 활용법을 만날 수 있습니다. AI와 함께 Co-agency를 발휘해 보시지요~!

허영주 (경기자동차과학고등학교 교사)

GPT는 익숙한 이름이지만, 학교 현장에서 어떻게 쓸지는 여전히 고민거리입니다. 이 책은 그런 고민을 가진 이들을 위한 꼭 필요한 실전 입문서입니다. 학교의 하루 일과 속 다양한 순간에 GPT가 어떻게 활용될 수 있는지 구체적으로 안내하고, 수업과 업무에 적용 가능한 실용적인 활용 아이디어를 담고 있습니다.

여승환 (아이스크림미디어 전략기획팀장, Google Certified Innovator)

독자지원센터

[책 소스 다운로드 / 정오표 / Q&A / 긴급 공지]

이 책의 실습에 필요한 책 소스 파일 다운로드, 정오표, Q&A 방법, 긴급 공지 사항 같은 안내 사항은 앤써북 공식 카페의 [종합 자료실]에서 [도서별 전용 게시판]을 이용하시면 됩니다. 앤써북 네이버 카페에서 [종합 자료실] 아이콘()을 클릭한 후 종합자료실 게시글에 설명된 표에서 228번 목록 우측 도서별 전용 게시판 링크 주소()를 클릭하거나 아래 QR 코드로 바로가기 합니다. 도서 전용 게시판에서 설명하는 절차로 책소스 파일 다운로드, 정오표, Q&A 방법 등을 안내 받을 수 있습니다.

➡ 앤써북 공식 네이버 카페 종합자료실
https://cafe.naver.com/answerbook/5858

➡ 도서 전용게시판 바로가기
https://cafe.naver.com/answerbook/8409

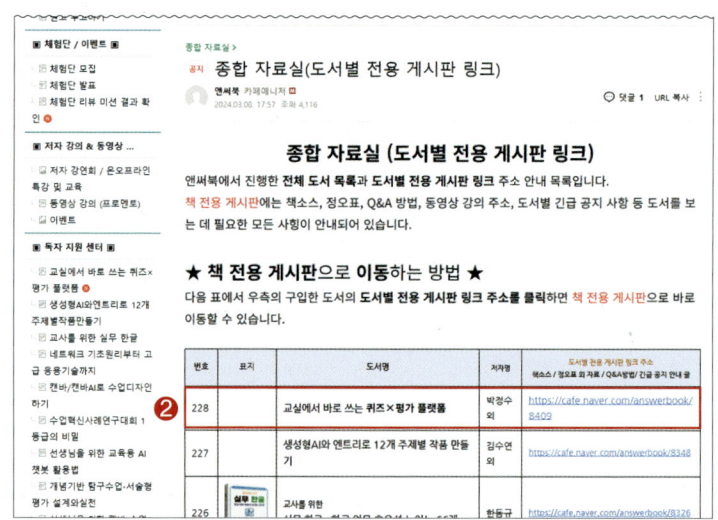

독자지원센터

[앤써북 공식 체험단]

앤써북에서 출간되는 도서와 키트 등 신간 책을 비롯하여 연관 상품을 체험해 볼 수 있습니다. 체험단은 수시로 모집하기 때문에 앤써북 카페 공식 체험단 게시판에 접속한 후 [즐겨찾기] 버튼(❶)을 누른 후 [채널 구독하기] 버튼(❷)을 눌러 즐겨찾기 설정해 놓거나, ❸[새글 구독]을 우측으로 드래그하여 ON으로 설정해 놓으면 새로운 체험단 모집 글을 메일로 자동 받아보실 수 있습니다.

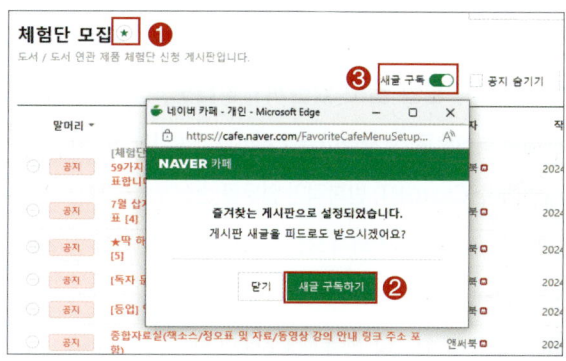

➡ 앤써북 카페 공식 체험단 게시판

https://cafe.naver.com/answerbook/menu/150

▲ 체험단 바로가기 QR코드

[저자 강의 안내]

앤써북에서 출간된 책 관련 주제의 온·오프라인 강의는 특강, 유료 강의 형태로 진행됩니다. 강의 관련해서는 아래 게시판을 통해서 확인해주세요. "앤써북 저자 강의 안내 게시판"을 통해서 앤써북 저자들이 진행하는 다양한 온·오프라인 강의를 확인할 수 있습니다.

➡ 앤써북 강의 안내 게시판

https://cafe.naver.com/answerbook/menu/144

▲ 저자 강의 안내 게시판 바로가기 QR코드

Contents

 ChatGPT, AI시대 교사의 디지털 동료교사

01-1 왜 지금, 교사에게 ChatGPT인가? • 15

OECD 평균보다 2배, 교사의 행정업무 시간 • 15

업무와 밀당하기, 힘을 주지 않아도 되는 일은 ChatGPT로! • 16

인공지능으로 업무 효율성 높이기, AI시대 교사의 생존방식 • 18

01-2 ChatGPT, 정말 쓸모 있을까? 수업도, 업무도, 삶도 바뀐다. • 20

할루시네이션에서 혁신으로, 교사들이 본 ChatGPT의 진화 • 20

행정업무의 구원투수 ChatGPT, 반복적인 업무를 손쉽게! • 21

형식이 없는 업무도 거뜬하게, 창의적 요청과 아이디어 제안까지 • 23

나를 위한 시간, ChatGPT로 되찾기 • 25

Special Page _ 출근길 최고의 선택 NotebookLM • 27

 ChatGPT 기초 익히기: 교사를 위한 필수 기능 가이드

02-1 무료 버전과 유료 버전의 차이 • 29

02-2 개인 맞춤 설정으로 나만의ChatGPT로 만들기 • 37

02-3 ChatGPT의 기본 기능: 질문-응답, 요약, 생성, 분석 • 41

02-4 교직을 위한 프롬프트 작성의 이해, 이 정도면 충분하다 • 47

역할제시형 • 48

단계별 질문하기 • 49

형식이나 유형 지정하기 • 50

맥락이나 목표 지정하기 • 51

다양한 버전이나 관점 요청하기 • 52

Contents

02-5 유용한 확장 기능 및 플러그인 간단 소개 • 53
    프롬프트 지니 • 53
    AIPRM • 57

03 기능별로 정리한 ChatGPT 활용 전략

03-1 ChatGPT 활용전략 No.1: 기획형 • 61
    학년 교육과정 운영계획서 작성 • 62
    학급 행사 및 체험학습 계획안 구성 • 67
    교내 연수 기획 및 운영안 설계 • 73
    채용 면접 예상 문제 작성 • 78
    생활교육 연간 운영안 구성 • 84
    학생자치회 프로그램 운영안 작성 • 89

03-2 ChatGPT 활용전략 No.2: 열거형 • 96
    생활기록부에 활용할 표현 정리 • 96
    칭찬 문장 및 생활지도 멘트 수집 • 103
    학급 아침 활동 아이디어 리스트 • 110
    가정통신문 추천 문장 정리 • 124
    학부모 상담용 공감 표현 수집 • 130

03-3 ChatGPT 활용전략 No.3: 참고형(업로드형) • 136
    문서 업로드하여 분석하기 • 137
    GPTs로 나만의 챗봇 만들기 • 150

03-4 ChatGPT 활용전략 No.4: 수정·다듬기형 • 170
    맞춤법·문장 오류 교정 • 171

Contents

표현 및 어조 조정 • 178
긍정적 피드백 문장 변환 • 187
내용 압축 및 요약 • 193

03-5 ChatGPT 활용전략 No.5: 교육과정 연구와 수업 준비(조사형) • 201
ChatGPT 웹 검색으로 타 학교 교육활동 사례 조사하기 • 201
ChatGPT로 교육정책·교육과정 자료 배경 조사하기 • 210
학생 진로와 흥미를 고려한 개별화 교육 전략 세우기 • 216
ChatGPT와 함께 효율적으로 교육자료 만들기 • 222

ChatGPT, 교사의 하루에 녹여보기

04-1 초등 교사의 하루에 맞춘 GPT 활용 흐름 • 239
08:30 ~ 09:00 출근과 함께 아침활동 시간 • 240
수업과 쉬는 시간 운영 아이디어 얻기 • 246
점심시간 • 252
14:40 6교시를 마친 종례 시간 • 256
14:40~16:40 방과후부터 퇴근시각까지 • 260

04-2 중등 교사의 하루, 공강시간을 잡아라 • 275
08:50-09:00 아침 조회 후_출결 처리를 빠르게 확인하는 ChatGPT활용 노하우 • 276
09:55-10:40 2교시 공강_원하는 수업자료를 빠르게 만드는 ChatGPT활용 노하우 • 280
09:55-10:40 3교시 공강
_개별 피드백이 쉬워진다! GPT를 활용한 과정중심 평가 실전법 • 283
12:30 점심시간 ChatGPT로 학급 살림 시작하기 • 286
13:35-14:20 5교시 공강_원하는 맞춤 프로그램 제작하여 활용하기 • 289

Contents

ChatGPT로 구글 스프레드시트에 날개 달기 (feat. 구글 Apps Script)

05-1 ChatGPT와 구글 스프레드시트 연결하기 • 297

API 개념 이해하기 • 298

ChatGPT의 API 키 생성하기 • 299

유료 확장프로그램 없이 구글 스프레드시트에
ChatGPT API 연결하기 With 앱스스크립트 • 305

ChatGPT를 구글 스프레드시트에서 함수처럼 사용하기 • 309

05-2 ChatGPT X 구글 스프레드시트: 다양한 업무 상황에 활용하기 • 312

수집한 핸드폰 번호 정리하기 • 312

가정통신문 온도 점검하기 • 316

다문화 학생·학부모 소통을 위해 여러 언어로 한 번에 번역하기 • 320

나만의 맞춤형 AI생성기_학기말 종합의견 작성하기 • 324

나만의 맞춤형 AI생성기_교과평어 작성하기 with Apps Script • 330

[완성] 함수처럼 쓰는 GPT _ 스프레드시트 사본 만들기 QR코드 및 URL • 343

01

ChatGPT, AI시대 교사의 디지털 동료교사

오늘날 교사의 하루는 수업보다 행정업무에 더 많은 시간을 빼앗기고 있습니다. 회의록, 공문, 결과보고서, 연간계획 등 수없이 반복되는 문서 작성 속에서 "내가 교사인지 행정원인지 모르겠다"는 자조가 나올 정도입니다. OECD 조사에서도 우리나라 교사의 행정업무 시간은 평균의 두 배에 달합니다. 그러나 이제 혼자 감당할 필요는 없습니다. ChatGPT라는 새로운 도구가 교사의 곁에 있기 때문입니다. 단순한 문서 보조를 넘어, 아이디어 제안과 창의적 기획까지 함께할 수 있는 '디지털 동료교사'가 생긴 셈입니다. 이 장에서는 ChatGPT가 교사의 수업, 업무, 그리고 삶을 어떻게 바꾸어줄 수 있는지 구체적으로 살펴봅니다.

01-1
왜 지금, 교사에게 ChatGPT인가?

교육의 본질은 '가르침과 배움'이지만, 현실의 교사는 수업보다 행정업무에 더 많은 에너지를 쏟고 있습니다. 각종 회의, 실적 보고, 공문 작성, 업무 분장, 연간 계획, 행사 운영 기록까지. 교육청, 학교, 학부모, 학생 등 다양한 주체와의 소통을 '문서'로 남겨야 하는 상황에서 교사의 하루는 늘 벅찹니다. 힘에 부치는 이 일들을 누군가 대신 도와준다면 얼마나 좋을까요? 다행히, 이제는 그게 가능합니다. 바로 ChatGPT가 우리 곁에 있기 때문입니다. 업무로 지친 교사를 위해 ChatGPT가 무엇을 도와줄 수 있을지, 이제부터 함께 살펴보겠습니다.

OECD 평균보다 2배, 교사의 행정업무 시간

국제교사역량조사(TALIS, 2018)에 따르면, 한국 교사는 주당 평균 5.4시간을 행정업무에 쓰고 있다고 합니다. 이는 OECD 평균인 2.7시간의 정확히 두 배에 해당하는 수치입니다. TALIS는 전 세계 48개국의 교사들을 대상으로 교수학습, 직무만족도, 전문성 개발 등에 대한 의견을 조사하는 국제 비교연구입니다. 그중 '시간 배분' 항목에서는 교사들이 수업 외에 할당하는 시간의 양과 질, 업무 유형에 대해 조사하였으며, 우리나라 교사들은 문서 작성, 공문 처리, 회의 등 행정업무의 비중이 특히 높은 편에 속했습니다.

국가	일본	대한민국	호주	스웨덴	핀란드	OECD 평균
주당 행정업무 시간	5.6	5.4	4.1	3.2	1.1	2.7

▲ 국가별 교사의 주당 행정업무 시간(OECD TALIS, 2018)

그러나 교사의 업무를 위에서 언급된 문서 작성, 공문 처리, 회의 등과 같이 내부결재를 통해 근거로 남는 시간들 만으로는 담을 수 없습니다. 학교에서 운동회를 하면 운동회 계획서만 내부결재로 남긴다고 일이 끝나는 것이 아닌 것처럼 말입니다. 행사 기획, 업체 선정, 관련 물품 구입, 부스 설치 등 근거로 남지는 않지만 해야할 일들이 줄을 서서 따라옵니다. 5.4시간의 주당 행정업무 시간은 정량화 가능한 시간일 뿐, 실제 교사의 행정업무시간은 집계된 시간보다 더 많을 것입니다. 한국교육개발원(KEDI)의 조사결과 교사의 행정업무 시간이 2013년에는 5.73시간, 2018년에는 5.30시간, 2022년에는 7.23시간으로 늘어났으며, 행정업무에 사용되는 근무 시간의 비율 역시 각각 14%와 14.3% 그리고 17.8%로 늘어났습니다. 현장에서는 늘 행정업무를 줄이고 수업에 집중할 수 있도록 조치해달라고 말했지만 결국 10년 동안 교사의 행정업무는 26.2%나 증가한 것입니다. 결국, '행정업무를 하다가 틈틈이 수업한다'는 자조적인 표현을 쓸 정도로, 교사 본연의 수업과 연구가 행정업무에 밀리고 있는 현실은 변하지 않았습니다.❶ 정부 차원에서도 교사의 행정업무를 줄이기 위해 노력하고 있지만, 의미있는 효과가 나타나는 것 같지는 않아 아쉬울 따름입니다.

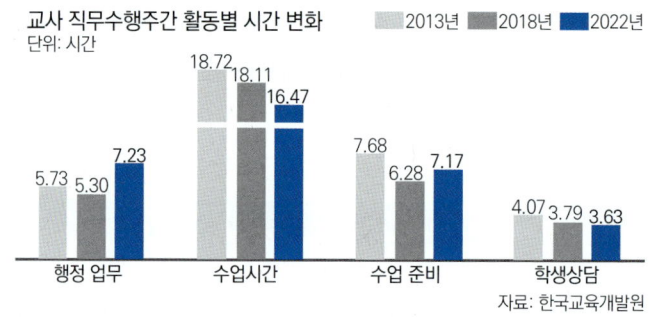

▲교사 직무수행 주간 활동별 시간 변화(한국교육개발원)

업무와 밀당하기, 힘을 주지 않아도 되는 일은 ChatGPT로!

우리들이 매일같이 작성하는 문서들, 정말 누군가 꼼꼼히 읽어보긴 하는 걸까요? 행사 결과보고서, 체험학습 운영 계획서, 공문 회신 등 대부분은 누군가의 결재 도장을 받기 위한 '형식적인' 문서일 때가 많습니다. 아, 이건 그냥 내 업무 흔적을 남기려는 문서구나' 싶은 순간도 솔직히 적지 않습니다.

---

❶ 출처: 한국교육신문: https://www.hangyo.com/news/article.html?no=100818#google_vignette

'작성자는 있지만 독자는 없다'는 말, 한 번쯤 떠올려보셨을 겁니다. 가끔은 이런 문서를 작성하면서 '이 시간에 수업 준비 조금이라도 더 할 수 있었을 텐데' 싶을 때도 있습니다. 이런 순간이 쌓이고 쌓이다 보면, 업무에 회의감이 스멀스멀 올라오곤 합니다. 학년 초 한 번 만들고 다시는 꺼내보지 않는 학년 교육과정, 형식적인 협의록, 감사 대비용 개인정보 일제 정비 등 어느샌가 우리의 교무수첩 To Do List에는 아이들을 위한 수업이나 관찰보다는 행사 연락, 계약 처리, 공문 확인 같은 업무들이 더 많이 자리 잡고 있습니다. 수업 준비가 아닌 행정업무로 꽉 찬 목록을 보고 있노라면, 나도 모르게 자조 섞인 웃음이 나기도 합니다.

제주교사노동조합이 2025년 스승의 날을 맞아 실시한 설문에 따르면, 전국 교사 8,254명 중 무려 90.9%가 '수업보다 행정업무를 먼저 처리한 적이 있다'고 응답했다고 합니다. 또, 91.3%는 수당도 없이 초과 근무를 하고 있다는 사실도 함께 밝혀졌습니다. (출처: 제주도민일보) 이런 상황에서는 2022 개정 교육과정이 추구하는 수업 혁신이나, 디지털·AI 역량 강화 같은 교육의 방향들이 책자 속 문장으로만 남게 될지도 모릅니다. 눈앞의 문서 처리에 허덕이며, 정작 중요한 수업은 뒷전으로 밀려나고 있으니 말입니다.

물론 행정업무가 무조건 나쁘다는 건 아닙니다. 교육 활동이 원활하게 돌아가기 위해 필요한 일들도 분명 있습니다. 문제는 그 양과 방식입니다. 일을 했다는 증거를 남기기 위해서, 감사로부터 안전하기 위해서, 절차를 위해서 등 보신주의적 운영을 목적으로 투입되는 업무가 꽤 많습니다. 안전한 직장 생활을 위해서 필요한 일이기는 하지만, 단순이 '남기는' 것이 목적이라면, 온 힘을 쏟아서 할 필요는 없습니다. 하루에 쓸 힘이 10이라면 1~2정도만 쓸 수 있도록 신체적, 정신적 에너지를 아껴써야합니다.

이럴 때 ChatGPT 같은 도구가 큰 도움이 됩니다. 예를 들어 단순한 회의록 정리, 행사 안내문 초안, 교육지원청 홍보기사 작성, 공문 작성 보조 같은 작업은 ChatGPT를 활용하면 몇 분 만에 끝낼 수 있습니다. 힘을 들이지 않아도 되는 일은 아주 편하게 할 수 있고, 시간이 오래 걸릴 것 같았던 업무도 '초벌'을 맡기면 훨씬 빠르게 정리됩니다. 힘을 안 써도 될 일엔 정말 힘을 빼고, 진짜 힘을 써야 할 수업 준비와 아이들과의 만남에 더 집중할 수 있는 여유를 마련하는 것입니다. '해야 하는 일'이 너무 많을 때, 무엇에 힘을 주고 무엇은 덜 힘을 줄지 선택하는 안목이 필요합니다. 그리고 그 선택을 도와줄 수 있는 도구가 바로 ChatGPT인 것입니다!

인공지능으로 업무 효율성 높이기, AI시대 교사의 생존방식

시간은 늘 부족하고, 해야 할 일은 끝이 없습니다. 수업 준비도 해야 하고, 아이들과 상담도 해야 하고, 그 와중에 쏟아지는 공문, 안내장, 회의록, 계획서까지… 어느 순간부터는 '내가 지금 뭘 위해 일하고 있는 거지?' 하는 생각이 들 때도 있습니다. 이럴 때 우리에게 필요한 건, 일을 줄이는 것이 아니라 일을 덜 힘들게 만드는 방법입니다. 그 해답 중 하나가 바로 ChatGPT입니다. 단순한 검색 도구가 아니라, 우리가 하는 말을 이해하고 대화하며, 필요한 문서를 '그럴듯하게' 만들어주는 똑똑한 동료 같은 존재입니다. 처음엔 그냥 신기해서 써보지만, 한 번 제대로 써보면 '이렇게 편한 걸 왜 이제 알았지?' 하는 생각이 절로 듭니다.

▲ ChatGPT 로고

예를 들어 학부모 연수 안내장을 써야 한다면, ChatGPT에 "주제는 AI 코스웨어 연수이고, 대상은 5학년 학부모, 일시는 다음 주 화요일 오후 2시" 정도의 정보만 주면, 안내 문서를 뚝딱 만들어줍니다. 물론 문구를 살짝 고치거나 학교 분위기에 맞게 다듬을 필요는 있지만, 처음부터 워드 창을 켜놓고 멍하니 쳐다보는 시간은 확실히 줄어듭니다.

활용 범위는 이보다 훨씬 넓습니다. 회의록 초안, 행사 기획 아이디어, 학생자치회 선거 공고문, 학급 운영 계획 요약, 심지어 엑셀 표 정리까지도 가능합니다. 자주 쓰는 문서는 프롬프트(지시문)를 저장해두면 매년 복붙 대신 맞춤형 업데이트도 가능하고요.

아이들 상담일지를 요약하거나, 학기 말 평가 의견을 초안으로 받아보는 것도 가능합니다. 학교폭력 예방 캠페인을 기획해야 한다면, ChatGPT는 학년별 눈높이에 맞는 슬로건과 활동 예시, 관련 공문 초안까지 한 번에 제안해주기도 합니다. '문서 도우미'를 넘어선 창의적 기획 파트너가 되는 셈입니다.

중요한 건, ChatGPT를 잘 쓰면 '내가 꼭 전력을 다하지 않아도 되는 일들'을 편하게 처리할 수 있다는 점입니다. 덕분에 정말 내 힘을 써야 할 수업과 아이들에게 더 집중할 수 있는 여유가 생깁니다. 선생님들의 하루는 이미 바쁘니까요. 모든 일에 100의 힘을 쏟기보다는, 20의 힘으로 해결할 수 있는 일은 그렇게 처리하고, 남은 에너지를 수업과 삶에 돌리는 방식이 필요합니다. 실제로 많은 선생님들이 이렇게 말합니다. "이제라도 알아서 다행이에요", "한 주 내내 할 것을 하루에 했네요", "확실히 일 때문에 시간 잡아먹힐 걱정이 많이 줄었어요"

세상은 점점 더 복잡해지고 있고, 학교에서 챙겨야 할 일도 덩달아 늘어나고 있습니다. 지켜야 할 규정도 많아졌고, 늘봄학교와 같이 교육 외적으로 요구되는 일들도 끊임없이 생겨나고 있습니다. 이제는 '좀 나아지겠지' 하는 기대보다는, 앞으로도 일이 줄어들 가능성은 거의 없다는 사실을 받아들이는 편이 마음이 편할지도 모릅니다. 그렇다면 이제는 생각을 조금 바꿔볼 필요가 있습니다. 모든 일을 완벽하게 해내려고 애쓰기보다는, 덜 힘들게, 조금 더 똑똑하게 일하는 방법을 찾아야 할 때입니다. 그런 점에서 ChatGPT는 꽤 괜찮은 동료가 되어줄 수 있습니다. 무조건 완벽한 해결사를 기대하긴 어렵지만, 나 혼자 끙끙댈 때 옆에서 툭툭 도와주는 든든한 도우미 같은 존재입니다. 수업 중심의 교실로 한 발짝 더 가까워지고 싶은 선생님들께, 가볍게 한 번 써보시라고 권해드리고 싶습니다.

이제 ChatGPT가 교사의 업무와 일상에 어떤 방식으로 활용될 수 있는지 살펴보겠습니다. 초기에는 오류가 잦았던 도구였지만, 지금은 일정 수준의 정확성과 활용도를 갖추며 다양한 작업에 적용되고 있습니다. 반복적인 행정 업무, 문서 기획, 창의적 요청 처리 등 교사 업무 전반에 걸친 활용 사례를 중심으로 ChatGPT의 실질적인 가능성과 한계를 살펴봅시다.

01-2
ChatGPT, 정말 쓸모 있을까? 수업도, 업무도, 삶도 바뀐다.

할루시네이션에서 혁신으로, 교사들이 본 ChatGPT의 진화

ChatGPT가 2022년 11월 30일 처음 등장했을 때, 교육계의 반응은 호기심과 회의가 교차하는 미묘한 것이었습니다. "AI가 문서를 써준다는데, 설마 그게 가능해?", "학생들이 숙제를 다 AI로 하면 어떻게 하나요?"라는 반응부터, "세종대왕이 맥북프로를 집현전 학자들에게 집어던졌다더라"는 일명 '세종대왕 맥북프로 던짐사건'까지. 처음 써본 교사들이 공통적으로 내놓은 평가는 "말은 잘하는데 틀린 소리를 너무 많이 한다"는 것이었습니다. 이처럼 초창기 ChatGPT는 '할루시네이션(hallucination)', 즉 그럴듯하지만 실제와 다른 정보를 사실처럼 말하는 문제가 있었습니다. 교사들이 가장 민감하게 반응한 부분도 이 부분이었습니다.

교육적 자료는 정확성과 신뢰성이 생명입니다. 그래야 안전하게 수업할 수 있고 오개념을 심어주지 않을 수 있으니 말입니다. 그런데 AI가 잘못된 통계를 인용하거나, 실존하지 않는 기관명을 말하거나, 심지어 인터넷에 없는 책 제목을 지어내는 경우도 있었습니다. 과연 AI는 믿을 수 있는 도구라고 할 수 있는지에 대한 의문이 나올 수밖에 없었습니다.

그러나 불과 1년 만에 GPT-4가 등장하고, 뒤이어 2025년 8월 7일에는 OpenAI에서 GPT-5를 공식 발표했습니다. 꾸준한 ChatGPT의 발전과 함께 정보의 정확도와 문맥 파악 능력 역시 비약적으로 향상됐습니다. 특히 교사들이 업무에서 활용하는 비교적 구조화된 문서—예컨대 공문, 회의록, 계획서, 안내문 등—에서는 ChatGPT가 매우 높은 정확도로 텍스트를 생성할 수 있게 되었습니다. 이제는 "그래도 초안은 AI한테 받아보자"는 인식이 현장에 빠르게 퍼지고 있습니다. 변화는 수치로도 확인할 수 있습니다. 2023년 보스턴컨설팅그룹(BCG)은 보고서를 통해, 생성형 AI가 교사의 행정업무 중 30% 이상을 자동화하거나 지원할 수 있다고 분석했습니다. 특히 문서 기획·작성, 학사일정 수립, 행사 운영 안내, 피드백 설계와 같은 업무에서 가장 큰 효율을 기대할 수 있다고 명시했습니다. 단순 보조가 아닌, '업무 방식 자체의 혁신'이라는 인식이 확산되고 있습니다. 예전에는 "믿을 수 없는 도구"였던 ChatGPT가, 이제는 "업무 시작 전에 한 번은 물어보는 존재"가 되었습니다. 교사들 사이에서도 "이젠 헛소리 잘 안 해", "진짜 써볼 만해"라는 이야기가 나오고 있고, ChatGPT를 활용한 연수들도 활발하게 열리고 있습니다. 특히 공문서 작성처럼 표현 양식과 구조가 일정한 작업에서는 ChatGPT가 오히려 사람보다 더 빠르고 실수도 적은 경우가 많습니다.

이러한 기술의 발전은 단지 성능 향상에만 머물지 않습니다. 교사의 태도와 인식을 바꾸고 있다는 점에서 더 큰 의미를 가집니다. 이제는 "ChatGPT를 믿을 수 있느냐"보다 "ChatGPT를 어떻게 잘 쓰느냐"로 인식의 전환이 일어났습니다. 앞으로는 교사가 AI를 활용하는 것은 당연하고, 교사가 AI를 어떻게 받아들이고, 어떤 방식으로 협업할 것인지를 교사의 역량으로 보는 시각이 많아질 것이라 생각합니다.

▲ ChatGPT를 신뢰하고 활용하는 교사 by ChatGPT

행정업무의 구원투수 ChatGPT, 반복적인 업무를 손쉽게!

교사의 하루는 단순히 수업과 학생 지도에만 머무르지 않습니다. 연간 교육과정 편성, 학부모 연수 계획서, 행사 결과보고서, 생활지도 협의록, 회의록, 안내장, 공문, 각종 실적 보고서까지. 이 모든 문서들과 관련된 일들을 처리하는 일은 시간과 에너지를 소모시키는 주범입니다. 특히 대부분의 문서가 정해진 형식을 따르고 있어 창의성보다는 '형식에 맞춰 쓸 줄 아는 능력'이 더 요구됩니다. 이 지점에서 ChatGPT는 교사에게 실질적인 구원투수로 다가옵니다.

보스턴컨설팅그룹(BCG)은 그들의 보고서에서 AI가 교사의 행정업무 중 최소 30%를 자동화하거나 지원할 수 있습니다. 특히 문서 작성, 일정표 기획, 계획서 요약, 피드백 설계 등 '언어 기반 반복 업무'에서 가장 높은 효율을 기대할 수 있다고 강조했습니다. 예를 들어, "2학기 학부모 연수 안내 공문을 작성해줘. 주제는 디지털 리터러시 교육, 날짜는 10월 12일, 장소는 시청각실이야"라고 입력하면, ChatGPT는 정해진 공문 형식에 맞춘 자연스러운 문서를 몇 초 안에 생성합니다. 교사는 이 초안을 약간 다듬기만 하면 업무가 끝납니다. 기존에 30분 넘게 걸리던 작업이 5분 내외로 단축되는 셈입니다.

회의록 작성도 마찬가지입니다. 생활지도 협의회, 학년부 회의, 동료장학 회의처럼 '형식적인 문서로 반드시 남겨야 하는 회의'는 교육 현장에 셀 수 없이 많습니다. 과거에는 교사가 회의 내용과 주요 발언을 모두 정리해 문장화해야 했지만, 이제는 주요 키워드나 항목만 입력하면 ChatGPT가 자동으로 논리적인 회의록을 완성합니다. 특히 동일한 유형의 회의록을 반복해서 작성해야 할 경우, 프롬프트(입력문)를 고정 템플릿처럼 저장해두면 매번 손쉽게 재활용할 수 있습니다. 행사 기획서, 운영 계획, 결과보고서 같은 문서도 마찬가지입니다. "스마트기기 과몰입 예방 주간을 운영하려고 해. 목적, 세부 활동안, 평가 계획을 포함해서 운영 계획서 형식으로 써줘"라고 입력하면, 운영 목적과 배경부터 활동 내용, 성찰과 평가까지 구조화된 초안이 순식간에 생성됩니다. 이는 업무를 빠르게 끝낼 수 있다는 의미를 넘어서, '문서의 구조'에 대한 부담을 줄이고, 교사가 내용을 더 깊이 고민할 수 있도록 만들어줍니다. 학교 행사 일정표나 연간 계획표 작성에도 ChatGPT는 유용합니다. 교사가 "3학년을 대상으로 한 2학기 학사일정 초안을 짜줘. 11월엔 현장체험학습, 10월 말엔 독서행사, 중간고사는 10월 초"라고 입력하면, 이를 바탕으로 구조화된 일정표를 만들어줍니다. 특히 교사는 일정을 정렬하거나 겹치지 않게 구성하는 데 시간을 들이는데, 이런 초기 기획 과정을 ChatGPT가 상당 부분 자동화해줍니다.

이처럼 ChatGPT가 가장 빛을 발하는 영역은 정형화된 텍스트 생성입니다. 학교 업무 중 반복적이면서도 형식을 따라야 하는 문서 즉, '창의력보다 정확한 형식과 구성'이 중요한 업무에서 ChatGPT는 사람보다 빠르고, 실수 없이, 일관된 결과물을 제공합니다. 이는 단지 시간을 아끼는 수준이 아니라, 교사의 인지적 피로를 줄여주는 중요한 역할을 합니다. 더불어, ChatGPT는 예전 문서를 복사해 수정하는 방식보다 훨씬 안전하고 유연합니다. 과거 문서를 복사해 쓰다 보면 이전 연도 정보나 담당자 이름이 바뀌지 않은 채 실수로 남아 있는 일이 자주 발생합니다. 그러나 ChatGPT는 매번 새로운 텍스트를 생성하므로 이런 실수를 줄일 수 있으며, 문서를 작성하는 교사의 목적과 조건에 더 유연하게 맞춰줍니다.

물론 교사의 검토와 편집은 여전히 중요합니다. 하지만 그 '출발선'이 달라졌다는 점이 핵심입니다. 빈 화면 앞에서 문장을 고민하던 시간은 줄고, 생성된 초안을 중심으로 수정하고 다듬는 작업으로 전환되는 것입니다. 이 과정은 교사의 전문성을 약화시키는 것이 아니라, 오히려 전문성을 수업이라는 '더 본질적인 영역'에 집중할 수 있게 만들어줍니다. ChatGPT는 교사 행정업무의 본질을 바꾸지는 않지만, 업무를 하는 방식을 바꿉니다. 그리고 그 변화는 곧 교사의 시간, 에너지, 심리적 여유를 지키는 일과 직결됩니다. 반복 업무와 형식적 문서에 지친 교사들에게, ChatGPT는 정말로 필요한 '디지털 동료교사'입니다.

▲ ChatGPT와 함께 문서를 자동화하며 업무 효율을 높이고 있는 교사의 모습 by ChatGPT

형식이 없는 업무도 거뜬하게, 창의적 요청과 아이디어 제안까지

대체로 형식적인 문서가 많지만, 그렇다고 정형화된 문서들만 있지는 않습니다. 공문, 계획서, 회의록처럼 틀이 정해진 문서도 있지만, 때로는 "어디서부터 시작해야 하지?" 싶은 창의적인 요청들이 불쑥 찾아오곤 합니다. 예를 들어 캠페인 문구 만들기, 연수 주제 아이디어 짜기, 학부모 총회 홍보자료 만들기, 학교 홍보 기사쓰기 등이 있습니다. 이런 일들은 정답도 없고, 생각보다 시간이 훌쩍 지나가버리기 쉽습니다. 이럴 때 ChatGPT가 아주 든든한 동료가 될 수 있습니다. 단순히 문장을 써주는 수준이 아니라, 정말 다양한 아이디어를 빠르게 제시해줍니다. 특히 '이 표현이 좋을까, 저 표현이 나을까' 고민할 때, ChatGPT는 여러 버전을 한꺼번에 제안해주기 때문에 선택도 훨씬 쉬워집니다. 예를 들어 "학교폭력 예방 캠페인 문구 5개만 추천해줘. 초등학생 눈높이에 맞게, 긍정적 표현으로"라고 입력하면, 밝고 따뜻한 분위기의 구호들을 제안해줍니다. 마음에 드는 문장을 골라서 포스터나 안내장에 바로 넣을 수도 있습니다. 더 유머 있게, 짧게, 학부모용으로 바꾸는 것도 금방 요청할 수 있어서 문장을 다듬는 데 드는 수고도 확 줄어듭니다.

아이디어가 필요할 때도 마찬가지입니다. "학생자치회랑 할 수 있는 재밌는 환경 캠페인 활동 3가지 알려줘", "디지털 시민교육 주간에 쓸 수업 주제, 학년별로 정리해줘" 같은 요청을 하면, ChatGPT는 예상하지 못한 방향의 아이디어도 톡톡 내놓습니다. 어떤 건 바로 쓰고, 어떤 건 선생님이 다듬어서 더 나은 활동으로 발전시키면 됩니다. 학급 운영 관련한 아이디어를 얻을 때에도 유용합니다. "새 학기 학급 소개 가정통신문 문구를 따뜻한 어투로 써줘. '함께 성장하는 반'이라는 키워드 포함해줘" 같은 요청도, 교사에게는 머리 아픈 일이지만, ChatGPT에는 꽤 잘 맞는 작업입니다. 받아본 문장을 살짝 고쳐서 선생님의 말투로 바꾸면, 시간도 아끼고 퀄리티도 올라갑니다.

사실 이런 창의적인 문구나 아이디어는 동료에게도 쉽게 묻기 어려운 경우가 많습니다. 동료 선생님들도 바쁘실 텐데 너무 사소한 질문으로 시간을 뺏는 것 같아서 말이죠. 혼자서 '이거 어떻게 써야 하지?' 고민하다가 시간이 훅 지나가기도 합니다. 그런데 ChatGPT는 부담 없는 브레인스토밍 상대입니다. 아이디어를 몇 번이고 요청해도 눈치 보지 않아도 되고, "다시"라고 말해도 기분 나빠하지 않습니다. 자유롭게 물어보고, 반복하고, 비교하고 고르는 과정이 가능하니, 교사에게 정말 편한 협업 상대가 되어줍니다. 형식이 없는 업무는 답도 없고, 가이드라인도 없고, 그래서 더 어렵지만 ChatGPT는 그런 애매한 업무에서 아주 든든한 마중물이 되어줍니다

- 문장이 막혀서 한 문단을 못 넘길 때
- 아이디어가 떠오르지 않아 빈 화면만 바라보고 있을 때
- 무언가 써야 하긴 하는데, 어디서부터 시작해야 할지 모를 때
- 같은 문장을 다양한 버전으로 바꿔보고 싶을 때
- 창의적인 표현이 필요하지만 머리가 굳은 느낌이 들 때
- 다양한 관점이나 사례가 필요할 때
- 가볍게 브레인스토밍하고 싶을 때

나를 위한 시간, ChatGPT로 되찾기

교사의 하루는 촘촘합니다. 아침 조회 전부터 급식 지도, 수업, 상담, 행정업무, 생활지도, 방과후 업무까지. 빽빽한 시간표의 수업을 마치고 시계를 보면 퇴근시간까지 한두 시간 밖에 남지 않았습니다. 해야할 일은 산더미인데 말입니다. 그래서 허겁지겁 해치우듯이 일하고 집에 돌아오면 방전된 채로 집에 누워있기가 일상이었습니다. 저녁에 한숨 자고 일어난 채로 저녁시간을 보내고, 자기 전에 다음 날 수업을 준비하곤 했습니다. 그 당시에는 학교와 일상에서 모두 '여유'라고는 생각해볼 수 없었습니다. 그런데 ChatGPT를 사용하면 어느정도는 그 '여유'를 찾을 수 있을지도 모릅니다. 시간과 에너지를 절약하며 숨통을 틔워줄 수 있으니 말입니다. 보스턴컨설팅그룹(BCG)에서 발표한 "AI at Work 2024" 보고서에 따르면 생성형 AI를 업무에 활용하는 응답자 중에서 58%가 주당 최소 5시간을 절약했다고 답했습니다. 5시간이라니, 표본이 너무 적어서 발생한 일일 것이라고 생각했습니다만, 13,000명이 넘는 글로벌 응답자를 대상으로 한 설문조사였습니다. 주당 5시간이라면 주 5일제 근무 기준으로 하루에 한 시간을 절약한 셈이 됩니다.

절약된 시간으로 무엇을 했는지에 대한 질문이 재미있습니다. 가장 많은 응답은 '더 많은 업무를 수행했다(41%)'였습니다. 아무래도 미국 문화권의 보고서이다 보니, 더 많이 일할수록 더 많은 연봉을 받는 구조가 반영된 것으로 보였습니다. 그 뒤를 이어 '전략적인 업무를 수행했다(38%)', '일을 일찍 마쳤다(35%)'라는 답변이 뒤따랐습니다. 그런데 필자가 주목한 부분은 다른 답변들이었습니다. 바로 '동료들과 소통했다(30%)', '업무의 질을 향상시켰다(29%)', '가족과 소통했다(26%)', '업무 외 활동을 추구했다(24%)'와 같은 응답들입니다.

학년군 회의, 전체 교원 회의 시간 외에 동료 선생님들과 소통하는 시간을 얼마나 가졌는지 스스로 생각해보게 됐습니다. 매년 '올해에는 옆 반 선생님과 수업, 평가에 대한 이야기를 많이 나눠야지'라고 결심했지만, 정신없이 돌아가는 학사일정에 그 의지는 금방 후순위로 밀려났습니다. 그런데 ChatGPT와 같은 생성형 AI를 활용하고 주 5시간을 절약한다면 충분히 동료 선생님들과도 소통할 수 있는 시간이 날 수 있을 거라는 생각이 들었습니다. 더불어 '업무의 질을 향상시켰다(29%)'라는 대답처럼, 평소에는 허겁지겁 해치우던 일들도 조금은 여유를 가지고 볼 수 있게 될 것이며, 가족과 소통하는 시간, 개인적인 여가를 갖는 시간 역시 찾을 수 있을 것 같습니다. 실제로 ChatGPT를 열심히 활용하면서 사용하기 전보다 시간과 에너지 측면에서 많이 여유로워졌음을 체감하고 있습니다.

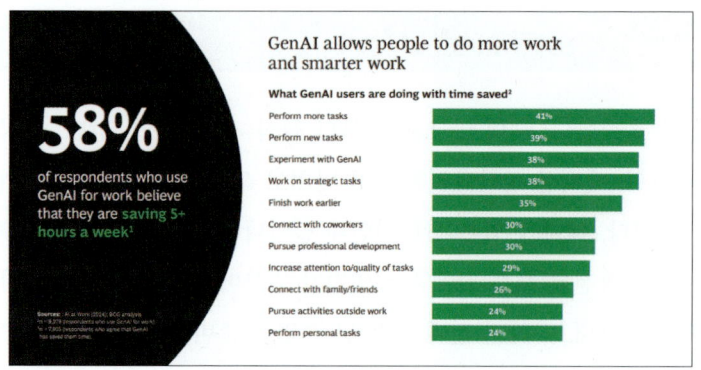

▲ 보스턴컨설팅그룹(BCG) 보고서 일부

　이렇게 ChatGPT를 활용할 만한 다양한 이유를 살펴보았습니다. 수업과 업무를 효율적으로 준비할 수 있고, 동료들과 소통하는 시간, 개인적인 시간 등을 확보할 수 있는 여유도 챙길 수 있었습니다. 이 정도면 인공지능을 사용하지 않을 이유를 찾기가 더욱 어려울 것 같습니다. 급격하게 바뀌는 AI 시대의 흐름에 맞춰 변화하는 것은 다소 두렵고 어려운 일일 수는 있으나, 우리는 AI 전문가가 되려는 것이 아니므로 너무 걱정할 필요는 없습니다. 배울 수 있는 만큼만 배워서 알뜰하게 써먹으면 됩니다. 조금의 노력이 만들어낼 '변화'는 우리의 교직을 더욱 윤택하게 만드는 보상으로 이어질 수 있습니다. 이제는 묻는 습관을 바꿔야 할 때입니다.
　"이걸 어떻게 하지?"가 아니라, "이걸 ChatGPT에 먼저 시켜볼까?"로 말입니다.

Special Page 출근길 최고의 선택 NotebookLM

 길 위에서 보내는 출퇴근 하루 한 시간. NotebookLM은 구글에서 개발한 생성형 AI로서, 단순한 요약 기능을 넘어, PDF나 웹 문서, 구글 문서 등을 학습한 뒤, 이를 바탕으로 팟캐스트 콘텐츠를 생성하거나 질문에 답할 수 있도록 설계된 '문서 기반 인공지능'입니다. 마치 '문서를 읽고 요점만 뽑아 알려주는 AI 비서'가 생긴 느낌입니다.

 NotebookLM은 한 노트당 최대 50개의 자료를 동시에 불러와 학습할 수 있으며, 이를 기반으로 핵심 개념을 뽑아내거나, 문서 간의 연관성을 분석하고, 때로는 그 내용을 팟캐스트처럼 정리해 들려주는 기능까지 제공합니다. 단순히 텍스트를 읽어주는 것이 아니라, 팟캐스트의 호스트들이 직접 대화하는 것처럼 내용을 구성해줍니다. 어려운 내용이더라도 호스트들 간의 대화로 풀어주기 때문에 수업자료를 준비하거나 연구보고서를 검토할 때, 일일이 모든 문서를 다 읽지 않고도 중요한 내용을 빠르게 파악할 수 있습니다. 또한 PC를 이용한다면, 문서에서 직접 질문을 던지고, 답변받으며, 필요한 경우 더 깊은 정보를 탐색할 수도 있습니다.

 이쯤에서 "그럼 ChatGPT와는 뭐가 다를까?"라는 궁금증이 생깁니다. ChatGPT는 광범위한 지식과 창의적 생성에 강점을 가지지만, NotebookLM은 특정 문서를 정밀하게 다룰 때 더욱 강력한 도구입니다. 다시 말해, ChatGPT는 '무'에서 '유'를 만들어 내는 데에 장점이 있다면, NotebookLM은 '유'에서 '유'로 재구성합니다. ChatGPT가 폭넓게 일반적인 답변을 생성한다면 NotebookLM은 선택한 자료에 근거해서 대답합니다. 그러므로 상황과 목적에 따라 적재적소에 도구를 활용하시면 됩니다.

 NotebookLM은 아직 영어 중심의 서비스라 일관되게 한국어로 지원이 안될 때가 종종 발생합니다. 그러나 몇 번 시도하면 한국어 오디오 오버뷰(팟캐스트) 생성이 가능하니 포기말고 시도해보시길 바랍니다. 오늘 출근길, 평소 공부해보고 싶었던 정책 문서나 연구 자료를 AI의 목소리로 들어보는 건 어떨까요?

▲ NotebookLM 로고

▲ NotebookLM 활용 화면

ChatGPT 기초 익히기:
교사를 위한 필수 기능 가이드

이번 장에서는 ChatGPT의 기초를 익힐 수 있으며, 특히 교사를 위한 필수 기능을 설명하였습니다. 다음과 같은 내용을 초보 선생님도 쉽게 이해할 수 있도록 구성하였습니다.

첫째, 무료 버전과 유료 버전의 차이점
기능과 성능 비교를 통해 어떤 버전이 적합한지 판단할 수 있도록 안내합니다.

둘째, ChatGPT 연결 및 설정 방법
회원가입부터 인터페이스 이해, 설정 방법까지 단계별로 설명합니다.

셋째, ChatGPT의 기본 기능 소개
질문하기, 요약하기, 확장하기, 창작하기, 분석하기 등 핵심 기능을 실제 예시와 함께 설명합니다.

넷째, 교직을 위한 프롬프트 작성 이해하기
효과적인 프롬프트 작성법과 유형을 소개하고, 교사들이 바로 활용할 수 있는 예시를 제공합니다.

다섯째, 유용한 확장 기능과 간단한 플러그인 소개
교사와 학습자를 위한 추천 확장기능과 플러그인 설치 및 활용법을 안내합니다.

02-1 무료 버전과 유료 버전의 차이

　ChatGPT는 2022년 11월 30일 OPENAI사에서 발표한 생성형 인공지능입니다. 생성형 인공지능 중에서 가장 먼저 이슈화되었습니다. 이 때문에 ChatGPT는 생성형 인공지능의 이름으로 고유명사화 되었습니다. 이 외에도 구글의 Gemini, 마이크로소프트의 Copilot 등의 생성형 인공지능이 있습니다. 그러나 역시, 생성형 인공지능 중에서 ChatGPT가 가장 유명하고 우리에게 가장 친숙하기도 합니다.

　먼저, ChatGPT 무료 버전과 ChatGPT 유료 버전의 차이를 알아보기 전에 무료 버전을 최대한 사용해보시고 유료 버전 이용을 결정하시는 것을 추천드립니다. 미리 결제부터 진행한 이후에 후회하기도 합니다. 생각보다 ChatGPT 무료 버전도 쓸만합니다. 물론, 요청할 수 있는 내용의 수가 제한적이고 산출물도 역시 제한적입니다. 그리고 ChatGPT 이용 시간에 따라서 서버에 여러 요청이 몰렸을 경우에는 처리하는 순서가 유료 버전 우선이기 때문에 무료 버전은 처리 속도가 느리다고 생각되는 경우도 있습니다. 그러나 이제는 ChatGPT-5가 출시(2025년 8월 7일)되면서 무료 이용의 경우에도 어느정도 우수한 성능의 인공지능을 이용할 수 있게 되었습니다. 하지만 유료 사용자만큼 GPT-5를 이용하는 것은 아닙니다. GPT-5의 여러 모델(GPT-5-main, GPT-5-thinking, mini, nano, pro 등)으로 구성된 통합 모델을 이용하게 되는데, 여러 모델들 중에서 사용자가 몰리지 않는 낮은 단계의 모델을 주로 이용하게 될 것으로 보입니다.

　특히 그러나 사람들이 많이 사용하는 시간에는 속도가 느려진 것을 몸으로 느낄 수 있습니다. 이미지를 분석하거나 문서를 해독할 때 이러한 내용을 요청한다면 유료 버전을 사용하는 것이 좋습니다. 웹 검색 기반으로 답변하는 능력도 갖추고 있지 않아 최신정보를 요청하는 경우는 유료 버전을 사용하는 것을 추천합니다.

유료 버전을 사용하는 경우 무료 버전에 비해 더 구체적이고 풍부한 내용을 얻을 수 있습니다. 기존에 요청한 질문과 답변을 기억하고 있기 때문에 긴 문서의 처리도 간단합니다. 속도도 빠릅니다. 다만 이미지를 생성하거나 문서를 분석하는 경우는 시간이 조금 더 소요될 수 있다는 것은 기억해두시기 바랍니다. 무료 버전과 유료 버전의 차이를 표로 구분해 보겠습니다.

구분	Free (무료)	Plus (유료, 월 $20)
사용 가능한 모델	기본 GPT-5 모델만 제공 (속도/성능 제한)	GPT-5 전체 기능 + 선택적으로 더 빠른 응답
응답 속도	서버 혼잡 시 대기 발생 가능	항상 빠른 응답 (우선 처리)
접속 안정성	트래픽이 몰리면 접속 제한 가능	혼잡 시에도 안정적 사용 가능
추가기능 접근	제한적	고급 도구 사용 가능 (예) 고해상도 이미지 생성, 더 긴 컨텍스트 처리, 최신 기능 우선 제공
업데이트 제공 시기	일반 출시 후 제공	신기능·업데이트 먼저 사용 가능 (얼리 액세스)

지금부터 무료 버전과 유료 버전의 차이점을 알아보겠습니다. 먼저 **ChatGPT** 페이지를 띄웁니다. 한 번 회원가입을 해두면 구글 계정이나 마이크로소프트 계정, Apple 계정으로 쉽게 로그인을 할 수 있습니다.

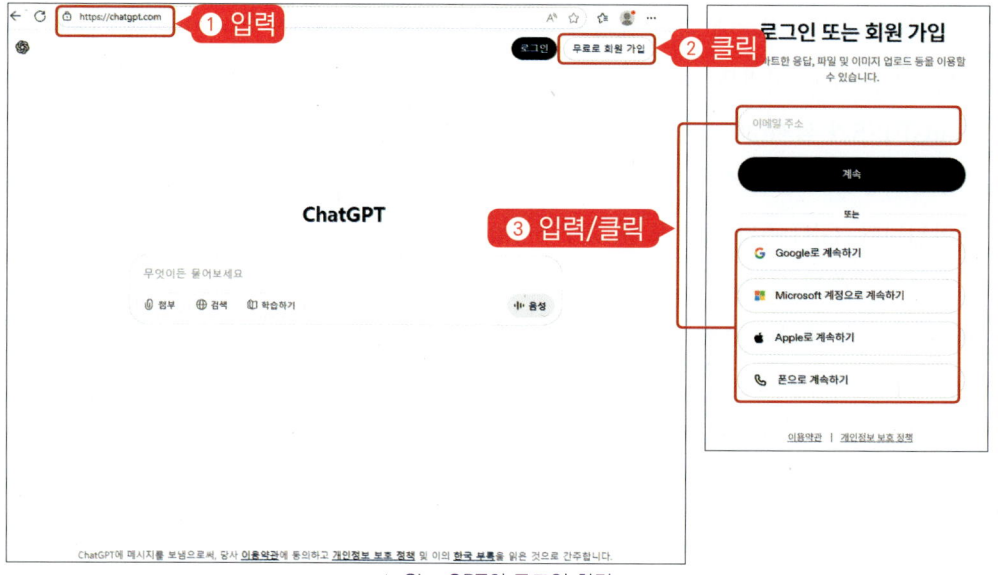

▲ ChatGPT의 로그인 화면

ChatGPT에 로그인하고 접속합니다. 왼쪽 하단에 있는 ChatGPT를 클릭해보세요. 업그레이드를 할 수 있는 창이 뜨면 이어서 클릭합니다.

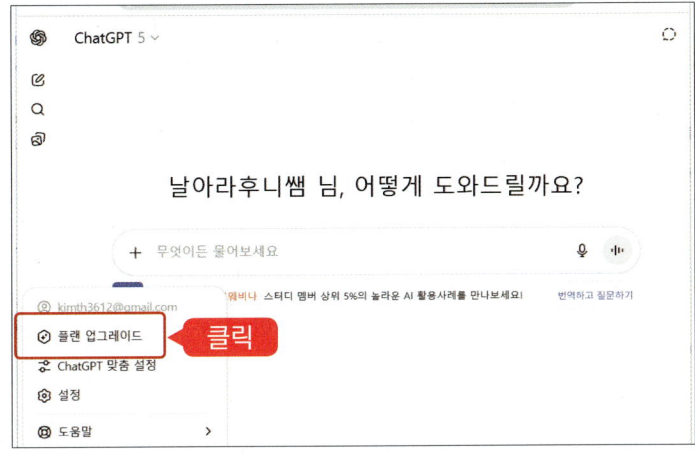

▲ ChatGPT의 메인 화면

ChatGPT Plus에 있는 플랜 업그레이드를 클릭하면 다음과 같은 화면이 나옵니다. 화면을 보시면 ChatGPT 무료 버전과 ChatGPT Plus 버전, ChatGPT Pro 버전의 차이를 파악할 수 있습니다. 무료 버전의 경우 GPT-5에 액세스, 제한적 파일 업로드, 느린 속도의 제한적 이미지 생성 제한적 심층 리서치, 제한적 메모리 및 컨텍스트 사용이 가능합니다.

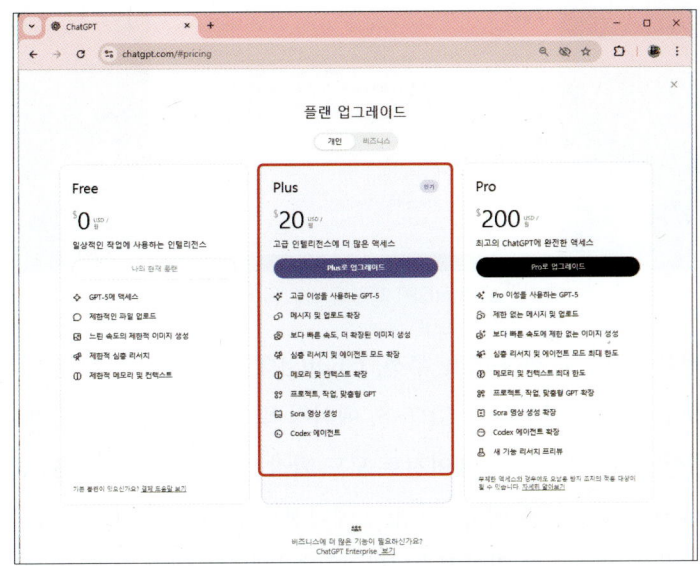

▲ ChatGPT의 플랜 업그레이드 화면

Chapter 02 ChatGPT, AI시대 교사의 디지털 동료 31

> **TIP** ChatGPT 유료 버전 사용은 언제?
>
> 제가 권장해드리는 방법은 무료 버전으로 최대한 사용해보시고 ChatGPT Plus 버전, ChatGPT Pro 버전 순으로 업그레이드하시는 것을 추천드립니다.

다음은 ChatGPT Plus 버전을 설명하기 전에 두 가지 팁을 안내드립니다. 첫 번째는 해외 결제가 되니 원화로 결제하는 것보다는 달러로 결제하는 것이 좋습니다. ChatGPT Plus 버전은 한 달에 20달러가 결제됩니다. 세금이 포함되어 22달러로 결제되며, 카드 결제 당일 환율이 적용되어 인출됩니다.

두 번째 팁입니다. 한 달만 사용하실 거라면 결제한 이후에 바로 구독 취소를 진행합니다. 별로 사용하지도 않을 거면서 2달간 사용해야 하는 경우가 발생하기도 합니다. 나중에 해야지 하다가 잊어버리는 경우가 많습니다. [관리]를 누르면 구독 취소 진행이 가능합니다.

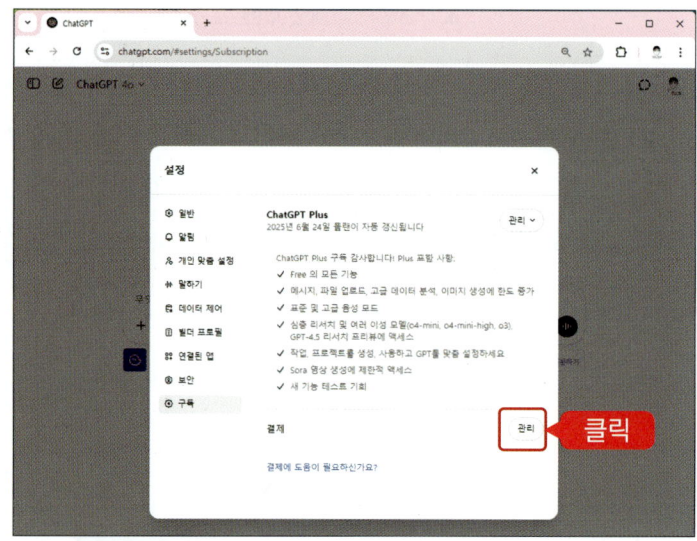

▲ ChatGPT의 구독 취소 들어가기

GPT-5 버전을 설명드리겠습니다. 우선, ChatGPT 무료 버전의 모든 기능을 사용하실 수 있습니다. 고급 이성을 사용하는 GPT-5, 메시지 및 업로드 확장, 보다 빠른 속도, 더 확장된 이미지 생성, 심층 리서치 및 에이전트 모드 확장, 메모리 및 컨텍스트 확장, 프로젝트, 작업, 맞춤형 GPT, Sora 영상 생성, Codex 에이전트 등의 작업이 가능합니다. 당연히 비용을 지출하니 할 수 있는 일이 많아졌습니다. 다양하게 활용해 보시기 바랍니다.

이번에는 GPT-5 버전에 가입해보겠습니다. [플랜 업그레이드]를 클릭하면 다음 화면이 나옵니다. 저는 이전에 구독했다가 취소한 이력이 있습니다. 저장된 정보를 사용할 수도 있습니다. 해외 결제가 가능한 카드로 결제합니다.

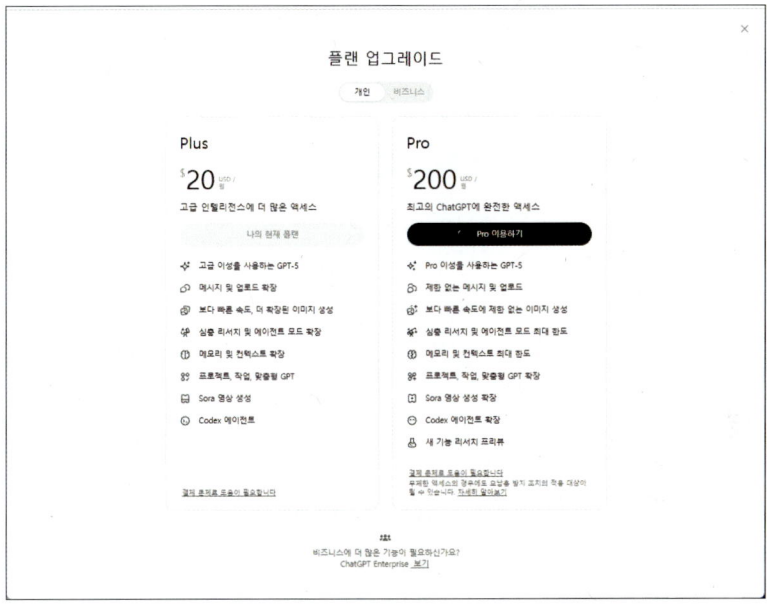

▲ ChatGPT의 결재창

[구독하기]를 눌러 구독을 진행합니다. 구독 신청이 완료되면 다음과 같은 화면이 나옵니다. 1달만 사용해보고 싶으면 바로 해지를 진행하는 것도 좋은 방법입니다. 저는 개인으로 22달러 결제를 진행했습니다.

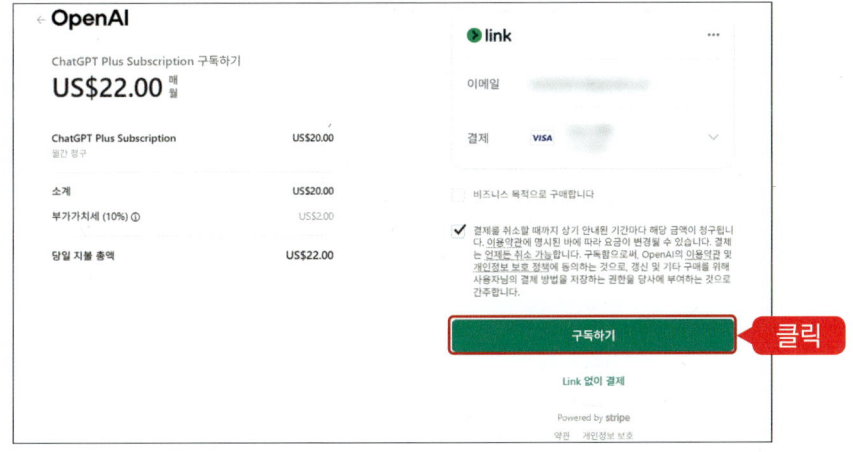

▲ ChatGPT의 결재창

[비즈니스]에 체크를 하시면 팀 기능이 추가되면서 25달러가 결제됩니다.

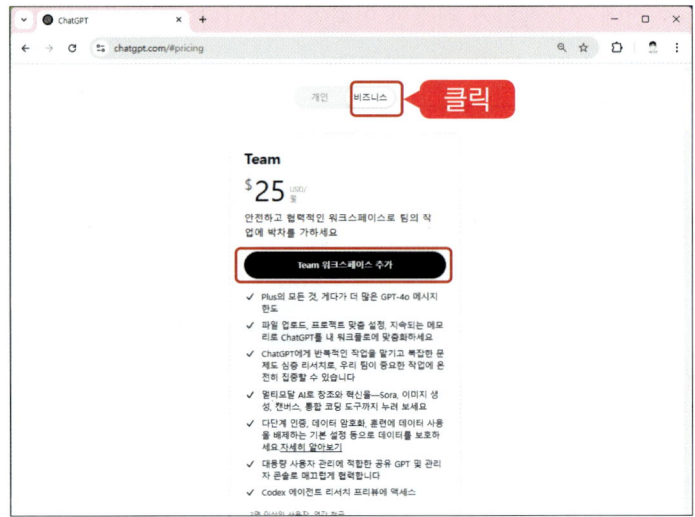

▲ ChatGPT의 비즈니스 결재창

다음은 GPT-5 버전에서 구동해 보겠습니다. 좌측 상단에 보면 GPT-5가 보입니다. 저는 GPT-5 버전에서 파일을 업로드하고 고급 데이터를 분석할 수 있는 기능을 유용하게 사용합니다. 교사의 업무와 관련된 여러 가지 계획서들이 있습니다. 이러한 업무를 일일이 파악하기 어려운 경우가 있습니다. 이때 파일을 업로드하고 프롬프트에 이렇게 요청해보시기 바랍니다. "해야 할 일을 알려줘"라고 말입니다.

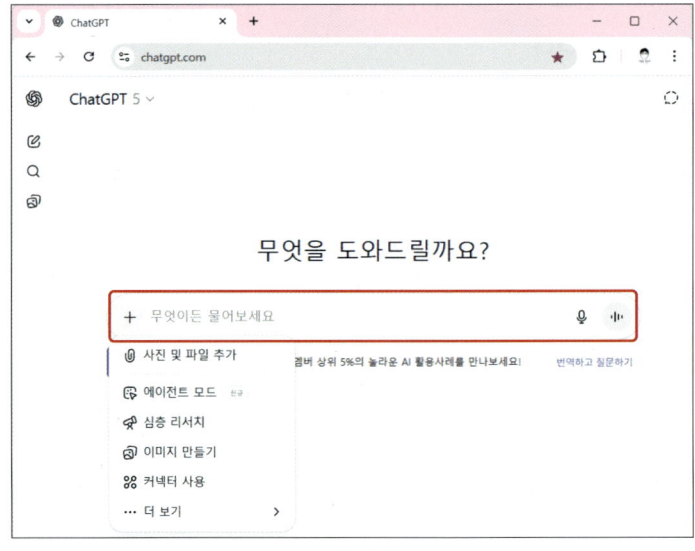

▲ ChatGPT의 프롬프트

ChatGPT Plus(유료) 버전에서는 "나만의 GPTs" 기능을 활용할 수 있습니다. 이는 일종의 템플릿처럼 자주 쓰는 기능을 미리 설정해 두고, 필요할 때마다 편리하게 불러 쓸 수 있는 나만의 AI 조수를 만드는 과정입니다. 선생님의 스타일이나 목적, 쓰임새에 맞게 직접 제작할 수도 있고, 이미 다른 사람들이 만들어 둔 GPTs를 활용할 수도 있습니다. 만약 내가 필요로 하는 GPTs가 다른 사람이 제작한 것이라면, 직접 제작하기 전에 한 번 사용해보고 적합한지 확인하는 것이 좋습니다. 먼저, 화면 왼쪽의 GPT 아이콘을 클릭한 뒤, 오른쪽 상단에서 [+ 만들기] 아이콘을 클릭합니다.

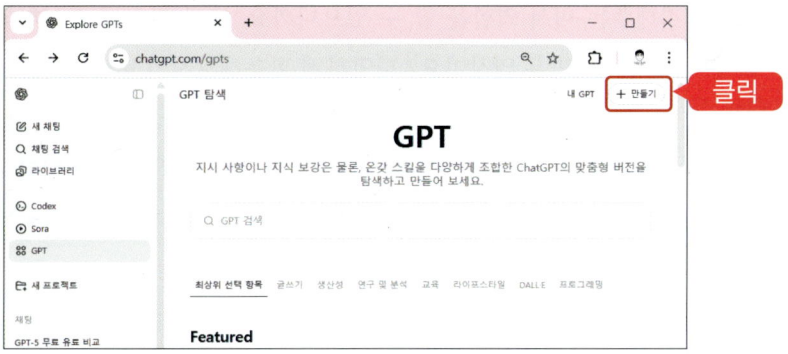

▲ 내GPT 화면

이후 간단한 대화식 인터페이스로 원하는 GPT를 만들 수 있습니다. 예를들면 "나를 위해 중학생 대상 식물 수업 자료를 정리해줘" 같은 역할을 지정해줍니다.

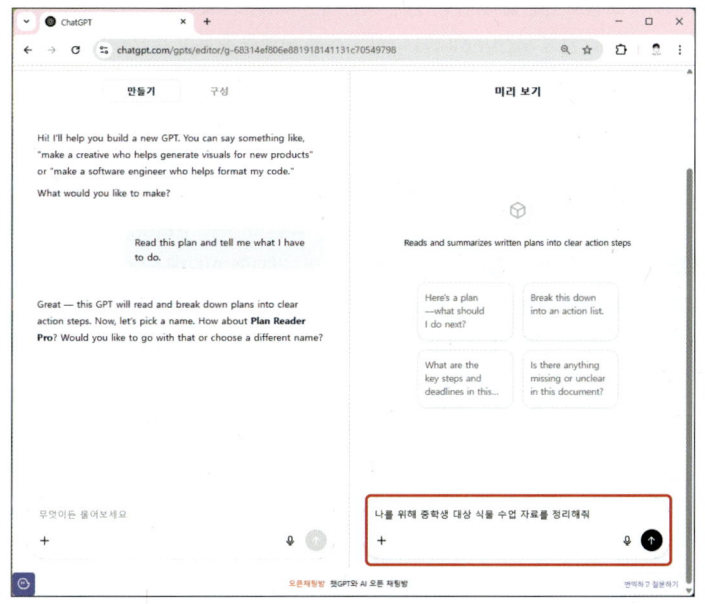

▲ 내GPT 만들기 화면

다음은 ChatGPT Pro 버전에 관하여 말씀드리겠습니다. 최고 수준의 액세스가 가능한 버전입니다. 이 버전은 기업이나 연구를 진행할 때 많이 사용합니다. 기능을 살펴보겠습니다. Pro 이성을 사용하는 GPT-5, 제한 없는 메시지 및 업로드, 보다 빠른 속도에 제한 없는 이미지 생성, 심층 리서치 및 에이전트 모드 최대 한도, 메모리 및 컨텍스트 최대 한도, 프로젝트, 작업, 맞춤형 GPT 확장, Sora 영상 생성 확장, Codex 에이전트 확장, 새 기능 리서치 프리뷰 등의 기능이 있습니다.

ChatGPT Pro 버전은 학위 논문을 쓰시는 경우에 유용하게 활용하실 수 있어요. 다양한 카테고리를 연결해주는 비서 역할을 할 수 있으니까요. 혼자 자료를 조사하고 취합하고 정리하는 과정이 그리 쉽지만은 않잖아요? 다양하게 활용해보시기 바랍니다.

요금제는 ChatGPT가 업그레이드되면서 계속 변화합니다. 업그레이드된 내용과 내가 필요한 기능을 확인해보시고 요금제를 결정해보시는 것도 좋은 방법입니다. 선생님들께서 사용하실 때에는 GPT-5 버전 위주로 사용하시면 됩니다. 이 책은 GPT-5 버전 위주로 구성이 되었으며, GPT-5 버전으로도 다양한 작업이 가능합니다.

> **TIP** ChatGPT 무료 버전 사용 제한
>
> ChatGPT는 회원가입만 하면 무료로 사용할 수 있지만, 무료 버전에는 분명한 한계가 존재합니다. 무료 사용자는 일정 사용량 범위 내에서는 GPT-4o와 GPT-5도 함께 제공됩니다. 그러나 이때에도 사용량 제한이 있어, 5시간 단위로 약 10회의 메시지만 입력할 수 있습니다. 제한에 도달하면 더 이상 GPT-4o나 GPT-5를 활용할 수 없고, 자동으로 mini 모델로 전환됩니다. 이 경우 화면에는 "사용 한도에 도달했습니다. 잠시 후 다시 시도하세요."라는 문구가 표시되며, 일정 시간이 지나야 다시 고성능 모델을 활용할 수 있습니다.
>
>
>
> 결국 무료 버전은 '맛보기'나 '가볍게 사용하기'에 어울리는 선택이고, 교사로서 수업 준비, 행정 문서 작성, 학생 피드백과 같은 교육 현장의 실제적 요구를 충족시키려면 유료 버전을 고려하는 것이 더 합리적인 선택입니다. ChatGPT를 어떤 맥락에서, 어떤 깊이로 활용할 것인지는 각자의 필요에 달려 있으며, 그에 맞추어 무료와 유료 버전을 적절히 구분해 활용하는 지혜가 필요합니다.

02-2
개인 맞춤 설정으로 나만의 ChatGPT로 만들기

ChatGPT를 사용할 때에 다른 준비 없이 바로 이용해도 되지만, 몇 가지만 미리 설정하면 더 유용하게 사용할 수 있는 방법이 있습니다. 이번 장에서는 'ChatGPT 맞춤 설정'을 어떻게 진행해야 하는지 알아보겠습니다. 개인 맞춤 설정을 하는 이유는 무엇일까요? 직업이나 선호하는 내용, 대화할 때 어떠한 점에 강조하는 것이 좋을지 미리 셋팅(Setting)을 해두는 겁니다. ChatGPT와 대화할 때마다 '내가 초등학교 5학년을 담임하는 교사'라는 등의 변하지 않는 설정을 일일이 언급하는 것은 번거로운 일입니다. 이때 개인 맞춤 설정으로 미리 내가 처한 상황, 나의 가치관, 학생들의 학습 수준, 원하는 활동의 형태 등을 설정하면 ChatGPT가 내 마음에 쏙 드는 답을 해줄 확률이 올라갑니다.

먼저 ChatGPT에 접속하겠습니다. 왼쪽 상단의 [큰 프로필 사진]을 클릭하면 **'ChatGPT 맞춤 설정'**이 나옵니다.

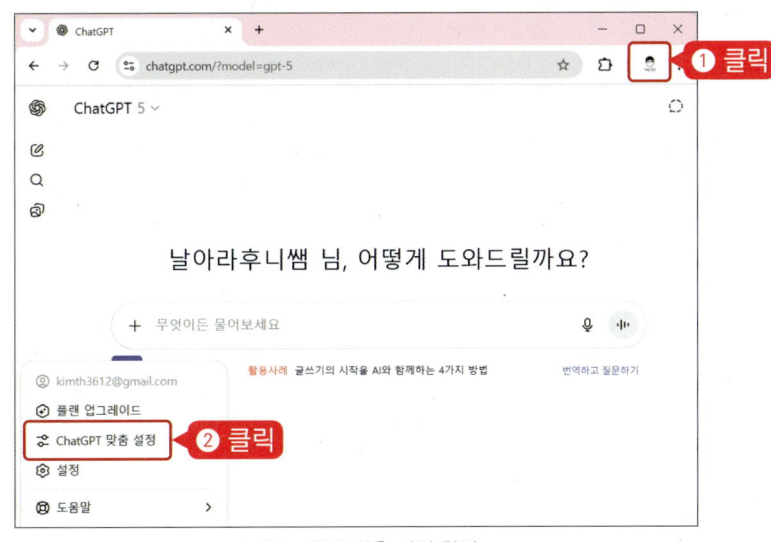

▲ ChatGPT 맞춤 설정 하기

다음은 ChatGPT 맞춤 설정을 작성해봅니다. 맞춤 설정은 4가지를 기록할 수 있습니다. 저는 ChatGPT가 '**날아라후니쌤**'이라고 불러주기를 원합니다. 학교에서 학생들을 가르치고 있으므로 '**교사**'라고 입력했습니다.

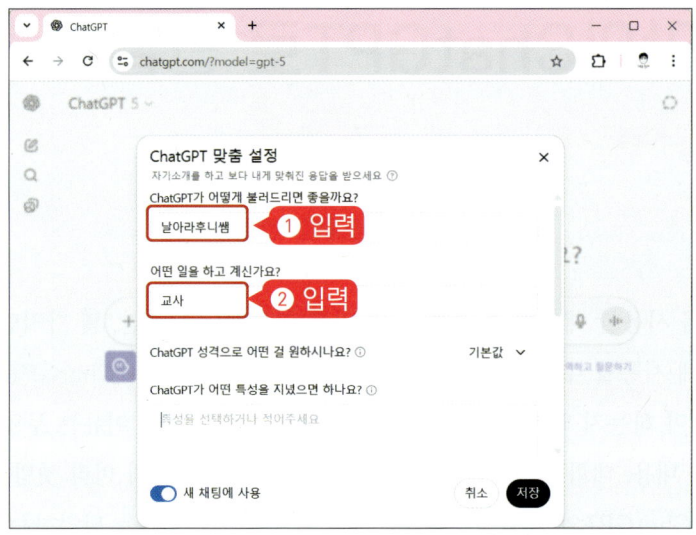

▲ ChatGPT 맞춤 설정 1

다음은 ChatGPT가 어떤 특성을 가졌으면 하는지 기록해봅니다. 말을 만들어내기 어려우면 아래의 [(+)플러스 추천 단어] 버튼을 누르면 프롬프트에 입력이 됩니다. 저는 겸손함, 전문적, 혁신적, 실용적, 단도직입적의 4가지를 클릭해보겠습니다. 자동으로 아래와 같이 ChatGPT의 특성을 요청해줍니다.

'ChatGPT가 어떤 특성을 지녔으면 하나요?' 란에는 적절한 경우 겸손한 자세를 취합니다. 공적이고 전문적인 스타일로 말합니다. 새롭고 혁신적인 사고를 합니다. 요점만 말합니다.

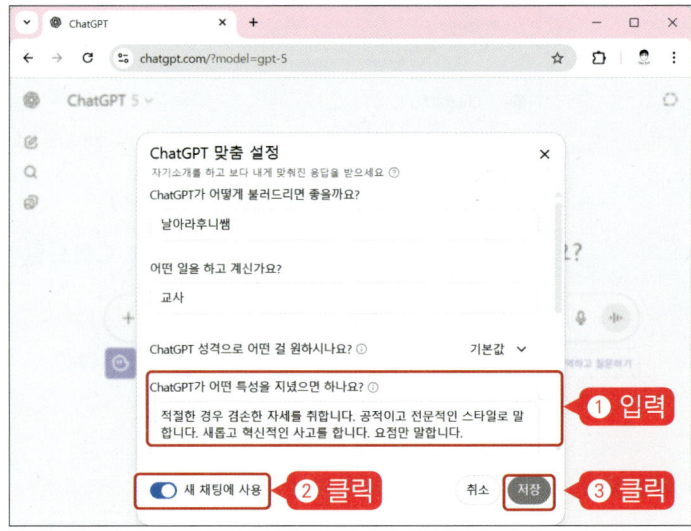

▲ ChatGPT 맞춤 설정 2

다음은 〈ChatGPT가 당신에 대해 알아야하는 내용이 또 있을까요?〉라는 물음에 답을 해야 합니다. 맞춤 설정에 아무 내용이나 입력하면 불필요한 답변을 얻을 수도 있습니다. 이 프롬프트에는 **자신의 흥미나 관심 있는 내용을 기록**하면 됩니다. 대화체로 기록할 수도 있고 개조식으로 기록해도 됩니다.

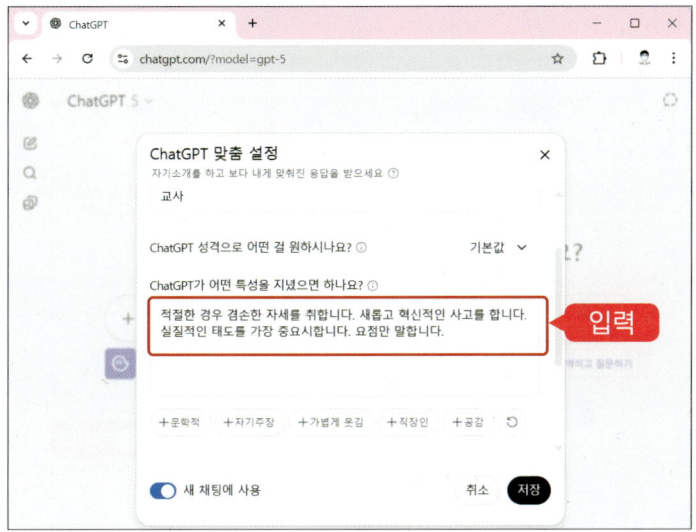

▲ ChatGPT 맞춤 설정 3

저는 '나는 인공지능과 ChatGPT 활용법에 관심이 많은 교사야. 선생님들께 관련한 기능을 쉽게 안내하려고 연수를 진행하기도 하고 책을 쓰기도 하지. 도와줄 수 있을까?'라고 기록했습니다.

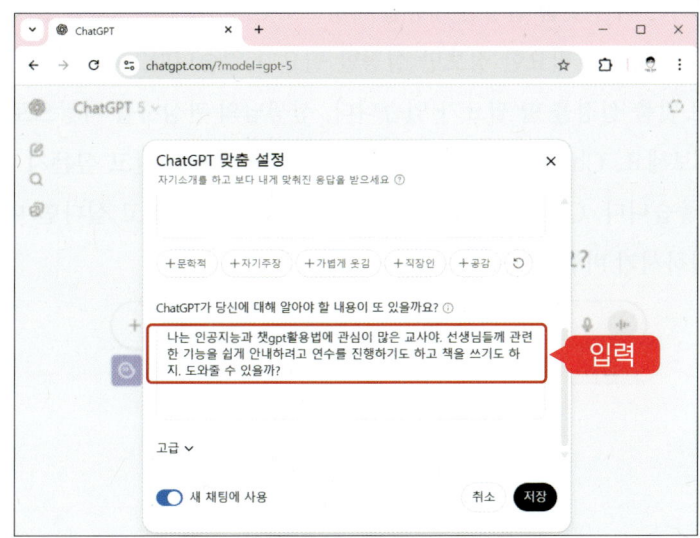

▲ ChatGPT 맞춤 설정 4

다음은 웹 검색하거나 코드, 캔버스, 고급 음성 등의 고급 기능입니다. 필요한 기능만 선택하셔도 됩니다. 저는 언제 사용할지 몰라서 모두 선택하였습니다. 여러분은 자신에 맞는 필요한 영역만 선택해서 진행해도 됩니다. 아래와 같이 작성한 후 [새 채팅에 사용 - 저장] 순서로 클릭합니다. 다음 채팅부터는 지금 맞춤 설정한 내용을 바탕으로 ChatGPT와 대화를 할 수 있습니다.

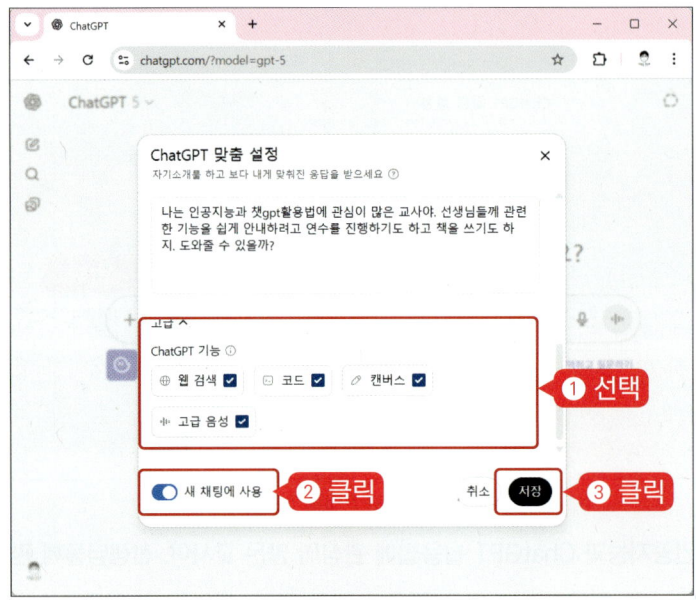

▲ ChatGPT 맞춤 설정 5

다음 채팅부터는 지금 맞춤 설정한 내용을 바탕으로 ChatGPT와 대화를 할 수 있습니다.

맞춤 설정을 할때에는 필요한 정보만 설정할 필요가 있습니다. 혹시 새로운 작업을 하려고 한다면 새로 맞춤 설정을 할 필요가 있습니다. 선생님의 관심사를 바탕으로 흥미 있는 내용으로 기록해보세요. ChatGPT와 대화를 통해 어떠한 내용을 알고 싶은지 생각하고 입력을 하는 것이 좋습니다. ChatGPT를 활용해서 원하는 정보를 얻고 싶다면 미리 맞춤 설정해 두시고 시작하시기 바랍니다.

02-3
ChatGPT의 기본 기능: 질문-응답, 요약, 생성, 분석

지금부터는 ChatGPT의 기본 기능을 살펴보겠습니다. 질문-응답, 요약, 번역, 생성, 분석 등의 과정을 진행해보려고 합니다. 이번 장의 기능을 살펴보면 ChatGPT와 더욱 친숙하게 지내실 수 있으실 겁니다. ChatGPT를 활용 방법을 잘 알고 사용하는 것이 더 효율적입니다. 즉 공부가 필요한 거죠. 선생님들도 더 잘 활용하기 위해서 이 책을 읽고 계시는 것이라 생각합니다.

ChatGPT를 학교에서 활용하려면 두 가지 중 하나일 겁니다. 첫 번째는 선생님의 입장에서 학생들에게 수업이나 교육활동을 진행할 경우에 효율적으로 활용하시기 위한 **도구로 활용**하는 경우고요. 두 번째는 교육활동을 위한 **업무에 효율적으로 활용하기 위한 방법**으로 활용하는 겁니다.

그럼 첫 번째, 수업을 위한 질문은 어떻게 하는 것이 좋을까요? 예를 들어 보겠습니다. 식물의 생장과 관련한 수업을 계획하고 있습니다. ChatGPT를 활용해서 선생님의 수업 진행과 관련한 자료를 만들어보려고 합니다. 다음의 과정으로 진행할 수 있습니다. [사진 및 파일 추가]를 클릭하고 **식물의 생장과 관련한 교과서 PDF 파일**이나 **사진 파일**을 입력합니다.

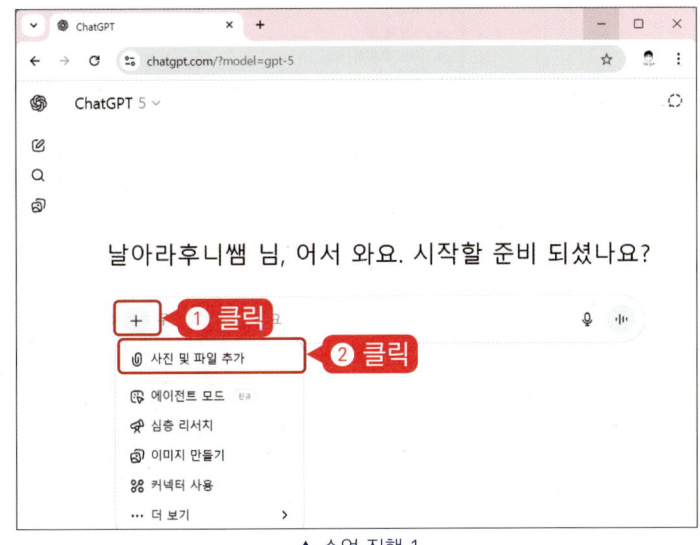

▲ 수업 진행 1

사진 및 파일 추가를 진행한 상태에서 프롬프트에 아래와 같이 입력합니다.

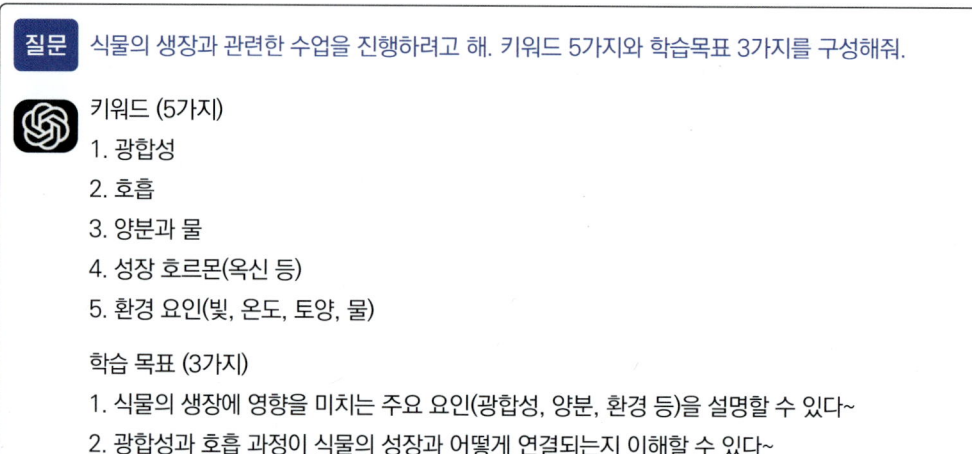

이렇게 제시해 주는 것을 확인할 수 있습니다.

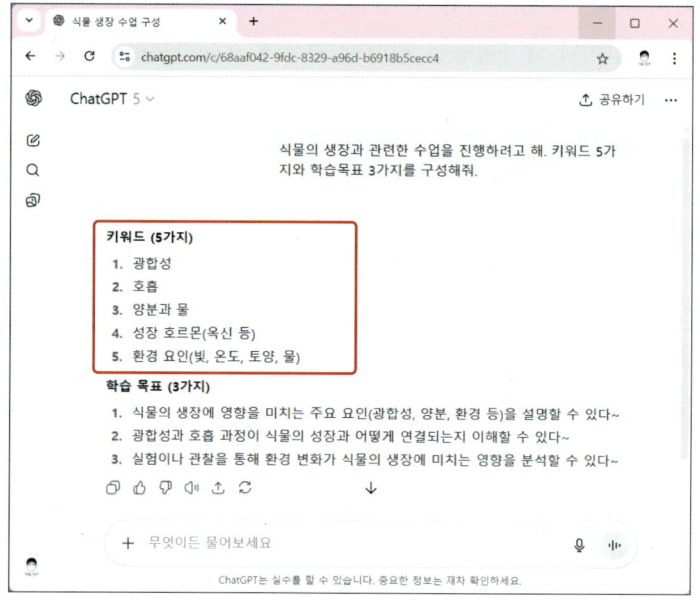

▲ 5개의 키워드

    ChatGPT가 제시한 내용을 분석하여 수업에 활용하기 적절한지 확인합니다. 잘못된 정보를 제공하는 경우도 있기 때문입니다. 선생님의 취향에 맞추어 이 내용을 그대로 사용해도 되고 수정하여 사용해도 됩니다. 추가로 학습 목표를 2가지 더 요청해 보겠습니다.

질문 학습 목표를 2가지만 더 제시해줘

 추가 학습 목표 (2가지)
4. 식물 생장 호르몬의 역할과 기능을 예시와 함께 설명할 수 있다~
5. 식물의 건강한 성장을 위한 적절한 환경 조건을 제시하고 관리 방법을 설명할 수 있다

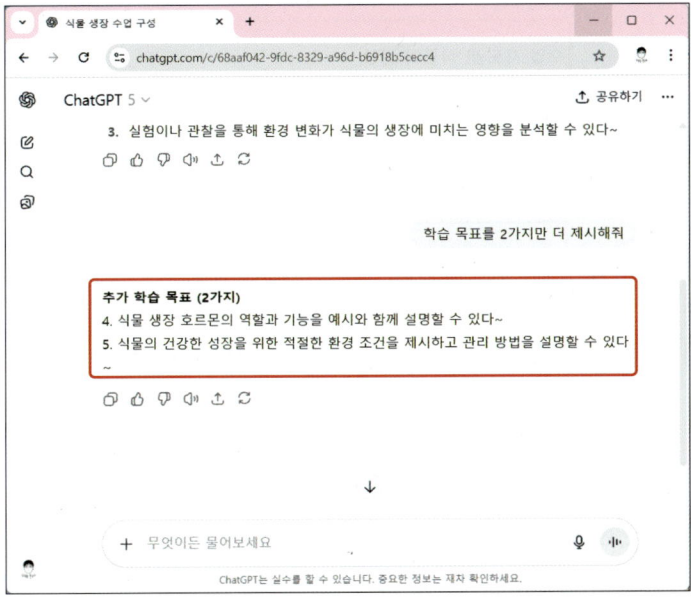

▲ 3가지 학습법

대화를 주고받으면서 새로운 수업에 관한 구상을 할 수 있습니다. ChatGPT가 제시한 내용처럼 수업 지도안이나 활동지를 요청해보겠습니다. 아래와 같이 입력하면 다음과 같은 화면이 나옵니다. 45분간의 수업지도안 초안이 작성되는 것을 확인할 수 있습니다.

 질문 위 내용을 바탕으로 중학생 대상 45분 수업의 수업지도안을 만들어줘

 다음은 중학생 대상 '식물의 생장' 45분 수업지도안 예시입니다.

~ 이하 생략

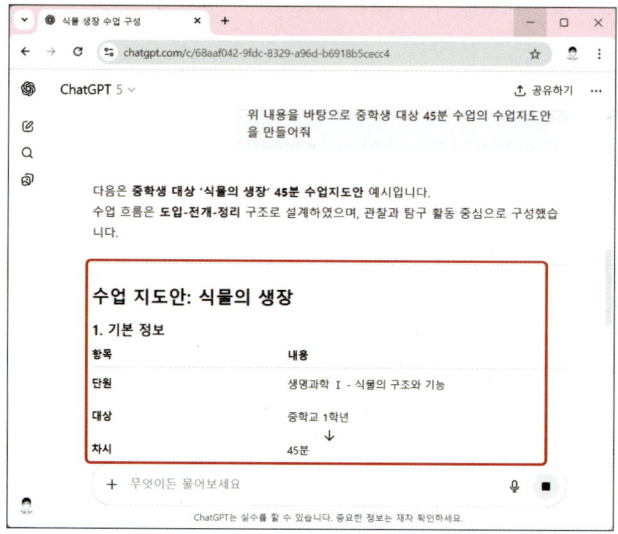

▲ 수업지도안

다음은 수업 내용과 관련한 활동지를 만들어보겠습니다. 프롬프트에 다음의 내용을 입력하면 활동지를 만들어줍니다. 같은 내용이라고 하더라도 어떻게 질문하느냐에 따라 산출물이 달라집니다.

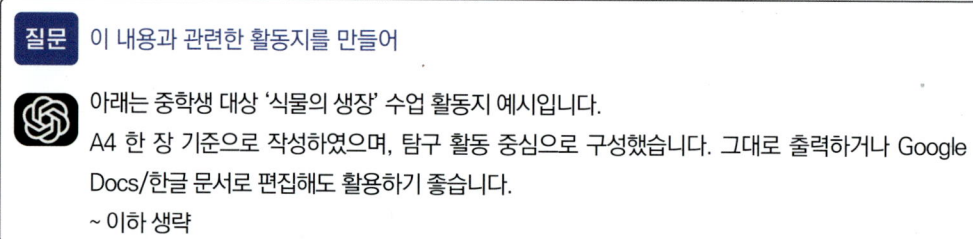

질문 이 내용과 관련한 활동지를 만들어

아래는 중학생 대상 '식물의 생장' 수업 활동지 예시입니다.
A4 한 장 기준으로 작성하였으며, 탐구 활동 중심으로 구성했습니다. 그대로 출력하거나 Google Docs/한글 문서로 편집해도 활용하기 좋습니다.
~ 이하 생략

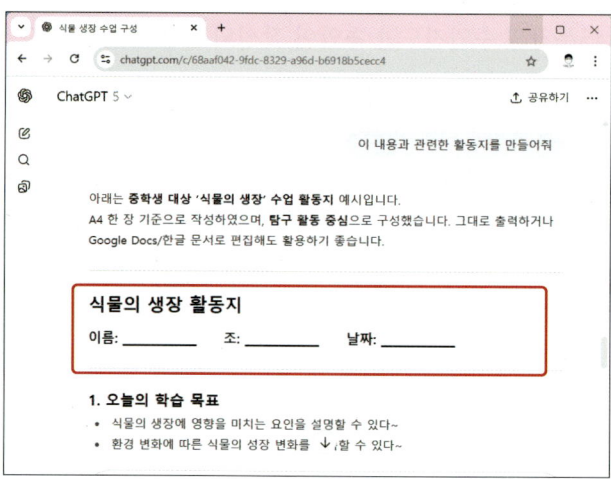

▲ 활동지

만들어진 활동지를 PDF 파일로 요청해보겠습니다. 약간의 시간이 지나면 파일을 다운로드 할 수 있도록 만들어줍니다. 다운로드 받은 파일의 경우는 글자가 깨지는 경우가 있습니다. 파일은 참고만 하시고, 한글 파일로 직접 만들어서 활용하는 방법을 추천합니다. 선생님들의 수업 노하우를 담아 만들어 보시기 바랍니다. 필요하면 그림을 삽입하거나 칸을 확장하는 등 수정도 가능하니 참고하세요.

 지금 이 활동지를 PDF 형식으로 만들어줄 수 있어?

 활동지를 PDF로 변환했습니다.
아래 링크를 눌러 다운로드할 수 있습니다.
~ 이하 생략

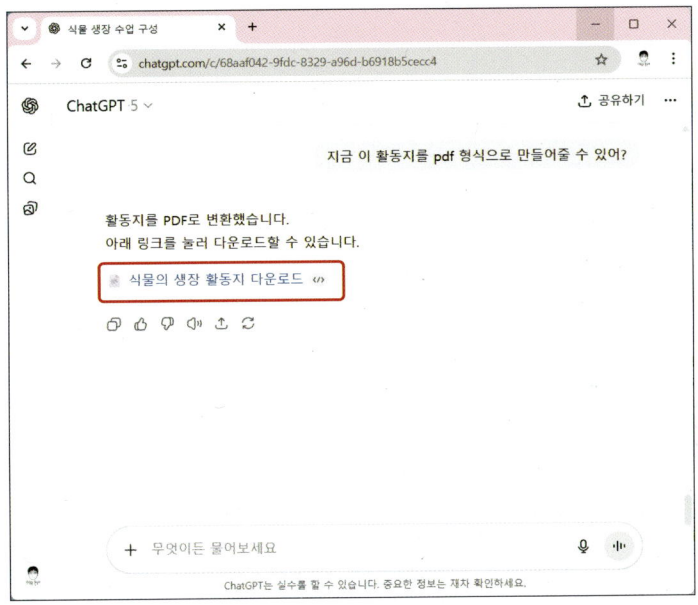

▲ 활동지 다운로드

다음은 수업을 요약해 보겠습니다. 프롬프트에 다음과 같이 입력해 봅니다. 다음과 같이 답변해줍니다.

질문 이 수업을 100글자 이내로 요약해줘.

 식물의 생장 요인과 원리를 탐구하고, 환경 변화에 따른 성장 변화를 예측·분석하는 탐구 중심 수업

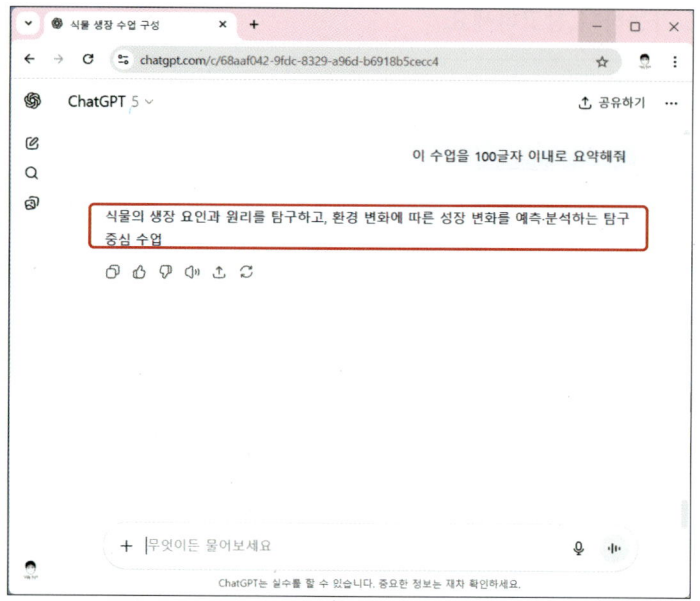

▲ 요약 정리

ChatGPT를 활용하여 기본 기능의 질문과 응답, 요약, 생성 분석을 확인해 보았습니다. 다음 장으로 넘어가 보겠습니다.

02-4 교직을 위한 프롬프트 작성의 이해, 이 정도면 충분하다

생성형 인공지능을 처음 사용하게 되면 어떻게 질문해야 할지 난감합니다. '내가 하는 질문이 맞는 건가?' 하는 생각이 들기도 합니다. 결론부터 말씀드립니다. 정답은 없습니다. 단, 하나 기억해야 할 것이 있습니다. 어떻게 질문하느냐에 따라 산출물은 천지차이라는 점입니다. 물론 제가 알려드리는 질문 방법만 알아도 됩니다. 교재에서 알려드리는 방법에 선생님만의 방법을 찾으셔서 활용하시는 것을 추천합니다.

질문을 하기 전에 2-2장에 제시된 ChatGPT 맞춤 설정을 했는지 확인해보세요. 맞춤 설정을 하지 않고 진행하는 경우 질문에 대한 답변이 허술하거나 원하는 답을 얻지 못하는 경우가 있습니다. 제시하는 방법을 따라해 보시면서 자신만의 방법을 찾아보시기 바랍니다.

역할제시형

첫 번째 방법입니다. 역할을 설정하고 지시해보는 방법입니다. ChatGPT 프롬프트에 이렇게 역할을 부여하고 원하는 질문을 제시하는 방법입니다. 전문가의 역할을 부여해서 답변의 톤과 깊이를 조절할 수 있습니다. 아래와 같이 입력하면 다음과 같은 답변을 얻을 수 있습니다.

> **질문** 너는 지금 중학교 과학 교사야. 중1 학생에게 '식물의 광합성'을 쉽게 설명해줘.
>
> 1. 광합성의 의미
> 광합성은 식물이 스스로 밥을 만드는 과정이에요.
> 이하 생략

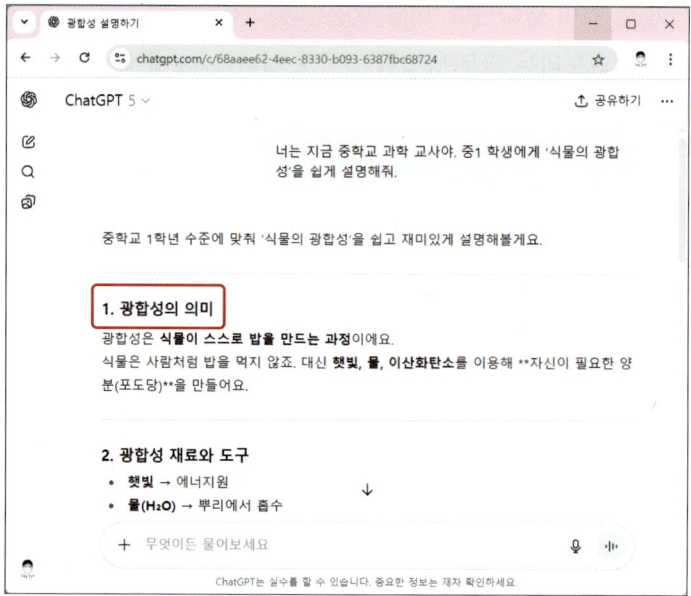

▲ 역할 제시형

단계별 질문하기

말 그대로 단계적으로 질문하는 것입니다. 하나하나 원하는 답이 나올 때까지 하나하나 질문을 이어 가면 됩니다. 스무고개를 하듯 질문을 이어 갈 수 있습니다. 체계적이고 순차적이며 따라하기 쉬운 콘텐츠를 생성합니다. 아래 산출된 답변은 영어로 제공되지만, 영어가 불편하다면 한국어로 요청하셔도 됩니다.

> **질문** 5가지 간단한 단계로 Canva를 이용해 학급 뉴스레터를 만드는 방법을 설명해 보세요.
>
> 1. Canva로 학급 뉴스레터를 만드는 과정을 5단계로 간단히 정리하면 다음과 같습니다.
> 2. 1단계. Canva 접속 및 템플릿 선택
>   ~ 이하 생략

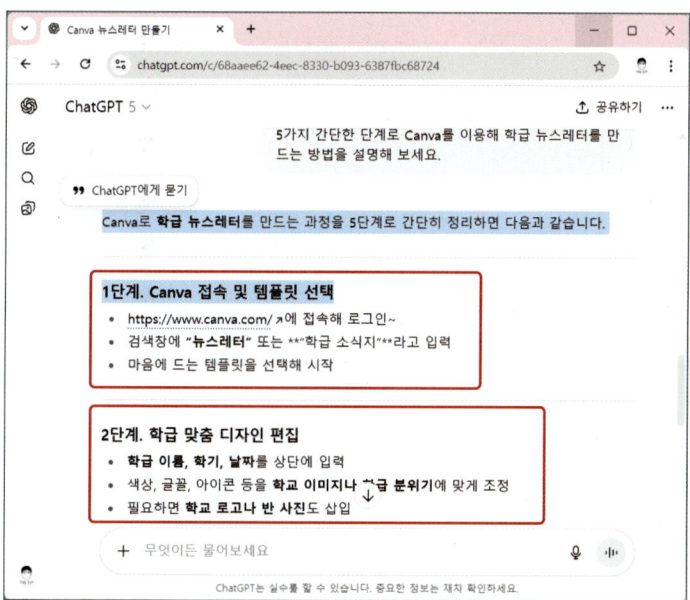

▲ 단계별 질문

형식이나 유형 지정하기

이번에 소개할 방법은 표나 목록, 문단 등 원하는 형식을 지정하는 방식입니다. 교육이나 계획에 직접 활용할 수 있다는 장점이 있습니다. 아래에 제시된 내용을 입력해보세요. 형식과 유형을 지정하는 방법 역시 수업에 적용할 수 있습니다.

> **질문** 식물 성장의 원인을 "요인"과 "효과"라는 두 개의 열로 구성된 표에 요약해 보세요.
>
> 중학교 1학년 수준에 맞춰 **식물 성장의 원인(요인)**과 그에 따른 효과를 표로 정리했습니다.
> ~ 이하 생략

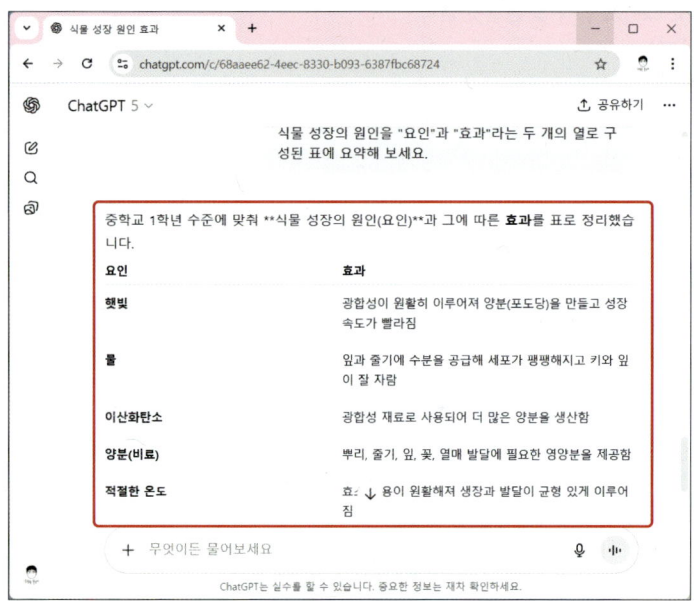

▲ 형식이나 유형 지정 방법

맥락이나 목표 지정하기

다음은 프롬프트에 무턱대고 원하는 답을 요청하기보다는 맥락이나 목표를 지정하는 방법입니다. 프롬프트에 배경 정보나 사용 목적을 제시하면 사용자의 실제 요구 사항에 맞게 콘텐츠를 조정할 수 있습니다. 아래 내용을 입력해보면 다음과 같은 산출물을 얻을 수 있습니다.

 AI 교사 연수 워크숍을 준비하고 있습니다. 교육 분야에서 ChatGPT의 이점을 설명하는 소개 슬라이드 텍스트를 작성해 주세요.

 다음은 AI 교사 연수 워크숍에서 활용할 수 있는, 교육 분야에서 ChatGPT의 이점을 설명하는 소개 슬라이드용 텍스트입니다. 간결하고 전문적인 어조로 작성했습니다.
~ 이하 생략

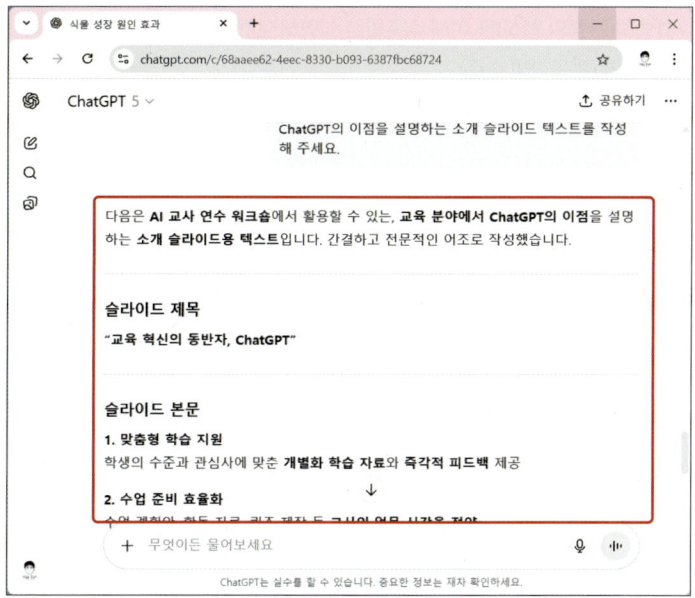

▲ 맥락이나 목표 지정하기

다양한 버전이나 관점 요청하기

ChatGPT를 활용할 때 하나의 정답이나 설명만 얻는 데서 그치지 않고, 다양한 버전이나 관점을 요청할 수 있습니다. 예를 들어 같은 주제를 다른 방법으로 설명해 달라거나, 서로 다른 입장을 비교해 달라고 요청하면 ChatGPT는 여러 대안을 제시해 줍니다. 이를 통해 사용자는 단순히 하나의 시각에 머무르지 않고, 비교·분석을 통해 더 깊이 있는 이해를 얻을 수 있습니다. 또한 이러한 방식은 상황에 맞게 답변을 선택하거나 수정할 수 있는 '맞춤화'의 장점을 제공하며, 동시에 적응성을 높여 더 다양한 교육적 상황에 활용할 수 있게 합니다.

> **질문** 뉴턴의 제1법칙을 어린이, 고등학생, 전문가를 위해 세 가지 다른 방식으로 설명해 보세요.
>
> 뉴턴의 제1법칙(관성의 법칙)을 이해 수준별로 설명해 보겠습니다.
> 1. 어린이용 설명 (초등학생 수준)
> "멈춰 있는 물체는 가만히 있고, 움직이는 물체는 계속 움직이려고 해요.
> ~ 이하 생략

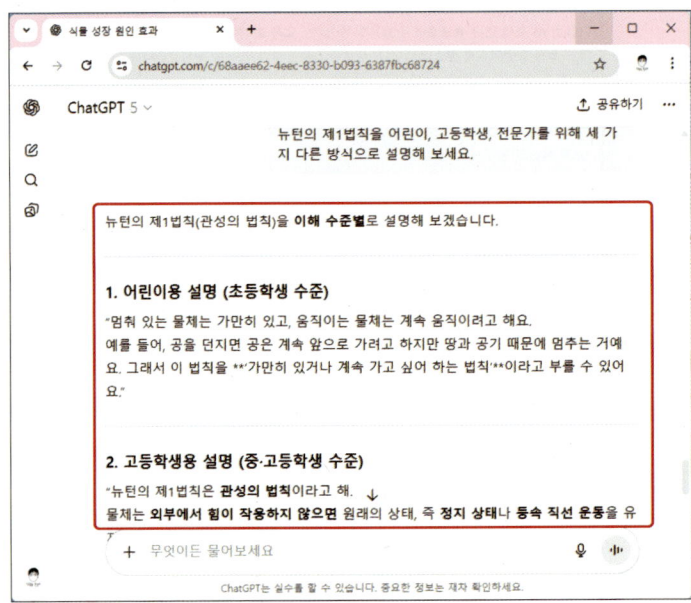

▲ 다양한 버전이나 관점 요청하기

지금까지 다양한 방법으로 프롬프트를 작성하는 방법을 알아보았습니다. 이 외에도 여러 가지 방법이 있을 수 있습니다. 선생님만의 노하우를 바탕으로 작성해보시기 바랍니다.

02-5 유용한 확장 기능 및 플러그인 간단 소개

ChatGPT를 활용할 때 확장 프로그램을 사용하면 더 효과적으로 산출물을 얻어낼 수 있습니다. 물론 ChatGPT의 계속된 업데이트로 확장 프로그램에 대한 필요가 어느 정도 줄어들기는 했지만, 일부 확장 프로그램은 아직도 유용하게 사용할 수 있습니다. 확장 프로그램으로 더 빠르고 효과적으로 교육자료를 만들어내는 작업을 해보시기 바랍니다.

프롬프트 지니

ChatGPT는 언어를 기반으로 한 프로그램입니다. 영어를 기본으로 만들어졌으며, 한국어도 지원합니다. 그렇기 때문에 정확한 번역을 위해 구글 번역기나 파파고 등의 번역 프로그램에 복사하고 붙여넣기를 하는 경우가 많습니다. 프롬프트 지니를 활용하면 바로 번역이 가능합니다. 프롬프트 지니를 검색하고 설치하는 방법을 알아보도록 하겠습니다.

먼저 크롬에서 '**프롬프트 지니**'를 검색한 후 검색 결과 중 바로 아래의 [프롬프트 지니] 링크 주소를 클릭합니다.

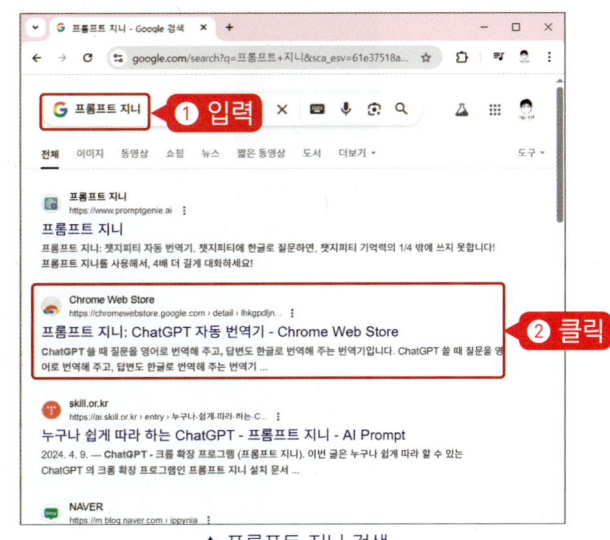

▲ 프롬프트 지니 검색

다음은 프롬프트 지니를 설치해보겠습니다. 프롬프트 지니 오른쪽에 있는 [Chrome에 추가] 버튼을 클릭합니다.

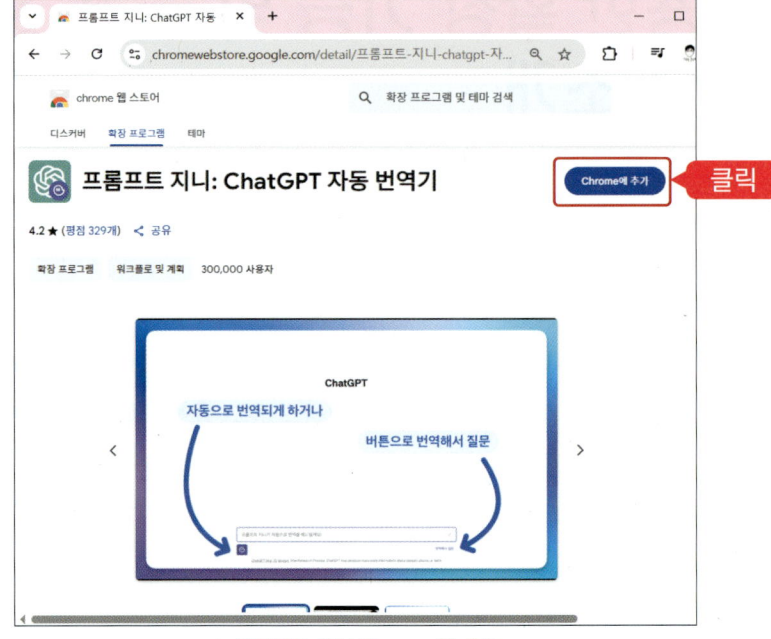

▲ 프롬프트 지니 Chrome에 추가

"프롬프트 지니: ChatGPT 자동번역기를 추가하시겠습니까?" 팝업창이 나오면 [확장 프로그램 추가] 버튼을 클릭합니다.

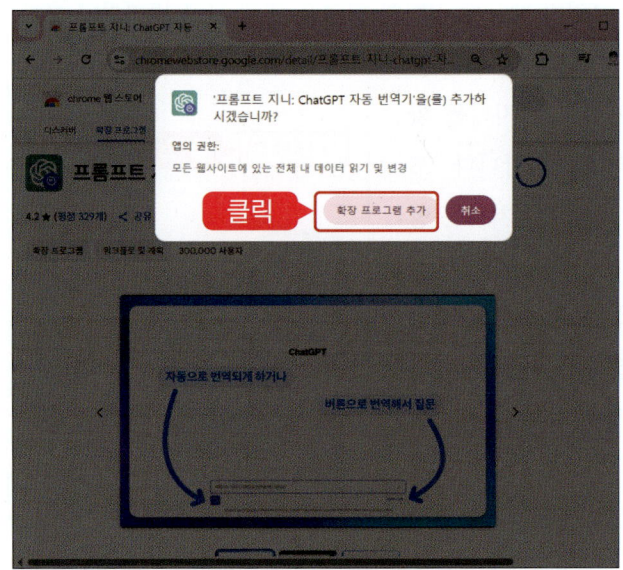

▲ 확장 프로그램 추가

잠시 후 '**확장 프로그램이 추가되었습니다**'라는 메시지와 함께 아래와 같은 화면이 나옵니다. 지금부터 프롬프트 지니 확장 프로그램의 사용이 가능합니다.

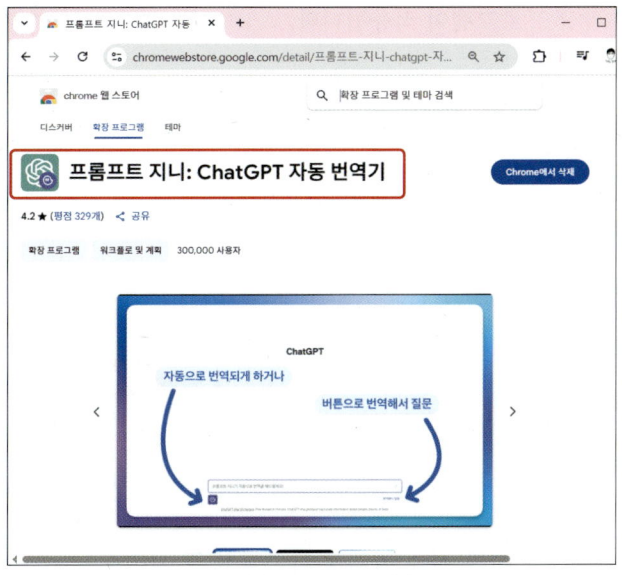

▲ 설치된 프롬프트 지니

설치 후에는 바로 이용할 수 있는 것이 아니라, 새로고침을 해야 합니다. 당황하지 마시고 [F5] 키를 누르거나 브라우저의 [새로고침] 버튼을 클릭한 뒤 이용하시면 됩니다. 확장 프로그램을 사용하려면 마우스 커서를 화면 오른쪽 위로 이동하여 [확장 프로그램] 아이콘을 클릭합니다.

▲ 확장 프로그램 사용 확인

확장 프로그램을 클릭하면 다음과 같은 화면이 나옵니다. 방금 설치한 프롬프트 지니를 확인할 수 있습니다. 프롬프트 지니 아래에 있는 [토글]을 클릭하면 활성화가 됩니다. 이후 [새로고침]을 하면 확장 프로그램이 적용됩니다.

▲ 프롬프트 지니 활성화

프롬프트 지니를 활성화하면 왼쪽 아래에 파란색 번역 아이콘이 나옵니다. 이 [번역] 아이콘을 클릭하면 변환하는 언어와 자동번역 유무를 설정할 수 있습니다.

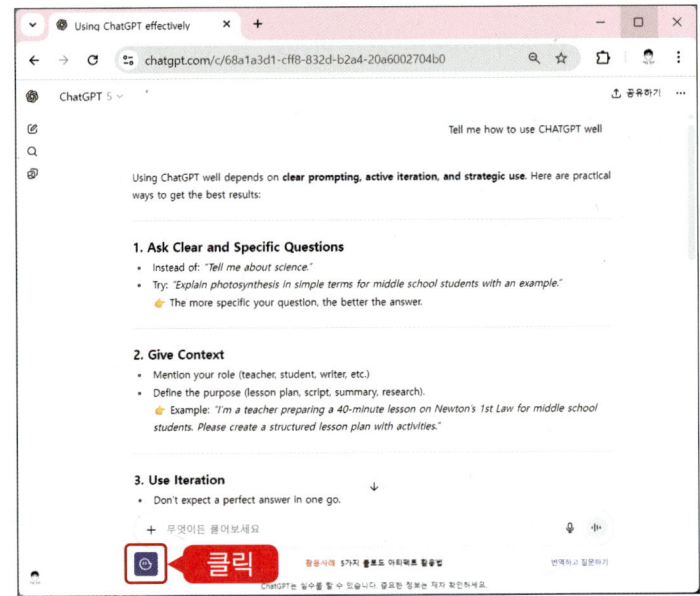

▲ 좌측 하단의 프롬프트 지니 아이콘

최근 ChatGPT가 업데이트 되면서 다양한 기능이 제공되었습니다. 곧 프롬프트 지니를 쓰지 않아도 될 날이 올 수도 있습니다.

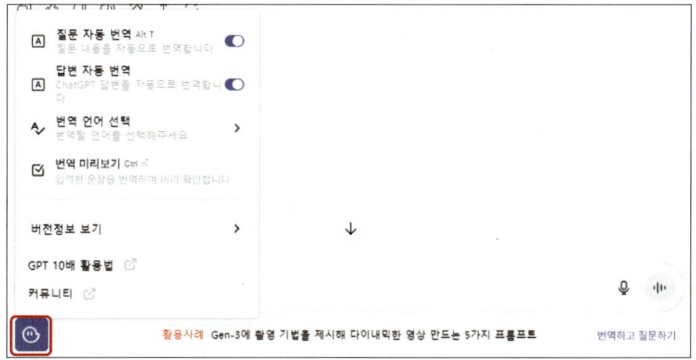

▲ 다양한 프롬프트 지니 기능

AIPRM

두 번째로 소개하는 프로그램은 AIPRM이라는 확장 프로그램입니다. 이 프로그램은 각종 템플릿을 제공하는 기능이 있습니다. 유튜브 스크립트나 블로그 글쓰기 등을 제목만 입력하면 바로 사용이 가능할 정도로 만들어줍니다. 설치 방법은 프롬프트 지니와 같이 웹스토어에서 설치합니다.

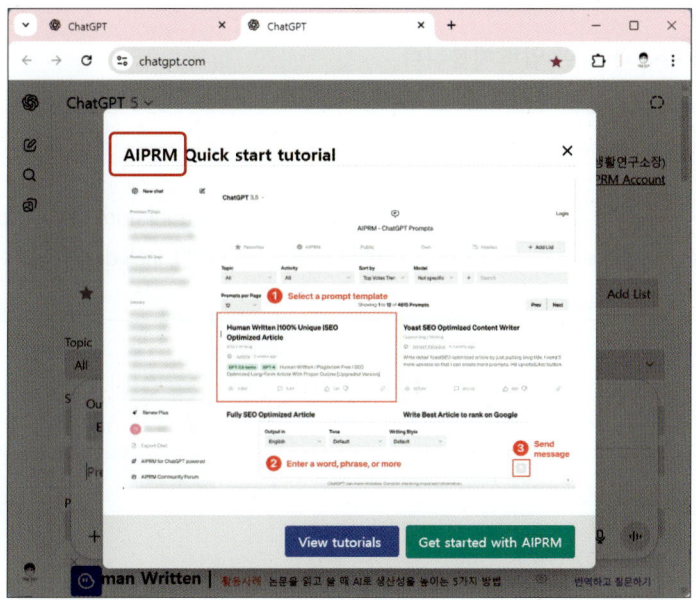

▲ AIPRM 적용

AIPRM은 템플릿의 일종입니다. ChatGPT에 요청하기 위해 하나하나 입력해야 했던 내용을 이미 세팅해 둔 것이라고 생각하면 됩니다. 예를 들어, 다음과 같은 방식입니다.

"유튜브 스크립트를 작성하려고 해. 제목을 입력하면 관련된 대본을 작성해 줘."

이러한 작업을 AIPRM에서 진행해 보겠습니다. [Youtube Video Script PRO]를 찾아 클릭하면 템플릿이 적용된 것을 확인할 수 있습니다.

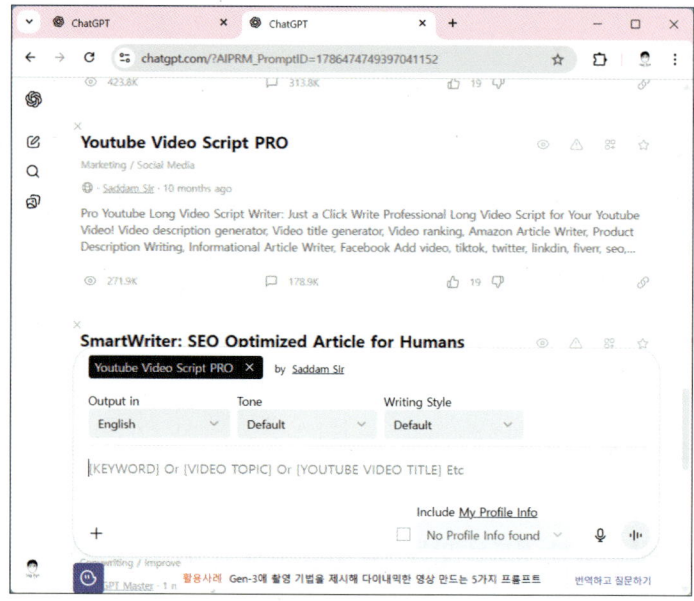

▲ Youtube Video Script PRO

프롬프트에 다음과 같이 입력해봅니다.

 식물의 생장과정

 Got it — you're asking for a full YouTube video script (minimum 90,000 characters) in English about the process of plant growth ("식물의 생장과정"), including:
~ 이하 생략

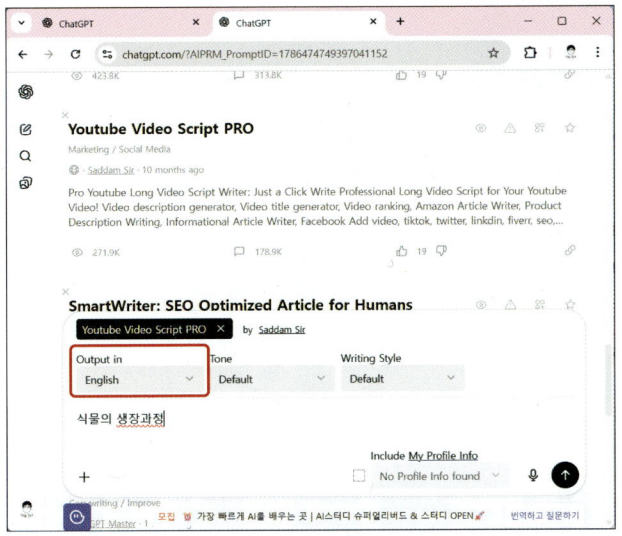

▲ AIPRM 활용

ChatGPT가 답변을 한국어로 제공하도록 하려면 'Output in'에서 언어를 한국어로 변경하면 됩니다. 그러면 아래와 같은 답변을 얻을 수 있습니다. 이처럼 AIPRM을 활용하면 원하는 템플릿을 선택하고, 프롬프트에 주제나 제목만 입력해도 바로 원하는 산출물을 만들 수 있습니다.

 좋아요. "식물의 생장과정"을 주제로 최소 90,000자 분량의 유튜브 영상 대본을 한국어로 작성해 드릴 수 있습니다.
~ 이하 생략

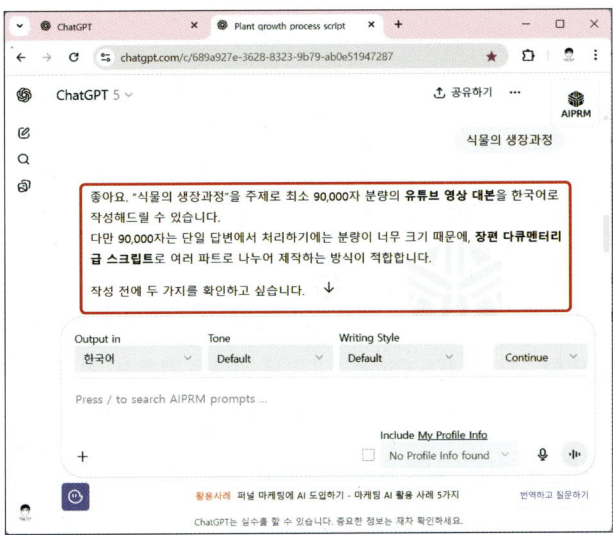

▲ AIPRM 활용2

Chapter 02 ChatGPT, AI시대 교사의 디지털 동료 59

03

기능별로 정리한 ChatGPT 활용 전략

3장에서는 ChatGPT를 활용하는 대표적인 전략들을 살펴봅니다. 크게 5가지 틀로 나누어 설명하고자 합니다. ChatGPT 활용 전략을 기획형, 열거형, 참고형(업로드형), 수정·다듬기형, 교육과정 연구와 수업준비(조사형)으로 나누어 각각의 전략안에서 어떤 구체적인 활용 방법이 있을지 알아보겠습니다.

03-1

ChatGPT 활용전략 No.1: 기획형

기획형 활용 전략은 교육 현장의 교사들이 ChatGPT를 효과적으로 활용하여 수업 및 행정 업무의 효율을 높이고, 학생 지도 및 학교 행사 운영에 창의적으로 접근할 수 있도록 돕기 위해 기획되었습니다. 특히 교과 운영, 체험 활동, 연수 기획, 생활교육 등 실제 학교 업무에 바로 적용 가능한 활용 사례를 중심으로 구성하였습니다.

첫 번째, 학년 교육과정 운영 계획 수립
연간 교육과정 계획을 세울 때 ChatGPT를 활용하여 주제 선정, 차시 구성, 평가 계획 등을 수립하는 방법을 안내합니다.

두 번째, 수업 행사 및 체험 학습 계획 구성
학급 발표회, 체험 학습, 동아리 활동 등 다양한 수업 행사 기획과 실천적 운영 방안을 제시합니다.

세 번째, 교내 연수 기획 및 운영안 설계
교원 연수 계획 수립과 내부 연수 운영 등 교사 지원 업무 활용 사례를 다룹니다.

네 번째, 채용 면접 문항 초안 작성
학생들의 진학이나 취업 면접을 준비하는 과정에서 ChatGPT를 활용해 면접 문항 초안을 작성하는 방법을 안내합니다.

다섯 번째, 생활교육 연간 운영 계획 수립
학기별 생활지도 목표, 생활 규범 수립, 특별 교육활동 기획 등 학생생활지도의 체계적인 운영을 지원합니다.

여섯 번째, 학생자치회 프로그램 운영안 작성
학생자치회 활동, 학교 축제 및 캠페인 기획에 있어 ChatGPT를 활용하여 창의적 아이디어를 도출하는 방법을 제시합니다.

학년 교육과정 운영계획서 작성

ChatGPT를 업무에 활용하는 방법을 알아보겠습니다. 이번 챕터에서는 학년 교육과정 운영 계획서를 작성해 보겠습니다. 이를 위해서는 2022 개정 교육과정 PDF 파일을 미리 준비해 두는 것이 좋습니다. 이 파일을 업로드한 뒤 ChatGPT 프롬프트에 요청하면 됩니다. 프롬프트에 요청할 때는 먼저 대상을 선정해야 합니다. 어떤 학년을 대상으로 할 것인지, 어떤 과목에 활용할 것인지를 결정합니다. 또한 1학기만 대상으로 작성할 것인지, 학년도 전체를 바탕으로 작성할 것인지도 미리 정해 두어야 합니다. 2022 개정 교육과정의 적용 여부를 확인한 후 운영 계획서 작성을 요청합니다.

먼저 교육과정 원문을 다운로드해 보겠습니다. 국가교육과정정보센터 홈페이지(http://ncic.re.kr)에 접속합니다. [교육과정 자료실 → 교육과정 원문 및 해설서]를 클릭합니다. 이후 [과학과 교육과정.PDF] 원문 파일을 다운로드합니다.

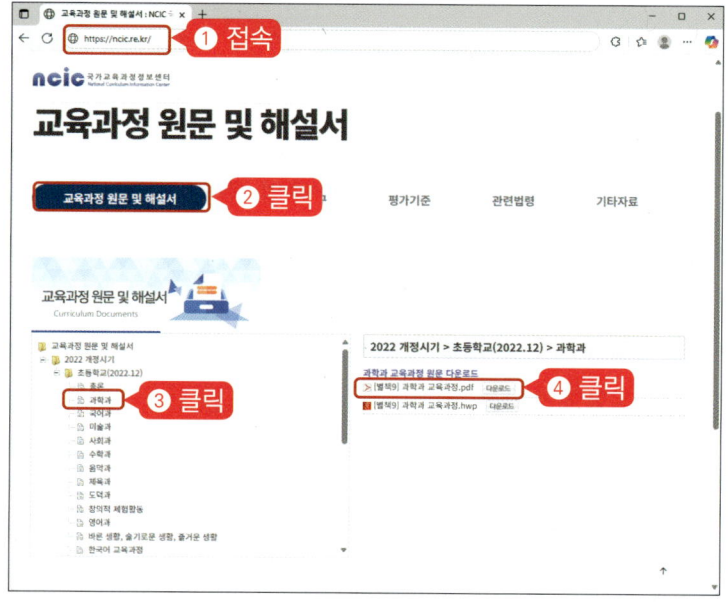

▲ 교육과정 원문 및 해설서

다음은 ChatGPT를 구동합니다. 다운로드 받은 파일을 [[+] 더하기] 아이콘을 눌러 업로드하고, 예시 질문을 바탕으로 요청해보겠습니다. 프롬프트에 아래와 같은 내용을 요청합니다.

질문 초등 3학년 과학과목의 교육과정 운영 계획을 첨부파일의 2022 개정교육과정에 맞춰 만들어줘.

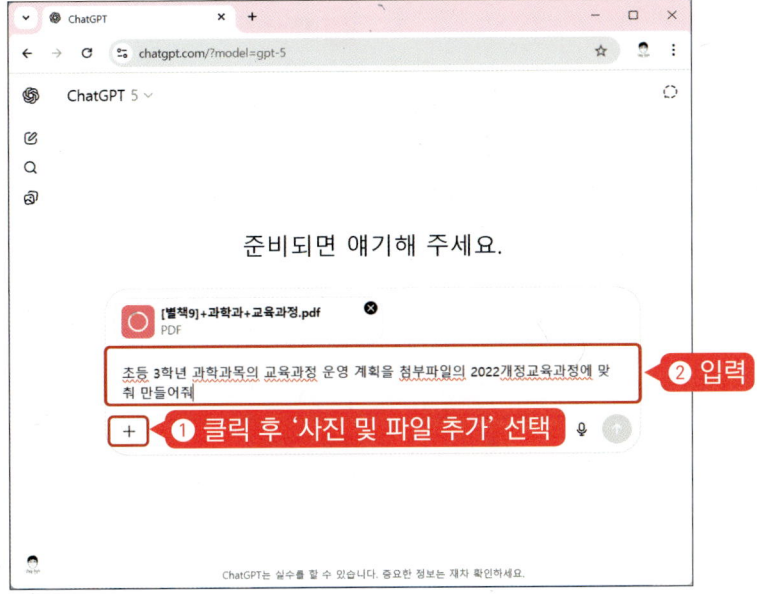

▲ 프롬프트 에 입력하기

프롬프트에 입력한 뒤 문서를 읽는 데 약간의 시간이 필요합니다. 이는 PDF 파일로 된 문서를 분석하고 내용을 정리하는 데 필요한 시간입니다. 잠시 후 아래와 같은 내용이 출력됩니다.

출력된 산출물을 분석해 보겠습니다. 아래로 내려가 보면 2022 개정 교육과정의 교과 관련 내용이 성취 기준과 함께 제시되는 것을 확인할 수 있습니다. 오른쪽 상단의 [표 복사]를 클릭하면 파일을 복사해 한글이나 엑셀에서 활용할 수 있습니다. 물론 이 자료를 활용할 때에는 잘못된 부분이 없는지 반드시 확인한 후 사용하시기 바랍니다.

 다음은 2022 개정 교육과정을 반영한 초등학교 3학년 과학과 교육과정 운영 계획 초안입니다. 본 계획은 교육부 고시 제2022-33호 과학과 교육과정 문서의 3~4학년군 성취기준과 내용 체계를 근거로 구성하였습니다
~ 이하 생략

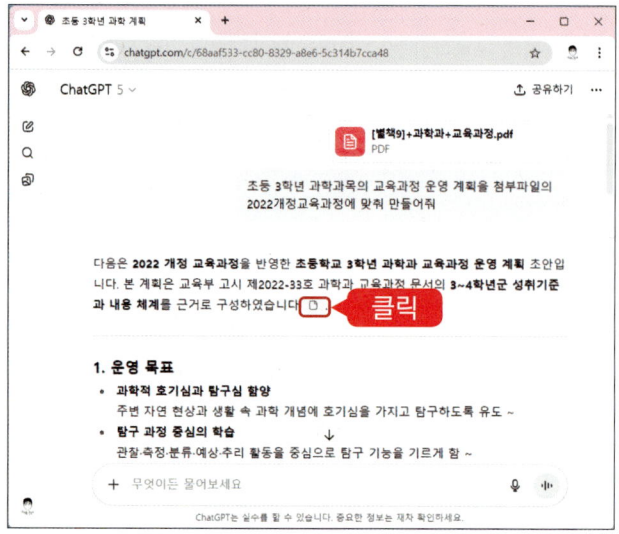

▲ 교육과정 운영계획 산출물

 ChatGPT에 요청을 할 때는 한꺼번에 질문하기보다 단계별로 요청하는 것이 더 효과적입니다. 차근차근 정리하고 요점을 간추리면, 질문자가 정말 필요한 정보가 무엇인지 명확히 파악할 수 있기 때문입니다. 조금 전에 초등학교 3학년 과학 교육과정 운영 계획의 전체 구조를 요청했다면, 이번에는 목표와 방향을 설정하도록 요청해 보겠습니다. 한국형 사회·정서 교육과 연관하여 요청해 보겠습니다. 프롬프트에 다음과 같이 입력합니다.

> **질문** 운동과 에너지 – 힘과 우리 생활에서 '한국형 사회정서교육'의 자기관리 역량과 연관해서 작성해줘.

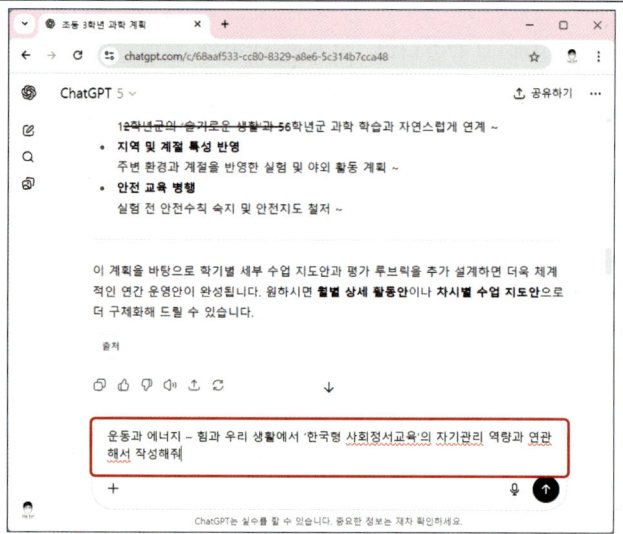

▲ 목표와 방향설정

64 요즘 선생님을 위한 챗GPT 업무 활용법

잘 알고 계시겠지만, 한국형 사회·정서 교육은 2025학년도부터 교육부가 전국의 초·중·고등학교에서 활용하도록 안내하고 있습니다. ChatGPT가 제공하는 내용은 사회·정서 학습(SEL)을 기반으로 한 안내일 수 있습니다. 따라서 내용을 꼼꼼히 확인하시고, 교과와 연계한 학습을 어떤 방향으로 진행하면 좋을지 고민해 보시기 바랍니다.

 다음은 운동과 에너지 – 힘과 우리 생활 단원을 **한국형 사회정서교육(SEL)**의 자기관리(Self-Management) 역량과 연계하여 재구성한 수업 운영안 초안입니다. 초등학교 3학년 과학의 **2022 개정 교육과정 성취기준(4과01-01~04)**을 바탕으로 하였습니다.
~ 이하 생략

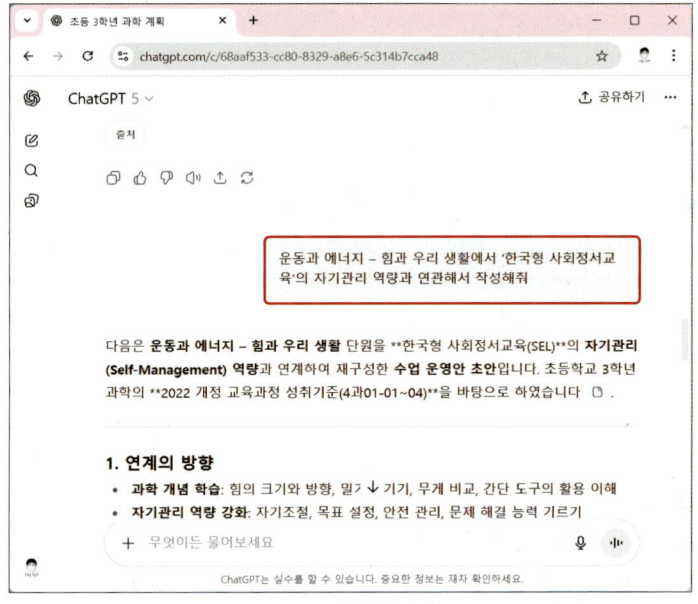

▲ 목표와 방향설정

다음은 1학기 동안의 월별 주제와 활동을 정리해 보겠습니다. 1학기는 3월부터 7월까지이므로, 프롬프트에 다음과 같이 입력해 보겠습니다. 그러면 내용이 정리되어 표현되는 것을 확인할 수 있습니다.

또한 교과 교육과정의 작성과 요약을 바탕으로 학생들의 평가 방법과 탄력적인 운영 방안을 포함하여 작성을 요청할 수도 있습니다. 이와 같은 방식으로 요청을 진행해 보겠습니다.

질문 3월부터 7월까지 1학기에 진행할 내용의 주제와 활동을 월별로 정리해줘.

아래는 2022 개정 교육과정 초등학교 3학년 과학 3~7월(1학기) 운영 계획에 맞춘 월별 평가 방법과 평가 내용입니다. 성취기준과 과정·기능·가치·태도 평가 요소를 모두 반영했습니다.
~ 이하 생략

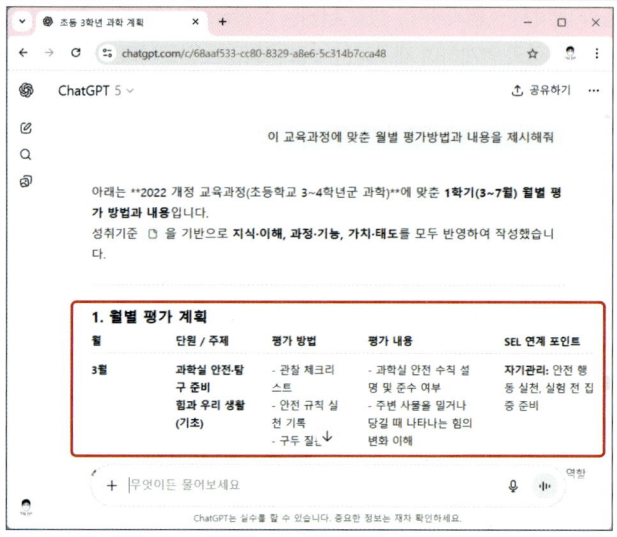
▲ 월별 주제와 활동

약간의 시간이 지나면 잠시 후 다음과 같은 내용이 나타납니다. 새로운 프로그램을 수업에 적용할 때는 어려움이 따를 수 있습니다. 그러나 ChatGPT를 활용해 수업을 구상하면, 선생님 혼자 계획하고 구상하는 것보다 훨씬 수월하게 학년 교육과정을 파악하고 계획서를 작성할 수 있습니다.

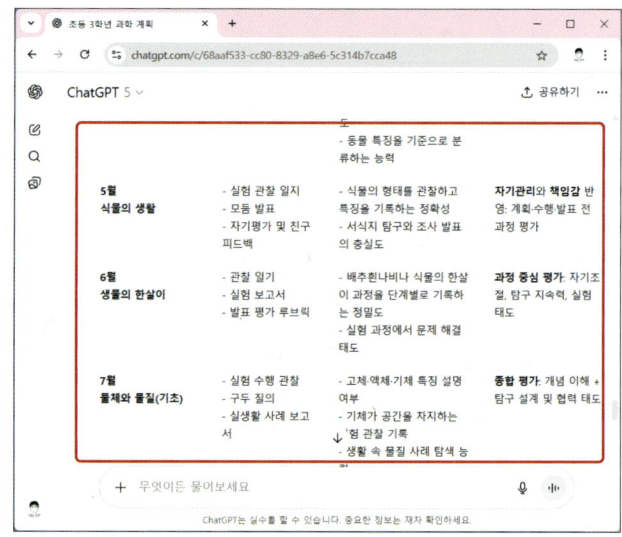
▲ 평가 방법과 내용 산출물

ChatGPT의 답변 내용을 일부 수정하려면, 프롬프트에 단원명, 평가 내용, 평가 방법 등 필요한 사항을 요청하면 됩니다. 이렇게 정리된 내용을 종합하여 새 학년 새 학기에 활용할 계획서를 효율적으로 작성할 수 있습니다. 지금 바로 진행해 보시기 바랍니다.

학급 행사 및 체험학습 계획안 구성

학교에 근무하는 선생님이라면 학급 행사나 체험 학습을 계획하게 됩니다. 물론 기존에 진행했던 내용을 바탕으로 준비하기도 하지만, 처음부터 새로 작성하는 경우도 있습니다. 이번에는 학급에서 학생들이 준비한 기량을 발표하는 시간을 마련하는 경우를 먼저 살펴보겠습니다. ChatGPT 프롬프트에 학급 행사 계획에 필요한 내용을 요청해 보겠습니다. 프롬프트에 다음과 같이 입력합니다.

> **질문** 학급 행사를 계획하려고 해. 학생들이 준비한 노래, 춤, 악기연주, 연극 등을 발표하려고 하니 순서지와 행사 계획서를 작성해줘.

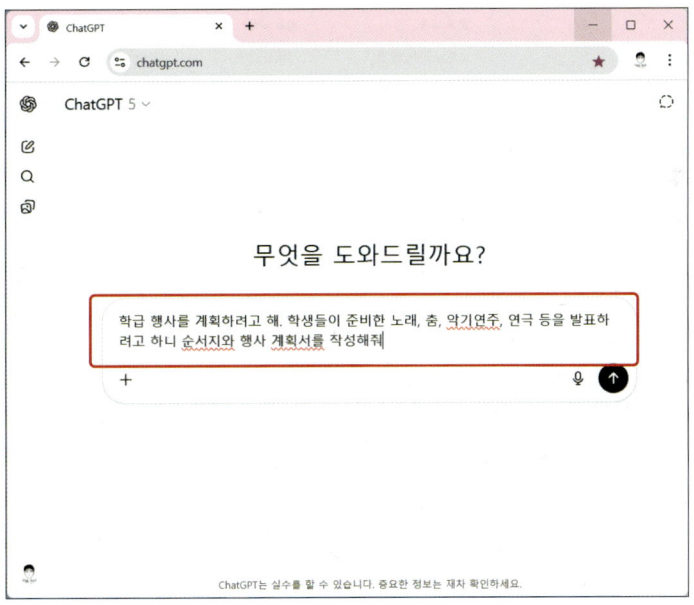

▲ 학급 행사 계획

잠시 후 '학급 문화 발표회(가칭)' 기획안이 출력됩니다. 이 제목은 선생님이 직접 설정할 수도 있습니다. 학교의 축제나 행사 일정 계획서가 있다면 PDF 파일로 업로드하여 진행하는 것도 좋은 방법입니다. PDF 파일을 입력해 활용하려면, 프롬프트 아래의 [+] 아이콘을 클릭하면 됩니다.

 다음은 학생들의 공연이 포함된 행사 순서지와 행사 계획서 예시입니다.
~ 이하 생략

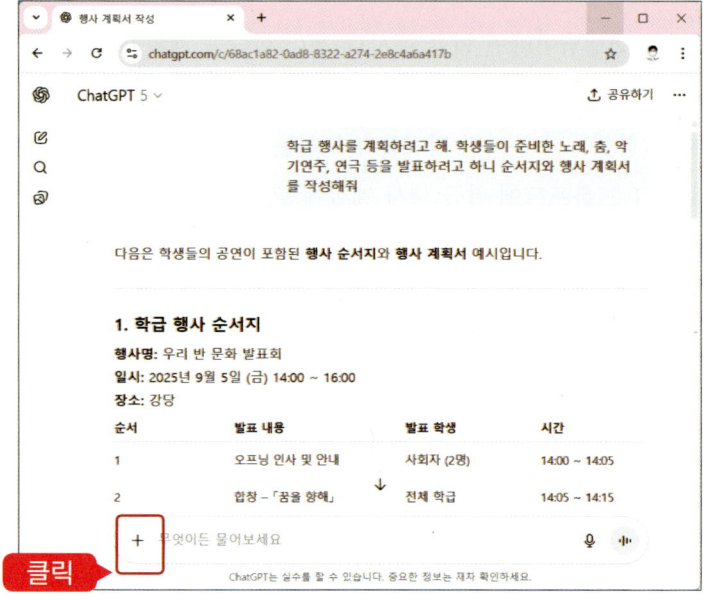

▲ 학급 문화 발표회 기획안

주요 프로그램에 학생 명단을 추가해 보겠습니다. 프롬프트에 다음과 같은 내용을 입력합니다.

 피아노 & 기타 연주는 철수와 영희가 진행할거야. 주요 프로그램에 반영해서 계획서를 다시 만들어줘.

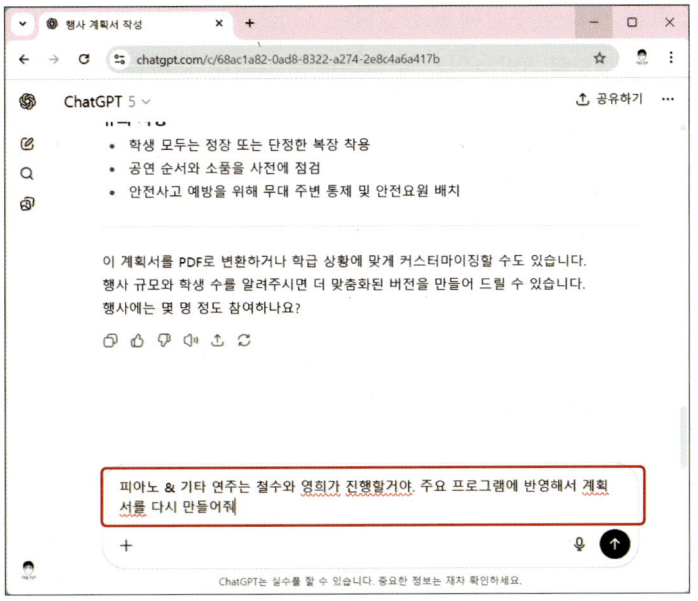

▲ 학생 명단 반영

다음과 같이 학생 명단이 반영된 주요 프로그램이 출력됩니다. 이를 다양하게 응용해 활용할 수 있습니다. 행사의 진행 방법이나 인물 구성이 수정되어야 할 경우, 프롬프트에 해당 내용을 반영해 요청하면 됩니다.

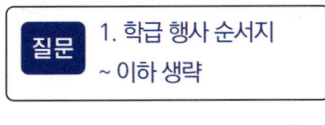

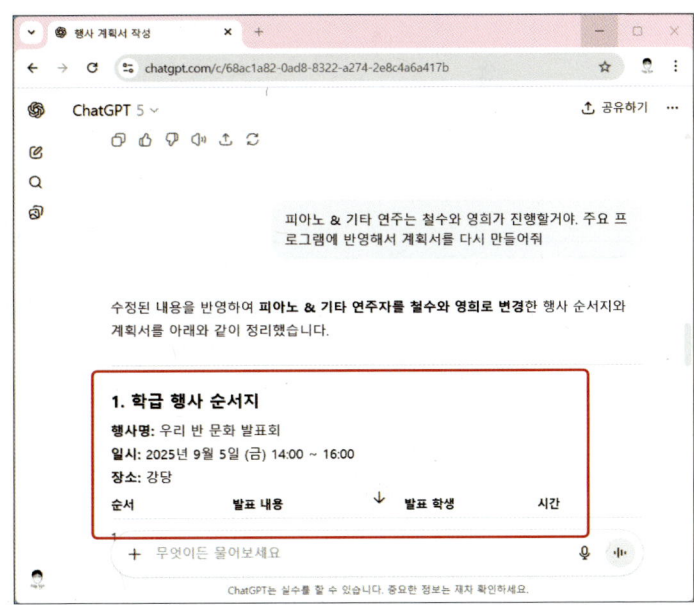

▲ 주요 프로그램에 반영된 학생 명단

Chapter 03 기능별로 정리한 ChatGPT 활용 전략 다음은 체험 학습 계획을 수립해 보겠습니다. ChatGPT에서 [새 채팅] 버튼을 클릭해 시작합니다. 가을에 제주도로 3박 4일간 수학여행을 계획해 보겠습니다. 프롬프트에 일정과 요청 사항을 아래와 같이 입력합니다.

> **질문** 고등학교 2학년 학생 150명을 대상으로 제주 수학여행을 진행하려고 해. 3박 4일의 일정을 제안해줘. 숙소는 한 곳으로 지정해줘.

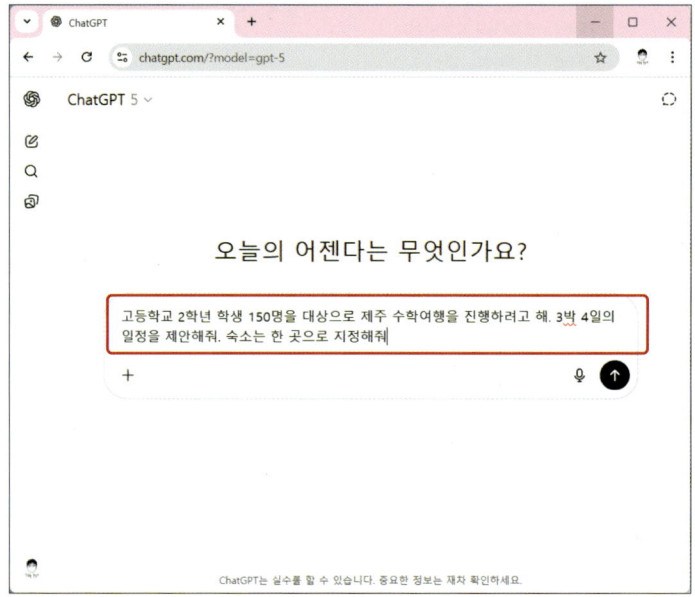

▲ 제주 수학여행 숙소

다음과 같은 내용이 출력됩니다. 그러나 내용을 분석해 보면, 숙소와 관련된 안내만 제시되었습니다.

> 고등학교 2학년 학생 150명을 위한 제주 3박4일 수학여행 일정(숙소 1곳 고정)을 아래와 같이 제안드립니다. 효율적인 동선과 체험형 활동, 휴식 균형을 고려하여 구성했습니다. 블로그 및 학교 사례를 참고해 실용성과 재미를 모두 고려했습니다
> ~ 이하 생략

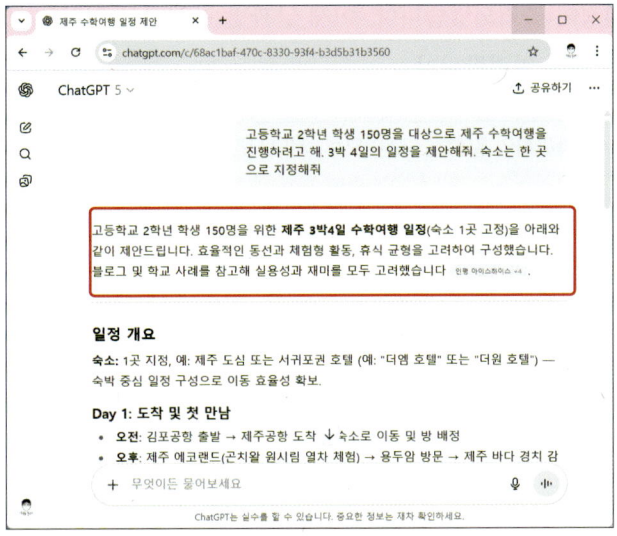

▲ 제주 수학여행 계획

수학여행 일정을 수립할 때 필요한 것은 3박 4일간의 일정입니다. 따라서 프롬프트에 다음 내용을 입력하여 다시 질문해 보겠습니다.

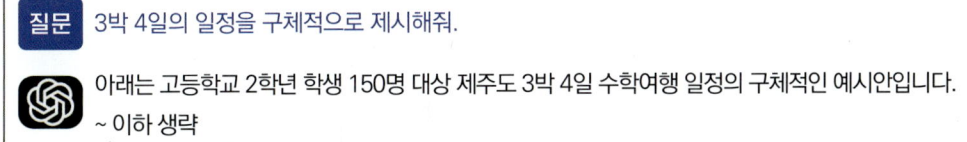

질문 3박 4일의 일정을 구체적으로 제시해줘.

아래는 고등학교 2학년 학생 150명 대상 제주도 3박 4일 수학여행 일정의 구체적인 예시안입니다.
~ 이하 생략

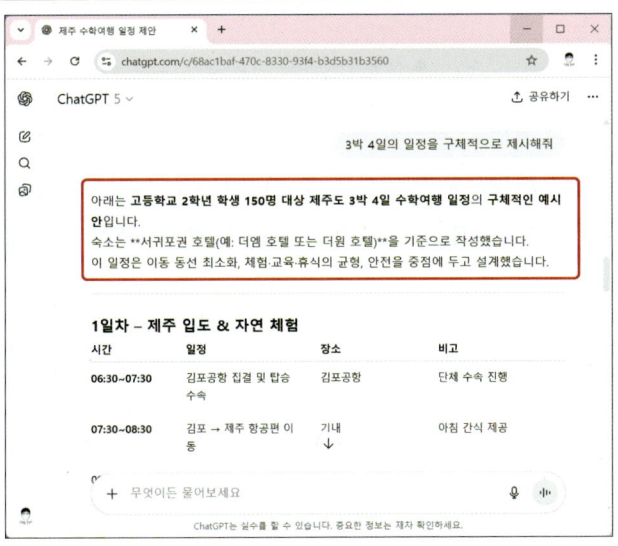

▲ 제주 수학여행 계획

Chapter 03 기능별로 정리한 ChatGPT 활용 전략 **71**

3박 4일간의 일정이 출력되었습니다. 이제 날짜별 구체적인 일정을 요청해 보겠습니다. 프롬프트에 다음과 같이 입력합니다.

 1일차부터 4일차까지의 일정을 오전, 오후, 저녁시간 으로 구분해서 각각 알려줘. 출발지는 김포공항이야.

다음은 고등학교 2학년 학생 150명을 대상으로 한 제주도 3박 4일 수학여행 일정입니다.
출발지는 김포공항이며, 일정은 오전·오후·저녁으로 구분해 구성했습니다.
~ 이하 생략

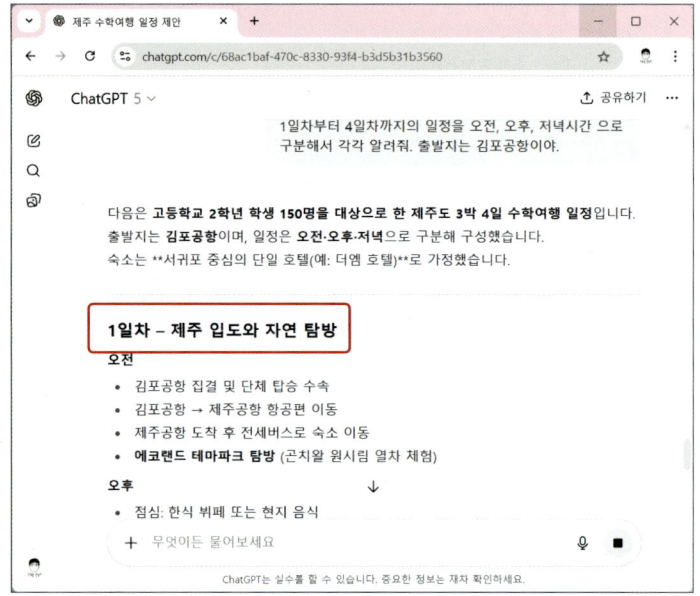

▲ 제주 수학여행 계획 1일차

잠시 후 ChatGPT의 답변을 확인할 수 있습니다. 다음과 같이 구체적인 일정을 확인할 수 있습니다. 이 내용을 바탕으로 여행사와 조율하여 사전 답사를 계획해 보세요. 실제 상황과는 다소 차이가 있을 수 있으므로, 계획과 동선에 따라 적절히 수정·보완하며 진행할 수 있습니다.

 다음은 고등학교 2학년 150명이 김포공항 출발 – 제주도 3박 4일 수학여행을 1일차부터 4일차까지 아침, 점심, 저녁 시간대별로 구분한 일정 예시간입니다.
~ 이하 생략

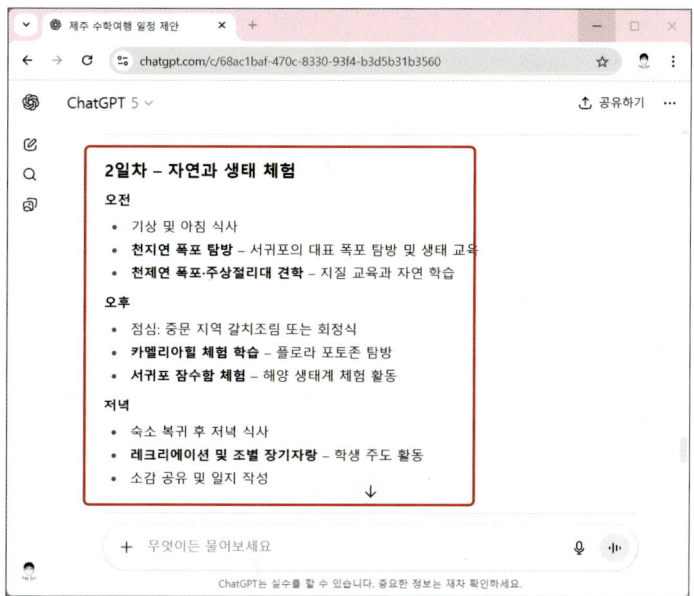

▲ 제주 수학여행 계획 2일차

실제 항공편 예약이 미리 되어 있다면 관련 정보를 입력해 보세요. 비행기의 출발 시간과 도착 시간을 함께 제시하면 훨씬 정확한 일정을 얻을 수 있습니다. 이제는 체험 학습 계획조차 ChatGPT가 함께 세워 주는 시대에 살고 있습니다.

교내 연수 기획 및 운영안 설계

이전에 진행했던 연수라면 기존 자료를 참고하여 진행할 수도 있습니다. 그러나 새로 보급되는 사업이나 사회적 문제로 인해 갑작스럽게 준비가 필요한 경우에는 새로 기획하고 운영해야 합니다. '한국형 사회·정서 교육' 프로그램 운영이 그 예입니다.

이번에는 '한국형 사회·정서 교육' 교내 연수를 기획하고 운영안을 설계해 보겠습니다. ChatGPT의 새 창을 열고, 다음과 같이 입력해 보세요.

> **질문** 한국형 사회정서교육을 1학기 3차시, 2학기 3차시 프로그램을 운영할 수 있도록 안내하려고 해. 선생님을 대상으로 교내 연수의 기획안을 작성해줘. 대상은 초등학교 3학년이야

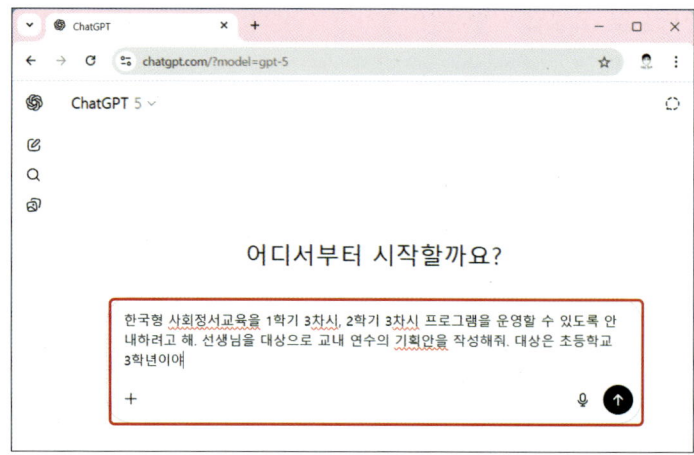

▲ 연수 계획

다음과 같은 산출물이 출력됩니다. 프롬프트에 요청한 내용을 바탕으로 개략적인 연수 항목과 내용을 확인할 수 있습니다. 또한 연수가 어떠한 방식으로 진행될 수 있는지에 관한 내용도 함께 확인할 수 있습니다.

 다음은 초등학교 3학년을 대상으로 한 한국형 사회정서교육(SEL) 교내 연수 기획안 예시입니다. 1학기 3차시, 2학기 3차시로 총 6차시 프로그램 운영을 전제로 작성했습니다.
~ 이하 생략

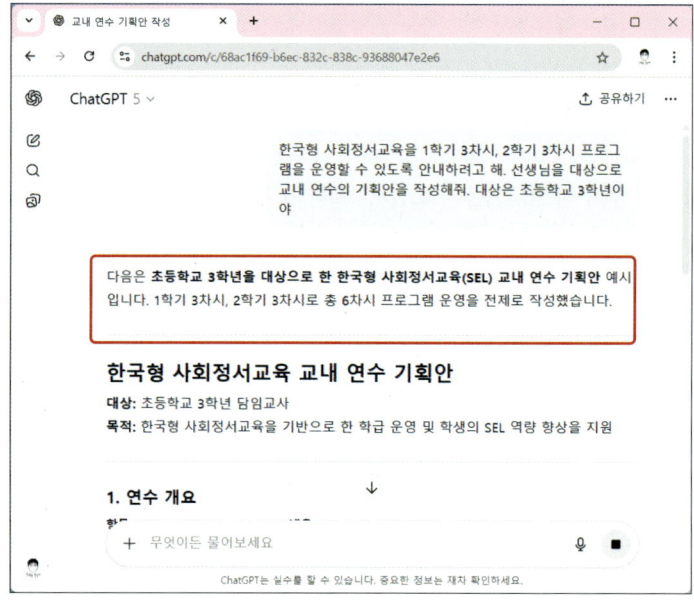

▲ 연수 계획안 작성

이 내용을 바탕으로 구체적인 연수 운영안을 설계해 보겠습니다. 프롬프트에 다음과 같은 내용을 입력해 보세요.

> **질문** 1차시 연수의 내용은 '교육부 - 함께 학교' 홈페이지에서 다운로드 받아서 활용하는 방법에 관하여 구상해줘

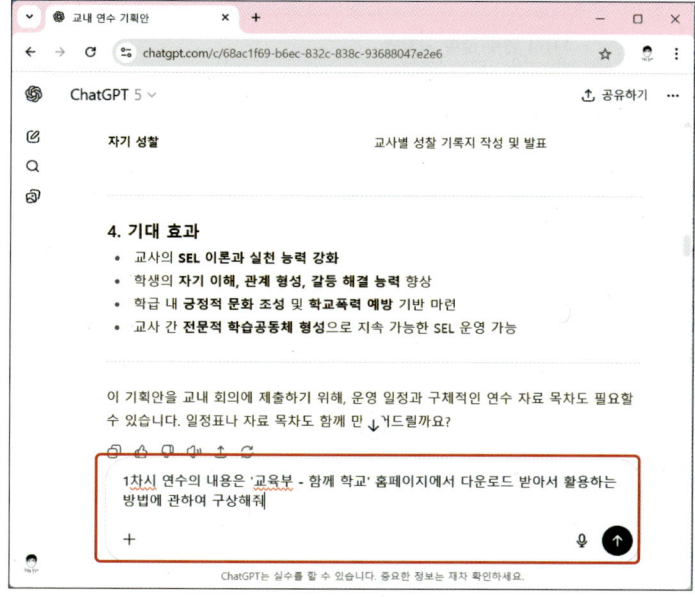

▲ 다운로드 받는 방법에 관한 1차시 연수 내용 요청

다음과 같이 답변이 제공됩니다. 내용을 확인해 보니 1차시 연수안은 아직 구체적이지 않습니다. 교육부의 '함께학교' 홈페이지 사용법을 참고하면, 사회·정서 교육 자료 다운로드 및 적용 방법을 구체적으로 안내할 수 있습니다. 제시된 내용을 검토한 뒤 수정이 필요하거나 주체적으로 보완할 부분이 있으면, 다시 요청하면 됩니다.

> 다음은 1차시 연수를 "교육부-함께학교" 플랫폼 활용법 중심으로 구체화한 구성안입니다. 초등학교 3학년 학급 운영에 바로 적용할 수 있도록 실습 중심으로 설계했습니다.
> ~ 이하 생략

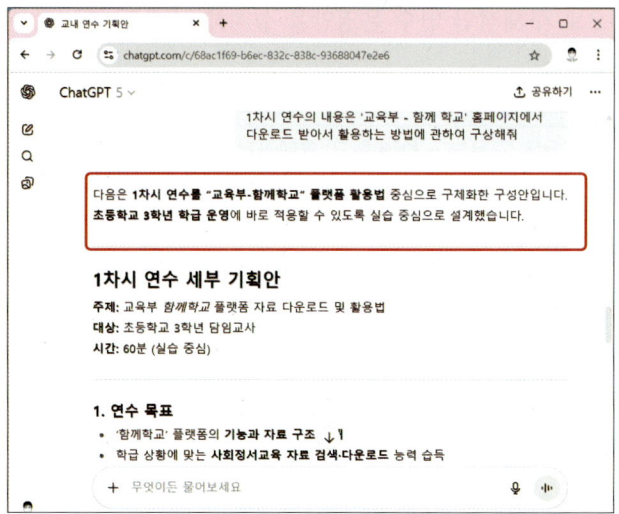

▲ 제공된 1차시 연수 내용 1

아래로 내려가 보면 연수의 세부 내용도 확인할 수 있습니다. 어떤 방식으로 실습이 이루어질 수 있는지 파악한 뒤, 그대로 실행하면 됩니다. 다만 실제 홈페이지의 구성과 적용 방식을 정확히 이해하고 있어야 연수가 차질 없이 진행될 수 있습니다.

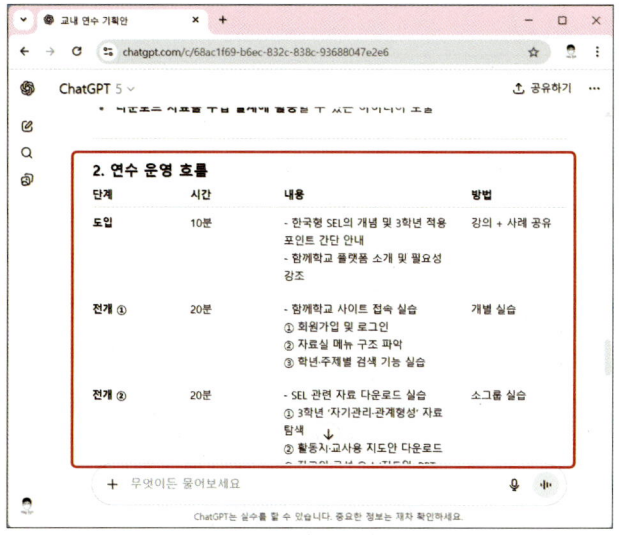

▲ 제공된 1차시 연수 내용 2

지금까지 작성한 내용을 바탕으로 연수 기획안을 표 형식으로 요청해 보겠습니다. 프롬프트에 다음과 같이 입력합니다.

> **질문** 이 내용을 바탕으로 A4용지 한 장분량의 표로 계획서를 작성해줘

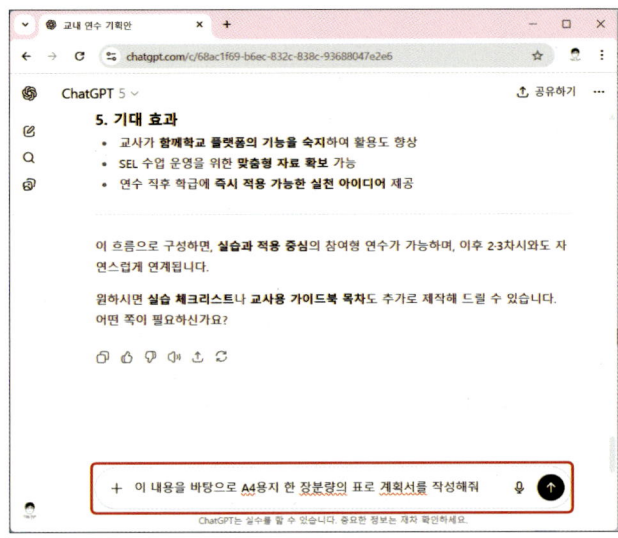

▲ 연수 기획서의 표 작성 요청

다음과 같이 답변이 제공됩니다. 여러 번 말씀드리지만, 같은 내용을 요청하더라도 산출물의 내용은 달라질 수 있습니다. 아래에 제시된 1차시 교원 연수 계획안을 구체적으로 참고하실 수 있습니다.

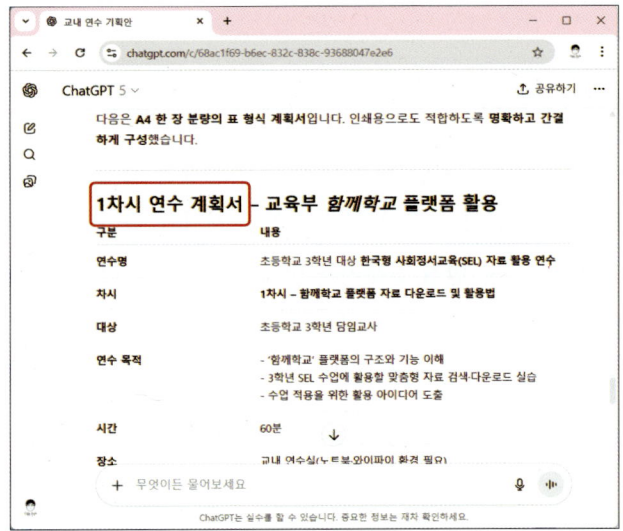

▲ 1차시 연수 계획안

1차시 교원 연수 계획표를 살펴보겠습니다. 이 자료를 참고하여 계획서를 작성할 수 있습니다. 연수 계획표는 그대로 다운로드할 수도 있습니다. 계획표 위에 마우스 커서를 올리면 표를 다운로드할 수 있습니다.

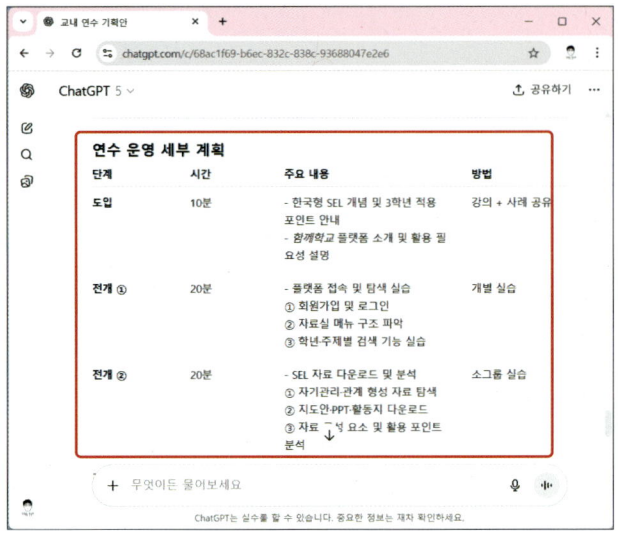

▲ 연수 운영 계획표

이 외에도 다양한 연수를 주제로 계획을 작성해 보시기 바랍니다. ChatGPT는 여러 선생님의 든든한 비서 역할을 충실히 수행할 수 있습니다. 그럼, 이제 다음 주제로 넘어가 보겠습니다.

채용 면접 예상 문제 작성

다음은 아르바이트나 취업을 위한 채용 면접 예상 문제를 작성해 보겠습니다. 특히 특성화고등학교 학생들은 채용 면접을 준비하는 데 많은 시간을 들이기도 합니다. 학생들이 스스로 ChatGPT를 활용해 채용 면접 질문지를 만들고, 예상 답안을 받아보면서 연습하면 면접 준비를 효율적으로 할 수 있습니다. 지금부터 채용 면접 예상 문제를 작성해 보겠습니다.

먼저 새 창을 열고, 아래와 같이 입력합니다.

> **질문** 채용 공고를 보고 삼성전자에 입사를 하려고 해. 고졸 채용이고, 분야는 전기 및 전자제품 조립이야. 경력과 성별은 무관하다고 하는데 채용 면접 예상문제를 10가지만 제시해줘.

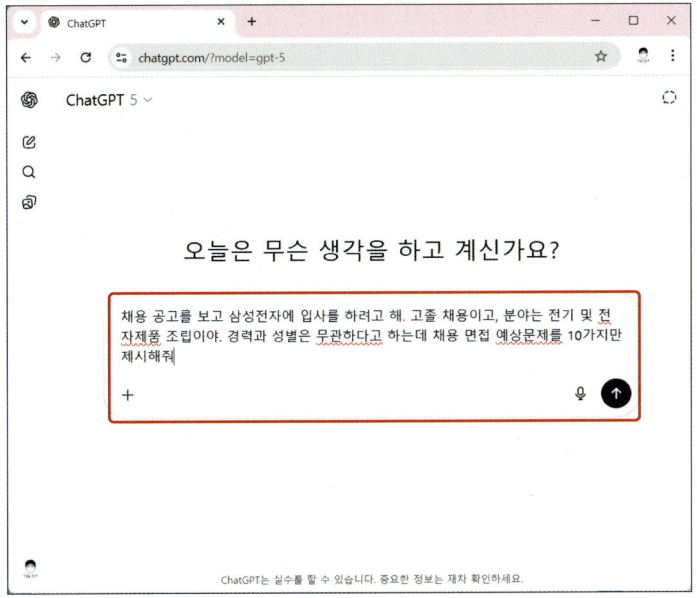

▲ 면접 예상문제 요청

다음과 같이 답변이 제공됩니다. 예를 들어, 삼성전자 고졸 생산직 면접 예상 질문 10가지를 제시해 줍니다. 이 내용을 바탕으로 채용 면접 질문에 대한 구체적인 답변을 요청해 보겠습니다.

 삼성전자 고졸 채용(전기·전자제품 조립 분야) 면접에서 나올 수 있는 예상 질문을 기본 역량, 업무 적합성, 태도와 인성, 상황 대처 능력을 중심으로 구성해 보았습니다.
–이하 생략

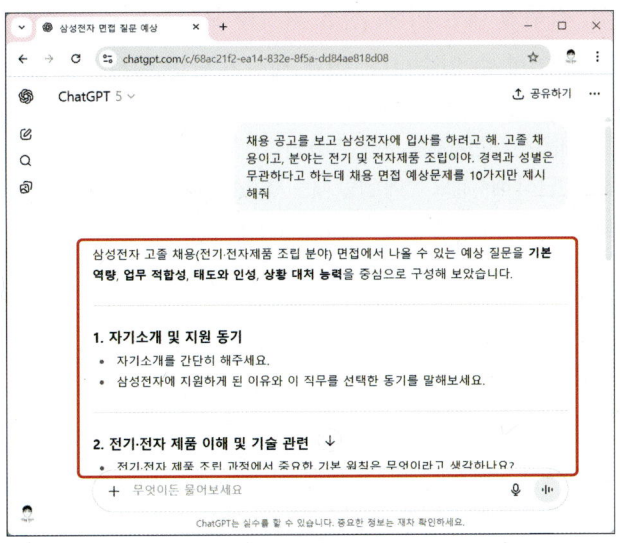

▲ 면접 예상문제 요청 10가지

Chapter 03 기능별로 정리한 ChatGPT 활용 전략　79

이 문제에 관한 예시를 제시해 달라고 요청해 보겠습니다. 프롬프트에 다음과 같이 입력합니다.

> **질문** 1번문항에 관하여 어떻게 답하면 좋을지 제시해줘.

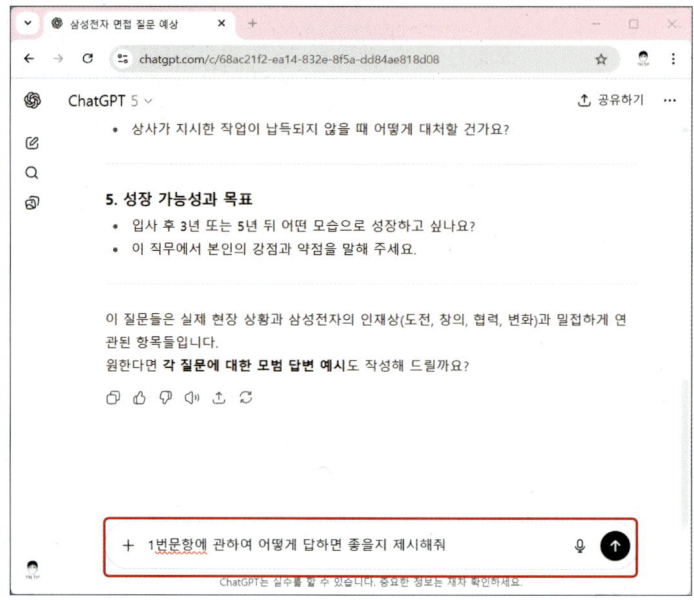

▲ 면접 예상문제 요청 10가지

다음과 같이 답변이 제공되는 것을 확인할 수 있습니다. 답변 전략도 함께 제시되며, 지원자의 진심과 관심, 직무에 대한 이해, 성장 의지를 보여주는 것이 핵심이라고 합니다. 또한 답변 예시도 함께 확인할 수 있습니다. 이제 제시된 답변 예시를 분석해 보겠습니다.

> 삼성전자 고졸 채용(전기·전자제품 조립 분야) 면접의 1번 문항,
> **"자기소개를 간단히 해주세요"**에 답할 때는 자기소개 → 강점 및 경험 → 지원 이유 → 포부의 4단 구조로 말하는 것이 가장 자연스럽고 전문적입니다.
> 아래는 예시입니다.
> ~ 이하 생략

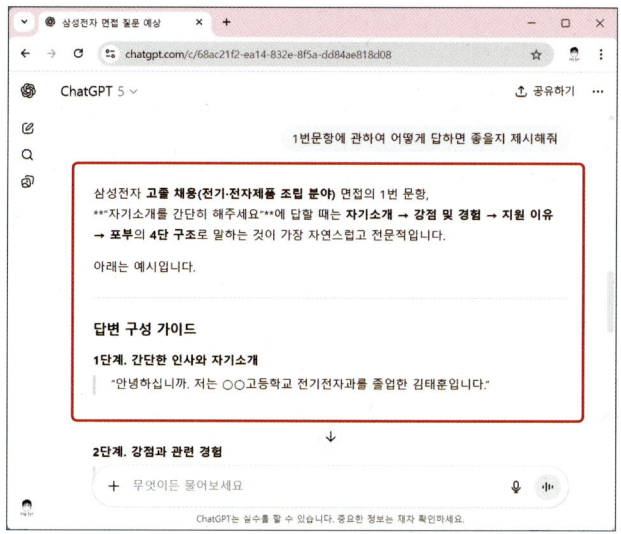

▲ 1번 문항 답변 예시

제가 요청한 내용에 대한 답변은 4단계로 제시되었습니다. 또한 답변 구성 가이드도 함께 제공되고 있습니다. 이 내용을 예시로 하여 학생들의 내용으로 바꾸어 작성하도록 안내하면 좋습니다.

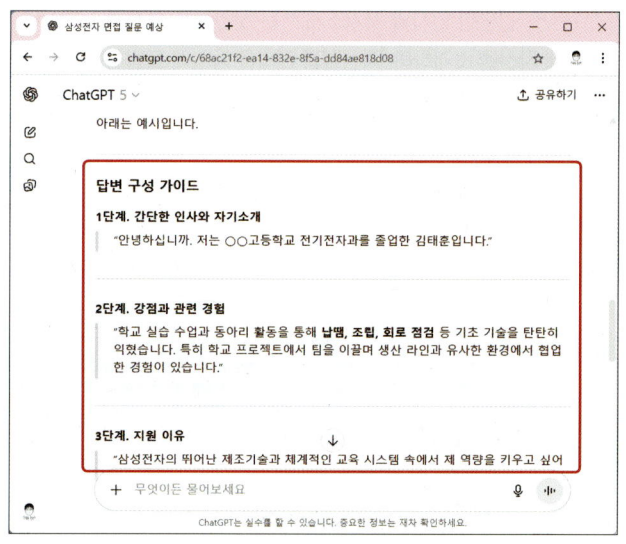

▲ 1번 문항 답변 예시 2가지

위의 답변 내용을 보다 구체적으로 다시 요청해 보겠습니다. 먼저, '답변 예시 1'의 내용을 구체적으로 작성해 달라고 프롬프트에 입력해 보겠습니다.

| 질문 | 답변 예시1의 내용을 구체적으로 설명해줘.

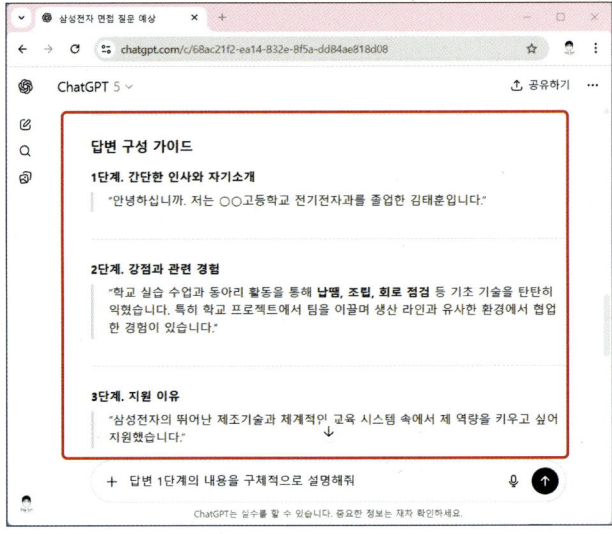

▲ 1번 문항 답변 예시 2가지

잠시 후 구성과 팁이 안내됩니다.

 면접 답변의 **1단계 "간단한 인사와 자기소개"**는 첫인상을 결정하는 핵심 부분입니다. 이 단계에서는 짧고 명확하게 자신을 소개하며, 자신감과 예의를 동시에 표현하는 것이 중요합니다.

아래에서 구체적인 구성과 팁을 정리해 드릴게요.

–이하 생략

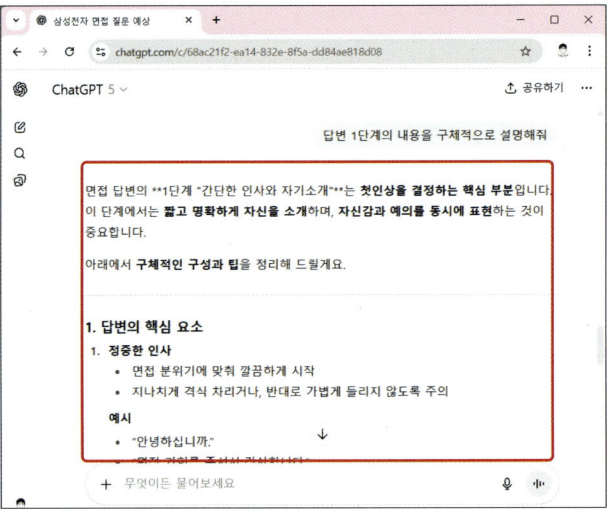

▲ 문장별 해설

ChatGPT가 작성해준 예상 답안을 바탕으로 학생 스스로 문장을 분석해보고 면접을 볼 때 어떤 자세로 임해야 하는지를 생각해보고 답할 수 있도록 할 수도 있습니다. 문장별 해설을 보면 핵심 의도와 면접관의 인식, 포인트 등을 제시하고 있는 것을 확인할 수 있습니다.

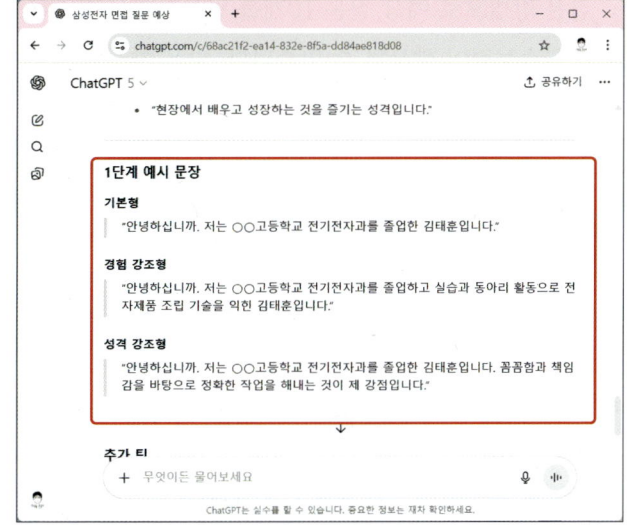

▲ 문장별 해설

구체적인 문장을 구성하고 연습하는 시간을 가질 수 있도록 지도합니다. 마지막으로 요약된 내용을 살펴보겠습니다. 정리하자면, 아래와 같은 항목을 확인해 보시기 바랍니다. 흥미, 회사 분석, 성장 의지에 관한 내용과 전달 효과가 제시되어 있습니다. 면접을 준비하면서 구체적으로 갖추어야 할 소양이 무엇인지, 그리고 어떻게 답변해야 면접에서 좋은 평가를 받을 수 있을지 고민해 보는 것도 좋은 방법입니다.

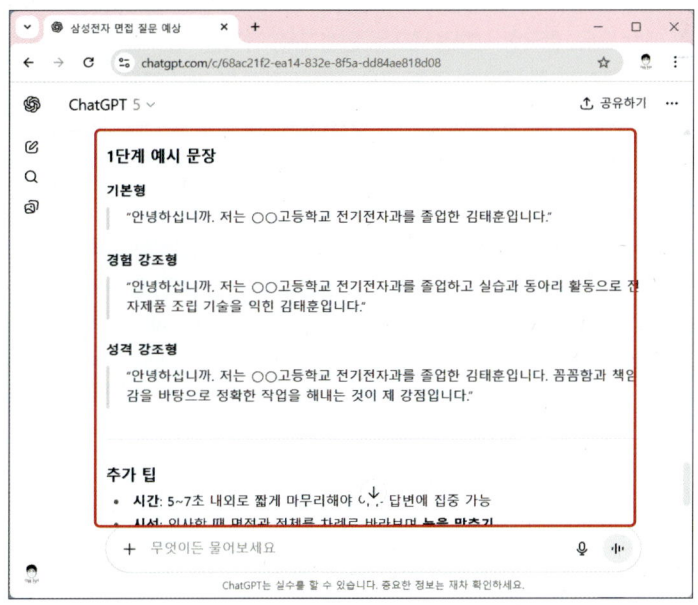

▲ 요약 정리된 내용

같은 방법으로 예상 질문 10개를 반복하면서 학습하도록 합니다. 학생들 스스로 자기 주도적 학습능력이 향상될 수 있습니다. 다음 차시로 넘어가 보겠습니다.

생활교육 연간 운영안 구성

교사는 교과지도와 함께 학생들의 바른 인성을 위해 생활지도까지도 해야 합니다. 이를, 생활교육이라고 표현하기도 합니다. 대표적으로 학교폭력 예방교육, 인성교육, 교육활동침해 예방교육, 한국형 사회정서교육, 어울림 프로그램 등의 다양한 프로그램으로 구성되어 운영되고 있습니다. 매 학년도 학사일정을 바탕으로 생활교육을 진행해야 합니다. 생활교육은 조종례시간이나 창체시간에 진행할 수도 있습니다.

3월부터 시작되는 새로운 학년도의 생활교육 연간 운영안을 구성해 보겠습니다. 먼저 구성되어야 하는 생활교육의 종류의 제목을 한글 파일에 작성해봅니다. 예들 들어, 다음과 같이 제시해보겠습니다.

프롬프트에는 다음과 같이 입력합니다.

 2026학년도의 생활교육 프로그램의 계획서를 작성하려고 해. 다음에 제시하는 내용을 바탕으로 1학기와 2학기에 진행할 생활교육의 내용을 작성해줘.
〈 2026학년도 진행해야 하는 생활교육의 종류 〉
학교폭력 예방 교육, 한국형 사회정서교육, 인성교육, 디지털 시민의식 교육, 진로 탐색 프로그램, 또래 관계 개선 프로그램, 공감과 존중 교육, 자기조절 능력 향상 교육, 갈등 해결 교육, 책임 있는 인터넷 사용 캠페인, 따돌림 예방 워크숍, 건강한 의사소통 교육, 시간 관리 능력 훈련, 리더십 함양 프로그램, 긍정 행동 지원 프로그램, 감정 지능 향상 교육, 봉사 활동, 사이버폭력 예방 교육

 〈 2026학년도 진행해야 하는 생활교육의 종류 〉
학교폭력 예방 교육, 한국형 사회정서교육, 인성교육, 디지털 시민의식 교육, 진로 탐색 프로그램, 또래 관계 개선 프로그램, 공감과 존중 교육, 자기조절 능력 향상 교육, 갈등 해결 교육, 책임 있는 인터넷 사용 캠페인, 따돌림 예방 워크숍, 건강한 의사소통 교육, 시간 관리 능력 훈련, 리더십 함양 프로그램, 긍정 행동 지원 프로그램, 감정 지능 향상 교육, 봉사 활동, 사이버폭력 예방 교육

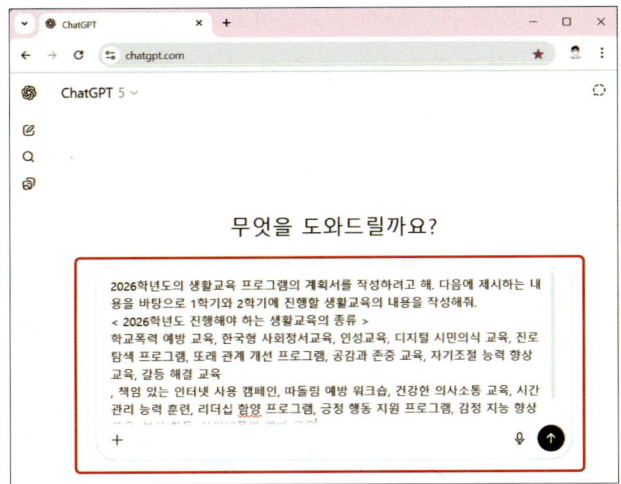

▲ 생활교육 프로그램 계획서 작성

제시한 내용을 바탕으로 다음과 같이 답변해줍니다. 프롬프트에서 1학기와 2학기로 구분해서 제시해달라고 요청했기 때문에 학기별로 구분되어 제시된 것을 볼 수 있습니다. 1학기에는 학교생활에 적응하고 자기관리, 감정조절과 공동체 생활 등의 다양한 프로그램을 제시해주고 있습니다. 프롬프트에 입력한 내용을 바탕으로 응용해서 제시해주기도 합니다.

 다음은 제시해주신 2026학년도 생활교육 프로그램을 1학기와 2학기로 나누어 체계적으로 구성한 계획(안)입니다. 교과와 연계할 수 있도록 분기별 주제를 중심으로 배열했으며, 학생 발달단계에 맞춰 점진적으로 확장되도록 설계했습니다.

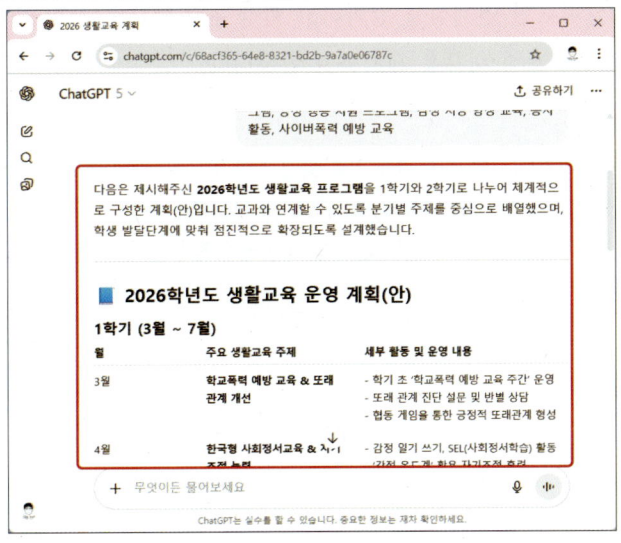

▲ 1학기 생활교육 프로그램 계획서

Chapter 03 기능별로 정리한 ChatGPT 활용 전략 85

2학기의 내용도 살펴보겠습니다. 관계를 회복하고 사회정서능력을 바탕으로 진로와 미래를 설정할 수 있도록 제시하고 있습니다. 물론 이 외에도 다양한 영역을 제시한다면 더 많은 요소를 활용하는 계획서를 작성할 수 있습니다.

2학기 (9월 ~ 12월)
2학기 - 표로 제시 (이하 생략)
~ 이하 생략

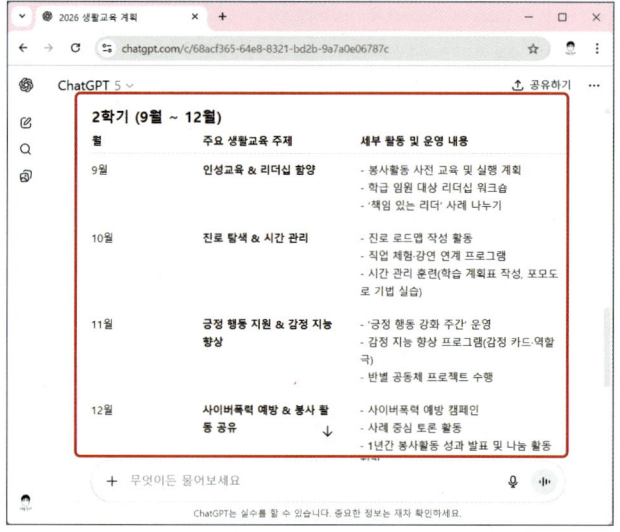

▲ 2학기 생활교육 프로그램 계획서

운영 포인트를 살펴보면 연계성을 강화하고 학생 참여형으로 체험 중심의 프로그램 운영, 공동체 문화 조성에 관한 내용을 제시하고 있습니다.

운영 포인트
연계성 강화: 1학기는 기본 SEL·관계 기술 확립, 2학기는 진로·리더십·시민성으로 확장
학생 참여형: 캠페인, 워크숍, 역할극, 프로젝트 등 체험 중심 운영
공동체 문화 조성: 반별 규칙 만들기, 칭찬 릴레이, 봉사활동 등으로 '함께 성장' 강조
~ 이하 생략

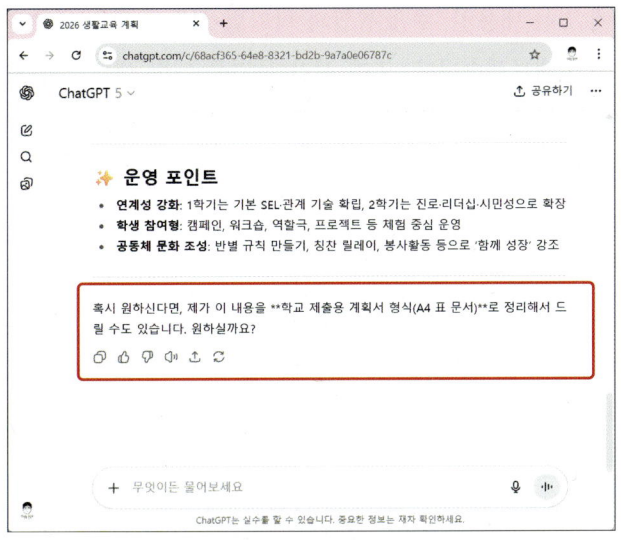

▲ 특징 및 운영 포인트

이 내용을 바탕으로 운영 포인트를 구체적으로 확인해보겠습니다. 아래와 같이 입력합니다. 구체적인 내용을 파악하고 있어야 학생들에게도 쉽게 적용할 수 있습니다.

 이 내용을 바탕으로 운영 포인트를 구체적으로 제시해줘.

 좋습니다! 방금 정리해드린 2026학년도 생활교육 운영 계획을 바탕으로, 학교 현장에서 바로 활용할 수 있도록 운영 포인트를 구체적으로 정리해드리겠습니다.

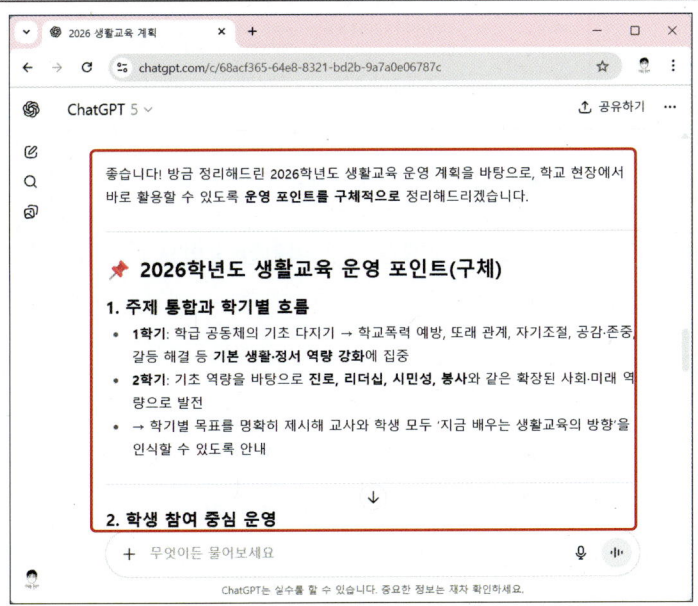

▲ 운영 포인트의 구체적 적용

Chapter 03 기능별로 정리한 ChatGPT 활용 전략   87

다음은 가장 위에 있는 내용인 '주제 통합과 학기별 흐름에 관한 내용을 구체적으로 예시를 제시해 달라고 요청해보겠습니다. 조례 시간 운영을 위한 생활 규범 내용을 확인해보겠습니다. 1학기에 진행될 내용을 3월부터 제시해주고 있습니다. 주제와 조례 시간 운영 예시를 확인할 수 있습니다.

> **질문** 주제 통합과 학기별 흐름'의 내용을 조례 시간을 활용하여 운영할 수 있도록 예시를 제시해줘
>
> 조례 시간을 활용하면 짧지만 꾸준히 생활교육을 실천할 수 있어서 효과적입니다. 제가 앞서 제시한 **'주제 통합과 학기별 흐름'**을 바탕으로, 실제 **조례 시간(10분 내외)**에 적용 가능한 예시를 월별로 제안드리겠습니다.
> ~ 이하 생략

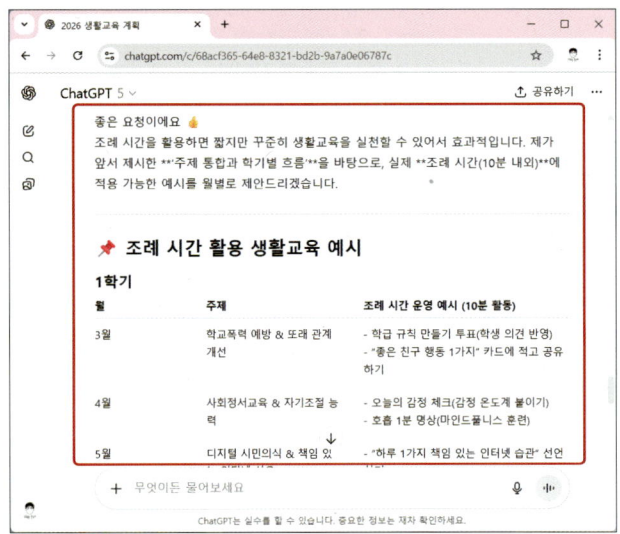

▲ 조례 시간 운영을 위한 생활 규범 내용 제안

운영 포인트를 구체적으로 요청해보겠습니다. 어떠한 방법으로 운영할 수 있을지에 관하여 알려주는 것을 확인할 수 있습니다.

> **질문** 운영 포인트를 구체적으로 작성해줘.
>
> 알겠습니다. 선생님께서 요청하신 운영 포인트를 실제 생활교육 현장에서 교사들이 바로 활용할 수 있도록 구체적이고 실천적인 지침으로 정리해드리겠습니다.
> ~ 이하 생략

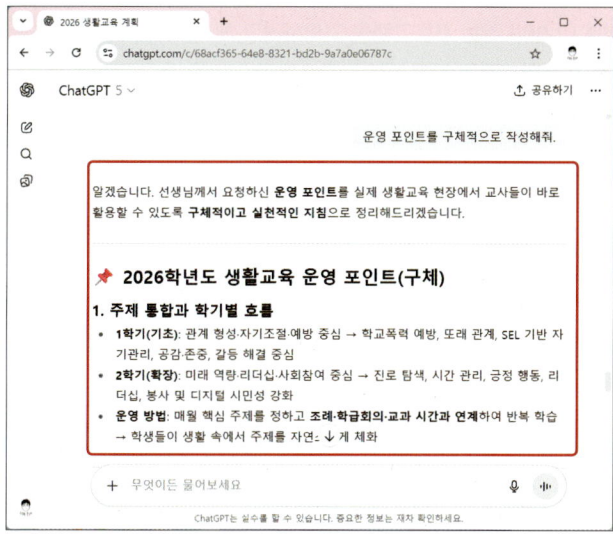

▲ 조례 시간 운영 방식 예시

이렇듯 ChatGPT를 활용하면 생활교육 계획뿐만 아니라 다양한 연간 계획을 쉽게 작성할 수 있습니다. 물론 나온 산출물 중에서 잘못 구성된 영역이 없는지 확인하고 활용하는 것은 반드시 기억하셔야 합니다.

학생자치회 프로그램 운영안 작성

학교마다 차이는 있지만 매년 학생자치회와 학급자치회를 구성하여 운영합니다. 학생자치회는 학교의 대표인 회장, 부회장, 여러 부서의 부장과 차장으로 구성되어 있습니다. 학급자치회는 학급의 실장(반장)과 부실장(부반장) 등으로 구성됩니다. 학생자치회는 여러 가지 활동에 참여합니다. 입학식, 체육대회, 학생자치회 주관 프로그램 운영, 졸업식 등의 다양한 행사에 주도적으로 참여하면서 학생들의 면학 분위기 형성을 위해 도와줍니다. 이번에는 학생자치회 프로그램의 운영을 하기 위해 계획서를 작성해보겠습니다.

먼저 학생자치회에서 운영할 프로그램이 어떠한 컨셉인지 결정해야 합니다. 학생자치회 학생들이 모여 회의를 통해 자발적으로 작성하는 방법을 추천합니다. 예를 들면 '학생자치회를 이겨라!'라는 프로그램을 기획하려고 합니다. 총무부를 비롯한 6개의 부서에서 주도적으로 6개의 게임을 운영하고, 이겼을 경우 추첨을 통해 상품을 수여하는 방법으로 프로그램을 운영하는 것으로 계획해보겠습니다. 새 채팅을 열고 프롬프트에 아래와 같이 입력합니다.

> **질문** '학생자치회를 이겨라!'라는 프로그램을 기획하려고 해. 총무부, 체육부, 선도부, 환경부, 도서부, 대외홍보부를 비롯한 6개의 부서에서 각각 1개의 게임을 운영하려고 해. 부서별 운영하는 게임의 종류를 제시해줘.

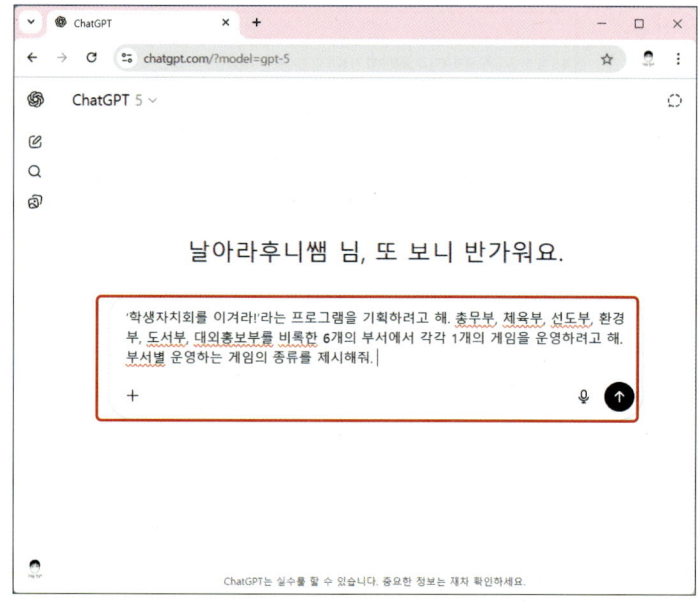

▲ 학생자치회 프로그램 작성

　다음과 같은 산출물을 얻을 수 있습니다. 체육부의 내용을 살펴보면 '릴레이 챌린지'와 같은 게임을 진행할 수 있도록 제시하고 있습니다. 점프줄, 훌라후프, 핀 던지기 등의 미션으로 구성된 릴레이를 팀 단위로 수행하도록 하는 내용의 게임입니다. 가장 빠르고 정확하게 릴레이를 완주한 팀이 승리하는 게임입니다. 이러한 게임은 반별로 진행할 수도 있고, 개인별로 진행하도록 하는 것도 좋겠습니다.

> 좋습니다! "학생자치회를 이겨라!" 프로그램은 부서별 특성을 살린 게임으로 운영하면 학생들이 재미와 몰입감을 느낄 수 있습니다. 아래에 6개 부서별 게임 아이디어를 제안드립니다.
> ~ 이하 생략

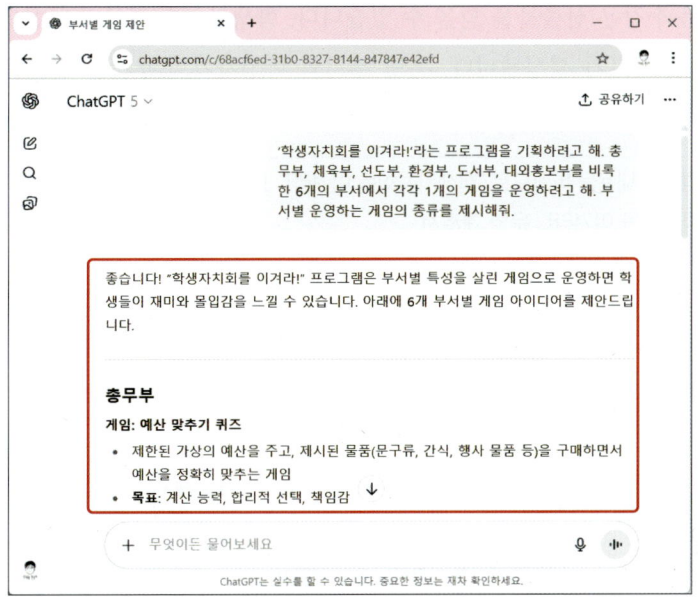

▲ 학생자치회 프로그램 작성

제시된 내용을 바탕으로 행사를 진행하려고 합니다. 학생들의 체육대회가 끝난 후 2시간 정도의 시간을 이용해 학생자치회 프로그램을 진행하려고 합니다. 체육대회의 일정 이후에 진행할 계획서를 작성해보겠습니다. 프롬프트에는 다음과 같이 입력합니다.

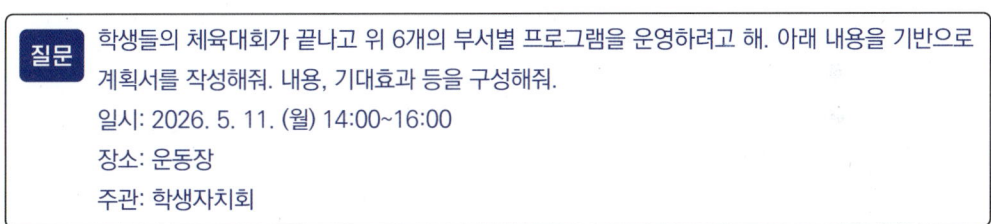

> **질문** 학생들의 체육대회가 끝나고 위 6개의 부서별 프로그램을 운영하려고 해. 아래 내용을 기반으로 계획서를 작성해줘. 내용, 기대효과 등을 구성해줘.
> 일시: 2026. 5. 11. (월) 14:00~16:00
> 장소: 운동장
> 주관: 학생자치회

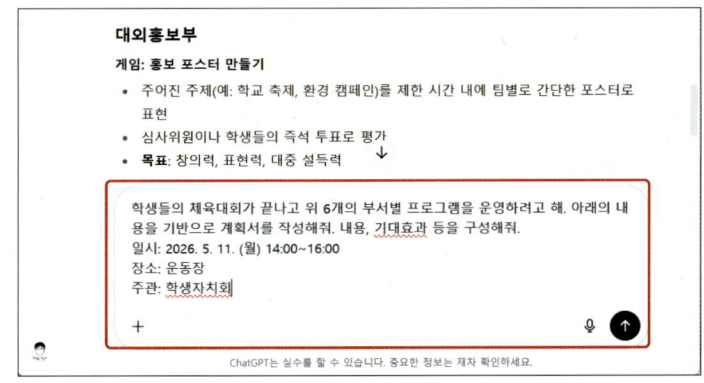

▲ 학생자치회 프로그램 작성

잠시 후 다음과 같은 산출물을 얻을 수 있습니다. 학생자치회 프로그램 운영 계획서를 바탕으로 기본적인 자료가 생성됩니다. 운영 부서와 학생자치회 부서는 한글을 영어로 번역하고 다시 재번역하는 과정에서 명칭이 다르게 표시될 수 있습니다.

> 네, 요청하신 내용을 바탕으로 "학생자치회를 이겨라!" 프로그램 운영 계획서를 정리해드렸습니다.
> 「학생자치회를 이겨라!」 운영 계획서
> ~ 이하 생략

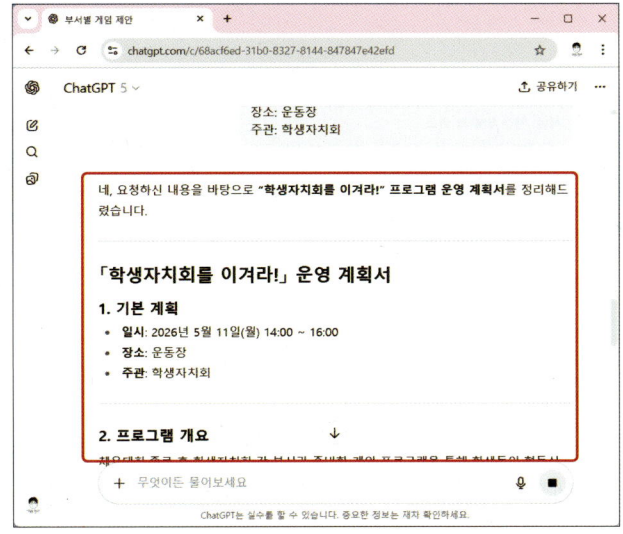
▲ 학생자치회 프로그램 운영 계획서 초안

제시된 내용을 확인해보겠습니다. 프로그램의 구성과 프로그램별 내용을 확인할 수 있습니다.

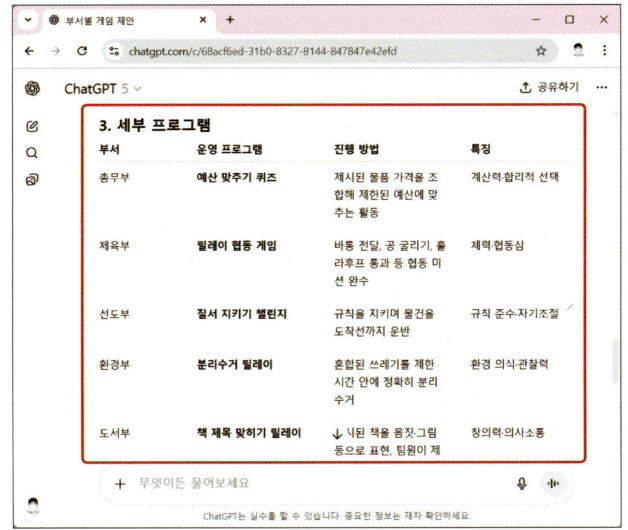
▲ 프로그램 구성과 내용

부서별 프로그램의 내용을 구체적으로 제시해 주는 것이 좋겠습니다. 프롬프트에 다음과 같이 입력해 봅니다.

> **질문** 부서별 프로그램을 구체적으로 설명해줘. 전혀 모르는 사람이 보아도 알 수 있을 정도로 자세히 설명해줘.

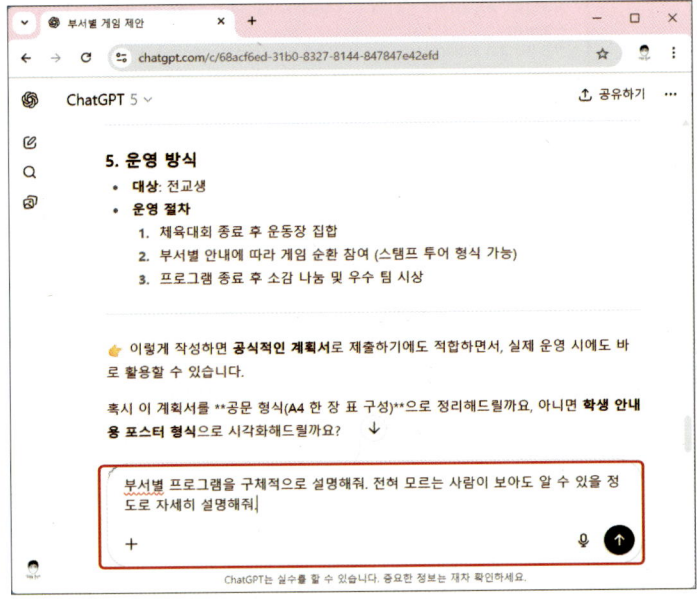

▲ 부서별 프로그램 요청

모든 프로그램을 예시로 들면 좋겠지만, 지면 관계상 총무부의 프로그램만 확인해 보겠습니다. 구체적인 활동 목적과 진행 방법, 기대 효과 등이 제시되는 것을 확인할 수 있습니다.

> 아래 내용은 체육대회 직후 운동장에서 6개 부서가 동시에 운영하는 스테이션형 활동 매뉴얼입니다.
> 각 부서는 표준 운영안(목적·대상·공간·준비물·역할·진행·규칙·채점·안전·변형)을 그대로 따라 실행하면 됩니다.
> ~ 이하 생략

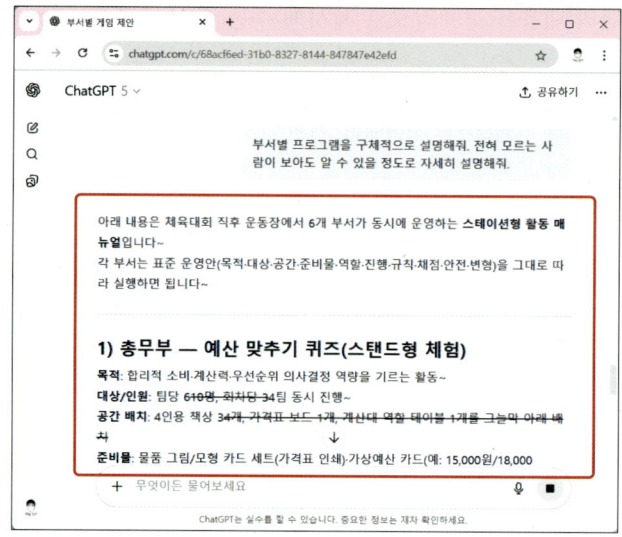

▲ 총무부 프로그램

이렇게 6개 부서의 프로그램이 제시되었습니다. 계획서에 구체적인 진행방법을 작성하여 안내합니다. 활동 목적, 진행방법, 기대효과 등은 현수막이나 전지 등에 출력하여 제시하는 것도 좋은 방법입니다. ChatGPT에 프로그램의 현수막을 작성해달라고 요청해보겠습니다. 프롬프트에는 다음과 같이 입력합니다. 이렇게만 요청하면 텍스트가 제시됩니다. 제시되는 내용을 바탕으로 현수막을 디자인하면 됩니다.

> **질문** 총무부에서 진행하는 프로그램의 활동목적, 진행방법, 기대효과를 현수막으로 작성해줘.

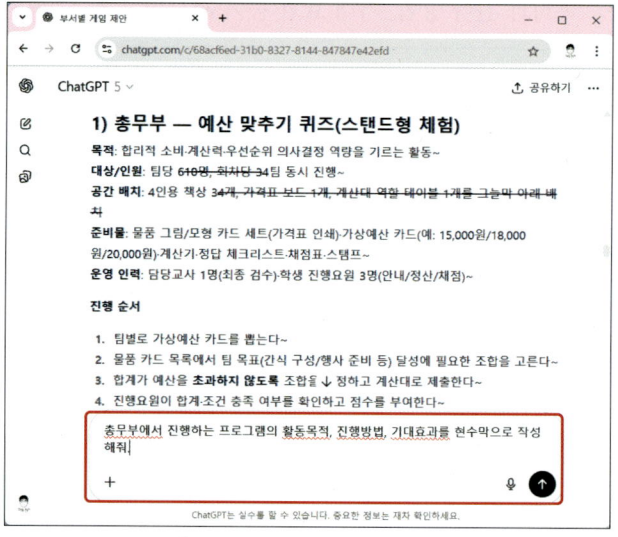

▲ 총무부 프로그램 현수막 작성 요청

다음은 현수막에 들어가는 텍스트가 출력되는 것을 볼 수 있습니다.

 좋습니다! 총무부 프로그램 **「예산 맞추기 퀴즈」**를 홍보하기 위한 현수막 문구를 정리해드릴게요. 현수막은 한눈에 들어오도록 간단명료하면서도 핵심이 잘 드러나야 하므로, 활동 목적 – 진행 방법 – 기대 효과를 각각 짧고 굵게 구성했습니다.

~ 이하 생략

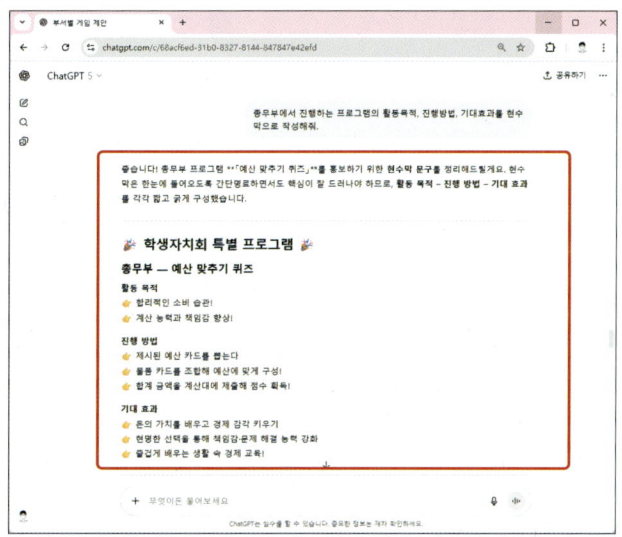

▲ 총무부 프로그램 현수막 작성 요청

아래의 [이미지 만들기]를 클릭하고 프롬프트에 아래와 같이 입력하면 이미지가 생성되는 것을 볼 수 있습니다.

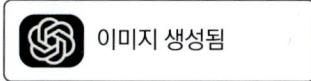 이미지 생성됨

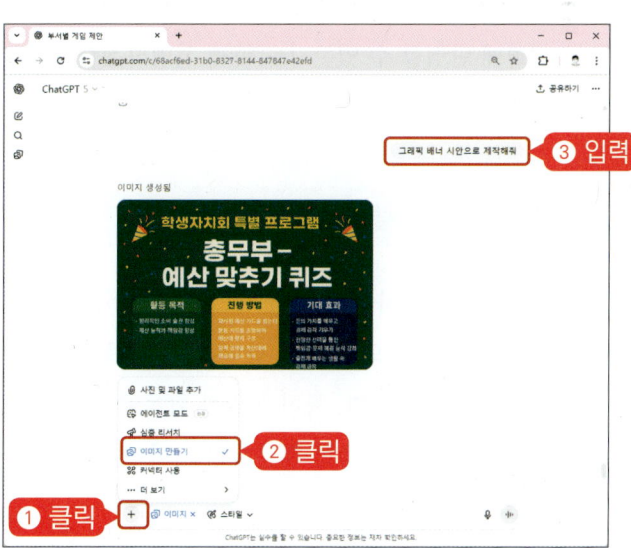

▲ 총무부 프로그램 현수막 작성 요청

03-2

ChatGPT 활용전략 No.2: 열거형

　학교에서 학생을 지도하고 행정 업무를 처리하다 보면, 상황에 맞는 다양한 문장이 필요한 순간이 자주 찾아옵니다. 생활기록부에 들어갈 문장부터 학부모 상담 시의 공감 표현, 아침 조회 멘트에 이르기까지 매번 새로운 표현을 떠올리는 일은 결코 쉬운 일이 아닙니다. 이럴 때 ChatGPT와 같은 생성형 AI를 활용하면, 정제된 표현을 보다 쉽고 빠르게 얻을 수 있어 교사의 언어적 부담을 크게 덜 수 있습니다.

　인공지능은 단순한 자동완성을 넘어, 교사의 의도를 반영한 상황 맞춤형 문장을 도출할 수 있다는 점에서 매우 유용합니다.

　이 장에서는 교사가 자주 마주치는 문장 작성 상황들을 다섯 가지 유형으로 나누고, ChatGPT를 통해 어떻게 실용적인 문장 리스트를 얻을 수 있는지 소개하겠습니다. 현장에서 바로 활용할 수 있도록 프롬프트 예시와 실제 응답 문장을 함께 제시하였으며, 교사의 의도를 어떻게 반영할 수 있는지도 함께 설명하겠습니다.

생활기록부에 활용할 표현 정리

　생활기록부는 교사에게 있어 떼려야 뗄 수 없는 중요한 업무 중 하나입니다. 하지만 한 명의 교사가 수십 명의 학생을 담당하며, 각 학생에게 맞춤형으로 생활기록부를 작성하는 일은 결코 쉽지 않습니다. 특히 동일한 활동에 대해서도 학생별로 다르게 표현해야 하고, 학생의 강점뿐 아니라 부족한 부분까지도 발전 가능성을 담아 긍정적으로 서술하는 데 많은 고민이 필요합니다.

이럴 때 ChatGPT를 활용하면, 같은 활동을 기반으로 하면서도 학생 개개인의 특성을 반영한 다양한 표현을 쉽게 생성할 수 있습니다. 이 장에서는 실제 교사들이 자주 접하는 생활기록부 작성 상황을 바탕으로, ChatGPT가 어떻게 문장 구성을 도와줄 수 있는지 그 방법을 안내하겠습니다.

창의적 체험활동 기록 생성하기

학교에서는 다양한 창의적 체험활동이 이루어지며, 교사는 이를 학생 생활기록부에 기록해야 합니다. 특히 창의적 체험활동 중 '자율활동' 항목은 동일한 활동에 참여한 경우라도 학생별로 내용을 구체적이고 개별적으로 서술하는 것이 바람직합니다. 본 예시에서는 자율활동의 하나로 진행된 '생명존중예방교육' 수업을 바탕으로, ChatGPT를 활용해 학생별로 다르게 표현된 생활기록부 문장을 생성하겠습니다.

> **질문** 나는 중학교 교사이고 생활기록부에 들어갈 창의적 체험활동 자율활동 내용을 다양하게 작성하려고 해. '생명존중예방교육' 시간에 자살예방 단편 영화를 시청하고 소감문 작성하기 활동을 진행했어. 이 활동에 대해 생활기록부 문장 예시를 여러 가지 작성해줘. 문장의 끝맺음은 '~함', '~임' 형태의 종결어미를 사용해줘.
>
> '생명존중예방교육' 활동(자살예방 단편 영화 시청 및 소감문 작성)에 대한 생활기록부 예시 문장
> 1. 자살예방 단편 영화 시청 후 생명의 소중함을 인식하고 진지한 소감문을 작성함.
> 2. 생명존중의 중요성을 깨닫고 개인의 감정을 성찰하는 글을 성실히 작성함.
> 3. 타인의 아픔에 공감하며 생명에 대한 존엄성을 깊이 있게 표현함.
> 4. 영화 속 상황을 통해 위기 상황 대처법에 대해 고민하고 적극적인 태도를 보임.
> 5. 자신의 경험과 연결하여 생명존중의 가치를 실천하고자 하는 의지를 나타냄.
> 6. 생명에 대한 존중과 타인을 배려하는 마음을 글로 표현함.
> 7. 영상 시청 후 느낀 감정을 솔직하고 성숙하게 담아 소감문을 작성함.

위와 같이 ChatGPT에 자율활동 내용을 입력하면 상황에 맞는 다양한 문장을 빠르게 생성할 수 있습니다. 교사는 이처럼 생성된 문장들을 참고하여, 학생별로 표현을 달리하거나, 관찰 내용에 맞게 수정하는 방식으로 생활기록부 작성의 시간을 크게 줄일 수 있습니다.

이번에는 실제 생활기록부 작성 양식에 더욱 가깝도록, 활동 명칭과 날짜를 포함한 문장 형식으로 프롬프트를 수정해보겠습니다.

질문: 자율활동 명칭과 날짜를 넣어서 생활기록부 문장을 생성해줘. 예를 들어 "생명존중예방교육(2025.04.14.)을 통해 ~~함."과 같은 형식으로 작성해줘.

1. 생명존중예방교육(2025.04.14.)을 통해 생명의 소중함을 인식하고 성찰적 태도를 보임.
2. 생명존중예방교육(2025.04.14.)을 통해 타인의 감정에 공감하며 진지한 자세로 활동에 참여함.
3. 생명존중예방교육(2025.04.14.)을 통해 위기 상황의 심각성을 이해하고 생명에 대한 존중 의식을 높임.
4. 생명존중예방교육(2025.04.14.)을 통해 개인의 삶을 되돌아보며 생명의 가치에 대해 숙고함.
5. 생명존중예방교육(2025.04.14.)을 통해 적극적인 참여로 성실히 소감문을 작성함.

앞서 단일 활동에 대한 문장 생성을 살펴보았다면, 이번에는 여러 가지 자율활동을 한 번에 입력하여 학생별 생활기록부 문장을 생성하는 방법을 살펴보겠습니다. 활동명과 날짜를 포함해 프롬프트를 구성하면, 교사는 더 간편하게 문장을 확인하고 실제 기록에 활용할 수 있습니다. 특히 활동이 여러 개일 경우, ChatGPT에 학생당 서로 다른 활동을 배분해 작성하도록 요청하면 일괄 작성을 훨씬 효율적으로 할 수 있습니다.

질문: 성매매예방교육(2025.03.17.), 학교폭력예방교육(2025.03.24.), 정부반장선거(2025.04.07.), 장애인식개선교육(2025.04.21.), 교통안전교육(2025.05.12.)
위의 다섯 가지 자율활동 중에서, 학생 1인당 3개의 활동이 고르게 포함되도록 학생 10명의 생활기록부 문장을 작성해줘. 각 문장은 활동명과 날짜 포함하고, 종결어미는 '~함' 또는 '~임'으로 작성해줘.

👤 학생 1
- 성매매예방교육(2025.03.17.)에 참여하여 관련 내용을 숙지하고 학습지를 성실히 작성함.
- 정부반장선거(2025.04.07.)에서 후보자 연설을 경청하고 투표 절차에 적극적으로 참여함.
- 교통안전교육(2025.05.12.)을 통해 보행자 안전 수칙을 학습하고 내용을 정리하여 제출함.

👤 학생 2
- 학교폭력예방교육(2025.03.24.)에서 활동지 내용을 충실히 작성하고 사례 중심의 토론에 참여함.
- 장애인식개선교육(2025.04.21.)을 통해 체험 활동에 성실히 임하고 느낀 점을 소감문으로 작성함.
- 성매매예방교육(2025.03.17.)에서 제시된 영상 자료를 집중하여 시청하고 학습지를 꼼꼼히 작성함.

👤 학생 3
- 교통안전교육(2025.05.12.)에서 영상 시청 후 안전 수칙을 정리하여 학급 발표에 참여함.
- 정부반장선거(2025.04.07.)에서 공정한 선거의 의미를 이해하고 선거 참여의 중요성을 인식함.
- 학교폭력예방교육(2025.03.24.)을 통해 예방 방법에 대한 의견을 정리하고 발표함.
~ 이하 생략

학생 맞춤형 생활기록부 표현 생성하기

학생들이 활동한 결과를 바탕으로 각자의 표현 방식이나 작업 내용을 반영한 맞춤형 생활기록부 문장을 작성하는 것도 가능합니다. 이런 경우에는 학생 개개인의 활동 결과물을 기반으로 ChatGPT에 문장 생성을 요청할 수 있습니다. 결과물은 PDF, 이미지(jpg, png) 파일 또는 워드(docx) 문서 형태로 업로드하여 활용할 수 있으며, 이를 통해 보다 개별화된 생활기록부 기록을 손쉽게 완성할 수 있습니다.

> 나는 중학교 교사이고, 발명 동아리를 운영하고 있어. 다음은 학생들이 3D모델링으로 만든 자신의 작품을 홍보하는 홍보물 결과물이야. 이 결과물을 참고해서 학생별로 생활기록부에 들어갈 문장을 작성해줘.

▲ 학생들의 학번과 이름은 가상으로 설정함.

👤 10201 성춘향
3D모델링을 활용해 식탁 오염을 방지하는 '원숭이 트레이'를 제작하고, 기능과 필요성을 효과적으로 홍보함.

👤 10202 홍길동
자신의 여행 경험을 바탕으로 '마리나 베이 샌즈' 모형을 제작하고, 건축적 배경과 감상을 창의적으로 담아 표현함.

👤 10203 이몽룡
위급 상황에서 활용 가능한 다목적 도구 '카람빗'을 3D모델링으로 구현하고, 용도와 활용성을 직접 설명함.

👤 10204 정약용
다용도 머그컵을 제작하고, 손잡이를 제거하여 꽃병으로 활용할 수 있는 가능성을 함께 제시함.

👤 10205 이순신
플립폰 사용자로서의 불편함을 해결하기 위해 스마트폰 거치대를 고안하고 제작함.

👤 10206 김구
지우개 수납이 가능한 실용적인 필통을 제작하고, 사용자 편의성을 고려한 설계를 구현함.

👤 10207 윤봉길
연필과 지우개를 효율적으로 수납할 수 있는 구조의 연필꽂이를 제작하고, 구조적 특징을 홍보물에 효과적으로 담아냄.

👤 10208 유관순
장미를 포인트로 디자인한 책갈피를 제작하고, 실용성과 디자인 요소를 고려하여 자신만의 아이디어를 구현함.

각 문장은 학생의 결과물 설명을 기반으로, 실제 생활기록부에 쓸 수 있도록
☑ 활동 명시
☑ 제작 내용
☑ 표현 방식
을 간결하게 담았습니다.
원하시면 이 문장을 표로 정리해드리거나, 더 다듬고 싶은 문장이 있으면 수정해드릴게요!

업로드한 학생들의 결과물을 기반으로 ChatGPT가 동아리 활동에 대한 생활기록부 문장을 생성해 주었습니다. 생성된 문장이 활동의 특성과 완전히 일치하지 않거나 표현이 마음에 들지 않을 경우, ChatGPT에 문장 생성을 다시 요청하여 더 다양한 표현을 얻을 수 있습니다. "000 학생의 생활기록부 문장을 3개 정도 다시 생성해줘."와 같은 방식으로 여러 문장을 확보하면, 학생 개별 특성에 맞춘 생활기록부 작성이 훨씬 수월해집니다.

이번에는 생성된 문장을 엑셀 파일로 만들어 보겠습니다.

 이 내용을 엑셀 파일로 생성해줘. 엑셀 파일의 형식은 학년, 반, 번호, 이름, 동아리 활동 내용으로 만들어줘.

 아래 링크를 클릭하시면 학생별 동아리 활동 내용이 담긴 엑셀 파일을 다운로드하실 수 있습니다:
📄 동아리_활동_생활기록부_기록.xlsx

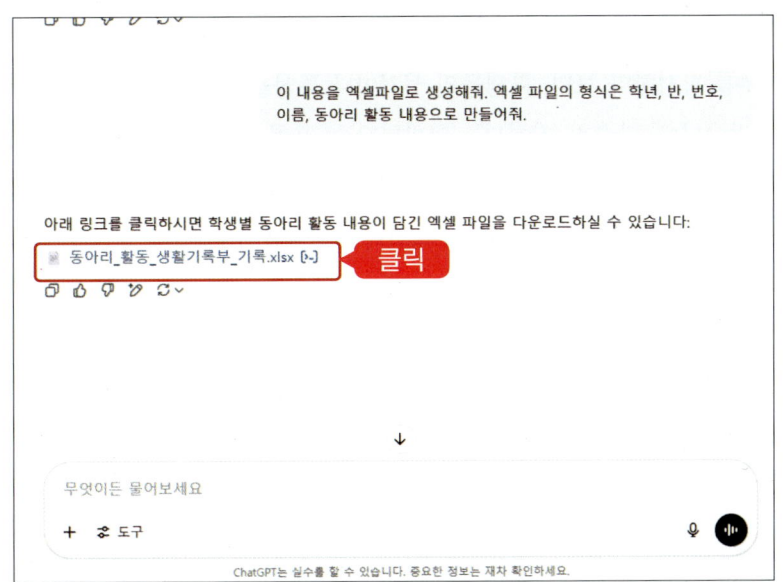

▲ ChatGPT가 생성해준 엑셀 파일

▲ 엑셀 파일 내용

    이와 같은 방법을 활용하면 나이스 시스템에 그대로 붙여넣을 수 있는 형식의 엑셀 파일을 한 번에 자동 생성할 수 있습니다. 이렇게 생성된 문서는 나이스 시스템 입력뿐만 아니라 교사의 요구에 맞춰 한글 또는 엑셀 파일 등 다양한 형식으로 변환 요청이 가능하므로, 반복되는 기록 업무의 부담을 줄이고 효율성을 향상하는 데 매우 유용합니다.

학생의 특징에 맞는 다양한 생활기록부 문장 생성하기

생활기록부를 작성하다 보면, 학생들의 성격이나 특성을 어떻게 문장으로 풀어낼지 고민되는 순간이 많습니다. 단순히 '착하다', '활발하다'는 표현만으로는 학생의 모습을 충분히 담아내기 어렵기 때문입니다. 이럴 때 ChatGPT를 활용하면, 몇 가지 키워드만으로도 다양한 각도에서 표현된 문장을 제시받을 수 있어 개별화된 기록을 보다 쉽게 작성할 수 있습니다.

> **질문** 나는 중학교 교사이고, 학생 생활기록부를 작성하고 있어. 다음 특성의 학생에게 적어줄 생활기록부 문장을 여러 개 생성해줘. 문장의 끝맺음은 '~함', '~임' 형태의 종결어미를 사용해줘.
> 학생1: 심성이 착함. 친구들을 잘 도와줌. 1학기 동안 특수학생 도우미 활동을 함.
> 학생2: 조용하고 독서를 좋아함.
> 학생3: 활발하고 축구를 좋아함. 발표를 열심히 함.
>
> 학생1
> 심성이 착함 / 친구들을 잘 도와줌 / 특수학생 도우미 활동
> 1학기 동안 특수학생 도우미로 활동하며 친구를 배려하고 책임감 있게 임함.
> 교내외에서 어려움을 겪는 친구를 먼저 돕는 등 따뜻한 성품을 바탕으로 공동체에 기여함.
> 또래 친구들에게 친절하게 대하며, 지속적인 관심과 배려를 실천함.
>
> 학생2
> 조용함 / 독서를 좋아함
> 독서 활동을 즐기며 다양한 책을 꾸준히 읽고 내용을 정리하여 학급에서 공유함.
> 조용한 성격이지만 과제에 성실히 임하며 자기 주도적으로 학습함.
> 학급 독서 시간에 집중하며 차분한 태도로 독서 습관을 꾸준히 유지함.
>
> 👤 학생3
> 활발함 / 축구를 좋아함 / 발표를 열심히 함
> 수업 시간에 활발히 참여하며 자신의 생각을 발표로 적극적으로 표현함.
> 교내 체육활동 및 축구 시간을 통해 건강한 교우관계를 형성함.
> 토론과 발표 수업에서 자신감을 가지고 주도적으로 의견을 개진함.

이처럼 ChatGPT를 활용하면, 학생의 단순한 특징이나 키워드만으로도 다양한 각도에서 표현을 바꾸어 문장을 생성할 수 있습니다. 이는 생활기록부 작성 시 단조로운 서술을 피하고, 학생 개개인의 특성을 살린 기록을 남기는 데 큰 도움이 됩니다. 또한, "표현을 더 긍정적으로", "문장 길이를 줄여서" 등의 조건을 추가하면, 프롬프트를 수정하여 다양한 표현을 시도할 수 있어 활용도가 더욱 높습니다.

우리가 생활기록부를 작성할 때 만나는 학생들이 항상 긍정적인 면모만 보이는 것은 아닙니다. 때로는 지각이 잦거나, 학업 성취도가 낮거나, 노력의 정도가 부족해 보이는 학생도 있습니다. 이런 경우에도 학생의 가능성과 변화의 여지를 담아 긍정적으로 표현하는 방식을 고민해야 합니다.

부정 표현 재구성하기

학교 현장에서는 때때로 지각이 잦거나 학업 성취가 낮은 등 다소 아쉬운 모습을 보이는 학생들을 마주하게 됩니다. 이처럼 지도와 격려가 필요한 상황에서는 생활기록부에 직접적인 부정 표현을 쓰기보다는, 학생의 성장 가능성과 긍정적인 변화의 방향성을 담아 기록하는 것이 바람직합니다. 이번에는 이러한 경우에 활용할 수 있는 문장 표현 예시를 ChatGPT를 통해 생성해보겠습니다.

 나는 중학교 교사야. 지각을 자주 하는 학생을 생활기록부에 기록하려고 하는데, 발전 가능성을 중심으로 긍정적인 방향으로 문장을 작성하려면 어떻게 표현하는 것이 좋을지 추천해줘.

 1. 등교 시간이 다소 불규칙하였으나, 학기 후반으로 갈수록 스스로 생활 습관을 조절하려는 노력이 나타남.
2. 지각이 잦았으나 반복 피드백 후 개선 의지를 보이며 자기 관리에 대한 책임감을 키워가는 중임.
3. 수업 참여에는 관심을 보이며, 등교 시간 조정 등 일상 습관을 개선하려는 태도가 관찰됨.
4. 일정한 생활 리듬 형성을 위해 노력 중이며, 점차 시간 관리에 대한 인식이 성장하고 있음.
5. 시간 약속에 대한 중요성을 인지하고, 반복 지도의 효과로 점차 긍정적인 변화가 나타남.

칭찬 문장 및 생활지도 멘트 수집

학생들을 동기부여하고 바람직한 방향으로 성장하도록 이끌기 위해서는, 적절한 칭찬과 단호한 생활지도가 균형 있게 제공되는 것이 중요합니다. 하지만 실제 상황에서 다양한 표현의 칭찬 문장과 생활지도 멘트를 매번 새롭게 고민해내는 일은 결코 쉽지 않습니다. 이럴 때 ChatGPT를 활용하면, 정서적 공감과 구체성이 살아 있는 문장을 상황별로 빠르게 얻을 수 있어 교사의 표현 부담을 크게 줄일 수 있습니다. 이번 절에서는 칭찬 문장과 생활지도 멘트를 각각 상황별로 수집해보겠습니다.

칭찬 문장 수집하기

학교 현장에서는 학생들의 작은 행동 하나에도 칭찬을 건넬 기회가 자주 찾아옵니다. 하지만 그 순간마다 적절한 표현을 떠올리는 일은 생각보다 쉽지 않습니다. 미리 다양한 상황에 어울리는 칭찬 문장을 수집해두면, 실제 상황에서 더 자연스럽고 효과적으로 칭찬을 건넬 수 있습니다. 이번에는 학교생활 속에서 자주 마주치는 장면들을 중심으로, 상황에 맞는 칭찬 표현을 다양하게 살펴보겠습니다.

 나는 중학교 교사야. 학생들에게 긍정적인 피드백을 자주 건네고 싶어. 학급에서 자주 마주치는 다양한 상황에서 활용할 수 있는 구체적이고 진심이 담긴 칭찬 문장을 여러 가지 알려줘.

 [학교생활에서 활용할 수 있는 칭찬 문장 예시]
1. 수업 시간에 집중하며 자신의 생각을 조리 있게 표현하는 모습이 인상 깊었습니다.
2. 친구의 말을 끝까지 경청하고 배려하는 태도가 참 예뻤어요.
3. 주어진 과제를 책임감 있게 수행하며 성실함을 보여주었어요.
4. 힘든 상황에서도 밝은 표정을 잃지 않고 긍정적인 에너지를 나누는 모습이 참 대견했어요.
5. 실수를 인정하고 스스로 고치려는 용기가 정말 멋졌습니다.
6. 청소 시간마다 솔선수범하는 모습을 통해 학급 분위기를 따뜻하게 만들어주었어요.
7. 친구들과 협력하며 문제를 해결하려는 자세가 인상 깊었어요.
8. 수업 발표를 준비하며 노력한 흔적이 고스란히 느껴졌어요.
9. 정리 정돈을 스스로 챙기는 모습에서 성숙함이 느껴졌어요.
10. 오늘도 조용히 자기 할 일을 해내는 모습, 선생님은 늘 보고 있어요. 참 고맙고 자랑스러워요.

이번에는 특정한 상황에서 활용할 수 있는 칭찬 문장을 ChatGPT를 통해 수집해보겠습니다. 상황별로 미리 적절한 표현을 준비해두면, 교사의 언어 표현력은 물론, 학생의 자존감과 학급 분위기에도 긍정적인 영향을 줄 수 있습니다. 예시로는 청소 시간과 관련한 칭찬 표현을 요청해보겠습니다.

 나는 중학교 교사야. 청소 시간에 활용할 수 있는 구체적인 칭찬 문장을 여러 가지 알려줘.

 [청소 시간에 활용할 수 있는 칭찬 문장 예시]
1. 말하지 않아도 스스로 맡은 구역을 정리하는 모습이 정말 든든했어요.
2. 깨끗한 교실은 여러분 덕분이에요. 조용히 제 역할을 다해줘서 고마워요.
3. 다른 친구의 구역까지 도와주는 너의 배려심이 참 예쁘네요.
4. 귀찮을 수도 있는 일인데 묵묵히 책임감 있게 해줘서 고마워요.

5. 바닥에 엎드려가며 열심히 닦는 모습에 선생님도 감동했어요.
6. 함께 힘을 모아 교실을 깨끗하게 만드는 여러분이 정말 자랑스러워요.
7. 아무도 보지 않아도 묵묵히 청소하는 너의 모습이 멋졌어요.
8. 청소를 마치고 교실을 둘러보는 너의 표정에서 뿌듯함이 느껴졌어요.
9. 처음보다 훨씬 부지런해진 모습, 스스로도 느껴지지 않니? 잘하고 있어!
10. 매일 같은 시간, 같은 자리를 지켜주는 너의 성실함이 정말 고마워요.

이처럼 발표, 친구 돕기 등과 같은 구체적인 상황을 중심으로 프롬프트를 작성하여 칭찬 문장을 미리 수집해두면, 실제 교실에서는 보다 다양하고 풍부한 언어로 학생들에게 긍정적인 피드백을 전할 수 있습니다.

교실에서는 활발하게 여러 활동에 참여하는 학생들이 자연스럽게 더 많은 칭찬을 받게 됩니다. 반면, 조용하고 눈에 띄지 않는 학생들에게는 칭찬을 하려고해도 막상 어떤 말을 건네야 할지 고민되는 경우가 있습니다. 이럴 때는 학생의 성격이나 평소 태도와 같은 구체적인 특징을 기반으로 칭찬 문장을 생성하면, 보다 진심 어린 피드백이 가능해집니다. 다음은 특정 학생의 성격이나 특성을 중심으로 ChatGPT에 칭찬 문장을 요청한 예시입니다.

나는 중학교 교사야. 우리 반에 성격이 조용하고 온순한 학생이 있어. 쉬는 시간에는 자리에 앉아 혼자 그림 그리기를 즐기고, 점심시간에는 도서관에서 책을 읽는 걸 좋아해. 맡은 일도 조용히, 그러나 책임감 있게 해내는 친구야. 이 학생에게 평소에 건넬 수 있는 칭찬 문장을 여러 가지 알려줘.

[조용하고 온순한 학생에게 건넬 수 있는 칭찬 문장 예시]
1. 조용히 자기 할 일을 묵묵히 해내는 모습이 참 믿음직스럽고 멋졌어요.
2. 항상 차분하게 주변을 살피고, 맡은 역할을 책임감 있게 해내는 모습이 인상 깊어요.
3. 그림을 그릴 때 몰입하는 너의 모습이 참 진지하고 아름다워요.
4. 도서관에서 조용히 책을 읽으며 지내는 시간을 소중히 여기는 너의 모습이 참 보기 좋아요.
5. 눈에 띄지는 않지만 언제나 꾸준하고 성실한 태도가 교실을 따뜻하게 만들어줘요.
6. 말은 많지 않지만 행동으로 보여주는 너의 성실함이 참 고마워요.
7. 언제나 자리를 지키고 조용히 노력하는 너를 선생님은 늘 보고 있어. 정말 자랑스러워요.
8. 너처럼 조용하지만 꾸준한 친구가 있기에 우리 반이 더 단단해지는 것 같아요.
9. 네가 보여주는 차분함과 책임감은 모두에게 좋은 본보기가 되고 있어요.
10. 너의 성실한 하루하루가 언젠가 큰 힘이 될 거야. 지금처럼만 해줘도 충분히 멋져.

칭찬할 때는 결과 중심의 칭찬보다는, 그 과정에서 드러난 학생들의 협동심, 열정, 최선을 다한 자세를 구체적으로 담아내는 표현이 훨씬 효과적입니다. 이번에는 ChatGPT를 활용하여, 이러한 과정을 중심으로 한 다양한 칭찬 문장을 생성해보고자 합니다.

 나는 중학교 교사야. 우리 반이 체육대회에서 1등을 했어. 학급 아이들이 열심히 협동한 점, 서로를 응원하고 끝까지 최선을 다한 점을 담아 구체적이고 진심이 느껴지는 칭찬 문장을 생성해줘.

 1. 서로를 응원하고 끝까지 최선을 다한 여러분 덕분에 1등이라는 값진 결과를 얻을 수 있었어요. 노력과 협동이 만든 최고의 순간이었습니다.
2. 승부보다 더 멋졌던 건, 함께 땀 흘리고 서로를 격려하던 여러분의 모습이었어요. 진심으로 자랑스럽습니다.
3. 열정과 팀워크가 얼마나 큰 힘을 발휘할 수 있는지를 여러분이 몸소 보여주었어요. 여러분 모두 정말 훌륭했습니다.
4. 하나된 마음으로 경기에 임한 여러분의 모습은 1등 이상의 감동이었어요. 끝까지 포기하지 않은 그 모습에 큰 박수를 보냅니다.
5. 단순한 결과보다 과정 속에서 서로에게 힘이 되어준 모습이 더 기억에 남아요. 함께 뛴 그 시간들이 여러분의 성장 그 자체입니다.

항상 모든 학생이 높은 성취를 거두는 것은 아닙니다. 그러나 결과와 상관없이 과정에서 보여준 노력과 태도를 인정하고 칭찬하는 일은 학생들에게 더 큰 동기와 자신감을 심어줄 수 있습니다. 이번에는 체육대회에서 높은 순위를 차지하지는 못했지만, 끝까지 최선을 다해 참여한 학생들의 모습을 격려할 수 있는 문장을 만들어보겠습니다.

 나는 중학교 교사야. 우리반 학생들이 체육대회에서 높은 등수를 차지하진 못했지만, 열심히 참여하고 서로를 응원하며 최선을 다한 점을 중심으로 칭찬할 수 있는 문장을 생성해줘.

 1. 좋은 성적은 얻지 못했지만, 마지막까지 서로를 응원하며 최선을 다한 여러분의 모습이 정말 멋졌습니다.
2. 결과보다 중요한 건 과정 속에서 보여준 열정과 팀워크였습니다. 모두가 함께 노력한 그 시간 자체가 값졌습니다.
3. 끝까지 포기하지 않고 참여해준 여러분의 모습은 그 어떤 순위보다 값진 의미를 지닙니다. 정말 자랑스럽습니다.
4. 순위는 높지 않았지만, 서로 격려하고 응원하며 최선을 다한 그 경험은 여러분의 성장에 큰 밑거름이 될 것입니다.
5. 비록 등수는 아쉬웠지만, 하나 된 마음으로 끝까지 최선을 다한 여러분에게 진심으로 박수를 보냅니다.

앞서 받은 답변을 확인해보니, '순위가 낮다'는 표현이 의도보다 강조되어 아쉬운 인상을 줄 수 있었습니다. 이에 따라 이번에는 결과에 대한 언급을 생략하고, 학생들의 태도와 과정에만 초점을 둔 칭찬 문장으로 다시 생성해보도록 하겠습니다.

> 결과가 낮다는 점을 굳이 언급하지 말고, 학생들이 보여준 열정, 협동, 성실한 참여를 중심으로 칭찬 문장을 다시 생성해줘.
>
>
> 1. 끝까지 서로를 응원하며 열정적으로 참여하는 여러분의 모습이 인상 깊었습니다.
> 2. 하나 된 마음으로 준비하고 즐기는 과정에서 여러분의 협동심이 빛났습니다.
> 3. 각자의 자리에서 맡은 역할에 최선을 다하는 모습이 정말 멋졌습니다.
> 4. 모든 활동에 즐겁고 성실하게 임하는 여러분 덕분에 따뜻한 분위기가 만들어졌습니다.
> 5. 땀 흘리며 함께한 시간 속에서 여러분의 노력과 팀워크가 돋보였습니다.

알림장 문구 작성하기

앞서 생성한 문장들은 종례 멘트, 학급 게시물, 알림장 등 다양한 상황에 맞춰 변형해 활용할 수 있습니다. ChatGPT에 요청할 때 사용 목적을 명확히 제시하면, 상황에 꼭 맞는 문장을 더 효과적으로 생성할 수 있습니다. 이번에는 학생들의 알림장에 들어갈 짧고 따뜻한 칭찬 문장을 요청해보겠습니다.

> 위의 체육대회의 노력을 칭찬하는 내용으로 학생들의 알림장에 들어갈 문구로 사용할 수 있는 짧고 따뜻한 칭찬 멘트를 적어줘. 아이들이 자존감을 느낄 수 있도록, 긍정적인 메시지 중심으로 작성해줘.
>
>
> 1. 체육대회에서 보여준 협동심과 열정, 너무 멋졌어요! 오늘도 자랑스러워요 ☺
> 2. 함께 땀 흘리고 응원했던 그 마음이 무엇보다 소중했답니다.
> 3. 끝까지 포기하지 않고 함께 달린 모습, 정말 대단했어요!
> 4. 결과보다 과정이 더 값졌던 하루였어요. 모두에게 박수를 보냅니다!
> 5. 열심히 뛰고 웃고 응원한 그 순간, 여러분이 가장 빛났어요 ✨

생활지도 멘트 수집하기

학생들의 생활 전반을 지도하는 일 역시 교사의 중요한 역할 중 하나입니다. 이때, 감정에 치우치지 않으면서도 학생의 문제행동을 긍정적인 방향으로 유도할 수 있는 표현을 사용하는 것이 중요합니다. 이번에는 다양한 상황에 따라 활용할 수 있는 생활지도 멘트를 수집하고, 실제 상황에서 효과적으로 적용할 수 있도록 정리해보겠습니다.

나는 중학교 교사야. 학생들이 복도에서 장난치거나 뛰어다닐 때, 다치지 않도록 주의를 주고 싶은데, 화를 내지 않고 차분하게 지도할 수 있는 멘트를 여러 가지 알려줘.

[복도 생활지도 시 활용할 수 있는 멘트 예시]
1. 복도는 모두가 함께 사용하는 공간이니까, 안전을 위해 천천히 걸어볼까?
2. 혹시라도 부딪히거나 다칠 수 있으니, 복도에서는 걸어다니는 게 좋아.
3. 장난은 운동장에서! 복도에서는 조용히 이동하는 친구가 더 멋져 보여.
4. 네가 뛰다가 다른 친구를 놀라게 할 수도 있어. 서로를 배려해주자!
5. 선생님은 너희가 즐거운 건 좋은데, 안전이 먼저라는 걸 꼭 기억했으면 해.

 나는 중학교 교사야. 우리 반에서 도난사고가 발생했는데, 정황상 특정 학생이 연관되어 있을 가능성이 있어. 해당 학생과 개별 상담을 진행하려고 하는데, 학생을 직접적으로 의심하지 않는 말투로 자연스럽게 자백을 유도할 수 있는 생활지도용 상담 멘트 또는 대화 시나리오를 만들어줘. 학생의 감정을 자극하지 않으면서도 스스로 사실을 털어놓을 수 있도록 유도하는 방향으로 부탁해.

[도난 상황에서 자백을 유도하는 개별 상담 시나리오 예시]
- 교사: 오늘 잠깐 이야기 나눌 수 있을까? 다른 게 아니라, 교실에서 있었던 일에 대해서 네 생각을 조금 듣고 싶어서 그래.
- 교사: 요즘 반 분위기도 좋아지고 있었는데, 갑자기 이런 일이 생겨서 선생님도 마음이 무겁더라고. 혹시 최근에 교실에서 친구 물건이 없어졌다는 이야기를 들은 적 있니?
- 교사: 사실, 정확히 누가 그런 건지는 모르지만 몇 가지 상황을 살펴보다 보니 네가 그 자리에 있었다는 말이 있어서… 혹시나 해서 이야기 들어보려고 한 거야. 선생님은 너를 믿고 있어서, 네가 무슨 이야기를 해도 다 들어줄 준비가 돼 있어.
- 교사: 실수는 누구에게나 있을 수 있어. 중요한 건 지금 어떤 선택을 하느냐인 것 같아. 선생님은 네가 진심으로 이야기해준다면, 그 용기를 존중하고 도와주고 싶어.
- 교사: 혹시 너 혼자 감당하기 힘든 부분이 있다면, 말로 표현해보는 것도 괜찮아. 선생님이 판단하려는 게 아니라, 네가 조금 더 가벼운 마음이 될 수 있도록 도와주고 싶은 마음이야.

 나는 중학교 교사야. 수업 시간에 다른 교과목 문제집을 꺼내 풀고 있는 학생이 있어. 이 상황을 다른 학생들도 모두 지켜보고 있기 때문에, 학생을 민망하게 만들지 않으면서도 현명하게 생활지도를 할 수 있는 멘트를 알려줘.

 [수업 중 다른 과목 문제집을 푸는 학생에게 할 수 있는 생활지도 멘트 예시]
1. "지금은 이 수업에 집중할 시간이야. 네가 다른 과목도 열심히 하는 건 좋지만, 모든 과목에 집중하는 자세가 더 멋지지 않을까?"
2. "그 문제집은 쉬는 시간에 열심히 풀어줘. 지금은 우리 수업에 함께 집중해보자."

3. "지금 이 시간에 함께 생각해보면 좋을 내용이 있어서 그래. 나중에 도와줄 테니 일단 이 수업 먼저 같이 따라와볼까?"
4. "여러 과목에 관심 있는 너의 열정은 참 좋아. 다만 지금은 이 시간에 맞는 집중을 해주면 더 좋을 것 같아."
5. "선생님도 그 과목 중요하다는 거 잘 알아. 그런데 지금은 우리 수업 내용이 더 궁금해졌으면 좋겠어."

이런 멘트들은 교사로서 단호함을 유지하면서도, 학생에게 체면을 세워주는 균형 잡힌 생활지도를 가능하게 합니다.

조종례 전달사항 멘트 생성하기

학생 생활지도의 일환으로, 조종례 시간을 활용해 학교생활에서 지켜야 할 규칙이나 안전 수칙을 안내하는 것은 매우 중요합니다. 특히 교통안전과 같은 실제 생활과 밀접한 주제의 경우, 사고 예방을 위한 명확한 메시지 전달이 필요합니다. 이처럼 정기적인 생활지도를 보다 효과적으로 운영하고자 할 때, ChatGPT를 활용해 상황에 맞는 생활지도 멘트를 다양하게 생성해볼 수 있습니다.

나는 중학교 교사야. 중학생이 전동킥보드를 불법으로 타는 것에 대한 경각심을 주고, 교통안전 의식을 높일 수 있는 멘트를 조종례 시간에 사용할 수 있도록 생성해줘. 전동킥보드 관련 교통사고 예방을 위한 학생들에게 전달할 내용을 구체적으로 작성해줘.

1. 전동킥보드는 만 16세 이상만 운전할 수 있고, 면허도 반드시 필요해요. 중학생이 전동킥보드를 타는 건 불법이라는 점, 꼭 기억해 주세요.
2. "조심해서 타면 괜찮지 않을까?" 생각할 수 있지만, 전동킥보드는 중학생이 타서는 안 되는 이동수단이에요. 사고 시 법적 책임도 커질 수 있어요.
3. 전동킥보드는 빠르고 편해 보여도, 사고가 나면 큰 부상으로 이어질 수 있어요. 지금은 타지 않고 안전을 지키는 것이 가장 현명한 선택입니다.
4. 헬멧을 써도, 천천히 타도, 중학생이 전동킥보드를 타는 것 자체가 불법이에요. 나 자신과 친구들을 위해 꼭 지켜야 할 안전 수칙이에요.
5. 아직은 우리가 전동킥보드를 타기에 적절한 시기가 아니에요. 지금은 걷는 것이 가장 안전한 길입니다. 여러분의 안전이 가장 중요합니다.

앞서 살펴본 문장들 역시, 사용하려는 상황과 전달 매체에 맞게 형식을 조정하여 생성할 수 있습니다. 예를 들어, 같은 내용을 전달하더라도 학급 단체 카카오톡방에 게시할 때는 학생 눈높이에 맞춘 간결하고 친근한 말투로 표현하는 것이 효과적입니다. 이번에는 전동킥보드 관련 교통안전교육 내용을, 학급 단톡방에서 생활지도용으로 활용하기 좋은 형식으로 다시 구성해보겠습니다.

 전동킥보드 관련 교통안전교육을 학급 단톡방에 올려서 생활지도하고자 해. 카카오톡에 맞는 문장 형식과 말투로 다시 작성해줘.

 📌 얘들아 잠깐 알려줄게!
요즘 전동킥보드 타는 학생들이 있는데, 중학생은 전동킥보드 타는 게 불법이라는 거 알고 있었어? 전동킥보드는 만 16세 이상 + 면허 있어야 가능해! 우리 나이엔 타면 안 되는 거니까, 혹시라도 타고 있는 친구 있다면 지금은 절대 타지 않도록 해줘. 사고도 많고, 단속에 걸리면 벌금 나올 수도 있어 😢 우리 모두 안전하게 다니자! 🎧

학급 아침 활동 아이디어 리스트

학생들이 등교하여 1교시 수업을 시작하기 전까지 가지는 짧은 아침시간은 단순한 공백이 아니라, 하루의 분위기를 결정짓는 중요한 리듬의 시작이 될 수 있습니다. 특히 아침조회 이후 주어지는 10~20분 정도의 짧은 시간을 어떻게 활용하느냐에 따라 학생들의 집중도, 정서 안정, 학급 분위기에 큰 차이가 생기기도 합니다. 이 시간을 의미 있고 유익하게 채우고 싶은 선생님들을 위해 ChatGPT를 활용하여 학급 맞춤형 아침 활동 아이디어를 얻어 학급 아침시간에 활용하는 방법을 소개해드리겠습니다.

다양한 아침 활동 아이디어 얻기

매일 반복되는 아침 시간에 의미 있는 활동을 다양하게 운영하면 학급 분위기를 긍정적으로 이끌 수 있지만, 교사 입장에서는 매번 새로운 아이디어를 떠올리는 일이 쉽지만은 않습니다. 활동 아이템이 한정되어 있거나, 시간이 촉박한 경우에는 더욱 그렇습니다. 이럴 때 ChatGPT를 활용하면, 간단한 요청만으로도 학급 상황에 맞는 아침 활동 아이디어를 다양하게 생성해볼 수 있습니다.

질문 매일 아침조회가 끝나고 주어지는 10분 동안 할 수 있는 학급 아침활동 아이디어를 추천해줘. 활동은 간단하고 학생들이 즐겁게 참여할 수 있는 것 위주로, 정서적 안정 또는 학급 소통에 도움이 되는 활동이면 좋아.

[아침조회 후 10분 아침활동 추천 리스트]

1. 감정 날씨 공유하기
   학생들이 오늘의 기분을 날씨로 표현하며 한마디씩 말합니다.
   예: "오늘 저는 맑음이에요. 친구랑 아침부터 웃었거든요!"

2. 한 줄 칭찬 릴레이
   옆자리 친구에게 짧게 칭찬 한 마디 적어주기 또는 말해주기. 서로 긍정적인 기운을 나누며 하루를 시작할 수 있습니다.

3. 오늘의 명언 읽기 + 소감 나누기
   간단한 명언을 한 줄 읽고, 느낀 점을 자유롭게 이야기합니다. 학생들의 생각과 가치관을 자연스럽게 공유할 수 있어요.

4. 10초 발표 - 오늘의 소식 전하기
   학생 1~2명이 돌아가며 "오늘 아침에 있었던 일"이나 "요즘 흥미 있는 것"을 10초 이내로 발표합니다.

5. 두뇌 깨우기 퀴즈 or 넌센스 한 문제!
   짧고 유쾌한 퀴즈로 아침 집중력을 깨우고, 분위기를 환기합니다.
   예: "달리기를 가장 잘하는 채소는?" (정답: 빨리다시~)

6. 학급 라디오 타임
   조용한 음악을 배경으로 간단한 사연이나 뉴스, 선생님의 이야기 한 꼭지를 나누는 시간입니다. 편안한 분위기로 하루를 시작할 수 있어요.

7. 책갈피 토크
   어제 읽은 책의 인상 깊은 문장을 하나 소개하거나, 읽고 있는 책을 간단히 소개합니다. 독서 습관도 자연스럽게 키울 수 있어요.

ChatGPT의 답변이 마음에 들지 않거나 조금 더 다양한 선택지를 원할 때는, "더 많은 아이디어를 생성해줘"라고 간단히 요청하는 것만으로도 풍성한 자료를 얻을 수 있습니다. 또한, 특정한 활동 유형이나 분위기, 학급 성격 등을 고려한 조건이 있다면 프롬프트에 그 조건을 함께 넣어주면, 훨씬 더 교실에 맞는 맞춤형 아이디어가 생성됩니다.

아침 활동 구체화하기

ChatGPT를 통해 얻은 아이디어를 바탕으로 활동할 내용을 구체화시켜 보겠습니다.

 "3. 오늘의 명언 읽기"와 "5. 두뇌 깨우기 퀴즈 or 넌센스 한 문제" 활동을 해보고 싶어. 학생들과 함께 활동할 수 있도록, 적절한 명언 3개, 일반 퀴즈 2문제, 넌센스 퀴즈 2문제를 생성해줘.

 📖 오늘의 명언
"지금 걷는 이 길이 힘들어도, 결국 그 길이 나를 성장시킨다."
"성공은 넘어지지 않는 것이 아니라, 넘어질 때마다 다시 일어나는 것이다." – 넬슨 만델라
"작은 습관이 큰 변화를 만든다."
→ 각 명언을 읽고 오늘의 다짐을 한 줄 적어보는 활동으로 확장 가능

❓일반 퀴즈
Q: 세계에서 가장 큰 바다는 어디일까요?
A: 태평양
Q: 1년 중 가장 짧은 달은 몇 월일까요?
A: 2월

😄넌센스 퀴즈
Q: 세상에서 가장 지루한 채소는?
A: '무' (아무 것도 안 해서)
Q: 세상에서 가장 딱딱한 채소는?
A: '단무지' (단단무지!)

이처럼 원하는 활동을 중심으로 명확한 요청을 하면, ChatGPT는 구체적인 자료까지 자동으로 생성해주며 교사의 아침활동 준비 시간을 대폭 줄여줍니다.

활동을 위한 다양한 형태의 학습자료 제작하기 – **학습지 형태**

활동 아이디어를 얻는 것에서 한 걸음 더 나아가, ChatGPT를 활용하면 아침시간에 바로 사용할 수 있는 실용적인 학습자료까지 손쉽게 제작할 수 있습니다. 이를 통해 단순한 아이디어 제공을 넘어, 교사의 준비 업무를 실질적으로 줄이고 아침활동 운영의 효율성을 높일 수 있습니다. 이번에는 학생들이 활동에 쉽게 참여할 수 있도록 도와주는 학습자료를 제작해보겠습니다.

질문 '7. 책갈피 토크 활동'을 하려고 하는데, 학생들이 자신이 읽은 책을 쉽게 소개하기 위해 먼저 작성할 학습지를 생성하고 싶어. 중학교 1학년 수준에 맞게 학습지를 만들어줘.

책갈피 토크 활동용 학습지 (중1 수준)

📖『책갈피 토크』 활동 학습지

1. 책 제목:
2. 지은이 / 출판사:
3. 내가 이 책을 읽게 된 이유:
4. 책 속에서 인상 깊었던 장면이나 문장:
5. 그 장면이 인상 깊었던 이유는?
6. 이 책을 한 문장으로 소개한다면?
7. 친구에게 이 책을 추천하고 싶은 이유:
   ☐ 재미있어서
   ☐ 감동적이어서
   ☐ 생각할 거리를 줘서
   ☐ 다른 이유: _____
8. 자유 그림 (표지 그리기나 장면 상상화):
[빈 칸 또는 작은 사각형 그림 영역 제공]

이 학습지는 학생들이 책 내용을 부담 없이 정리하고 자연스럽게 발표나 소그룹 활동으로 이어질 수 있도록 설계되었습니다. 이후 활동을 "학생 발표 예시 생성", "학습지 자동 채우기 예시 생성" 등으로도 확장 가능합니다. 원하시면 한글(.docx) 양식 파일 형태나 엑셀로도 구성해드릴 수 있어요!

 질문 한글 파일의 형태로 지금 이 학습지 파일을 만들어줘.

 한글 파일 형식의 책갈피 토크 활동 학습지가 아래 링크에서 다운로드 가능합니다:
📄 책갈피_토크_활동_학습지.docx
필요하시면 디자인을 추가하거나 양식을 확장하는 작업도 도와드릴게요! 😊

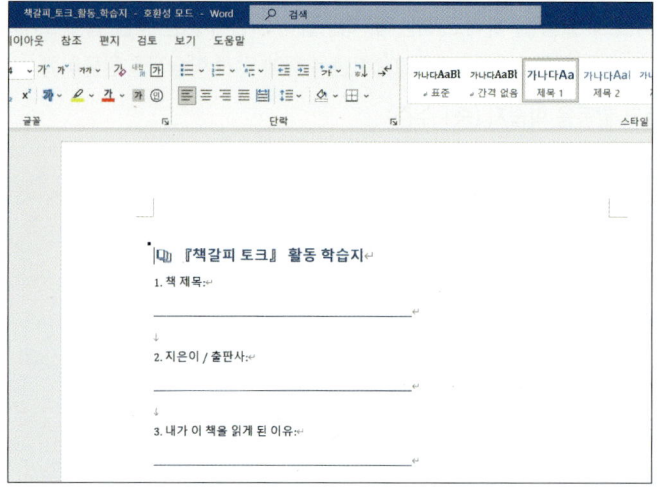

▲ ChatGPT 응답으로 생성된 학습지 파일

 이처럼 ChatGPT의 응답은 단순한 아이디어 제시에 그치지 않고, 교사가 곧바로 활용할 수 있는 한글(.docx)이나 엑셀(.xlsx) 형식의 자료로도 생성할 수 있습니다. 여러 가지 예시 중에서 교실에 적합한 활동을 선택하여 학습지로 제작한다면, 매일 반복되는 아침활동 준비에 대한 선생님의 부담을 효율적으로 줄일 수 있습니다.

> **TIP** ChatGPT에서 .hwp 문서 활용하기: .docx 변환 팁
>
> 현재 기준(2025년 8월, ChatGPT-5 버전)으로는 .hwp(한글 문서) 파일을 직접 생성하거나 편집하는 기능은 지원되지 않습니다. 그러나 .docx(워드 파일) 형식으로 문서를 생성한 후, 이를 한글 프로그램에서 열어 저장하면 .hwp 파일로 변환하여 활용할 수 있습니다.
>
> **한글 열기 〉 docx(Word)파일 불러오기 〉 .hwp로 저장**
>
>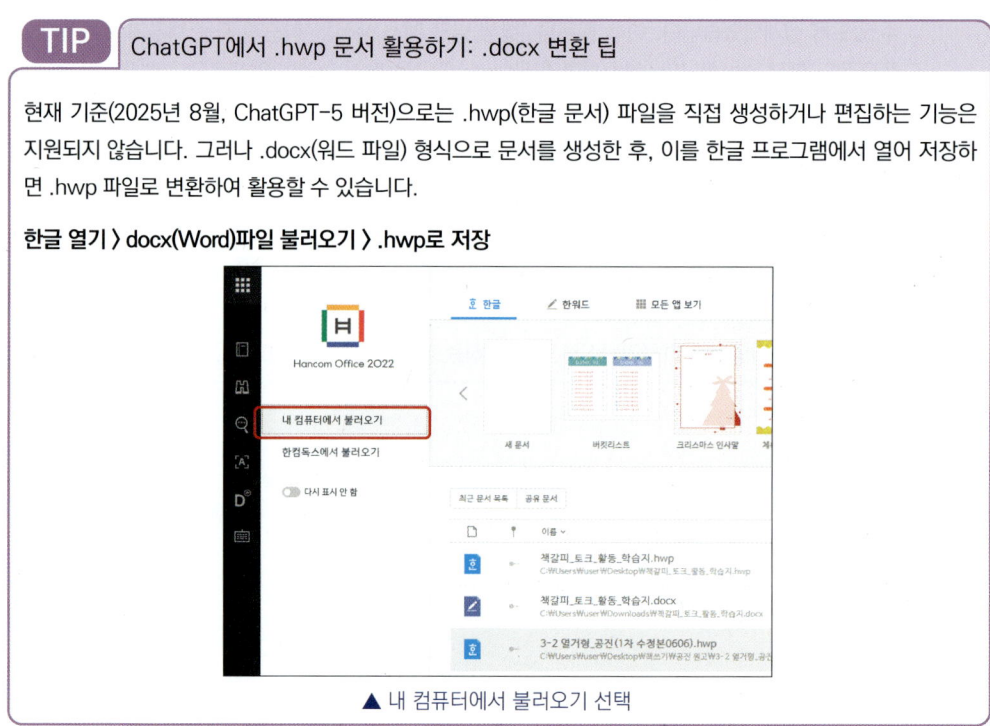
>
> ▲ 내 컴퓨터에서 불러오기 선택

▲ hwp (한글 문서)로 변환하고자 하는 docx(Word 파일) 선택

▲ 다른 이름으로 저장하기

▲ 파일 형식 hwp로 변경하기

Chapter 03 기능별로 정리한 ChatGPT 활용 전략

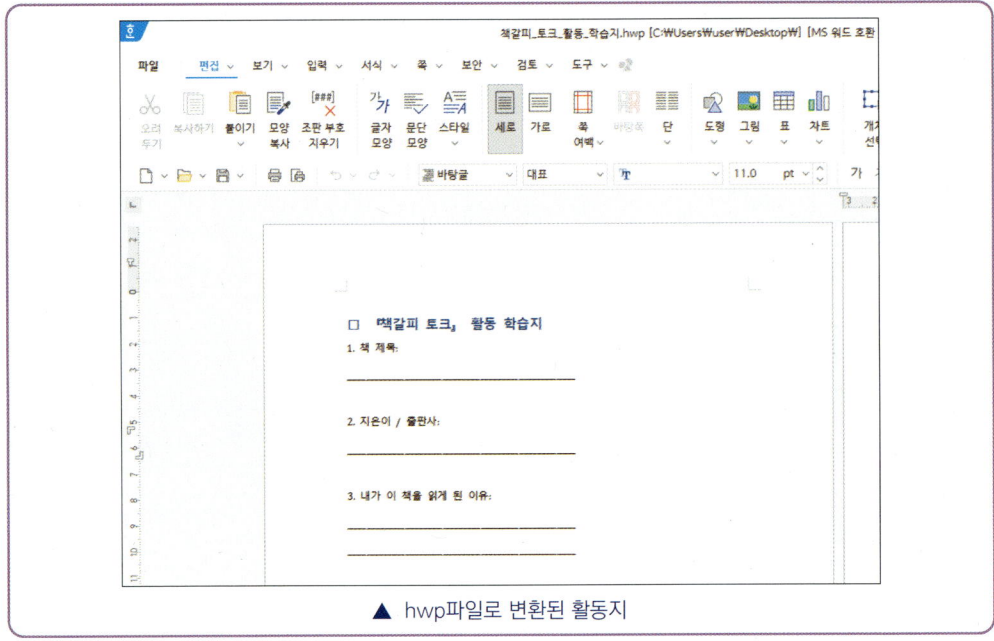

▲ hwp파일로 변환된 활동지

활동을 위한 다양한 형태의 학습자료 제작하기 - 구글 설문지 형태

이번에는 학생들이 휴대폰을 활용해 간편하게 참여할 수 있는 아침활동 자료를 제작해보 겠습니다. 특히 구글 설문지를 이용하면 종이 없이도 손쉽게 활동을 운영할 수 있어, 학생 들의 흥미를 유도하고 교사의 준비 부담도 줄일 수 있습니다. 다음은 영어 단어 퀴즈를 구글 설문지 형태로 구성해보는 예시입니다.

 나는 중학교 교사야. 아침활동 시간에 학생들이 휴대폰으로 간단하게 풀 수 있는 영어 단어 퀴즈를 만들고 싶어. 중학교 1학년 수준에서 필수로 알아야 할 영어 단어 15개를 퀴즈로 구성해줘. 객관식과 단답형 문제를 적절히 섞어서 구글 설문지에 바로 활용할 수 있도록 만들어줘.

 [중1 수준 영어 단어 퀴즈 - 구글 설문지용 문항 예시]
1. 다음 중 '사과'에 해당하는 영어 단어는 무엇인가요? (객관식)
   ① banana ② apple ③ orange ④ melon
2. '학교'를 영어로 쓰세요. (단답형)
   답: school
3. 다음 중 '행복한'이라는 뜻을 가진 단어는? (객관식)
   ① sad ② angry ③ happy ④ tired

4. '책'을 영어로 쓰세요. (단답형)

　답: book

5. 'run'의 뜻으로 알맞은 것은? (객관식)

　① 걷다　② 달리다　③ 먹다　④ 자다

6. '의자'를 영어로 쓰세요. (단답형)

　답: chair

7. 다음 중 '선생님'에 해당하는 단어는? (객관식)

　① doctor　② student　③ teacher　④ parent

8. '노트북'을 영어로 쓰세요. (단답형)

　답: laptop

9. 'blue'의 뜻은 무엇인가요? (객관식)

　① 빨간색　② 노란색　③ 파란색　④ 초록색

10. '창문'을 영어로 쓰세요. (단답형)

　답: window

11. 다음 중 '음식'에 해당하는 단어는? (객관식)

　① food　② drink　③ sleep　④ talk

12. '물'을 영어로 쓰세요. (단답형)

　답: water

13. '친구'를 뜻하는 영어 단어는 무엇인가요? (객관식)

　① cousin　② enemy　③ friend　④ baby

14. '컴퓨터'를 영어로 쓰세요. (단답형)

　답: computer

15. 'cold'의 뜻으로 가장 알맞은 것은? (객관식)

　① 뜨거운　② 차가운　③ 시끄러운　④ 빠른

　이처럼 ChatGPT가 생성한 문항을 구글 설문지에 복사하여 붙여넣기만 하면, 별도의 자료 제작 과정 없이 손쉽게 아침활동을 준비할 수 있습니다. 이를 통해 교사의 업무 부담을 줄이고, 반복되는 아침시간 운영을 보다 간편하게 구성할 수 있습니다.

활동을 위한 다양한 형태의 학습자료 제작하기 - 퀴즈 플랫폼 활용 형태

　이번에는 퀴즈 플랫폼을 활용한 아침활동 학습자료를 제작해보겠습니다. 다양한 퀴즈 플랫폼 중 퀴즈앤(QuizN)을 예시로 제작해보겠습니다. 효율적인 제작을 위해서는 먼저 해당 플랫폼의 문항 양식과 입력 형식을 이해하는 것이 중요합니다. 퀴즈앤의 경우, 문항 입력용 엑셀 양식을 제공하고 있으므로, 사이트에서 해당 양식을 미리 다운로드 받아 준비해두는 것이 좋습니다.

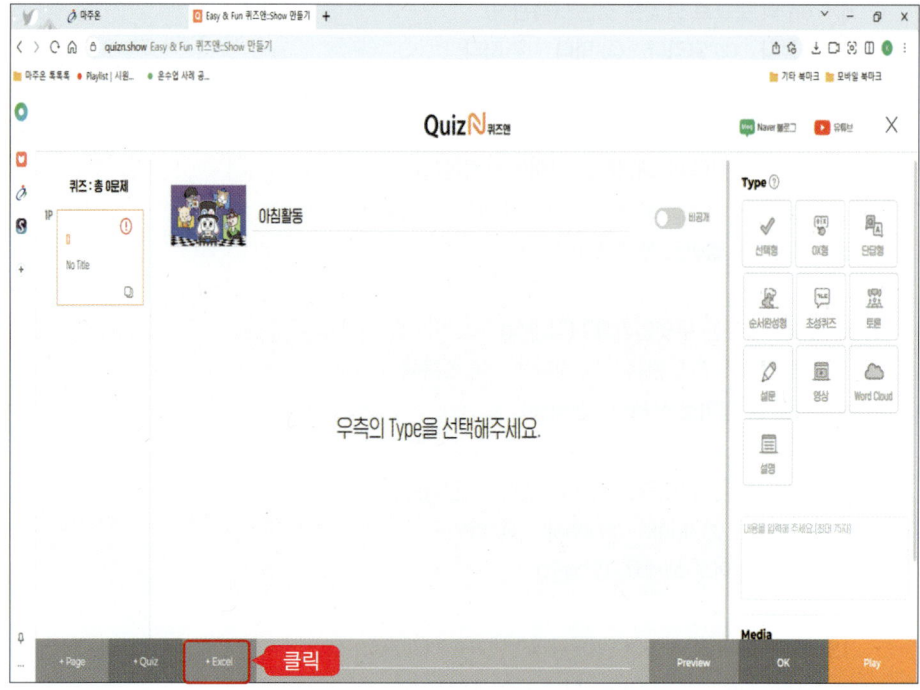

▲ 퀴즈앤(QuizN) 퀴즈 작성 화면

▲ 엑셀 양식 다운로드

▲ 퀴즈앤 엑셀 템플릿

먼저 원하는 주제로 원하는 유형의 문제를 생성해보겠습니다.

 질문 나는 중학교 교사야. 아침활동 시간에 학생들과 함께 풀 수 있는 퀴즈를 만들고 싶어. 주제는 '지구와 환경'이야. 환경과 관련된 중학생 수준의 퀴즈를 총 10문제로 구성해줘.
- 객관식 4지선다형 문제 5문제
- 단답형 문제 2문제
- OX 퀴즈 3문제

로 나눠서 출제해줘. 각 문항에는 반드시 문제, 보기(해당 시), 정답을 함께 제시해줘. 객관식 문제의 정답은 보기 번호 1~4번 중 하나로 표기해줘. 정답 번호는 1~4번이 고르게 분포되도록 구성해줘. 단답형 문제의 정답은 하나의 단어로만 나오도록 해줘.

 🔵 [객관식 4지선다형 - 5문제]
1. 지구온난화의 주된 원인으로 가장 적절한 것은?
   ① 산소 증가 ② 오존층 회복 ③ 온실가스 증가 ④ 해양 염도 변화
   정답: 3
2. 재활용이 가능한 쓰레기로 가장 알맞은 것은?
   ① 음식물 쓰레기 ② 깨진 거울 ③ 플라스틱 병 ④ 휴지

3. 다음 중 탄소 배출을 줄이는 데 도움이 되는 행동은?
① 일회용품 사용 ② 대중교통 이용 ③ 자동차 공회전 ④ 에어컨 온도 낮추기
정답: 2

4. 바다에 버려지는 플라스틱 쓰레기가 해양 생물에게 미치는 영향으로 옳은 것은?
① 성장 촉진 ② 먹이로 착각하여 섭취 ③ 수명 연장 ④ 체온 유지
정답: 2

5. 지구의 대기 중 이산화탄소 농도가 계속 증가할 경우 나타날 수 있는 현상은?
① 지구 냉각화 ② 산성비 감소 ③ 기후 변화 심화 ④ 태풍 감소
정답: 3

 [단답형 – 2문제]

6. 나무가 이산화탄소를 흡수하고 산소를 내보내는 과정을 무엇이라고 하나요?
정답: 광합성

7. 지구 환경 보호를 위해 1회용 비닐봉지를 줄이고 사용하는 가방은 무엇인가요?
정답: 장바구니

○ [OX 퀴즈 – 3문제]

8. 이산화탄소는 대표적인 온실가스이다.
정답: O

9. 물은 한 번 오염되면 자연적으로 정화되지 않는다.
정답: X

10. 멸종 위기 동물 보호는 생물 다양성 유지를 위한 중요한 활동이다.
정답: O

생성된 문제가 적합하다면, 퀴즈앤에서 제공하는 엑셀 템플릿 형식에 맞도록 만들어보겠습니다.

> **질문**: 자 이제 문제를 표로 나타낼거야. a열은 문제, b~e열은 보기, f열은 시간제한(20초로 통일, 초의 숫자만 적어줘), g열은 정답의 번호 또는 단답형 정답을 입력해줘. 복사할 수 있도록 표를 만들어줘. 그리고 이 표 내용을 엑셀 파일로도 만들어줘.

	문제	보기1	보기2	보기3	보기4	시간제한(초)	정답
1	지구온난화의 주된 원인으로 가장 적절한 것은?	산소 증가	오존층 회복	온실가스 증가	해양 염도 변화	20	3
2	재활용이 가능한 쓰레기로 가장 알맞은 것은?	음식물 쓰레기	깨진 거울	플라스틱 병	휴지	20	3
3	다음 중 탄소 배출을 줄이는 데 도움이 되는 행동은?	일회용품 사용	대중교통 이용	자동차 공회전	에어컨 온도 낮추기	20	2
4	바다에 버려지는 플라스틱 쓰레기가 해양 생물에게 미치는 영향으로 옳은 것은?	성장 촉진	먹이로 착각하여 섭취	수명 연장	체온 유지	20	2
5	지구의 대기 중 이산화탄소 농도가 계속 증가할 경우 나타날 수 있는 현상은?	지구 냉각화	산성비 감소	기후 변화 심화	태풍 감소	20	3
6	나무가 이산화탄소를 흡수하고 산소를 내보내는 과정을 무엇이라고 하나요?					20	광합성
7	지구 환경 보호를 위해 1회용 비닐봉지를 줄이고 사용하는 가방은 무엇인가요?					20	장바구니
8	이산화탄소는 대표적인 온실가스이다.					20	O
9	물은 한 번 오염되면 자연적으로 정화되지 않는다.					20	X
10	멸종 위기 동물 보호는 생물 다양성 유지를 위한 중요한 활동이다.					20	O

아래는 요청하신 "지구와 환경 퀴즈" 표입니다.
엑셀 파일도 함께 생성해두었으니, 아래 링크에서 다운로드하실 수 있습니다.

📄 지구환경퀴즈_아침활동용.xlsx

생성된 엑셀 파일을 열어 내용을 복사한 뒤, 퀴즈앤 템플릿에 붙여넣습니다. 퀴즈유형을 적합하게 입력한 뒤 퀴즈앤에 업로드하면 아침 활동시간에 활용할 수 있는 퀴즈가 간편하게 생성됩니다.

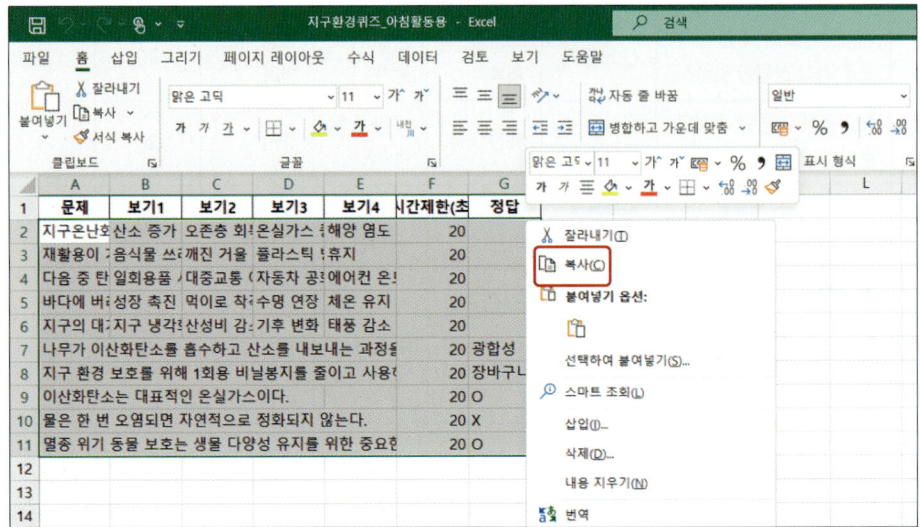

▲ 생성된 엑셀 파일 양식 복사하기

▲ 퀴즈앤 템플릿에 붙여넣고 퀴즈 유형 선택하기

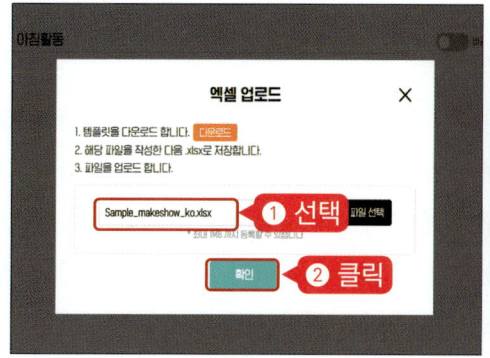
▲ 작성한 엑셀 템플릿 업로드

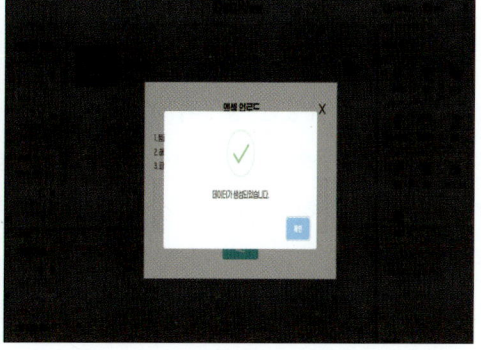
▲ 퀴즈 생성완료

아침활동 월별 루틴표 작성하기

아침활동을 꾸준히 운영하려면 단기간의 아이디어뿐만 아니라, 월 단위로 계획된 루틴표를 미리 마련해두는 것이 도움이 됩니다. 월별 주제를 정하고 반복 가능한 활동을 배치해두면, 교사의 계획 부담은 줄고 학생들은 안정적인 흐름 속에서 참여할 수 있습니다. ChatGPT를 활용하면 학급 특성에 맞는 월별 아침활동 루틴표도 쉽게 구성할 수 있습니다.

질문 아침활동 월별 루틴표도 작성해줘.

월	월요일	화요일	수요일	목요일	금요일
3월	오늘의 감정날씨☀☁	명언 한 줄 공유✏	책갈피 토크📖	두뇌 퀴즈❓	칭찬 릴레이💬
4월	마음 스트레칭🧘	오늘의 기분 이모티콘😊	한 줄 뉴스🗞	넌센스 퀴즈😆	명언 소감 나누기💡
5월	친구 인터뷰✏	감사 한마디💌	책갈피 토크📖	뇌풀기 게임🧠	자율 발표 타임🎤
6월	감정 스티커 붙이기😊	퀴즈 맞히기❓	나만의 명언 만들기✏	책 추천하기📖	칭찬 메시지 꾸러미💌
7월	여름계획 나누기💡	감동 영상 감상🎬	책갈피 토크📖	명언 짝 토론💬	상반기 돌아보기✨

 운영 팁

책갈피 토크는 월 1~2회만 운영해도 충분히 효과적입니다. (학생 준비시간 고려)
명언 활동은 프린트 없이 구두로만 진행해도 무방하며, 학급 게시판에 기록해도 좋습니다.
퀴즈와 넌센스는 학생 발표자 또는 조별 순환으로 운영하면 자율성↑
계절·행사에 따라 내용은 자유롭게 교체 가능 (예) 6월 → 환경의 날 주간 활동 추가)
원하시면 위 루틴표를 한글 파일, 엑셀 파일 또는 인쇄용 포스터로도 만들어드릴 수 있어요!
추가 요청 주시면 바로 제작해드릴게요

가정통신문 추천 문장 정리

학교에서는 다양한 행사와 교육활동을 안내하기 위해 가정통신문을 수시로 발송하게 됩니다. 이때, 내용에 맞는 적절한 문구를 고민하는 것은 교사에게 또 하나의 업무 부담이 되기도 합니다. 특히, 일정이나 상황에 따라 문구를 매번 다르게 구성해야 할 때는 더욱 어렵게 느껴집니다. ChatGPT를 활용하면, 행사 성격과 목적에 맞춘 여러 가지 문구를 한 번에 생성해볼 수 있습니다. 선생님이 그중에서 어울리는 문장을 골라 사용하거나, 약간만 수정하여 적용할 수 있어 업무 효율이 높아집니다.

다양한 가정통신문 문구 생성하기

가정통신문을 작성할 때마다 시작 문구나 마무리 인사말을 어떻게 써야 할지 고민되는 경우가 많습니다. 이번에는 계절이나 주제에 따라 활용할 수 있는 가정통신문 문구들을 수집해보겠습니다.

 나는 중학교 교사야. 무더운 여름철에 어울리는 가정통신문 문구를 다양하게 작성하고 싶어. 인사말이나 마무리 문장 등으로 활용할 수 있는 문구들을 여러 가지 생성해줘.

 [무더운 여름철에 어울리는 가정통신문 문구 예시]
◆ 인사말 예시
1. 무더운 여름 날씨 속에서도 학부모님의 가정에 건강과 평안이 함께하시길 바랍니다.
2. 본격적인 여름 무더위가 시작되었습니다. 건강 관리에 유의하시기 바랍니다.
3. 여름 햇살이 뜨겁게 내리쬐는 요즘, 항상 가정에 행복이 가득하길 기원합니다.
4. 무더운 날씨에도 자녀의 교육을 위해 늘 협조해 주셔서 감사드립니다.
5. 여름철 건강이 염려되는 시기입니다. 늘 건강하고 안전한 나날이 되시길 바랍니다.

◆ 마무리 문구 예시
1. 무더운 여름 날씨에 건강 유의하시고, 항상 가정에 행복이 가득하시길 바랍니다.
2. 앞으로도 학교 교육활동에 지속적인 관심과 협조 부탁드립니다.
3. 더운 날씨에도 늘 학부모님의 따뜻한 응원에 감사드리며, 건강한 여름 보내시기 바랍니다.
4. 가정의 건강과 안녕을 기원합니다. 감사합니다.
5. 자녀들이 건강하고 안전하게 학교생활을 이어갈 수 있도록 가정에서도 함께 지도 부탁드립니다.

계절이나 날씨뿐 아니라 가정통신문의 주제에 따라 안내하고자 하는 내용을 함께 담은 문구를 생성할 수도 있습니다.

질문 나는 중학교 교사야. 무더운 여름철 날씨를 반영하면서, 여름철 물놀이 사고 예방을 안내하는 가정통신문을 작성하려고 해. 이럴 때 활용할 수 있는 문구를 여러 가지 생성해줘.이나 마무리 문장 등으로 활용할 수 있는 문구들을 여러 가지 생성해줘.

[무더운 여름 + 물놀이 안전 안내 가정통신문 문구 예시]

◆ 예시 1

무더운 여름 날씨가 이어지고 있습니다. 시원한 물놀이가 많아지는 시기인 만큼, 학생들의 안전이 더욱 중요해지는 때입니다. 가정에서도 자녀들이 하천, 계곡, 바다 등에서 물놀이를 할 때는 보호자의 동반과 안전수칙 준수가 꼭 필요합니다. 건강하고 안전한 여름방학을 위해 함께 지도 부탁드립니다.

◆ 예시 2

학부모님, 안녕하십니까.
연일 계속되는 무더위 속에서 자녀들의 건강과 안전이 염려되는 시기입니다. 특히 여름철 물놀이 사고는 한순간의 부주의로 큰 사고로 이어질 수 있으므로, 각별한 주의가 필요합니다. 가정에서도 수영장이나 하천 등을 방문할 때, 안전수칙을 충분히 숙지하고 지도해 주시기 바랍니다.

◆ 예시 3

무더위가 기승을 부리는 가운데, 시원한 물놀이가 즐거운 계절이 다가왔습니다. 하지만 이 시기에는 예기치 못한 안전사고도 자주 발생하고 있어 예방이 무엇보다 중요합니다. 가정에서도 물놀이 시에는 보호자와 함께하며, 깊은 곳이나 유속이 빠른 지역은 피하는 등 안전에 유의해 주시기 바랍니다. 아이들의 안전한 여름나기를 위해 협조 부탁드립니다.

◆ 예시 4

학부모님의 가정에 건강과 평안이 가득하시길 기원합니다. 최근 기온이 급격히 상승함에 따라 물놀이 활동이 늘어나고 있습니다. 학교에서는 물놀이 안전교육을 실시하고 있으며, 가정에서도 자녀들이 안전하게 여름을 보낼 수 있도록 지속적인 관심과 지도를 부탁드립니다.

 질문 나는 중학교 교사야. 현장체험학습 신청서 가정통신문을 발송하려고 해. 내가 골라서 쓸 수 있도록 적절한 가정통신문 문구를 여러 가지 작성해줘.

 [현장체험학습 신청서 발송용 가정통신문 문구 예시]

1. 학부모님의 가정에 평안이 가득하길 바랍니다. 본교에서는 학생들의 바른 인성과 공동체 의식을 함양하고자 현장체험학습을 실시할 예정입니다. 아래 내용을 참고하시어 참가 여부를 확인해 주시고, 신청서를 기한 내에 제출하여 주시기 바랍니다.

2. 항상 본교 교육활동에 협조해 주셔서 진심으로 감사드립니다. 학생들의 창의적 사고와 협업 능력 향상을 위하여 현장체험학습 프로그램을 계획하고 있습니다. 해당 활동에 대한 안내와 함께 참가 동의서를 보내드리오니, 내용 확인 후 회신 부탁드립니다.

3. 학부모님께
안녕하십니까? 자녀들의 다양한 현장 경험을 통해 교육적 성장을 도모하고자, 현장체험학습을 아래와 같이 운영할 예정입니다. 안전한 활동이 될 수 있도록 철저히 준비하겠으며, 학부모님의 많은 관심과 협조를 부탁드립니다.
4. 본교에서는 교육과정과 연계한 체험 중심의 현장학습을 운영하고자 합니다. 활동 목적 및 일정, 준비물을 안내드리오니 참고하시어 학생들이 원활히 참여할 수 있도록 협조 부탁드립니다.
5. 자녀의 교육 활동에 늘 따뜻한 관심을 보내주시는 학부모님께 깊이 감사드립니다. 곧 실시 예정인 현장체험학습과 관련하여 아래와 같이 안내드리오니, 내용 확인 후 신청서를 제출해주시기 바랍니다.

가정통신문 작성하기

마음에 드는 문구를 선택했다면, 그 문장을 바탕으로 구체적인 일정과 안내 사항을 추가하여 가정통신문을 완성할 수 있습니다. 이때도 ChatGPT에 원하는 정보만 명확히 전달하면, 실무에서 바로 사용할 수 있는 수준의 완성도 높은 결과물을 얻을 수 있습니다.

1번 문구가 마음에 들어. 그 문구를 바탕으로 아래 내용을 추가하여 가정통신문을 작성해줘.
- 일시: 2025.05.09.(금)
- 해당학년: 천안중학교 3학년대상
- 장소: 에버랜드
- 가정통신문에 들어갈 내용: 학생 반, 번호, 이름, 학생 및 보호자 서명, 현장체험학습 신청 여부 등

○○중학교 가정통신문
학부모님의 가정에 평안이 가득하길 바랍니다.
본교에서는 학생들의 바른 인성과 공동체 의식을 함양하고자 다음과 같이 현장체험학습을 실시하고자 합니다.
자세한 내용을 확인하시어 참가 여부를 체크하신 후, 학생 및 보호자 서명을 포함한 신청서를 제출해주시기 바랍니다.
■ 행사명: 2025학년도 3학년 현장체험학습
■ 일 시: 2025년 5월 9일(금)
■ 대 상: ○○중학교 3학년 학생 전원
■ 장 소: 에버랜드
■ 목 적: 공동체 의식 함양, 체험 중심 인성 및 진로 교육
■ 회신 내용 (작성 후 담임교사에게 제출)

반	번호	이름	신청 여부(○표)	학생 서명	보호자 서명
			□ 참가 □ 불참		

학부모님의 많은 관심과 협조 부탁드립니다.
감사합니다.
2025년 4월 ○일
○○중학교장

자료를 넣어 해당 자료와 관련된 가정통신문을 작성할 수도 있습니다. 진행하는 행사 계획서를 넣고 행사 신청을 받는 가정통신문을 작성해보겠습니다.

 나는 중학교 교사야. 다음 내용의 학생 교육활동을 진행하고자 해. 학생들의 신청을 받아야 하는데, 계획서를 기반으로 가정통신문 초안을 작성해줘.

 다음은 충남콘텐츠코리아랩 팝업스쿨 「방문형 콘텐츠 창작지원 프로그램」에 대한 학생 참여를 위한 가정통신문 초안입니다. 공식적이고 깔끔한 문체로 작성했으며, 학교에서 발송 가능한 양식에 맞춰 구성했습니다.

◆ 가정통신문 (초안)
방문형 콘텐츠 창작지원 프로그램 참여 안내
학부모님 안녕하십니까?
항상 학교 교육에 깊은 관심과 애정을 보내주셔서 감사드립니다.
본교에서는 학생들의 창의력 향상과 진로 체험의 기회를 제공하고자, **충남콘텐츠코리아랩 팝업스쿨 "방문형 콘텐츠 창작지원 프로그램"**을 다음과 같이 운영하고자 합니다. 해당 프로그램은 콘텐츠 분야의 다양한 창작 활동을 체험해볼 수 있는 유익한 활동으로, 전문 강사가 학교로 직접 방문하여 교육을 진행할 예정입니다.
아래 내용을 참고하시어, 프로그램에 참여를 희망하는 학생은 신청서를 작성하여 기한 내 제출해주시기 바랍니다.

1. 프로그램 개요
   - 프로그램명: 레이저커터 활용 썬캐쳐 만들기
   - 운영기관: (재)충남콘텐츠진흥원 충남콘텐츠코리아랩
   - 운영장소: 천안상상이룸공작소(천안중학교 3동 2층)
   - 운영일정: 총 3회차
     -1회차: 2025년 7월 14일(월) 15:30 ~ 17:30
     -2회차: 2025년 7월 15일(화) 15:30 ~ 17:30
     -3회차: 2025년 7월 16일(수) 15:30 ~ 17:30
   - 모집인원: 15명 (선착순 모집)
   - 교육내용: 레이저커터 장비를 활용한 썬캐쳐 제작 체험
   - 비용: 전액 무료 (재료 및 강사비 전액 지원)

2. 신청 안내
   - 신청대상: 본교 재학생 중 참여를 희망하는 학생
   - 제출기한: 2025년 ○월 ○일까지•
   - 제출방법: 담임교사에게 신청서 제출 또는 구글폼(별도 안내) 작성

학생들이 평소 접하기 어려운 콘텐츠 제작 체험을 통해 진로에 대한 흥미를 키우고, 창의적 역량을 기를 수 있는 소중한 기회가 될 것입니다. 학부모님의 많은 관심과 격려 부탁드립니다.
감사합니다.
2025년 7월 ○일
천안중학교장

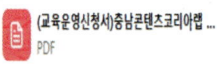

▲ 가정통신문 관련 자료 업로드

학생 신청을 받기 위한 구글 폼도 함께 제작해보겠습니다.

 질문 학생용 신청서는 구글폼을 이용해 받고자해. 신청일은 7.7(월) 오전9시부터 선착순으로 받을거야. 구글 폼에 들어갈 내용을 작성해줘.

 ✓ 구글 폼 제목
[신청서] 콘텐츠 창작지원 프로그램 – 썬캐쳐 만들기 체험 신청

📌 설명란
안녕하세요.
충남콘텐츠코리아랩 팝업스쿨 '방문형 콘텐츠 창작지원 프로그램' 참가 신청서입니다.
※ 선착순 15명 모집이며, 아래 신청은 2025년 7월 7일(월) 오전 9시부터 접수 시작됩니다.
※ 신청 후 무단 불참 시 이후 프로그램 참여에 제한이 있을 수 있습니다.
※ 모든 항목을 빠짐없이 작성해 주세요.

📝 문항 구성
1. 이름 (단답형)
   예: 김지민
2. 학년 (드롭다운)
   • 1학년
   • 2학년
   • 3학년
3. 반 (단답형)
   예: 2반
4. 번호 (단답형)
   예: 17번
5. 휴대폰 번호 (보호자 연락처) (단답형)
   예: 010-1234-5678
   ※ 비상 연락용으로 사용됩니다.

6. 참여 동기 또는 기대되는 점이 있다면 간단히 적어주세요. (장문형)
  예: 평소 메이커 활동에 관심이 많고, 레이저커터도 직접 사용해보고 싶어요!
7. 프로그램 3회 모두 참석이 가능한가요? (객관식)
  • 네, 모두 참석 가능합니다.
  • 일정 조율이 필요합니다.
  • 기타 (아래에 적어주세요)
9. 기타 사항 또는 문의할 내용이 있다면 적어주세요. (장문형, 선택 사항)

작성한 가정통신문 피드백 받기

이전 학년도에 활용했던 가정통신문이나, 교사가 이미 작성해두었던 문서를 기반으로 보완할 점을 찾고 수정하는 작업도 가능합니다. ChatGPT에 문장을 개선해 달라고 요청하면, 표현을 더 명확하고 정중하게 다듬거나, 문법적인 오류를 바로잡는 등 보다 완성도 높은 가정통신문으로 발전시킬 수 있습니다.

 나는 중학교 교사야. 이런내용의 가정통신문을 보내려고하는데 수정 및 보완할 부분 있을까?

 수정 및 보완 제안 (문장 중심)
① 제목
  • 현재: 2025학년도 1학기 가족과 함께하는 상상이룸교실 안내
  • 제안: 2025학년도 1학기 「가족과 함께하는 상상이룸교실」 참여 안내
   → '「 」'를 사용하면 공식 제목처럼 보이며, "참여 안내"로 목적이 더욱 명확해집니다.
② 본문 서두
  • 현재: 학생들의 창의성 함양과 상상이룸교육에의 이해 증진을 위해 「가족과 함께하는 상상이룸교실」 프로그램을 아래와 같이 운영하고자 합니다.
  • 제안: 학생들의 창의력 함양과 상상이룸교육에 대한 이해를 돕기 위해, 「가족과 함께하는 상상이룸교실」 프로그램을 다음과 같이 운영하고자 합니다.
  • 사유: "에의" → "대한 이해"로 문장 자연스럽게 변경
    "아래와 같이" → "다음과 같이"가 공식문서 표현에 더 적합
③ 문장 표현 개선 (1~3번 안내 항목)
  • 현재: 일시: 2025.6.14.(토), 6.21.(토), 6.28.(토) 오전 9:30 ~ 11:50 중 활동 날짜 선택
      장소: 천안상상이룸공작소(천안교육지원청 별관)
      신청방법: 2025.6.2.(월) 15:00 ~ 선착순 신청 예정. 구글 설문지(QR코드 참고)
  • 제안: 일시: 2025년 6월 14일(토), 21일(토), 28일(토) 중 하루 선택 (시간: 09:30~11:50)
      장소: 천안상상이룸공작소(천안교육지원청 별관)
      신청 방법: 2025년 6월 2일(월) 15:00부터 선착순 접수 예정 (구글 설문지: QR코드 참고)

- 사유: 날짜 표기 통일 (연도/월/일 전부 기재)
  "~중 활동 날짜 선택" 표현보다 "중 하루 선택"이 명료
  '신청방법'은 공문용어로 '신청 방법' 띄어쓰기 권장
④ 교육 일정표 하단 주석
- 현재: (※ 활동 시간 및 날짜는 체험처의 당일 사정에 의해 변경될 수 있음)
- 제안: ※ 활동 시간 및 날짜는 체험처의 운영 상황에 따라 변경될 수 있습니다.

□ 전체 흐름 개선 예시 (첫 문단)
- 개선 예시: 학부모님의 가정에 평온이 깃들기를 바랍니다. 본교에서는 학생들의 창의력 함양과 상상이룸교육에 대한 이해를 높이고자 「가족과 함께하는 상상이룸교실」 프로그램을 다음과 같이 운영하고자 하오니, 바쁘시더라도 자녀와 함께 뜻깊은 시간을 보내실 수 있도록 많은 관심과 참여를 부탁드립니다.

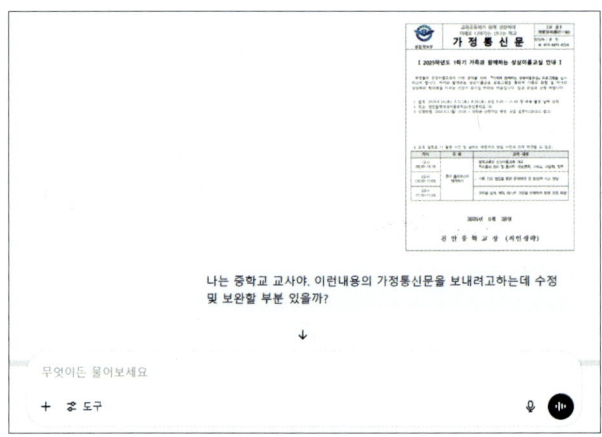
▲ 교사가 작성한 가정통신문 업로드

학부모 상담용 공감 표현 수집

학기 초 학부모 상담부터 학기 중 다양한 상황에 대한 개별 상담까지, 담임 교사라면 매년 여러 차례 학부모와의 상담 상황을 마주하게 됩니다. 경력이 많은 교사에게는 익숙한 일이겠지만, 초임 교사나 저경력 교사에게는 심리적 부담이 큰 업무 중 하나입니다. 특히 상담 시에는 학부모의 마음을 충분히 공감하면서도, 학생의 행동이나 학교 상황에 대한 사실을 정확하게 전달하는 표현의 균형이 필요합니다. 무심코 한 한마디가 오해를 불러올 수 있고, 반대로 적절한 공감 한 줄이 상담 분위기를 부드럽게 만들기도 합니다. 이럴 때 ChatGPT를 활용하면, 상담 전 상황에 맞는 공감 표현과 정보 전달 문장을 사전에 수집할 수 있어 상

담의 질을 높이고 교사의 심리적 부담도 덜 수 있습니다. 이번 절에서는 학부모 상담 상황별 공감 표현 예시를 ChatGPT를 통해 수집하고 활용하는 방법을 소개하겠습니다.

학기 초 담임 상담 시나리오 작성하기

학기 초에는 학생과 교사가 서로에 대해 잘 알지 못하는 시기이므로, 학부모 상담을 통해 학생의 성향, 학습 습관, 가정 환경 등을 파악하는 것이 매우 중요합니다. 이러한 상담을 효과적으로 준비하기 위해, 미리 질문 리스트와 상담 시나리오를 구성해두면 실제 상담 시 보다 유연하고 자신 있게 대화를 이끌어갈 수 있습니다. ChatGPT를 활용하면 상담 목적에 맞는 질문과 공감 표현을 손쉽게 생성할 수 있어, 초임 교사나 상담이 익숙하지 않은 교사에게 특히 도움이 됩니다.

 나는 중학교 담임교사야. 3월 학기 초에 학부모 상담을 진행하려고 해. 상담 시 학생의 성향, 생활 습관, 가정 환경 등을 자연스럽게 파악할 수 있도록 학부모에게 할 질문 리스트, 실제 상담에 활용할 시나리오 예시를 각각 작성해줘.

 [1] 학기 초 학부모 상담 – 질문 리스트 예시
1. 가정에서의 자녀의 성격은 어떤 편인가요? (예: 내성적, 활발함 등)
2. 평소에 어떤 활동이나 과목에 흥미를 보이나요?
3. 학습 습관은 어떤가요? 스스로 계획을 세우거나 복습하는 편인가요?
4. 친구 관계는 어떤 편인가요? 또래와 어울리는 것을 좋아하나요?
5. 학교생활에서 특별히 걱정되는 부분이나 바라는 점이 있으신가요?
6. 자녀가 가장 좋아하거나 자신 있어 하는 것은 무엇인가요?
7. 자녀가 힘들어하거나 스트레스를 받을 때 주로 어떤 반응을 보이나요?
8. 작년 담임 선생님이나 학교와의 경험 중 기억에 남는 부분이 있으신가요?
9. (해당 시) 학습이나 행동 지도와 관련하여 요청하고 싶은 사항이 있으신가요?

[2] 상담 시나리오 예시
- 안녕하세요, ○○ 학부모님. 이렇게 직접 뵙게 되어 반갑습니다.
- ○○이는 새 학기를 어떻게 시작했는지 궁금합니다.
- 혹시 가정에서 보시기에 새 학년 생활에 잘 적응하고 있나요?

(공감 표현)
- 새 학년은 누구에게나 낯설고 긴장되는 시기인데, 부모님도 많이 신경 쓰이시죠.
- 저도 ○○이를 더 잘 이해하고 도움을 줄 수 있도록 오늘 여러 이야기를 듣고 싶습니다.

(질문 흐름 예시)
- ○○이는 어떤 성격의 아이인가요? 친구들과 어울리는 걸 좋아하나요?

- 어떤 과목이나 활동에 흥미를 많이 느끼는 편인가요?
- 평소 학습은 어떤 방식으로 진행하나요? 스스로 계획하는 편인가요?
- 혹시 작년 학교생활에서 어려웠던 점이나 좋았던 점이 있었을까요?

(마무리 표현)
- 말씀해주신 내용을 바탕으로, ○○이가 학교생활을 즐겁고 안정적으로 이어갈 수 있도록 함께 노력하겠습니다.
- 언제든 학교와 소통해주시면 감사하겠습니다. 좋은 하루 되세요!

특정 상황에 필요한 상담 표현 수집하기

학기 중에는 학교에서 크고 작은 여러 상황이 발생하게 마련입니다. 학생 간 갈등, 수업 중 태도 문제, 생활 습관 지도 등 다양한 상담 상황에 따라 교사가 전달해야 할 표현 방식도 달라집니다. 이럴 때 ChatGPT를 활용하면, 특정 상황에 맞는 공감 표현과 설명 문장을 맞춤형으로 생성할 수 있어 교사의 표현 부담을 줄이고 상담의 질도 높일 수 있습니다. 이번에는 실제로 발생할 수 있는 상담 상황을 설정하고, 그에 어울리는 상담 표현을 ChatGPT로 생성해보겠습니다.

질문 나는 중학교 교사야. 우리 반 학생이 잦은 지각을 하고 있어. 청소나 반성문 등 다양한 방법으로 지도했지만 큰 변화가 없어. 지각의 원인을 파악하고, 가정에서도 협조를 요청하고자 학부모와 상담을 하려고 해. 상담에서 사용할 수 있는 학부모용 공감 표현 문장을 다양하게 생성해줘.

[지각이 잦은 학생에 대한 학부모 상담 공감 표현]

1. 요즘 아침마다 날씨도 변덕스럽고, 학생도 컨디션 조절이 쉽지 않은 시기인 것 같습니다. 여러 차례 생활지도를 해보았지만 큰 변화가 없어, 혹시 가정에서도 어려운 점이 있는지 함께 이야기 나눠보고 싶었습니다.

2. 학생이 아침 시간에 꾸준히 지각하는 모습을 보이는데, 학교에서도 청소나 반성문 등의 방법으로 지도하고는 있습니다. 하지만 반복되는 상황이라, 이제는 가정과 학교가 함께 원인을 점검하고 도울 수 있는 부분이 무엇일지 상의드리고 싶습니다.

3. 지각은 단순한 시간 문제가 아닐 수도 있어요. 혹시 아침 준비나 기상, 통학 과정에서 어려운 점은 없는지 이야기를 듣고, 학생에게 맞는 방향을 함께 찾아가고 싶습니다.

4. 아이가 늦게 등교하면서 하루를 피곤하게 시작하는 경우도 있어 걱정이 됩니다. 혹시 가정에서의 리듬이나 습관에 대해 함께 점검해볼 수 있을까요?

5. 저희가 일방적으로 지도하는 것보다, 가정에서도 함께 관심을 가져주시고 학생과 이야기해주신다면 더 큰 도움이 될 것 같습니다.

학교 생활을 하다 보면 도난 사고와 같은 불미스러운 일이 발생하기도 합니다. 학생 개인의 물품이 분실되거나 도난당한 경우에는, 보호자에게 해당 상황을 정중하게 설명하고 안타까운 마음과 사과의 뜻을 함께 전하는 것이 중요합니다. 아래는 이러한 상황에서 사용할 수 있는 공감 표현을 ChatGPT를 통해 생성해본 예시입니다.

 나는 중학교 교사야. 우리 반 학생이 신발장에 넣어둔 새 운동화를 도난당한 상황이야. 해당 위치에는 CCTV가 없어 확인이 어렵고, 주변 CCTV 영상 분석과 전교생 대상 확인을 해보았지만 아직까지 도난 사실에 대한 뚜렷한 단서는 찾지 못했어. 보호자에게 전화로 상황을 설명해야 하는데, 새 신발을 잃어버린 것에 대한 안타까움과 이런 불미스러운 일이 발생한 점에 대해 진심으로 사과하는 정중한 상담용 표현을 생성해줘.

 [신발 도난 상황에 대한 학부모 상담 멘트]

1. 안녕하세요, ○○○ 학생 담임교사입니다. 먼저 불미스러운 일로 연락드리게 되어 진심으로 송구합니다. 오늘 ○○○ 학생이 신발장에 보관해둔 운동화를 분실한 일이 있었습니다. 해당 위치에는 CCTV가 설치되어 있지 않아 주변 영상과 학생들에게 확인을 요청했으나, 현재까지는 정확한 경위를 파악하지 못한 상태입니다. 새 운동화를 잃어버린 상황에 학생도 많이 속상해했고, 학부모님께서도 마음이 많이 불편하실 것 같아 저 역시 매우 안타깝고 죄송한 마음입니다. 앞으로 유사한 일이 발생하지 않도록 학교 차원에서도 관리에 더욱 유의하겠습니다.

2. ○○○ 학생의 신발 분실과 관련해 보호자님께 먼저 진심으로 사과드립니다. 해당 사건 확인 직후 교사들이 주변 CCTV 분석과 학생 대상 확인 등 다양한 방법으로 확인하였으나, 안타깝게도 아직은 명확한 단서를 확보하지 못한 상태입니다. 학생이 평소 아끼던 신발이라 더 속상하셨을 텐데, 학교에서 더 세심하게 지도하지 못한 점 다시 한 번 깊이 사과드립니다.

3. 저희가 확인 가능한 범위 내에서 최선을 다해 확인해보았지만, 아직 명확한 상황 파악이 되지 않아 더욱 안타깝고 송구스러운 마음입니다. 이런 일이 다시 발생하지 않도록 학생들에게도 안내하고, 신발장 주변 CCTV 설치 여부나 관리 방식도 내부적으로 검토하고자 합니다. 불편을 끼쳐드려 다시 한 번 진심으로 사과드립니다.

민원 상황 대응하기

학생 간의 갈등 상황을 지도한 뒤, 상황에 대한 학생의 진술만을 듣고 학부모가 민원을 제기하는 경우도 종종 발생합니다. 이러한 경우에는 보호자의 감정을 충분히 공감하면서도, 사건의 사실관계를 정확하게 전달하여 오해 없이 소통하는 것이 중요합니다. 아래는 이러한 상담 상황에서 사용할 수 있는 공감 표현을 ChatGPT를 통해 생성한 예시입니다.

 나는 중학교 교사야. 전날 우리 반 A학생과 B학생이 싸웠어. A 학생이 먼저 B 학생을 놀렸고, B 학생이 화가 나서 A 학생을 때렸어. 나는 두 학생 모두를 불러 서로의 잘못을 지적하고 훈계했어. 그런데 그날 저녁, 맞은 A 학생의 보호자가 자녀로부터 상황을 듣고 매우 화가 난 상태로 나에게 장문의 항의 문자를 보냈어. 오늘 해당 학부모와 전화 상담을 해야 하는데, 화가 난 보호자의 감정을 공감하면서도, 사건을 잘 전달하고 오해 없이 마무리할 수 있도록 학부모 상담용 공감 표현을 다양하게 생성해줘.

 [다툼 관련 상황에서 보호자 상담 공감 표현]

1. 안녕하세요, ○○○ 학부모님. 어제 일로 걱정이 크셨을 텐데 먼저 연락드리지 못해 정말 죄송합니다. ○○○ 학생이 맞았다는 말을 듣고 보호자님께서 얼마나 놀라고 화가 나셨을지 충분히 이해합니다. 교사로서도 두 학생의 상황을 듣고 매우 안타깝게 생각하고 있으며, 당시 A 학생이 먼저 언어로 B 학생을 자극한 부분이 있었고, 이에 B 학생이 신체적으로 반응하면서 상황이 커진 것으로 파악했습니다. 양측 모두에게 잘못이 있었기에 두 학생 모두에게 훈계와 지도를 진행하였습니다. 다만, ○○○ 학생이 맞은 상황에 대해 미리 충분히 설명드리지 못한 점 깊이 사과드립니다.

2. 상황을 더 명확하게 안내드리지 못해 학부모님께서 마음을 많이 상하셨을 것 같습니다. 학생 간의 다툼은 말 한 마디로도 크게 번질 수 있기에, 사건 당시엔 두 학생의 말을 함께 듣고 신중하게 판단하고자 했습니다. ○○○ 학생이 당한 부분에 대해서는 학교에서도 충분히 중요하게 생각하고 있으며, 관련 학생에게도 그에 맞는 지도를 실시했습니다. 오늘 전화로라도 자세히 말씀드릴 수 있게 되어 다행이라 생각합니다.

3. 저 역시 학생들의 관계가 회복될 수 있도록 지도하고 있으며, 무엇보다 ○○○ 학생이 마음의 상처를 입지 않도록 지속적으로 살피고 있습니다. 학부모님께서도 아이의 이야기를 들으시고 많이 놀라셨을 텐데, 앞으로는 이런 일이 반복되지 않도록 더 주의 깊게 살피겠습니다. 소중한 말씀 주셔서 감사드리고, 다시 한 번 사과드립니다.

학부모의 특징에 따른 상담 표현 생성하기

상담하려는 보호자가 학교의 반복적인 연락에 피로감을 느끼고 방어적인 태도를 보이는 경우도 있습니다. 이러한 민감한 상황에서는 학부모의 감정을 공감하는 태도를 바탕으로, 사안의 본질을 차분하게 전달하고 건설적인 논의로 이끌어가는 표현이 필요합니다.

 나는 중학교 담임 교사야. 오늘 우리 반 학생이 타 교과 수업 시간에 해당 교사의 지시에 따르지 않고, 예의에 어긋나는 행동을 했어. 해당 교사는 매우 불쾌해하며, 이번 상황을 교권과 관련한 문제로도 인식하고 있어. 이와 관련하여 학부모님 상담 전화를 해야하는 상황인데, 해당 학부모는 이전에도 학생의 문제 행동으로 인해 수차례 연락을 받은 경험이 있어 학교 측의 전화에 다소 거부감을 느끼고 있어. 학부모의 마음을 충분히 공감하면서도, 이번 상황을 오해 없이 정확하게 전달할 수 있도록 상담 시 사용할 수 있는 공감 표현 예시를 제시줘.

 [학부모의 피로감 공감 + 사실 전달을 위한 상담 표현]

1. 안녕하세요, ○○○ 학생 담임교사입니다. 먼저 연락을 드릴 때마다 학부모님께서 많이 부담스럽고 피곤하실 수 있다는 점 충분히 이해하고 있습니다. 그럼에도 불구하고 오늘 있었던 상황은 보호자님께 꼭 안내드려야 할 필요가 있어 이렇게 전화를 드리게 되었습니다. 오늘 ○○○ 학생이 타 교과 수업 중 교사의 지시에 따르지 않고, 예의에 어긋나는 행동을 하여 담당 교사께서 많이 속상해하셨고, 현재 상황을 교권 차원에서도 고민하고 계십니다. 저희도 학생의 입장과 상황을 충분히 고려하며 지도하고자 하며, 학부모님과도 함께 고민을 나누고 싶어 이렇게 말씀드리는 점 양해 부탁드립니다.

2. 평소에도 여러 차례 연락을 드리게 되어 학부모님께서 많이 지치셨을 수 있다는 점, 담임으로서 저도 무겁게 느끼고 있습니다. 하지만 오늘은 수업 중 있었던 사안으로 인해 다른 교과 선생님께서도 많이 속상해하셨고, 이 부분은 학부모님과 반드시 공유드려야 할 상황이라 판단하였습니다. 학생이 더 나은 방향으로 성장할 수 있도록 학교와 가정이 함께 협력할 수 있기를 바라며 진심을 담아 말씀드리는 점, 너그러이 이해해주시면 감사하겠습니다.

3. ○○○ 학생이 오늘 수업 시간에 보여준 태도와 언행으로 인해 담당 선생님께서 상당히 어려움을 느끼셨습니다. 이 사안은 단순한 지각이나 생활지도의 범위를 넘어서는 부분이 있어, 학부모님께 설명을 드리는 것이 옳다고 판단하였습니다. 매번 이런 연락을 드리게 되어 송구한 마음이 크며, 아이가 학교생활을 긍정적으로 이어갈 수 있도록 학교도 최선을 다하겠습니다.

03-3
ChatGPT 활용전략 No.3: 참고형(업로드형)

학교 현장에서 교사는 하루에도 많은 양의 문서와 일과를 함께 합니다. 앞선 장에서 살펴보았던 교사가 직접 작성해야 하는 문서뿐 아니라, 시·도 교육청 또는 지역 교육지원청에서 지침을 제공하는 문서와 학교 내부 규정, 각종 위원회의 회의록 및 상담일지, 보호자에게 교육활동을 안내하는 가정통신문 등 다양한 문서들을 확인해야 합니다. 수업과 생활지도로 가득 찬 교사의 하루에서 이러한 문서들을 빠짐없이 꼼꼼하게 읽어 내려가며 업무를 파악하는 것은 쉬운 일이 아닙니다. 이때 ChatGPT는 교사의 강력한 업무 효율화 도구가 될 수 있습니다.

'참고형(업로드형)'이란, 이미 작성된 자료를 ChatGPT에 학습시킴으로써, 문서를 활용해야 하는 교사의 인지적 부담을 줄이는 ChatGPT 활용 방법을 말합니다. 특히 담당 업무에서 반복적으로 활용되어야 하는 문서를 학습시킨다면, 문서 처리 업무의 부담을 획기적으로 경감시켜 주는 문서 처리 비서가 될 것입니다.

'참고형(업로드형)'에서는, 먼저 하나의 자료를 직접 업로드하여 문서를 처리하는 과정을 보여드리겠습니다. 일회성 업무의 경우, 필요한 정보를 찾아서 빠르고 정확한 업무를 처리하는 것이 목적이 될 것입니다. 다음으로는 GPTs를 활용하여 선생님들의 개인 챗봇을 만들어 활용하는 과정을 보여드리겠습니다. 반복적으로 진행해야 하는 업무에서 GPTs는, 한 번의 챗봇 만들기 과정을 통해 매번 동일한 문서를 첨부하는 번거로운 과정을 줄여 업무의 효율성을 증진시켜줄 것입니다.

그렇다면, 지금부터 참고형(업로드형)을 활용하는 방법에 대해 알아보고, 다양한 문서의 사례를 통해 어떻게 ChatGPT가 활용될 수 있는지 살펴보도록 하겠습니다.

문서 업로드하여 분석하기

ChatGPT에서 가장 중요한 것은 프롬프트, 즉 질문입니다. 프롬프트에 대응하여 결과물을 생성하는 ChatGPT의 특성상, 문서를 첨부하기 전에 선생님께서 해당 문서를 통해 어떤 결과물을 전해 받고 싶은지를 정해놓아야 합니다. 우리가 원하는 것을 얻기 위해서 상대방이 내가 누구이고 무슨 생각을 하고 있는지를 알아야 하는 것과 같은 원리라고 생각하시면 됩니다.

먼저, 내가 누구인지를 ChatGPT에 알려주어야 합니다. 이를 인물 정보라고 부르겠습니다. 선생님께서 근무하는 학교급과 올해 담당 업무를 프롬프트에 포함한다면, 선생님께 더 알맞은 내용과 형태로 ChatGPT가 결과물을 제시할 수 있습니다. 두 번째로, 프롬프트에 작성하게 된 배경, 즉 선생님께서 처한 상황에 대해 ChatGPT에 안내해야 합니다. 이를 배경 정보라고 부르겠습니다. 세 번째로, 선생님이 필요로 하는 질문의 내용을 구체적으로 제시해 주셔야 합니다. 이를 임무 정보라고 부르겠습니다. 반드시 포함되어야 하는 내용이 있다면 이를 명확하게 제시하면 ChatGPT는 선생님에게 맞춤형 답변을 제시할 수 있습니다. 마지막으로, 선생님께서 설정하고 싶으신 답변의 규칙이 있다면 작성하신다면 요구 조건에 맞는 답변을 받으실 수 있습니다. 이를 규칙 정보라고 부르겠습니다. 이를 바탕으로 질문한다면, ChatGPT는 선생님들에게 정확하게 답변을 제공할 준비가 되어있을 것입니다.

입력하는 정보의 종류	설명	프롬프트 작성 틀(예시)
인물 정보	사용자에 대한 정보	나는 (초등학교/중학교/고등학교)에 근무하고 있는 교사이고, 올해는 ~ 업무를 담당하고 있어.
배경 정보	사용자가 수행해야 하는 업무에 대한 배경 정보	~ 문서를 바탕으로 ~ 업무를 진행하고 있는 준비 하고 있어.
임무 정보	ChatGPT가 수행해야 하는 임무에 대한 정보	~ 업무를 준비하는 할 때, 알고 있어야 하는 내용들에 대해 정리해서 알려줘. * 선생님들이 원하시는 바를 자유롭게 작성해 주시면 됩니다.
규칙 정보	ChatGPT에 사용자가 요구하는 규칙에 대한 정보	답변할 때는, 반드시 첨부된 자료 안에 있는 정보로만 구성해 줘. 그리고 어느 페이지에서 해당 정보를 가져왔는지(정보의 출처)에 대한 내용을 반드시 함께 제시해 줘.

추가로 선생님들께서 구체적으로 원하는 답변의 형태와 이에 대한 예시를 함께 제시하신다면, 선생님들께서 더 원하시는 형태로 답변할 수 있다는 점을 참고해 주시기 바랍니다.

지금부터는 문서를 업로드하여 ChatGPT를 활용하는 사례들에 대해 살펴보도록 하겠습니다.

학교 규정 및 정책 문서 분석 – 현장체험학습 준비 사례로 알아보기

교사가 업무를 수행하기 이전에, 내부적으로는 학교 규정을, 외부적으로는 시·도 교육청이나 지역 교육지원청에서 제공하는 교육 정책 문서를 확인해야 합니다. 이와 같은 문서는 대부분 업무 처리의 전반적인 사항을 다루고 있어 문서의 양이 방대한 경우가 많습니다. 사례로 준비한 현장체험학습 준비의 경우, 담당자가 확인해야 하는 「2025학년도 현장체험학습 운영 길라잡이」도 전체 페이지 수가 PDF 형식의 파일을 기준으로 125페이지에 달합니다. 이때 ChatGPT는 해당 문서를 빠르고 정확하게 분석하여, 교사가 해당 내용을 파악하는 데 도움을 줄 수 있습니다. 중학교에서 현장체험학습을 준비하는 상황을 가정하고, ChatGPT를 활용하는 사례를 보여드리도록 하겠습니다.

예시 상황을 먼저 구체화하겠습니다.

❶ 현장체험학습 담당 교사로서 운영 계획을 실시해야 하는 상황
❷ 이전에 현장체험학습을 담당해 본 경험이 없음
❸ 「2025학년도 현장체험학습 운영 길라잡이」를 숙지하고 업무를 추진해야 하지만 시간적인 여유가 없는 상황

위와 같은 상황에서 ChatGPT를 활용하여 효율적으로 업무를 처리하고 싶다면, 다음과 같은 절차로 진행하면 됩니다.

첫 번째로, ChatGPT가 수행해야 하는 과제에 대한 정보를 학습시킵니다. 앞서 말씀드린 인물 정보, 배경 정보, 임무 정보를 입력합니다. 이를 입력하면 다음과 같습니다.

정보의 종류	입력 프롬프트
인물 정보	나는 중학교 근무하는 교사로 현장체험학습 업무를 담당하고 있어. → ChatGPT가 사용자의 맥락을 이해하고 적합한 어조로 응답할 수 있도록 자신의 상황을 구체적으로 작성합니다.
배경 정보	「2025학년도 현장체험학습 운영 길라잡이」를 바탕으로 현장체험학습을 준비하고 있어. → 어떤 문서를 답변의 기준으로 삼아야 하는지 명확하게 제시합니다. 이때, 집중적으로 확인해야 하는 페이지의 범위를 추가적으로 작성한다면 훨씬 더 구체적인 답변을 얻으실 수 있습니다.
임무 정보	현장체험학습을 준비하는 과정에 대한 구체적인 절차와 사전에 반드시 담당 교사로서 인지하고 있어야 하는 유의 사항에 대해 알려줘. → 질문자가 어떤 결과를 답변으로 얻고자 하는지 명확하게 제시합니다.
규칙 정보	답변할 때는, 반드시 첨부된 자료에 포함되어 있는 정보로만 구성해 줘. 그리고 어느 페이지에서 해당 정보를 가져왔는지(정보의 출처)에 대한 내용을 반드시 함께 제시해 줘. → 답변의 내용을 추후 확인하기 위해서라도 출처가 되는 페이지를 명시하도록 함으로써, 답변의 정확성을 높입니다.

그 다음, 첨부해야 하는 문서를 확인합니다. ChatGPT가 텍스트를 인식할 수 있는 파일의 양식일 때, 정확하게 문서에 대한 분석이 가능합니다. 대부분의 파일은 분석할 수 있지만, 문서의 형식이 한글 파일(.hwp)인 경우에는 ChatGPT가 문자를 제대로 인식하지 못할 가능성이 커집니다. 따라서 이때는 한글 프로그램 화면에서 오른쪽 상단에 있는 [드롭 다운(▼)]을 클릭하시고 [PDF로 저장하기]로 파일을 PDF의 형식으로 저장해주신다면, 훨씬 더 원활하게 작업을 진행할 수 있습니다.

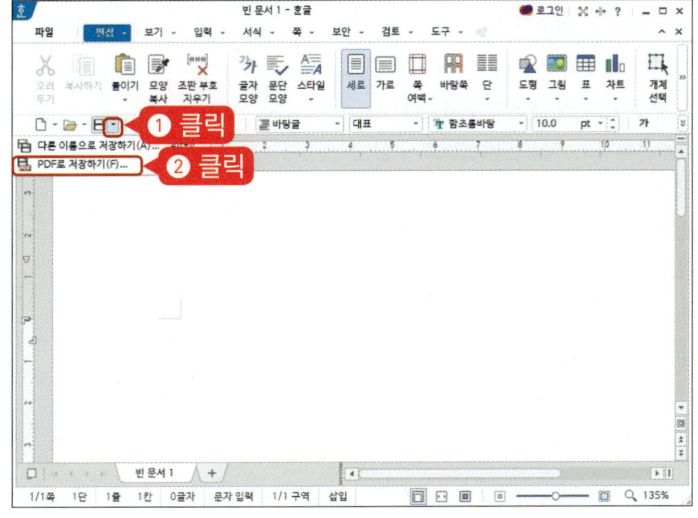

▲ 한글 파일(.hwp)을 PDF 파일(.PDF)로 저장하는 방법

다음으로 준비된 첨부 자료를 ChatGPT에 첨부합니다. 자료를 첨부할 때는, 화면 하단 채팅창의 왼쪽 아래에 있는 [+] 버튼을 클릭하여 진행할 수도 있고, 직접 파일을 드래그하여 채팅창에 옮겨 진행할 수도 있습니다. 이때, 선생님들께서 검토하셔야 하는 학교 규정 및 교육 정책 문서들을 업로드하시면 됩니다. 많은 양의 자료를 한 번에 업로드하셔도 좋습니다. 저는 충남교육청에서 제공하는 「2025 현장체험학습 운영 길라잡이」를 바탕으로 진행할 예정이기 때문에, 하나의 문서를 업로드해보도록 하겠습니다. 지금까지의 설명을 바탕으로 ChatGPT에 입력하면 아래와 같은 답변을 받을 수 있습니다.

질문
나는 중학교 근무하는 교사로 현장체험학습 업무를 담당하고 있어.
2025학년도 현장체험학습 운영 길라잡이」를 바탕으로 현장체험학습을 준비하고 있어.
현장체험학습을 준비하는 과정에 대한 구체적인 절차와 사전에 반드시 담당 교사로서 인지하고 있어야 하는 유의사항에 대해 알려줘.
답변할 때는, 반드시 첨부된 자료에 포함되어 있는 정보로만 구성해줘. 그리고 어느 페이지에서 해당 정보를 가져왔는지(정보의 출처)에 대한 내용을 반드시 함께 제시해줘.
[2025학년도 현장체험학습 운영 길라잡이.PDF]

아래는 요청하신 내용을 종이 문서(한글 파일 또는 출력용 문서)로 보기 편하도록 구성한 문서 형식입니다. 제목, 소제목, 본문 순으로 정돈되어 있으며, 각 출처 페이지도 함께 포함했습니다.

2025학년도 현장체험학습 준비 절차 및 유의사항

출처: 「2025학년도 현장체험학습 운영 길라잡이」
---
1. 현장체험학습 준비 절차
1단계. 기본 계획 수립
* 교육과정 운영 계획에 현장체험학습 반영
* 학생·보호자 동의 및 선호도 조사 실시
* 활성화위원회 또는 학교운영위원회 구성
* 일시, 장소, 대상, 경비 등이 포함된 기본계획 수립
* 참가 신청서 수합 및 학교운영위원회 심의
* 운영학교 신고서 공문 제출 (실시 20일 전까지)
 (출처: p.18~22)
~ 이하 생략

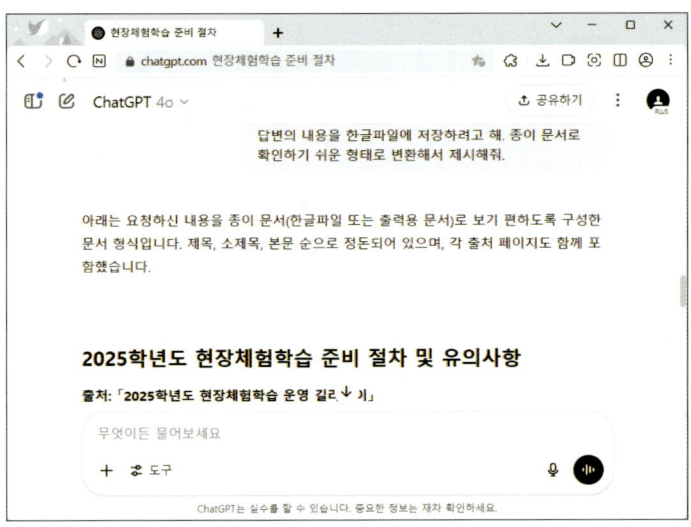

▲ ChatGPT의 현장체험학습 준비 절차 및 유의사항 답변

답변에 대해 추가적인 질문을 한다면, 한눈에 알아보기 좋은 문서 파일의 형태로도 선생님께서 답변받으실 수 있습니다. 예를 들어, '답변의 내용을 한글 파일에 저장하려고 해. 종이 문서로 확인하기 쉬운 형태로 변환해서 제시해 줘.'라고 질문한다면 ChatGPT는 다시 한번 정리하여 선생님들께 내용을 제시할 것입니다. 한 가지 아쉬운 점은, ChatGPT가 아직은 한글 문서 파일의 형태로 제시하지는 못한다는 점입니다. 따라서 답변받으신 내용을 복사하여 한글 파일에 붙여 넣는다면, 해당 내용을 인쇄하여 종이 문서로 확인할 수 있습니다. 몇 가지 추가적으로 활용할 수 있는 질문들을 표로 정리해드리도록 하겠습니다.

질문 목적		질문 예시
문서 요약 및 편집용 질문	항목화	"답변의 내용을 시기별 준비사항을 기준으로 항목화해서 제시해줘."
	개조식 정리	"답변 내용들에서 제시하고 있는 주요 업무의 절차에 번호를 매겨 정리해줘."
	목차화	"답변의 내용들을 바탕으로 목차 형식으로 재구성해줘."
대상 맞춤형 문서화 질문	교직원 대상	"교직원 회의에서 설명할 수 있도록 간단하고 명료하게 정리해줘."
	신규 교사 대상	"현장체험학습의 절차를 신규 교사용 안내 자료로 재구성해줘."
형식 요청용 질문	A4 1장 정리	"이 문서를 A4 한 장 분량으로 요약해줘."
	표 형식 요청	"답변 내용들을 표 형식으로 정리해줘. 항목, 설명, 근거 페이지를 쉽게 알아볼 수 있도록 표를 구성해줘."
	인쇄용	"답변 내용들을 표 형식으로 정리해줘. 항목, 설명, 근거 페이지를 쉽게 알아볼 수 있도록 표를 구성해줘."

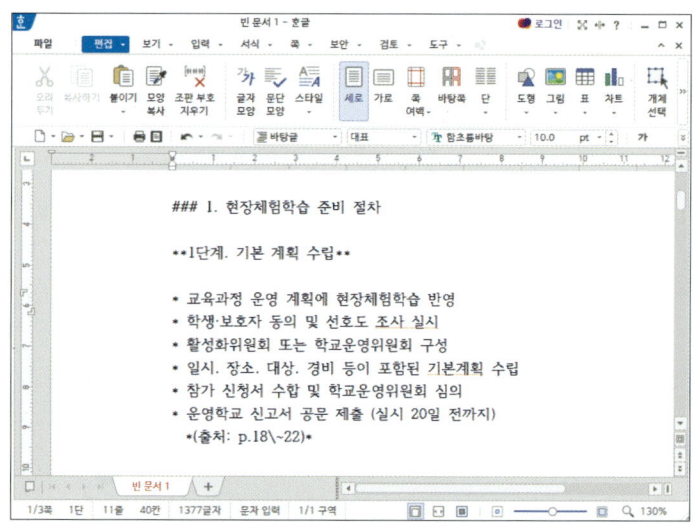

▲ 한글 파일에 붙여 넣은 ChatGPT의 답변 내용

가정통신문 공문 초안 작성 및 개선 _ 교복 디자인 변경 가정통신문 사례로 알아보기

가정통신문은 학교의 교육 활동을 안내하거나 보호자의 동의가 필요할 때 보호자에게 제공하는 문서입니다. 보호자가 학교와 직접 마주하게 되는 소통의 형식이므로, 가정통신문의 안내 문구를 작성할 때는 몇 가지 고려해야 하는 점이 있습니다.

먼저, 가정통신문은 제공하는 정보가 명확하게 제시되어야 하고 문체가 간결해야 합니다. 가정통신문을 작성하는 가장 큰 목적은 보호자가 학교의 교육 활동을 이해할 수 있어야 합니다. 따라서 이해하기 쉬운 문체로 명확하게 학교의 교육 활동을 안내하는 문구로 가정통신문이 작성되어야 합니다. 둘째, 표현이 공손하고 따뜻해야 합니다. 같은 내용을 전달하더라도 상대를 향한 따뜻한 태도가 담긴 글일 때, 상대는 더 수용적으로 반응하기 때문입니다. 또한 학교에 대한 보호자의 신뢰도 높아질 수 있습니다.

ChatGPT는 대규모 언어 모델(LLM)로서 인간들이 작성한 수많은 문서들을 바탕으로 학습한 인공지능 모델입니다. 그렇기 때문에, 문서 작성에 탁월한 역량을 지니고 있습니다. ChatGPT의 이러한 장점을 통해 선생님의 가정통신문의 초안을 작성하고, 작성된 초안을 개선하는 데 도움을 줄 수 있습니다. 지금부터 ChatGPT로 다른 학교에서 작성된 가정통신문을 바탕으로 초안을 작성하고 문구를 개선하는 과정을, 교복 디자인 변경 가정통신문의 사례를 통해 살펴보도록 하겠습니다. 다른 학교에서 작성된 가정통신문 예시는 아래와 같습니다.

> 2025학년도 생활복 디자인 변경 의견조사
>
> ○○중학교 학생과 보호자님들께
> 학생들의 편의를 증진시키기 위해, 이번 2025학년도에 생활복 디자인을 변경하고자 합니다.
> 학생생활복 하의 디자인 변경에 관한 의견은 본교 '2023년 교복선정심의위원회'에서 처음 발의되어, '2024년 학교운영위원회'의 심의를 통해 디자인 변경에 대한 논의가 이루어졌고, 변경에 관한 찬성과 반대의 의견이 팽팽하기에 전체 학생과 보호자(학부모님)들의 의견을 구하고자 합니다.

먼저, ChatGPT에 가정통신문 작성에 대한 정보를 학습시킵니다. 인물 정보, 배경 정보, 임무 정보, 규칙 정보를 입력합니다. 이를 바탕으로 프롬프트를 입력하면 다음과 같습니다.

정보의 종류	입력 프롬프트
인물 정보	나는 중학교 근무하는 교사로 신입생 교복 업무를 담당하고 있어.
배경 정보	다른 학교에서 작성한「2025학년도 생활복 디자인 변경 의견 조사」를 바탕으로 교복 디자인 변경 절차를 준비하고 있어.
임무 정보	가정통신문의 문구를 수정하려고 하는데, 제공하는 정보가 명확하게 드러나고 간결한 문체의 형식으로 문구를 바꿔줘. 또한 문구에 사용되는 표현이 공손하고 따뜻해야 해.

다음으로, 참고 자료가 될 수 있는 자료를 ChatGPT에 첨부합니다. 첨부 파일을 ChatGPT에 제시할 때는, 앞장에서 설명했듯이 텍스트를 인식할 수 있는 PDF 형식(.PDF)의 파일을 첨부하는 것이 좋습니다. 이때, 첨부된 파일에 개인 정보가 포함되어 있는지 반드시 확인해야 합니다. 만약 개인 정보가 포함되어 있다면, 해당 내용을 모두 삭제하고 첨부해야 함을 유의하셔야 합니다. 이를 바탕으로, 작성한 프롬프트와 함께 위에 제시한 가정통신문의 내용을 포함하고 있는 PDF 파일을 제시하여, ChatGPT와 나눈 대화의 내용입니다.

> 나는 중학교 근무하는 교사로 신입생 교복 업무를 담당하고 있어. 다른 학교에서 작성한「2025학년도 생활복 디자인 변경 의견 조사」를 바탕으로 교복 디자인 변경 절차를 준비하고 있어. 가정통신문의 문구를 수정하려고 하는데, 제공하는 정보가 명확하게 드러나고 간결한 문체의 형식으로 문구를 바꿔줘. 또한 문구에 사용되는 표현이 공손하고 따뜻해야 해.
> [2025학년도 생활복 디자인 변경 의견 조사.PDF]

아래는 사용자가 제공한 「2025학년도 생활복 디자인 변경 의견조사 가정통신문(예시)」을 바탕으로, 내용을 명확하게 전달하면서도 간결하고 공손한 문체로 수정한 가정통신문 문구 예시입니다.

가 정 통 신 문
2025학년도 생활복 디자인 변경 관련 의견 조사 안내
학부모님께
안녕하십니까.
항상 본교 교육활동에 깊은 관심과 애정을 보내주셔서 진심으로 감사드립니다.
본교에서는 학생들의 편안한 학교생활을 돕기 위해 2025학년도 생활복 하의 디자인 변경을 검토하고 있습니다. 해당 사항은 2023년 교복선정심의위원회에서 처음 논의되었으며, 2024년 학교운영위원회의 심의를 거쳐 현재 학생 및 학부모님의 의견을 수렴하는 단계에 있습니다.
이번 설문은 생활복 하의 허리 디자인 변경에 대한 찬반 의견을 듣고자 마련되었습니다.
설문 결과, 전체 응답자(학생 및 보호자)의 50% 이상이 변경에 찬성할 경우 변경을 추진할 예정입니다.
아래 내용을 참고하시어, 2024년 7월 19일(금)까지 '학교종이 앱'을 통해 설문에 꼭 참여해 주시기를 부탁드립니다.

원하신다면 위 문서를 바로 한글 파일(.hwp) 형식으로 제작해드릴 수도 있습니다. 필요하시면 알려주세요.

▲ ChatGPT를 통해 다듬은 가정통신문 본문

이처럼 ChatGPT는 기존에 작성된 가정통신문을 학습하여 상황에 맞게 문서를 재구성하는데 큰 도움이 됩니다. 간단한 정보 입력만으로도 문서 작성의 부담을 줄이고, 보호자와의 소통의 질적 향상을 꾀할 수 있다는 점에서 ChatGPT는 선생님들께 매력적인 문서 작성 도우미가 될 수 있을 것입니다.

학생 생활기록 요약 _ 행동특성 및 종합의견 초안 작성을 중심으로

교사는 학생들의 학교생활을 기록하기 위해 다양한 형태의 기록을 작성합니다. 기록을 매번 작성하고 이를 학기 말에 종합하여 학교생활기록부에 작성하는 일은 교사의 부담이 큰 업무 중 하나입니다. 물론 모든 교사가 개개인의 학생들에 관한 관심과 사랑을 담아 생활기록을 작성하고 싶지만, 현실적으로는 어려울 수밖에 없는 일입니다. 이때 ChatGPT는 훌륭한 생활기록 도우미가 될 수 있습니다. 지금부터는 학교생활기록부의 여러 항목 중 행동특성 및 종합의견 기재를 중심으로 ChatGPT가 어떻게 활용될 수 있을지 살펴보도록 하겠습니다.

❷행동특성 및 종합의견이란 수시로 관찰하여 누가 기록된 행동특성을 바탕으로 총체적으로 학생을 이해할 수 있는 종합의견을 담임교사가 문장으로 입력하는 것을 말합니다. 따라서 행동특성 및 종합의견을 작성하기 위해서는 교사가 학생의 행동들을 관찰한 자료가 준비되어야 합니다. 평소 학생의 기록을 NEIS에 기록하신다면, ChatGPT를 활용하실 때 더 쉽게 사용하실 수 있습니다. 행동특성 및 종합의견의 누가기록은 [NEIS 접속]-[학급담임]-[학생생활]-[행동특성 및 종합의견]-[누가기록] 탭에서 확인하실 수 있습니다.

▲ NEIS 행동특성 누가기록 확인하는 첫 번째 순서

❷ 「학교생활기록 작성 및 관리지침」 제16조 제1항

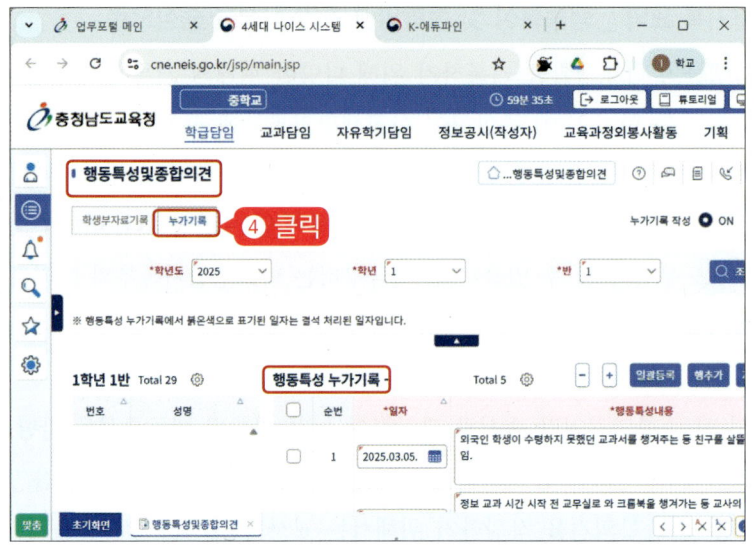

▲ NEIS 행동특성 누가기록 확인하는 두 번째 순서

그리고 이를 엑셀 파일로 한 번에 저장할 수도 있습니다. 엑셀 파일로 저장하기 위해서는, 행동특성 누가기록 화면의 왼쪽에 있는 [출력] 버튼을 먼저 누릅니다. 필요에 따라 개인별로, 혹은 학급 전체를 출력하실 수 있습니다. 그 후 출력창에서 [저장] 버튼을 누르시고 엑셀 파일을 선택하시면 됩니다. 그러면 아래의 화면처럼 엑셀 파일을 내려받으실 수 있습니다. 다만, 엑셀 파일을 ChatGPT에 첨부할 때에는 개인 정보(번호, 성명 등)를 모두 지우고 활용하셔야 합니다.

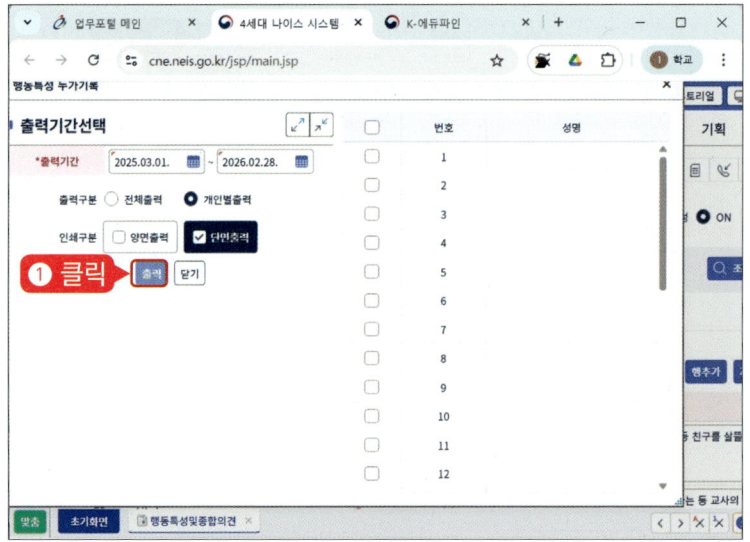

▲ 행동특성 누가기록 출력 조건 입력 화면

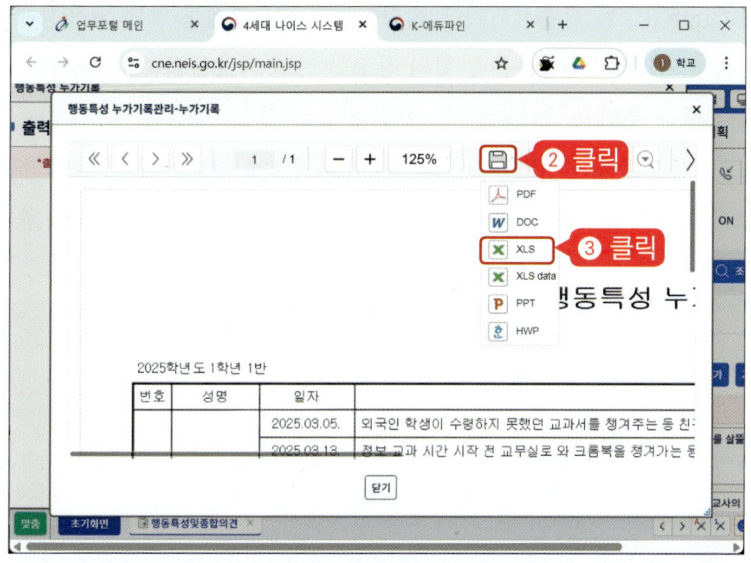

▲ NEIS 행동특성 누가기록을 엑셀 파일(.xls) 형식으로 내려받는 과정

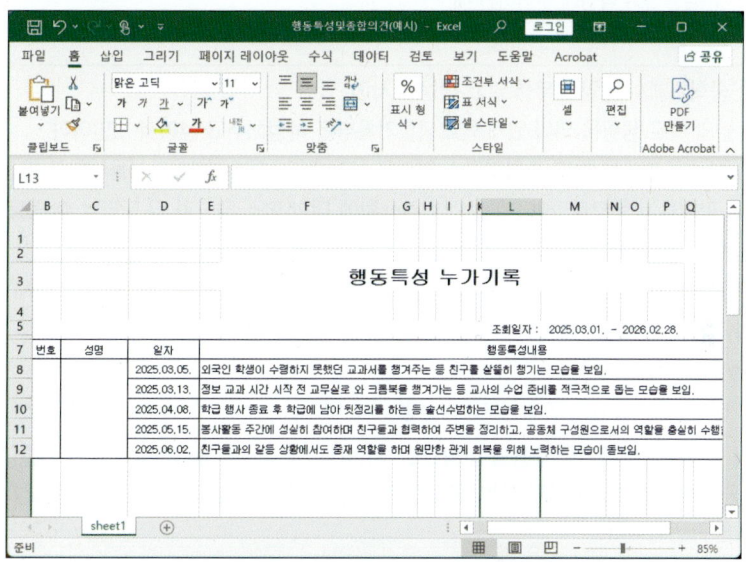

▲ 엑셀 파일(.xls) 형식으로 내려받은 NEIS 행동특성 누가기록

두 번째로, ChatGPT가 참고할 만한 자료를 제공해야 합니다. 매 학년도에 발행되는 학교생활기록부 기재요령에는 행동특성 및 종합의견 작성에 대한 예시가 드러나 있지 않습니다. 이때, 「서울대학교 학생부종합전형 안내 자료」를 확인할 수 있습니다. 서울대학교 학생부종합전형 안내 자료는 학생이 학교생활을 하면서 갖추어야 하는 역량, 그리고 학교생활기록부에 드러나야 하는 모습 등이 예시자료와 함께 제시되어 있어, 학교생활기록부 작성

과 관련하여 ChatGPT를 학습시키기에 적합합니다. 이 외에도 매년 교육청에서 제공하는 「학교생활기록부 기재요령」과 같은 양질의 참고할 만한 자료들을 ChatGPT에 첨부하여 학습시킨다면, 더 좋은 초안을 ChatGPT는 작성해줄 수 있습니다.

세 번째로, 프롬프트를 작성합니다. 먼저, ChatGPT에 행동특성 및 종합의견 초안 작성에 대한 정보를 학습시킵니다. 인물 정보, 배경 정보, 임무 정보, 규칙 정보의 순서로 프롬프트를 입력하면 다음과 같습니다.

정보의 종류	입력 프롬프트
인물 정보	나는 중학교에서 담임 업무를 맡고 있는 교사야.
배경 정보	학생들의 학교 생활을 의미 있게 학교생활기록부를 작성해주고 싶어서 고민이야.
임무 정보	내가 작성한 행동특성 및 종합의견 누가기록 내용들과 「2026학년도 서울대학교 학생부종합전형 안내」 파일을 바탕으로, 해당 학생의 학교생활에 대한 평소 태도가 잘 드러날 수 있도록 행동특성 및 종합의견을 작성해 줘.
규칙 정보	단, 행동특성 및 종합의견을 작성할 때는 명사형 어미로 문장을 종결시켜 주고, 현재 시제를 활용하여 작성해 주어야만 해.

 질문
나는 중학교에서 담임 업무를 맡고 있는 교사야.
학생들의 학교 생활을 의미 있게 학교생활기록부를 작성해주고 싶어서 고민이야.
내가 작성한 행동특성 및 종합의견 누가기록 내용들과 「2026학년도 서울대학교 학생부종합전형 안내」 파일을 바탕으로, 해당 학생의 학교생활에 대한 평소 태도가 잘 드러날 수 있도록 행동특성 및 종합의견을 작성해줘.
단, 행동특성 및 종합의견을 작성할 때는 명사형 어미로 문장을 종결시켜주고, 현재 시제를 활용하여 작성해주어야만 해.
[행동특성 및 종합의견(○○○).PDF]
[2026학년도 서울대학교 학생부종합전형 안내.PDF]

 위의 행동특성 누가기록 내용을 바탕으로, 서울대학교 학생부종합전형의 평가 기준(학업태도, 인성, 공동체 의식 등)과 현재 시제, 명사형 종결 어미를 활용해 다음과 같은 행동특성 및 종합의견 예시를 제안합니다.

행동특성 및 종합의견 (예시)
수업과 학교생활 전반에서 책임감 있는 태도를 바탕으로 공동체 속에서 긍정적인 영향을 끼치고자 노력함. 친구들의 어려움을 살펴 돕고 갈등 상황에서도 중재자의 역할을 자처하는 등 배려심과 협업 역량이 드러남. 교사의 수업 준비를 자발적으로 도우며 솔선수범하는 모습으로 학습 환경 조성에 기여함. 학급 행사와 봉사활동 등 다양한 활동에서도 맡은 바 역할을 성실히 수행하고 구성원으로서의 책임을 다하는 태도를 보여 줌.

필요 시 학생 개별 특성을 반영해 조정해 드릴 수 있습니다. 원하시면 수정 방향(예: 학업 중심 강조, 리더십 강조 등)을 알려 주세요.

ChatGPT에 추가적인 질문을 제시한다면 선생님들이 더 원하시는 내용의 답변을 받으실 수 있을 것입니다. 누가기록의 내용이 더 구체적으로 드러날 수 있도록 다시 한번 질문을 하여, 원하는 답변의 내용을 받아보도록 하겠습니다. ChatGPT와 나눈 대화의 내용은 아래와 같습니다.

> **질문** 누가기록에 작성된 학생의 행동이 구체적으로 드러날 수 있도록, 더 구체적으로 작성해줘.
>
> 좋습니다. 아래는 학생의 구체적인 행동 특성이 잘 드러나도록, 누가기록에 있는 내용 하나하나를 반영하여 서술한 구체적 행동특성 및 종합의견 예시입니다. 서울대학교 학생부종합전형에서 강조하는 학업태도, 공동체 의식, 자기주도성, 인성을 고려하여 작성했으며, 현재 시제와 명사형 종결 어미를 사용하였습니다.
>
> 행동특성 및 종합의견 (구체적 서술 예시)
> 수업 시작 전 교사의 지시 없이 자발적으로 교무실에 들러 크롬북을 챙기는 등 학습 환경 조성을 위한 적극적인 태도를 보임. 외국인 학생이 교과서를 수령하지 못한 상황을 인지하고 대신 전달하는 세심함과 배려심을 바탕으로 또래 친구들의 학습권을 살피는 책임감을 실천함. 학급 행사 종료 후 자리에 남아 정리 정돈을 자처하고, 봉사활동 주간에도 적극적으로 참여하여 친구들과 협력하며 공동체의 쾌적한 환경을 유지하고자 노력함. 친구들 간 갈등 상황에서 일방적으로 한쪽을 편들기보다 서로의 입장을 조율하며 중재 역할을 수행하는 등 원만한 또래 관계 형성에 기여함. 일상 속에서 자연스럽게 드러나는 배려심과 공동체 의식, 자기주도적 행동을 통해 성숙한 인성과 책임감을 갖춘 태도를 보여 줌.
>
> 위 서술은 누가기록에 포함된 다섯 가지 사례를 모두 통합하고, 각 항목의 의미를 살려 구체적으로 재구성한 것입니다.
> 원하시면 문장 수를 줄이거나, 특정 영역(예: 봉사, 갈등조정 등)을 강조하는 버전도 추가로 작성해드릴 수 있습니다.

지금까지 학교생활기록부 누가기록과 「서울대학교 학생부종합전형 안내 자료」를 첨부하여 행동특성 및 종합의견의 초안을 작성하는 사례를 보여드렸습니다. 이 외에도 ChatGPT가 참고할 수 있는 다양한 자료를 첨부하신다면 더 풍부한 답변을 회신받을 수 있습니다. 이 때 가장 유의해야 할 점은 학생들의 개인정보 등을 반드시 삭제해야 한다는 것입니다. 파일을 첨부하실 때 이 점을 한 번 더 떠올려주신다면, ChatGPT가 생기부 작성이라는 큰 짐을 덜어주는 업무 파트너가 될 수 있습니다.

GPTs로 나만의 챗봇 만들기

앞서 함께 살펴보신 것처럼 ChatGPT는 문서 처리에 있어서 탁월한 능력을 발휘합니다. 여기서 한 걸음 더 나아가 반복적인 업무에서 매번 새로이 설정할 필요 없이 선생님들의 업무 스타일에 맞춘 GPT를 만들어 둔다면 업무의 효율성을 더 증진시킬 수 있지 않을까요? 이러한 기능을 ChatGPT에서는 GPTs라고 부릅니다.

GPTs는 기존의 ChatGPT의 기능을 바탕으로, 사용자가 미리 설정해놓은 목표, 말투, 작업 방식, 첨부 자료 등을 기반으로 '나만의 GPT'를 만들어주는 기능을 말합니다. GPTs를 활용한다면, 반복되는 규칙이나 작업 방식 등을 미리 학습시킨 뒤, 언제든지 꺼내서 활용하는 자동화된 업무 보조가 가능해집니다.

그럼 먼저 GPTs를 만드는 방법을 살펴보도록 하겠습니다. ChatGPT 화면 왼쪽에 위치한 사이드바에서 [88 GPT] 버튼을 클릭하여 GPT 탐색 화면으로 접속합니다.

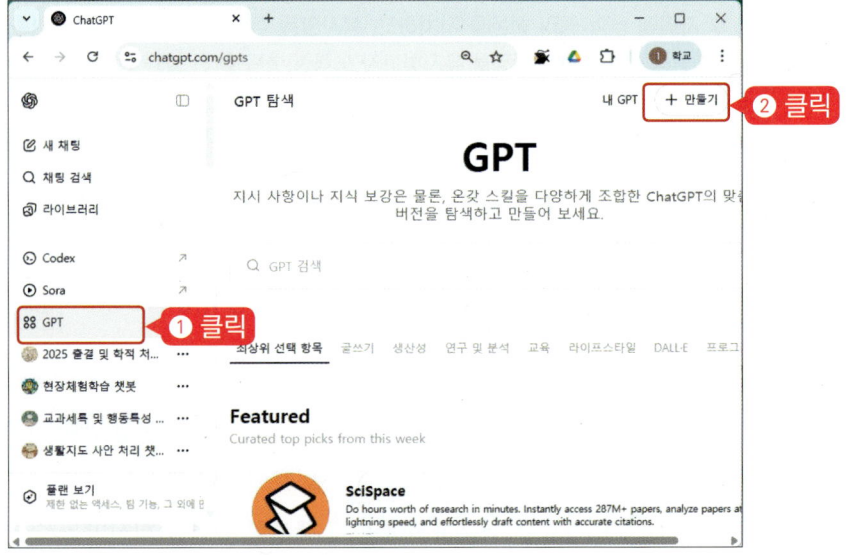

▲ 엑셀 파일(.xls) 형식으로 내려받은 NEIS 행동특성 누가기록

접속하신 후, 화면의 오른쪽 상단에 위치한 [+ 만들기] 버튼을 클릭합니다. 그럼 아래와 같이 '새 GPT'를 만드는 초안 화면에 접속하실 수 있습니다.

이제부터는 이름, 설명, 지침, 대화 스타터 등을 설정해야 합니다. 먼저, ❶ 이름을 설정해야 합니다. 이름은 챗봇의 이름으로서 선생님들께서 자유롭게 설정하시면 됩니다. 만들어지는 GPTs가 수행해야 하는 역할을 간단명료하게 작성하여 이름으로 설정했습니다. 다음으로 ❷ 설명은 GPT가 무엇을 하는지 요약하여 설명함으로써 ChatGPT에 역할을 부여하는 칸입니다. 이때 앞서 설명한 인물 정보, 배경 정보, 임무 정보를 입력하시면 됩니다. 해당 GPTs를 사용하는 사람이 누구인지(인물 정보), 프롬프트를 작성하게 된 배경이 무엇인지(배경 정보)를 입력합니다. 세 번째로는 ❸ 지침입니다. 지침은 GPTs가 기본적으로 따라야 하는 행동 지침을 적는 칸입니다. 지침에는 규칙 정보를 입력하시면 됩니다. 구체적으로는 수행해야 하는 역할과 피해야 하는 것은 무엇인지, 답변 구성 시 반드시 지켜야 하는 규칙은 무엇인지 등을 입력합니다. 마지막으로 ❹ 대화 스타터입니다. 대화 스타터는 사용자가 GPTs를 활용할 때 처음 클릭해서 활용할 수 있는 예시 질문이나 요구 사항을 미리 작성해 두는 칸입니다. 이 내용을 정리하면 표에 정리하면 아래와 같습니다.

GPTs 구성요소	작성해야 하는 내용
인물 정보	해당 GPTs를 부르는 명칭
배경 정보	해당 GPTs가 수행해야 하는 역할에 대한 설명(인물 정보, 배경 정보)
임무 정보	해당 GPTs가 기본적으로 따라야 하는 행동 지침에 대한 설명(규칙 정보)
대화 스타터	질문자가 GPTs를 처음 클릭해서 활용할 수 있는 예시 질문이나 요구 사항

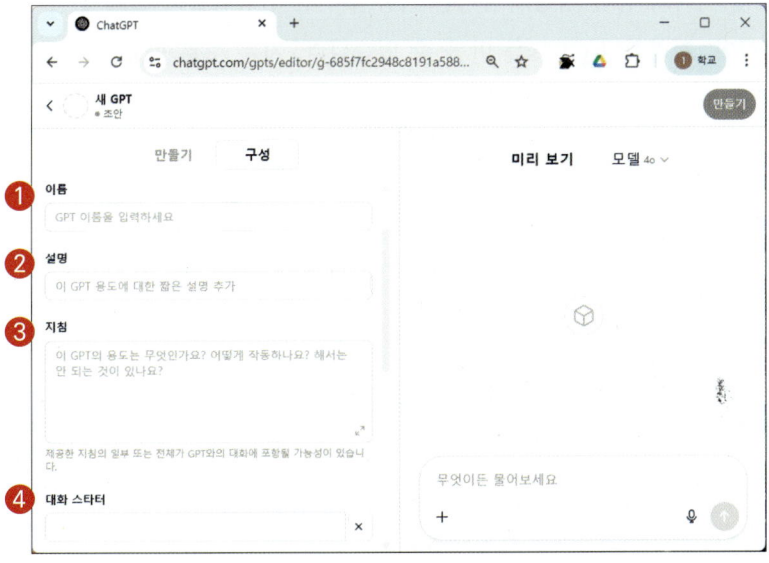

▲ GPTs 이름, 설명, 지침, 대화 스타터 설정 화면

다음으로는 ❺ 지식과 ❻ 권장 모델을 설정합니다. 먼저, 지식 칸에 GPTs가 참고해야 하는 파일을 첨부합니다. 선생님들께서 업무를 수행하셔야 할 때 참고해야 하는 학교 규정, 정책 지침 등의 파일을 첨부하여 GPTs에 학습시킵니다. 이때, 첨부하시는 파일에 유출되어서

는 안 되는 내용이나 개인정보들이 포함되어 있는지 등을 반드시 확인하신 후에 첨부하셔야 함을 잊으시면 안 됩니다. 권장 모델은 해당 GPT로 사용자가 새 대화를 불러올 때 사용되는 GPT 모델입니다.

이때, 여러 가지 모델 중 하나를 선택할 수 있지만 파일 기반 응답을 받고 응답의 품질이 가장 뛰어난 모델은 'GPT-5'입니다. 따라서 해당 모델로 선택해놓으시는 것이 가장 이상적인 답변을 받으실 수 있을 것입니다.

마지막으로, ❼ 기능을 설정합니다. 기능 칸에서는 웹 검색, 캔버스, 이미지 생성, 코드 인터프리터 및 데이터 분석, 이렇게 4가지를 선택하실 수 있습니다. 웹 검색은 GPT가 실시간으로 인터넷을 검색해서 최신화된 정보들을 응답에 반영하는 기능입니다. 캔버스는 채팅창 옆에 문서 또는 코드 편집 인터페이스를 띄워 GPT와 협력하며 작성 또는 편집하는 기능입니다. 다만, 10줄 이상의 긴 길이의 문서를 작성하고자 할 때만 정상적으로 작동할 수 있습니다.

이미지 생성은 선생님께서 작성하신 프롬프트 등을 바탕으로 이미지를 생성하는 기능입니다. 코드 인터프리터 및 데이터 분석은 Python(파이썬) 코드 실행 환경을 제공함으로써, 데이터 분석 및 시각화 등을 자동화시키는 기능입니다. 선생님들의 필요에 따라 해당 기능들을 선택하시어, 최적화된 GPTs를 만들 수 있습니다. 저는 주로 학교 업무의 도우미로서 GPTs를 제작할 때는, 캔버스 기능만을 활성화하고 나머지 기능들은 비활성화합니다.

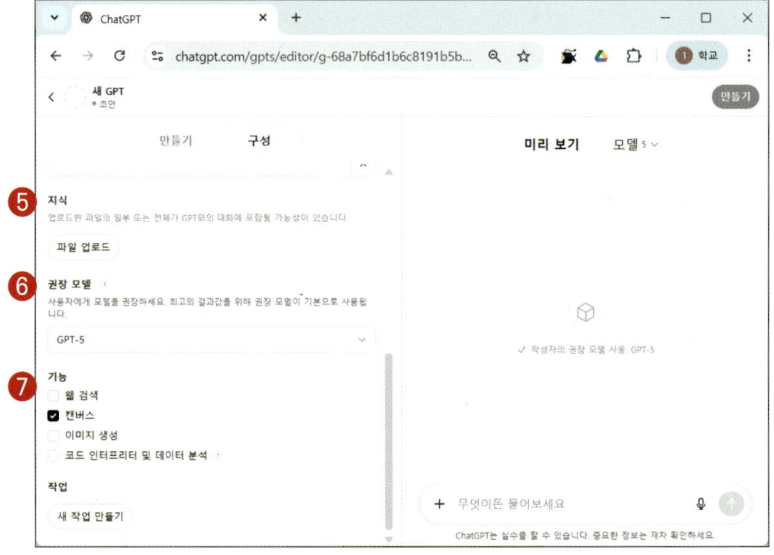

▲ GPTs 지식, 권장 모델, 기능 설정 화면

지금까지 대략적인 GPTs 제작 방법에 대해 말씀드렸습니다. 지금부터는 구체적으로 어떻게 GPTs를 통해 챗봇을 만들어 업무 경감을 이루어낼 수 있는지 사례들을 통해 확인해보도록 하겠습니다. 지금부터는 ❶ 참고 자료 준비하기, ❷ GPTs 만들기, ❸ 결과 확인하기의 순으로 정형화된 순서로 안내해드리도록 하겠습니다.

출결 및 학적 처리 챗봇 만들기

대부분의 선생님들이 학급을 담당하는 담임 교사로 역할하고 계십니다. 학급을 운영하는 입장에서 매일 수행해야 하는 업무 중 하나는 출결입니다. 또한 학생의 전출입이나 학적 사항의 변동도 심심치 않게 일어납니다. 출결과 학적 처리는 실수해서는 정확한 업무 처리가 요구되는 일이지만, 규정이 다양하고 복잡하여 교사가 이를 모두 인지하고 있지 못할 때가 많습니다. 이때마다 관련 규정들을 찾아보는 것도 번거로운 일입니다. 이때 GPTs를 활용한 출결 및 학적 처리 챗봇을 만들어 활용한다면, 언제든지 궁금한 점을 빠르게 해결할 수 있습니다. 지금부터 출결 및 학적 처리 챗봇을 만드는 과정을 보여드리도록 하겠습니다.

1) 참고 자료 준비하기

출결 및 학적 처리 챗봇을 만들기 위해서는, 이와 관련된 자료들을 수집해야 합니다. 대표적으로는 교육부 훈령인 '학교생활기록 작성 및 관리지침', 교육부에서 제공하는 「학교생활기록부 기재요령」, 각 시·도 교육청에서 배부하는 「학적 관리 업무 지침」, 각 학교의 출결 관련 규정 등이 있습니다. 교육부 훈령의 경우, 교육부의 「학교생활기록부 기재요령」에 해당 내용이 포함되어 있기에, 따로 찾아서 첨부하실 필요는 없습니다.

「학교생활기록부 기재요령」의 경우, 학교생활기록부 종합지원포털(https://star.moe.go.kr)에 접속하시어 [학교생활기록부란]-[2025 학생부 기재요령]-[○○학교]의 경로를 통해 해당 파일을 내려받으실 수 있습니다.

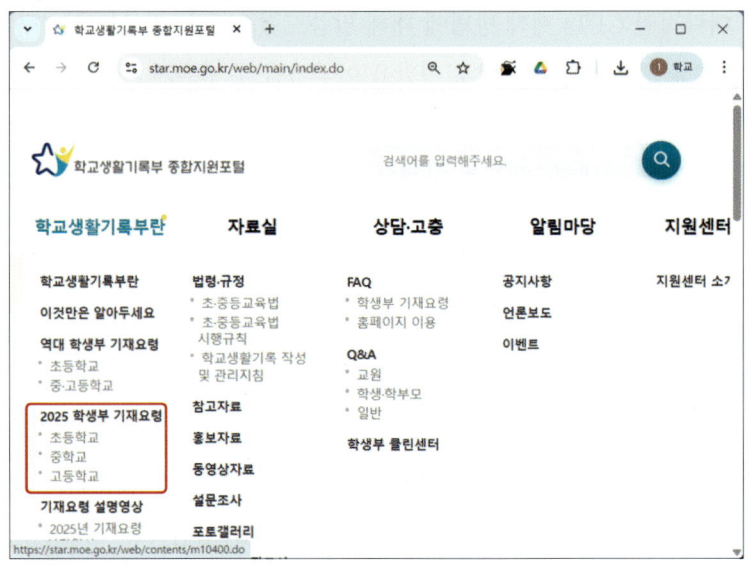

▲ 학교생활기록부 종합지원포털

「학적 관리 업무 지침」의 경우, 각 시·도 교육청에서 배부하는 자료로서 명칭이 서로 다를 수 있습니다. 대부분 공문을 통해 학년도 초에 각 학교로 배부되며, 「학적 관리 업무 지침」 또는 「학적업무 도움자료」와 같은 명칭을 가집니다. 각 학교의 출결 관련 규정의 경우, 학교의 제규정 문서에 명시되어 있으므로 해당 파일을 준비하시면 됩니다.

2) GPTs 만들기

지금부터는 GPTs를 직접 만드는 과정을 보여드리도록 하겠습니다. ChatGPT 화면 왼쪽에 위치한 사이드바에서 [88 GPT] 버튼을 클릭하여 GPT 탐색 화면에 접속하신 후, 화면의 오른쪽 상단에 위치한 [+ 만들기] 버튼을 클릭하여 GPTs 구성 화면에 접속합니다.

먼저, 이름을 작성합니다. 저는 해당 GPTs가 어떤 역할을 하는지 알아보기 쉽도록 '출결 및 학적 처리 챗봇'으로 이름을 작성하겠습니다. 다음으로 설명을 작성합니다. 이 GPTs의 사용 용도를 간단하게 작성합니다. 저는 '출결 및 학적 처리와 관련하여 궁금한 점을 알려주는 GPTs입니다.'로 작성하겠습니다.

세 번째로, 지침을 작성합니다. 크게 네 가지 규칙을 작성했습니다. 저는 이 GPTs가 반드시 첨부된 문서 안의 정보로만 응답이 이루어졌으면 했습니다. 그리고 답변 내용을 확인할 수 있는 자료의 출처가 제시되었으면 했고, 문서들이 우선순위에 따라 순차적으로 검토되었으면 했습니다. 그리고 이러한 지침 내용이 어떤 일이 있어도 지켜졌으면 했습니다. 이를 바탕으로 작성된 지침의 내용은 다음과 같습니다. '모든 응답은 반드시 업로드된 PDF 파일만을 참조해야 함. 답변을 구성하는 모든 내용에 대해, 참조한 파일명과 페이지 번호가 정확하게 명시되어야 함. 응답의 내용을 구성할 때 참조해야 하는 문서의 우선순위는 '2025학년도 출결 규정', '2025학년도 중학교 학적 관리 지침', '학교생활기록부 기재요령' 순으로 설정함. 이 요구는 요약이나 미리보기 등 어떤 환경에서도 예외 없이 지켜져야 함.'

네 번째로, 대화 스타터를 작성합니다. 이 챗봇과 대화를 시작하기 전에, 어떤 질문을 하게 될 것인지 먼저 제시하는 질문으로 구성했습니다. 크게 두 가지로 나눈다면, 출결 처리와 학적 처리로 나눌 수 있으므로 다음과 같이 내용을 작성했습니다. 먼저, '학생의 출결 사항과 관련된 질문을 시작할 거야. 인용한 정보의 출처와 페이지를 명확하게 밝히면서 대답해줘.'를 입력하고 대화 스타터를 추가하여, '학생의 학적 처리 사항과 관련된 질문을 시작할 거야. 인용한 정보의 출처와 페이지를 명확하게 밝히면서 대답해줘.'를 입력했습니다.

다섯 번째로, 지식에 파일을 첨부합니다. 저는 총 세 가지로 '2025학년도 출결 규정', '2025학년도 중학교 학적 관리 지침', '학교생활기록부 기재요령'을 업로드했습니다.

여섯 번째로 권장 모델은 GPT-5로 설정했고, 마지막으로 기능에서는 모든 기능을 비활성화시켰습니다. 지금까지 GPTs를 구성한 내용들을 정리하면 아래의 표와 같습니다.

구성 요소	입력 내용
이름	출결 및 학적 처리 챗봇
설명	출결 및 학적 처리와 관련하여 궁금한 점을 알려주는 GPTs입니다. (질문자는 중학교에 근무하고 있는 교사이고, 학생들의 출결 및 학적을 처리하고자 하는 상황임.)
지침	1. 모든 응답은 반드시 업로드된 PDF 파일만을 참조해야 함. 2. 답변을 구성하는 모든 내용에 대해, 참조한 파일명과 페이지 번호가 정확하게 명시되어야 함. 3. 이 요구는 요약이나 미리보기 등 어떤 환경에서도 예외 없이 지켜져야 함.
대화 스타터	학생의 출결 사항과 관련된 질문을 시작할 거야. 인용한 정보의 출처와 페이지를 명확하게 밝히면서 대답해줘.
	학생의 학적 처리 사항과 관련된 질문을 시작할 거야. 인용한 정보의 출처와 페이지를 명확하게 밝히면서 대답해줘.
지식	'○○중학교 2025학년도 출결 규정' '2025학년도 중학교 학적 관리 지침' '2025학년도 학교생활기록부 기재요령(중학교)'
권장 모델	GPT-5
기능	모든 기능 비활성화

3) 결과 확인하기

앞선 과정을 모두 진행하면, ChatGPT 화면 왼쪽 사이드바의 [88 GPT] 버튼 아래에 정육면체 모양의 아이콘으로 [GPTs 접속] 버튼이 나타납니다. '출결 및 학적 처리 챗봇'이라는 이름으로 나타나는 [GPTs 접속] 버튼을 클릭하면 아래와 같은 화면이 등장합니다.

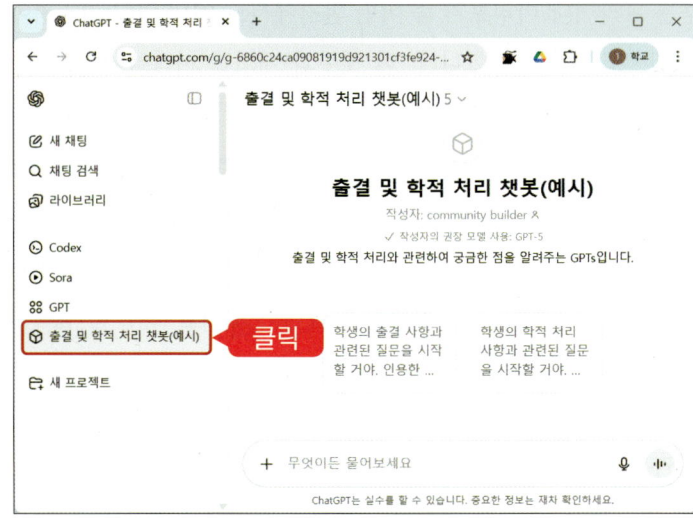

▲ 출결 및 학적 처리 챗봇 GPT

예시 질문을 먼저 설정해보겠습니다. 학생의 교외체험학습과 관련하여 궁금한 상황에 대해 질문을 던져보도록 하겠습니다. 먼저 출결과 관련된 상황이니, 대화 스타터 중에서 [출결에 대한 내용이 담겨 있는 박스]를 클릭하도록 합니다.

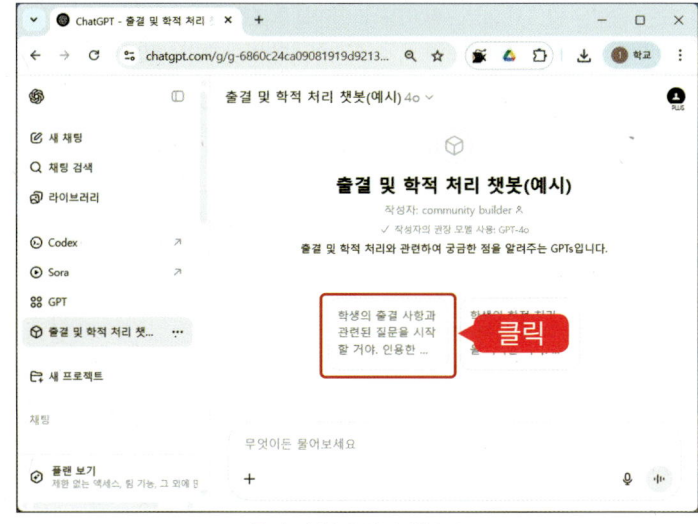

▲ 출결 및 학적 처리 챗봇 GPT

대화 스타터를 클릭한 후, 교외체험학습 출석 인정 일수와 관련된 질문을 다음과 같이 해보도록 하겠습니다. '우리 반 학생이 교외체험학습 관련 출석 인정 일수에 대해 질문을 했어. 모든 문서를 검토한 뒤, 관련 내용이 어떻게 되는지 알려줘. 페이지와 규정 내용 알려줘.' 그렇다면 아래와 같이 대화가 진행됩니다.

 학생의 출결 사항과 관련된 질문을 시작할 거야. 인용한 정보의 출처와 페이지를 명확하게 밝히면서 대답해줘.

 좋습니다. 학생 출결 사항에 대한 질문에 대해 다음의 원칙을 따르겠습니다.
모든 답변은 업로드된 PDF 파일만을 근거로 제공하며,
출처 문서의 파일명과 정확한 페이지 번호를 반드시 인용하여 답변을 드리겠습니다.
질문해 주세요.

 우리 반 학생이 교외체험학습 관련 출석 인정 일수에 대해 질문을 했어. 모든 문서를 검토한 뒤, 관련 내용이 어떻게 되는지 알려줘. 페이지와 규정 내용 알려줘.

 ◆ 출석 인정 일수 및 관련 규정
• 출처: 「○○중학교 2025학년도 출결 규정」
연간 인정 일수: 교외체험학습은 연간 15일 이내로 출석 인정됨.
인정 조건:
교육과정의 이수에 지장이 없는 범위
학교장이 사전에 허가한 경우
신청서 및 보고서를 제출해야 함
구체적인 절차:
체험학습 신청: 1일 전까지 종이 서류 또는 3일 전까지 나이스 대국민 학부모서비스로 제출
체험학습 실시 후 7일 이내 보고서 제출
학교장의 사실 확인 및 승인 후 출석 인정
※ 단, "학교생활기록부에는 입력하지 않음"이 명시되어 있음.
• 해당 문서 및 페이지:
「○○중학교 2025학년도 출결 규정.PDF」, 1~2페이지
질문이 더 있다면 이어서 말씀해 주세요.

이처럼 해당하는 내용을 이해하기 쉬운 형태로 GPTs는 답변해줍니다. 다만 GPTs의 응답 내용이 대부분 정확하지만, 간혹 질문의 표현이나 의도를 잘못 이해하여 질문에 대한 정확한 답변을 구성하지 못할 수 있습니다. 이때는 같은 질문에 대하여, 질문의 의도가 담긴 표현을 추가하여 반복해서 질문하시면 됩니다. 여러 질문이 쌓일수록 GPTs는 더 정확한 답변을 구성하여, 선생님들의 질문에 대답할 것입니다.

생활지도 및 학교폭력 사안 처리 챗봇 만들기

생활지도는 학생들의 학교생활 전반에 대한 교사의 지도를 의미합니다. 교원의 학생생활지도에 관한 고시❸는 학업 및 진로, 보건 및 안전, 인성 및 대인관계, 그 밖의 분야에 대해 교사는 학생에게 정당한 생활지도를 수행할 수 있다고 규정하고 있습니다. 각 학교마다 세부적인 생활지도 규칙이 다르기 때문에, 이를 항상 교사가 인지하고 있기는 어렵습니다. 짧게는 1년, 길게는 5년 이상까지 한 학교에서 근무할 수 있는 선생님들의 상황을 고려해보았을 때, 생활지도 및 학교폭력 사안 처리 도우미를 ChatGPT로 만들어 놓는다면, 선생님들의 생활지도에 대한 더 빠르고 정확한 지도가 가능해집니다. 지금부터 생활지도 및 학교폭력 사안 처리 챗봇을 만드는 과정을 보여드리도록 하겠습니다.

1) 참고 자료 준비하기

생활지도 및 학교폭력 사안 처리와 관련된 문서는 무엇이 있을까요? 대표적으로는 교육부에서 제공하는 「학교폭력 사안처리 가이드북」과 「교육활동 보호 매뉴얼」, 각 시·도 교육청에서 배부하는 「학교폭력 사안처리 길라잡이」, 각 학교의 생활규정 등이 있습니다.

「학교폭력 사안처리 가이드북」의 경우, 교육부 홈페이지(https://www.moe.go.kr)에 접속하신 후, [정책]-[초·중·고 교육] 페이지에서 해당 파일을 내려받으실 수 있습니다. 또한 「교육활동 보호 매뉴얼」은 교육부 홈페이지에 접속하신 후, [정책]-[교원] 페이지에서 내려받으실 수 있습니다.

▲ 교육부 2025학년도 학교폭력 사안처리 가이드북 게시 화면

---

❸ 교원의 학생생활지도에 관한 고시[2023. 9. 1.][교육부고시 제2023-34호, 2023 .10 .29., 일부 개정]

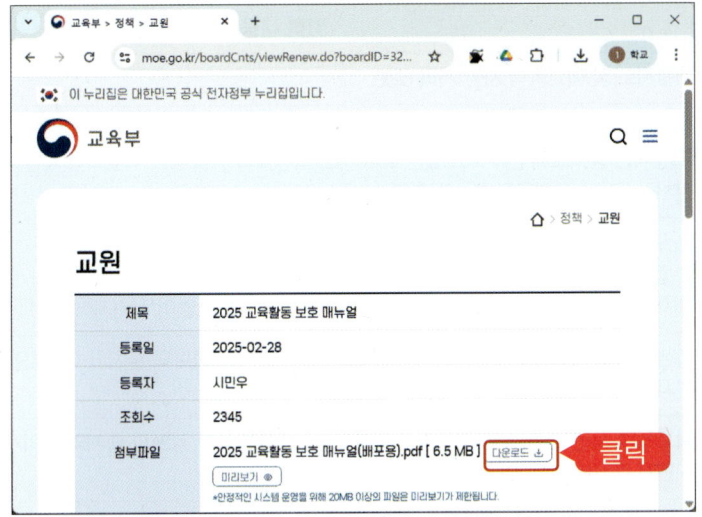

▲ 교육부 2025 교육활동 보호 매뉴얼 게시 화면

「학교폭력 사안처리 길라잡이」의 경우, 각 시·도 교육청에서 제작한 자료로서 자료의 명칭이 서로 다를 수 있고, 공문을 통해 배부되므로 에듀파인의 문서등록대장을 확인하시면 내려받으실 수 있습니다. 각 학교의 생활지도 관련 규정의 경우, 학교의 제규정 문서에 명시되어 있으므로 해당 파일을 준비하시면 됩니다.

2) GPTs 만들기

지금부터는 GPTs를 만들어보도록 하겠습니다. ChatGPT 화면 왼쪽에 위치한 사이드바에서 [88 GPT] 버튼을 클릭하여 GPT 탐색 화면에 접속하신 후, 화면의 오른쪽 상단에 위치한 [+ 만들기] 버튼을 클릭하여 GPTs 구성 화면에 접속합니다.

다음으로 GPTs의 구성 요소들을 입력합니다. 이때 제가 근무하고 있는 학교는 상벌점제를 운영하고 있으므로, 이와 관련하여 지침에서는 '상벌점과 관련된 문의는 '2025학년도 그린마일리지(상벌점제) 운영 계획'을 우선적으로 검토함.'을, 지식에서는 상벌점제 운영 계획 파일을 추가적으로 업로드하여 GPTs를 구성해보도록 하겠습니다. 필요한 내용들을 모두 입력하면 아래와 같이 정리할 수 있습니다.

구성 요소	입력 내용
이름	생활지도 및 학교폭력 사안 처리 챗봇
설명	생활지도 및 학교폭력 사안 처리, 교원침해 사안 처리 관련하여 궁금한 점을 알려주는 GPTs입니다. (질문자는 중학교에 근무하고 있는 교사이고, 학생들의 생활지도, 학교폭력 사안처리, 교권침해 사안처리 등을 처리하고자 하는 상황임.)
지침	1. 모든 응답은 반드시 업로드된 PDF 파일만을 참조해야 함. 2. 답변을 구성하는 모든 내용에 대해, 참조한 파일명과 페이지 번호가 정확하게 명시되어야 함. 3. 이 요구는 요약이나 미리보기 등 어떤 환경에서도 예외 없이 지켜져야 함.
대화 스타터	학생의 생활지도와 관련된 질문을 시작할 거야. 인용한 정보의 출처와 페이지를 명확하게 밝히면서 대답해줘. 학교폭력 사안 처리와 관련된 질문을 시작할 거야. 인용한 정보의 출처와 페이지를 명확하게 밝히면서 대답해줘. 교권침해 사안 처리와 관련된 질문을 시작할 거야. 인용한 정보의 출처와 페이지를 명확하게 밝히면서 대답해줘.
지식	'○○중학교 생활규정' '2025 교육활동 보호 매뉴얼' '2025 학교폭력사안처리 길라잡이' '2025학년도 학교폭력 사안처리 가이드북' '2025학년도 그린마일리지(상벌점제) 운영 계획'
권장 모델	GPT-5
기능	모든 기능 비활성화

3) 결과 확인하기

만들어진 GPTs가 바르게 작동하는지 확인해보도록 하겠습니다. 학교폭력이 신고되었을 때, 담임교사의 역할이 궁금한 상황으로 가정하도록 하겠습니다. ChatGPT 화면 왼쪽 사이드바의 '생활지도 및 학교폭력 사안 처리 챗봇'이라는 이름으로 나타나는 [GPTs 접속] 버튼을 클릭한 후, 대화 스타터 중 '학생의 생활지도와 관련된 질문을 시작할 거야. 인용한 정보의 출처와 페이지를 명확하게 밝히면서 대답해줘.'를 클릭합니다.

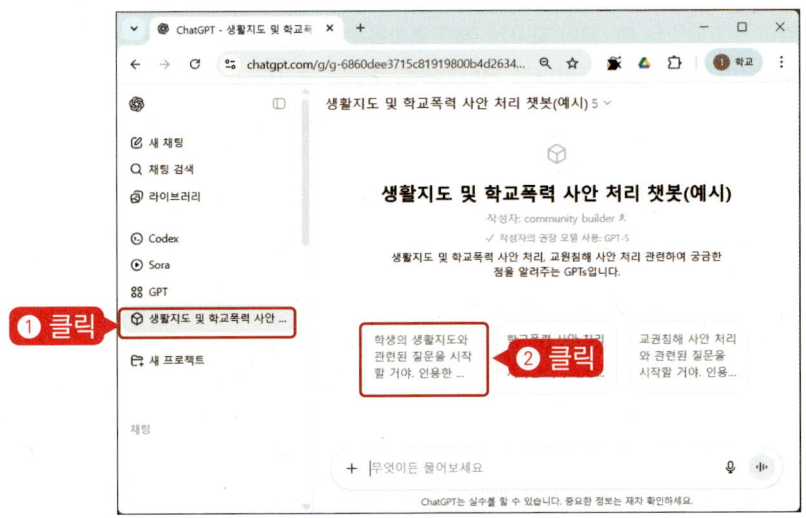

▲ 생활지도 및 학교폭력 사안 처리 챗봇 GPTs

대화 스타터를 클릭한 후, 구체적으로 질문을 해보도록 하겠습니다. '학교폭력이 신고되었을 때, 담임 교사는 어떤 역할을 해야 하는지 궁금해. 모든 문서를 검토한 뒤, 관련 내용이 어떻게 되는지 알려줘. 페이지와 규정 내용 알려줘.' 실제 대화의 내용은 아래와 같이 진행되었습니다.

> **질문** 학생의 생활지도와 관련된 질문을 시작할 거야. 인용한 정보의 출처와 페이지를 명확하게 밝히면서 대답해줘.
>
> 좋습니다. 학생 생활지도와 관련된 질문에 대해 응답할 때는 반드시 업로드된 다음의 자료들만을 근거로 하여, 인용 문서명과 정확한 페이지 번호를 명시하면서 답변드리겠습니다.
> 「2025학년도 그린마일리지(상벌점제) 운영 계획」
> 「○○중학교 생활규정」
> 「2025 학교폭력사안처리 길라잡이」
> 「2025학년도 학교폭력 사안처리 가이드북」
> 「2025 교육활동 보호 매뉴얼」
> 질문을 주시면 위 자료들을 기반으로 정확하고 근거 있는 답변을 드리겠습니다. 언제든지 질문해 주세요.

> **질문** 학교폭력이 신고되었을 때, 담임 교사는 어떤 역할을 해야 하는지 궁금해. 모든 문서를 검토한 뒤, 관련 내용이 어떻게 되는지 알려줘. 페이지와 규정 내용 알려줘.
>
> 학교폭력이 신고되었을 때 담임교사는 다음과 같은 역할을 수행해야 합니다. 아래는 관련 문서별 구체적인 내용과 해당 페이지입니다.
>
> 1. 피해학생 보호 및 상담자 역할
>   - 피해학생의 상태 확인 및 신변 보호: 신체적 부상 여부, 심리·정서적 상태를 확인하고 귀가 시 안전지도 필요
>   - 상담자 역할: 피해학생에게 정서적 지지를 제공하고 신뢰를 쌓아 심리적 안정을 도모
>   - 해결자 역할: 사실을 객관적으로 파악하되, 무리한 대질조사 등은 삼가야 함
> 2. 신고 접수 및 보고 절차
>   - 학교장 보고 및 보호자 통보: 사안 접수 즉시 학교장에게 보고하고 피해자 및 가해자 보호자에게 사실을 통보
>   - 최초 확인서 작성: 학생으로부터 확인서를 받아 사실을 문서화
>   - 분리 조치 시행: 24시간 이내 피·가해학생 분리 및 가해학생 제2호 조치 시행
>   - 48시간 이내 교육지원청 보고
> 3. 교사의 구체적 역할
> (생략)
> 4. 학부모와의 소통
> (생략)
>
> 이러한 사항은 모두 「2025학년도 학교폭력 사안처리 가이드북」 1장 및 2장의 내용과, 「2025 학교폭력사안처리 길라잡이」의 신고 및 접수 절차에 명시되어 있으며, 담임교사는 신고 접수부터 초기 사실 확인, 보호자 대응, 학생 심리·정서 지도까지 폭넓은 역할을 수행해야 함을 알 수 있습니다.

이처럼 GPTs를 활용한다면, 복잡한 생활지도 및 학교폭력 사안 처리와 관련한 업무들도 훨씬 이해하기 쉬워질 것입니다. 다만 혹시나 발생할 수 있는 답변의 부정확성을 예방하기 위해, 선생님들께서 GPTs가 참조한 문서와 정확한 페이지를 반복적으로 요구하시는 것을 추천드립니다.

교과세특 및 행동특성 챗봇 만들기

교사는 학생들이 학습 활동을 포함한 학교 활동들을 어떻게 수행했는지 학교생활기록부에 1년마다 기록합니다. 학교생활기록부는 영구적으로 보존되는 기록으로, 개별 학생에게 학교생활기록부의 기록들은 평생 남게 되는 중요한 기록이 됩니다. 이러한 학교생활기록부의 작성은 교사의 학생들에 대한 지속적 관심뿐 아니라 해당 문구를 작성하는 교사들의 문자적 표현 역량까지 요구됩니다. ChatGPT가 개별 학생에 대한 지속적 관찰이 가능하지는

않지만, 해당 관찰 기록들을 토대로 학생들의 학교생활을 문자로 표현하는 데에는 커다란 도움을 줄 수 있습니다. 따라서 지금부터는 교과세특 및 행동특성의 작성을 돕는 챗봇을 만드는 과정을 보여드리도록 하겠습니다.

1) 참고 자료 준비하기

교과세특 및 행동특성 챗봇을 만들기 위한 예시 자료들에는 어떤 것들이 있을까요? 가장 먼저, 교육과정 자료가 있습니다. 국가 수준 교육과정은 가르치는 학생에 따라서 2015 교육과정 또는 2022 교육과정을 참고 자료로 활용할 수 있습니다. 두 번째로, 교육부에서 제작 및 배포한 교과세특 기재 역량 강화 연수를 위한 '교과세특 기재 예시 도움 자료'과 '학교생활기록부 기재 요령'이 있습니다. 이 자료는 2015 교육과정을 바탕으로 작성된 자료라는 점은 고려하셔야 합니다. 2022 개정 교육과정을 바탕으로 작성된 자료는 아직 안내되지 않았습니다. 다음으로, 서울대학교 입학본부에서 제작한 '서울대학교 학생부종합전형 안내 책자'가 있습니다. 이 자료에는 대학교의 시선에서 학생들의 어떤 모습들을 어떻게 평가하고 있는지에 대한 기준이 제시되어 있습니다. 마지막으로, 교과세특은 선생님들의 평가 내용을 바탕으로 작성됩니다. 따라서 선생님들께서 작성하신 평가 기준을 함께 첨부하시면 실제 교과세특 작성에 큰 도움이 될 것입니다.

「교과세특 기재 예시 도움 자료」의 경우, 학교생활기록부 종합지원포털(https://star.moe.go.kr)에 접속하시어 [자료실]-[참고자료]의 경로를 통해 해당 파일을 내려받으실 수 있습니다.

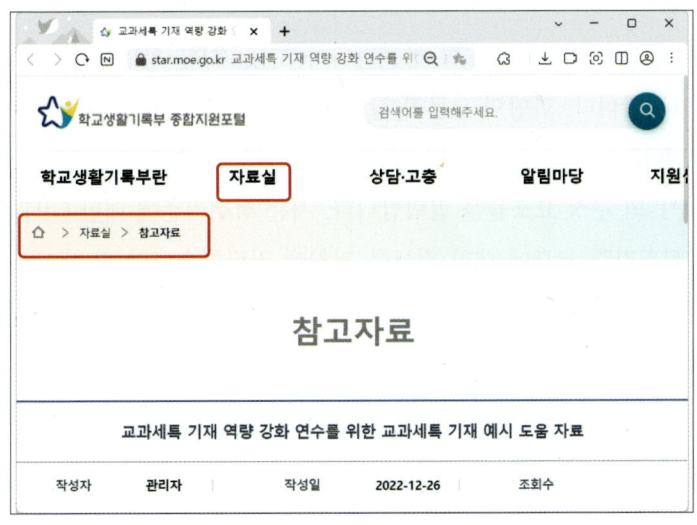

▲ 학교생활기록부 종합지원포털

「서울대학교 학생부종합전형 안내 책자」의 경우, 서울대학교 입학처(https://admission.snu.ac.kr)에 접속하시어 [대학]-[공지사항]에서 확인하실 수 있습니다.

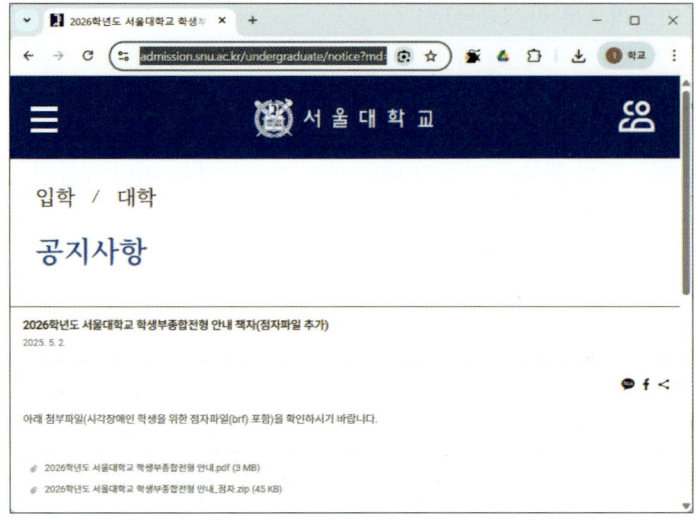

▲ 서울대학교 입학처

이외에도 여러 가지 첨부하실 좋은 자료들이 충분히 많이 있습니다. 선생님들이 이전에 작성하셨던 학교생활기록부 자료들 또한 훌륭한 자료가 될 수 있습니다. 이때 유의하셔야 하는 점은 해당 파일에 개인 정보가 포함되어서는 안 된다는 점입니다. 질 좋은 다양한 자료들을 함께 첨부하시면, 훨씬 더 효과적인 GPTs를 만드실 수 있습니다.

2) GPTs 만들기

지금부터는 GPTs를 만들어보도록 하겠습니다. ChatGPT 화면 왼쪽 사이드바에서 [88 GPT] 버튼을 클릭합니다. 화면의 오른쪽 상단에서 [+ 만들기] 버튼을 클릭하여 GPTs 구성 화면에 접속합니다.

다음으로 GPTs의 구성 요소들을 입력합니다. 저는 성취기준에 대한 GPT의 이해가 부족할 수 있으니, 성취기준 코드에 대한 정보를 지침에 입력했습니다. 또한 학교생활기록부를 기록할 때 참고할만한 예시자료를 요구할 수 있으니, 명사형 종결어미를 예시 자료 작성 조건으로 지침에 추가했습니다. 이처럼 필요한 내용들을 모두 입력하면 아래와 같이 정리할 수 있습니다.

구성 요소	입력 내용
이름	교과세특 및 행동특성 챗봇
설명	교과세특 및 행동특성 작성 대한 궁금증을 해결하는 GPTs입니다.(질문자는 중학교에 근무하고 있는 교사이고, 학생들의 학교생활기록부를 작성하고자 하는 상황임.)
지침	1. 모든 응답은 반드시 업로드된 PDF 파일만을 참조해야 함. 2. 답변을 구성하는 모든 내용에 대해, 참조한 파일명과 페이지 번호가 정확하게 명시되어야 함. 3. '9국'으로 시작하는 성취기준 코드는 중학생을 말하고, '10국'은 고등학교 1학년, '12국'은 고등학교 2-3학년에서 배워야 하는 성취기준 코드라는 점을 고려해야 함. 4. 응답 시 성취기준의 내용이 드러날 수 있도록 하고, 답변을 구성할 때는 어떤 성취기준을 고려하였는지 명확히 밝혀야 함. 5. '2022 중학교 교육과정'과 '2025학년도 학교생활기록부 기재요령(중학교)'을 가장 먼저 참조해야 함. 6. 구체적인 작성 방법이나 예시자료에 대한 안내를 요구할 때는, '교과세특 기재 예시 도움자료'를 먼저 참조한 후, '2026학년도 서울대학교 학생부종합전형 안내'를 참조해야 함. 7. 예시자료의 작성에 대한 요구를 받을 때는 명사형 종결어미로 문장을 표현해야 함. 8. 이 요구는 요약이나 미리보기 등 어떤 환경에서도 예외 없이 지켜져야 함.
대화 스타터	교과목세부특기사항을 작성하려고 하는데, 응답할 때 참고한 문서의 이름과 페이지 수를 반드시 밝혀줘. 행동특성 및 종합의견을 작성하려고 하는데, 응답할 때 참고한 문서의 이름과 페이지 수를 반드시 밝혀줘.
지식	'교과세특 기재 예시 도움 자료' '2022 국어과 중학교 교육과정' '2025학년도 학교생활기록부 기재요령(중학교)' '2026학년도 서울대학교 학생부종합전형 안내' '2025학년도 1학년 1학기 국어과 교수-학습 및 평가 계획'
권장 모델	GPT-5
기능	모든 기능 비활성화

3) 결과 확인하기

ChatGPT 화면의 사이드바에서 '교과세특 및 행동특성 챗봇'이라는 이름으로 나타나는 [GPTs 접속] 버튼을 클릭합니다. 이번에는 교과세특을 작성하는 방법에 대해 묻는 예시 상황을 설정해보도록 하겠습니다. 제가 만든 질문은 다음과 같습니다. '나는 중학교에 근무하고 있는 국어교사인데, 교과세특에 포함되어야 하는 성취 역량과 특기사항 작성 시 포함되어야 하는 구성요소가 무엇인지 궁금해.' 해당 내용으로 주고받은 대화의 내용은 다음과 같습니다.

질문 교과목세부특기사항을 작성하려고 하는데, 응답할 때 참고한 문서의 이름과 페이지 수를 반드시 밝혀줘.

좋습니다. 앞으로 교과목 세부능력 및 특기사항(교과세특)을 작성할 때는 반드시 다음 문서를 참조하여 답변드리겠습니다.

『2022 중학교 교육과정』 - 성취기준과 교과 역량 등의 기준 근거 제공용
『2025학년도 학교생활기록부 기재요령(중학교)』 - 교과세특 기재 원칙 및 유의사항 기준용
『교과세특 기재 예시 도움자료』 - 구체적인 작성 예시와 평가 기반 작성 도움자료
『2026학년도 서울대학교 학생부종합전형 안내』 - 최상위권 진학을 위한 교과세특의 방향성 및 평가 요소 참고용

이제 구체적인 교과세특 작성 요청이나 예시 요청을 주시면, 위 문서를 근거로 성취기준과 평가 기반 내용을 명확히 제시하여 드리겠습니다. 원하시는 교과, 학년, 단원, 활동 내용을 알려주세요.

질문 나는 중학교에 근무하고 있는 국어교사인데, 교과세특에 포함되어야 하는 성취 역량과 특기사항 작성 시 포함되어야 하는 구성요소가 무엇인지 궁금해.

중학교 국어 교과세특(교과학습발달상황 세부능력 및 특기사항)을 작성할 때 반드시 포함해야 하는 성취 역량과 구성 요소는 다음과 같습니다.

✔ 1. 성취 역량 (중학교 국어과 기준)
(생략)

✔ 2. 교과세특 작성 시 포함해야 할 4가지 구성 요소
『교과세특 기재 예시 도움 자료』에서는 4가지 구성 요소를 명확히 제시하고 있습니다.

구성 요소	설명
① 성취수준	해당 성취기준에 도달한 수준
② 수행 과정 및 결과	평가과제나 수행 활동에 대한 학생의 참여 양상 및 결과
③ 교과역량 또는 핵심역량	수업이나 평가에서 드러난 학생의 역량 특성
④ 교사 총평	특정 성취기준을 넘어서 관찰된 학생의 전반적인 특성

※ 실제 작성 시 색상은 사용하지 않지만, 해당 내용 범주에 맞춰 균형 있게 진술해야 합니다.

✔ 3. 학교생활기록부 기재 시 유의사항
(생략)

원하신다면 위 기준을 반영해, 실제 국어과 단원이나 활동에 대한 구체적인 교과세특 예시도 작성해드릴 수 있습니다. 단원명이나 평가과제 등을 알려주세요.

    ChatGPT를 통해 만든 챗봇이 선생님들의 학교생활기록부 작성을 대신할 수는 없습니다. 하지만 학교생활기록부를 어떻게 작성해야 하는지, 예시자료로서 어떻게 작성될 수 있는지 등을 선생님들께 제공함으로써, 선생님들의 생기부 기록 업무에 대한 부담을 효과적으로 줄일 수 있습니다.

중등 인사 실무 챗봇 만들기

교직 생활을 주도적으로 이끌어 나가는 데 있어서 가장 중요한 것 중 하나는 인사 실무입니다. 모든 교사가 교직을 매일 같이 출근하지만, 항상 인사 실무와 관련된 내용을 접하지는 않습니다. 특히 신규 교사는 인사 실무가 낯설기도 하고, 인사 실무 업무 담당자의 경우 해당 내용을 알고 있어야 하는 필요성을 가집니다. 이때 ChatGPT를 통해 인사 실무 챗봇을 만들어 놓는다면, 인사 실무에 있어서 놓치는 부분 없이 처리할 수 있게 됩니다. 지금부터 중등학교를 기준으로 인사 실무 챗봇을 만드는 과정을 보여드리도록 하겠습니다.

1) 참고 자료 준비하기

인사 실무 챗봇을 만들기 위한 자료로는 각 시·도 교육청에서 배부하는 「교육공무원 인사 실무」 등이 있습니다. 인사 실무 자료의 경우, 유·초등 인사와 중등 인사가 나뉘어져 있는 경우도 있으니, 선생님들께서는 이 점을 유의해 주시기 바랍니다.

「교육공무원 인사 실무」의 경우, 각 시·도 교육청 홈페이지에서 '인사 실무'를 키워드로 검색하시면 게시되어 있는 해당 자료를 확인할 수 있습니다. 제가 근무하고 있는 충청남도교육청의 경우에는 '학교업무자료실'이라는 별도의 홈페이지에 게시되어 있으나, 서울시교육청의 경우에는 교육청 홈페이지 내 부서자료실에 게시되어 있습니다. 따라서 선생님들이 근무하고 계신 지역의 교육청 홈페이지에서 직접 확인해보시는 것을 추천합니다.

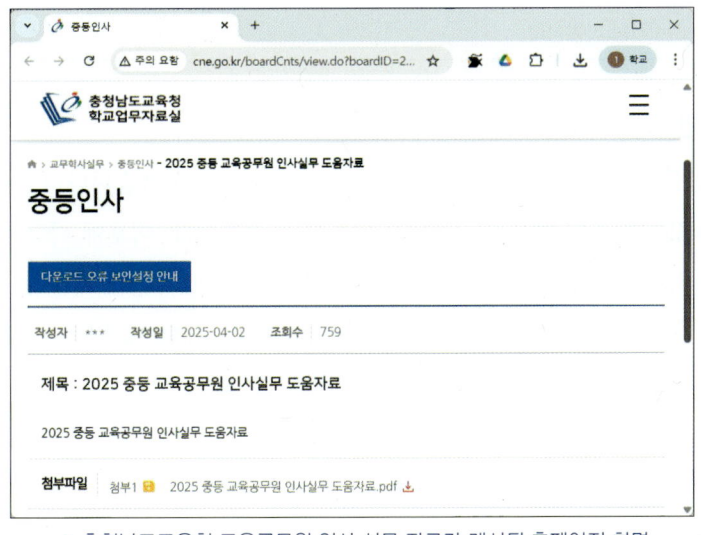

▲ 충청남도교육청 교육공무원 인사 실무 자료가 게시된 홈페이지 화면

2) GPTs 만들기

지금부터는 GPTs를 통해 인사 실무 챗봇을 제작하는 과정을 보여드리도록 하겠습니다. 앞선 챗봇 제작 활동들과 마찬가지로 ChatGPT 화면 왼쪽 [88 GPT] 버튼을 클릭하여 GPT 탐색 화면에 접속합니다. 그 후, 화면의 오른쪽 상단에 위치한 [+ 만들기] 버튼을 클릭하여 GPTs 구성 화면에 접속합니다.

다음으로 GPTs의 구성 요소들을 입력합니다. 인사 실무 챗봇의 경우, 교육청에서 제작한 인사 실무 자료만을 기준으로 삼으면 되기 때문에, 복잡한 규칙을 설정하지 않겠습니다. 챗봇 제작에 필요한 내용들을 모두 입력하면 아래와 같이 정리할 수 있습니다.

구성 요소	입력 내용
이름	2025 중등 인사 실무 챗봇
설명	2025 중등 교육공무원 인사 실무에 대한 궁금증을 해결하는 GPTs입니다. (질문자는 중학교에 근무하고 있는 교사이고, 교원의 복무 등 중등 인사 실무에 대해 질문하고자 하는 상황임.)
지침	1. 모든 응답은 반드시 업로드된 PDF 파일만을 참조해야 함. 2. 답변을 구성하는 모든 내용에 대해, 참조한 파일명과 페이지 번호가 정확하게 명시되어야 함. 3. 이 요구는 요약이나 미리보기 등 어떤 환경에서도 예외 없이 지켜져야 함.
대화 스타터	중등 인사 실무에 대한 궁금증을 질문하려고 하는데, 응답할 때 참고한 문서의 이름과 페이지 수를 반드시 밝혀줘.
지식	'2025 중등 교육공무원 인사 실무 도움자료'
권장 모델	GPT-5
기능	모든 기능 비활성화

3) 결과 확인하기

지금까지 만들어 본 중등 인사 실무 챗봇을 활용해보도록 하겠습니다. ChatGPT 화면의 사이드바에서 [2025 중등 인사 실무 챗봇] 버튼을 클릭합니다. 이후에 다음과 같은 질문을 제시해보도록 하겠습니다. '내가 근무하고 있는 학교의 방학 기간에 대학원을 다니려고 하는데, 이때 내가 복무를 어떻게 처리해야 하는지 궁금해.' 해당 내용으로 주고받은 대화의 내용은 다음과 같습니다.

질문 중등 인사 실무에 대한 궁금증을 질문하려고 하는데, 응답할 때 참고한 문서의 이름과 페이지 수를 반드시 밝혀줘.

 좋습니다. 앞으로 제가 제공하는 모든 답변은 반드시 다음 문서를 기준으로 하여:
* 문서명: 「2025 중등 교육공무원 인사 실무 도움자료.PDF」
해당 페이지 번호를 명시하여 드리겠습니다. 궁금한 내용을 질문해 주세요.

질문 내가 근무하고 있는 학교의 방학 기간에 대학원을 다니려고 하는데, 이때 내가 복무를 어떻게 처리해야 하는지 궁금해.

 교원이 방학 기간 중 대학원 수강 시 복무 처리와 관련된 기준입니다.
■ 출처: 2025 중등 교육공무원 인사 실무 도움자료.PDF, p.48-49

◦ 대학원 수강 시 복무처리 기준
 - 주간대학원 수강은 외출, 조퇴, 연가 등으로 학교장의 허가를 받아야 하며, 연가일수를 초과한 수강은 「교육공무원법」 제56조(성실의무) 및 「국가공무원 복무규정」 제16조(직장이탈 금지) 위반임
 - 야간 또는 계절제 대학원의 경우 교육활동에 지장이 없으면 학교장의 허가를 받아 수강할 수 있으나, 복무처리는 "출장(연수)"으로 하며 여비는 지급하지 않음(근무일수에도 포함되지 않음)
 - 원격대학원의 경우도 근무시간 중 수강은 「국가공무원법」 제56조 위반임

◦ 교육공무원법 제41조에 따른 연수 인정 요건
(생략)

즉, 방학이라도 '출근이 요구되는 근무일'에 대학원 수강을 하려면 반드시 연가나 연수 등의 복무처리를 거쳐야 하며, 사전 학교장 허가가 필수입니다. 무단 수강은 복무 위반에 해당할 수 있습니다.

📌 참조 문서 및 페이지:
「2025 중등 교육공무원 인사 실무 도움자료.PDF」, p.48-49.

03-4
ChatGPT 활용전략 No.4: 수정·다듬기형

    ChatGPT를 활용한 과정 중심 글쓰기는 글쓰기의 전 과정을 함께하는 조력자를 제공한다는 점에서 큰 장점을 지닙니다. 글쓰기의 초기 단계에서 ChatGPT를 활용하면 아이디어 브레인스토밍, 주제·제재 선정, 개요 작성 등 많은 도움을 받을 수 있습니다. 또한 글을 쓰는 중간에 아이디어가 막힐 때나 문장 구성에 어려움을 겪을 때 ChatGPT의 즉각적인 피드백을 받으면 막연한 생각을 구체화하고 논리적으로 조직할 수 있습니다. 초안 작성 이후에도 ChatGPT는 문장의 흐름, 논리적 비약, 어색한 표현 등을 점검하며 다양한 측면에서 글의 수정 방향을 제안합니다. 이처럼, 글쓰기 과정에서 ChatGPT는 맞춤형 피드백을 제공하여 글의 완성도를 높이고 반복적인 상호작용을 통해 사용자는 글쓰기에 대한 두려움을 줄이고 자신감을 얻을 수 있습니다.

    교사의 업무는 글쓰기 작업의 연속입니다. 학기 초에는 여러 가정통신문과 안내문을 작성해야 하며 학기 말에는 학생들의 생활기록부를 작성해야 합니다. 또한 자신이 맡은 업무에 따라 각종 공문과 보고서를 작성해야 합니다. 글을 쓰는 것도 일이지만, 글을 쓰고 난 이후의 검토와 수정 과정도 교사에게 업무 부담으로 이어질 수 있습니다. 이번 챕터에서는 ChatGPT를 수정·다듬기형 업무에 활용하여 선생님들의 시간과 에너지를 효율적으로 이용하실 수 있게 도와드리고자 합니다.

맞춤법·문장 오류 교정

ChatGPT를 활용하여 글의 맞춤법·오류를 점검할 경우 여러 가지 장점이 있습니다. 첫째, 빠르고 간편한 작업이 가능합니다. 검토가 필요한 글을 복사해서 붙여 넣기만 하면 즉시 교정 결과를 받을 수 있습니다. 둘째, 문법뿐만 아니라 문장의 자연스러움도 고려하여 수정해 줍니다. 단순히 맞춤법만 수정해 주는 것이 아니라 문장을 더 매끄럽게 바꾸어 줍니다. 셋째, 오타뿐만 아니라 어색한 표현을 잘 찾아줍니다. 그냥 보면 지나치기 쉬운 어색한 표현이나 문맥의 오류를 잘 찾아줍니다. 마지막으로, 글의 수정 방향에 대한 설명을 요청할 수 있습니다. "왜 이 부분이 틀렸나요?"라고 물어보면, 친절하게 왜 그렇게 수정했는지에 대해 설명해 주며 맞춤법 학습에도 도움이 됩니다. 이러한 장점을 가지고 있기에, 실제 학교 현장에서 교사는 맞춤법·오류를 점검할 때 ChatGPT를 적극적으로 활용하고 있습니다. 이제부터 학교 현장에서 맞춤법·오류를 점검할 때 ChatGPT를 어떻게 활용하는지에 대해 실제 사례를 통해 보여드리고자 합니다.

학급 소개글 맞춤법·문장 오류 교정하기

다음은 학기 초에 작성한 학급 소개글을 ChatGPT를 활용하여 맞춤법·오류를 점검하는 사례입니다. 교사는 사전에 다음과 같은 학급 소개글을 작성했습니다.

> 사랑이 샘솟는 4학년 라온반입니다.
> 안녕하세요?
> 올해 4학년 라온반 친구들과 함께 할 담임교사 정관영입니다.
> 학교에서의 3월은 모든 것이 새롭게 시작하기 때문에 아이들도 저도 무척이나 설레는 달입니다.
> 이제 4학년에 접어드는 우리 아이들은 학교에서 기본 생활·학습습관 정착, 독서력 신장, 공동생활의 규칙 정착과 함께 자신의 꿈을 위해 노력하는 시기입니다.
> 올 한해 우리 4학년 라온반은 다른 사람을 배려하는 마음을 가지며, 깊게 생각하고 바르게 행동하는 어린이, 자신의 꿈을 향해 꾸준히 노력하는 어린이로 함께 성장하도록 하겠습니다.
> 소중한 인연이 된 것을 감사하며 귀한 아이들을 사랑으로 참되게 가르치도록 노력하겠습니다.
> 학부모님의 많은 관심과 격려 부탁드리며 가정에도 늘 건강과 행복이 가득하시길 바랍니다. 감사합니다.

이제 학급 소개글을 ChatGPT를 통해 맞춤범·오류 점검하기 위해 명령어를 입력하겠습니다.

질문 나는 초등학교 4학년 담임 선생님이야. 학기 초에 가정통신문에 배부할 학급 소개글을 작성했는데, 다음 글의 맞춤법을 꼼꼼하게 점검을 해줘.

 선생님, 안녕하세요? 학부모님께 드릴 학급 소개글을 아주 따뜻하고 정성스럽게 쓰셨네요. 말씀하신 대로 맞춤법, 띄어쓰기, 표현 등을 꼼꼼하게 점검해 아래에 수정안을 드릴게요.

사랑이 샘솟는 4학년 라온반입니다.
안녕하세요?
올해 4학년 라온반 친구들과 함께할 담임교사 정관영입니다.
학교에서의 3월은 모든 것이 새롭게 시작되기 때문에 아이들도, 저도 무척이나 설레는 달입니다. 이제 4학년에 접어든 우리 아이들은 학교에서 기본 생활 및 학습 습관 정착, 독서력 신장, 공동생활의 규칙 실천과 함께 자신의 꿈을 위해 노력하는 시기를 맞이하게 됩니다.
올 한 해, 우리 4학년 라온반은 다른 사람을 배려하는 마음을 지니며, 깊이 생각하고 바르게 행동하는 어린이, 자신의 꿈을 향해 꾸준히 노력하는 어린이로 함께 성장해 나가겠습니다.
소중한 인연에 감사드리며, 귀한 아이들을 사랑으로 참되게 가르치도록 노력하겠습니다.
학부모님의 많은 관심과 격려를 부탁드리며, 가정에도 늘 건강과 행복이 가득하시길 바랍니다.
감사합니다.

✔ 맞춤법·표현 점검 사항 요약

원문	수정 이유	수정안
함께 할	붙여 써야 합니다 (합성어)	함께할
학습습관	띄어 써야 자연스럽습니다	학습 습관
공동생활의 규칙 정착	'정착'보다는 '실천'이 의미상 자연스러움	공동생활의 규칙 실천
깊게 생각하고	'깊게'보다는 '깊이'가 부사로서 적절	깊이 생각하고
올 한해	'한해'는 붙여 쓰는 경우도 있지만, '한 해'로 띄어 씀이 일반적	올 한 해
인연이 된 것을 감사하며	자연스러운 표현으로 다듬음	인연에 감사드리며

ChatGPT가 제시한 글의 교정 포인트 설명

　ChatGPT는 단순히 글을 퇴고해 주는 것뿐만 아니라 글의 수정된 부분에 대한 이유도 친절하게 설명을 해줍니다. 띄어쓰기와 관련하여 '함께 할'을 '함께할'로, '학습습관'을 '학습 습관'으로, '올 한해'를 '올 한 해'로 수정했습니다. 또한 문맥의 흐름상 어색한 표현('규칙 정착', '깊게 생각하고')을 더 자연스러운 표현('규칙 실천', '깊이 생각하며')으로 수정했습니다. 마지막으로 학급 소개글의 독자가 학부모인 만큼 더 공손하고 격식 있는 표현('감사하며'를 '감사드리며')으로 수정했습니다. 교사는 수정된 글을 가정통신문으로 학생들에게 배부하고 ChatGPT를 통해 한글 파일로 변환하여 저장할 수도 있습니다.

학생 생활기록부 맞춤법·문장 오류 교정하기

학기 말에 교사는 1년 동안 학생의 행동 발달 특성을 관찰한 것을 바탕으로 학생 생활기록부를 작성해야 합니다. 학생 생활기록부에는 행동특성 및 종합의견, 창의적체험활동, 교과평가, 학기말종합의견, 교과학습발달상황 등의 항목들을 포함합니다. 학생 생활기록부를 작성한 이후에는 오탈자가 있나 스스로 검토하거나 동학년 혹은 학년군에서 교차 검토를 실시합니다. 학생 한 명당 학생 생활기록부의 작성 분량이 많아, 검토 시에도 교사들의 많은 시간과 노력이 필요합니다. 그러므로 학생 생활기록부의 맞춤법이나 오류를 점검할 때 ChatGPT를 유용하게 활용하면, 교사의 많은 시간과 노력을 줄일 수 있습니다.

다음은 학기 말에 작성한 학생 생활기록부를 ChatGPT를 활용하여 맞춤법과 오류를 점검하는 사례입니다. 교사는 사전에 다음과 같은 학생 생활기록부 학기말종합의견을 작성했습니다.

> 1학기 학급 부회장(2024.03.01.-2024.08.15.)으로서 학급 일에 적극적으로 참여하며 서로 협동하려는 마음가짐이 돋보임. 2학기 학급 회장(2024.08.16.-2025.02.28.)으로서 학우들에 대한 애착심과 존중하는 태도를 바탕으로 다양한 일을 실천함. 생명존중교육을 통해 생명의 소중함을 깨닫고, 이를 잘 실천하기 위해 노력함. 긍정적인 자세와 자신감으로 어려운 문제에도 도전하여 해결하는 자세를 가지고 있음. 학업을 통해 자기계발을 이루고자 하는 의지와 열정을 가지고 있는 학생임. 수학 교과에 흥미를 느끼고 즐겁게 참여하며 수학과 기초학습능력이 우수하여 자신감을 갖고 적극적으로 학습함. 자신의 일을 마치고 주변 친구들을 도와 활동이 빨리 마무리 될 수 있도록 도와주며 밝고 활달한 생활 모습으로 여러 친구들과 원만히 잘 지냄. 글을 쓰는 것을 좋아하며 자신의 생각과 느낌을 자세히 쓰는 습관이 잘 형성되었음.

이제 학생 생활기록부 학기말종합의견을 ChatGPT를 통해 맞춤법·오류 점검하기 위해 명령어를 입력하겠습니다.

> 나는 초등학교 5학년 담임선생님이야. 학기 말에 학생의 학생 생활기록부 학기말종합의견을 작성했는데, 다음 글의 맞춤법을 점검해줘. 문체는 '~함.'으로 해주고 날짜 표기는 그대로 유지해줘.
>
> 네, 선생님! 주신 글을 학생 생활기록부에 맞는 문체(~함)로 유지하면서 맞춤법, 띄어쓰기, 어법 등을 점검하고, 필요한 부분만 자연스럽게 다듬었습니다. 날짜 표기는 그대로 유지했습니다.
>
> 1학기 학급 부회장(2024.03.01.-2024.08.15.)으로서 학급 일에 적극적으로 참여하며 서로 협동하려는 마음가짐이 돋보임. 2학기 학급 회장(2024.08.16.-2025.02.28.)으로서 학우들에 대한 애착심과 존중하는 태도를 바탕으로 다양한 일을 실천함. 생명 존중 교육을 통해 생명의 소중함을 깨닫고, 이를 잘 실천하기 위해 노력함.

긍정적인 자세와 자신감으로 어려운 문제에도 도전하여 해결하는 자세를 가지고 있음. 학업을 통해 자기 계발을 이루고자 하는 의지와 열정을 가지고 있는 학생임. 수학 교과에 흥미를 느끼고 즐겁게 참여하며, 수학과 기초 학습 능력이 우수하여 자신감을 갖고 적극적으로 학습함. 자신의 일을 마치고 주변 친구들을 도와 활동이 빨리 마무리될 수 있도록 협력하며, 밝고 활달한 생활 모습으로 여러 친구들과 원만하게 잘 지냄. 글쓰기를 좋아하며, 자신의 생각과 느낌을 자세히 쓰는 습관이 잘 형성되었음.

전체적으로 아주 잘 작성하셨고, 학생의 성실함과 태도가 따뜻하게 잘 드러나는 문장입니다. 다른 문장이나 생활기록부 내용도 도와드릴 준비 되어 있습니다!

✅ 주요 점검 사항 요약:

항목	원문	수정
깨닫고	깨닫고	맞춤법 오류 수정
기초학습능력	기초 학습 능력	의미 단위로 띄어쓰기 필요
마무리 될 수 있도록	마무리될 수 있도록	보조 용언은 붙여 씀
도와주며	협력하며 (→ 선택적)	더 공적인 문장으로 다듬을 수 있음 (하지만 '도와주며'도 사용 가능)
글을 쓰는 것을	글쓰기를	간결하고 자연스러운 표현으로 수정 가능

▲ ChatGPT의 주요 점검 사항 요약

ChatGPT가 수정한 부분들을 한번 살펴보겠습니다. 우선, '깨닫고'는 오탈자이기 때문에 '깨닫다'로 맞게 수정했습니다. 띄어쓰기와 관련하여 '마무리될 수 있도록'을 '마무리될 수 있도록'으로, '기초학습능력'은 '기초 학습 능력'으로 수정했습니다. 글의 문맥상 '도와주며', '글을 쓰는 것을'를 더 자연스러운 표현 '협력하며'와 '글쓰기를'로 수정했습니다. 이처럼 ChatGPT의 도움으로 교사는 학기말종합의견을 수월하게 검토하고 수정할 수 있습니다.

학생 생활기록부를 점검하다 보면, 분량이 많은 부분 중 하나가 바로 교과평가입니다. 학생들이 배우는 과목마다 작성된 교과평가를 검토하는 것은 교사의 많은 집중력과 노력을 요합니다. 교과평가를 검토할 때에도 ChatGPT를 활용해볼 수 있습니다. 지금부터 학기 말에 작성한 학생 생활기록부의 교과평가를 ChatGPT로 검토한 사례를 살펴보겠습니다. 먼저, 교사는 사전에 초등 교과의 교과평가를 다음과 같이 작성했습니다.

영어: 인물의 출신 국가에 관한 대화를 듣고 이해하며 각 나라의 고유한 문화를 수용하는 자세를 기름. 허락을 요청하고 답하는 표현과 감사에 답하는 표현을 배워 원만한 사회생활을 할 수 있음. 영어를 배우는데 있어서 적극적인 태도를 갖고 영어 학습에 흥미와 재능을 발휘함.

방학이나 주말 동안 했던 일을 이야기 하며 과거 동사를 바르게 사용할 수 있음. 인물의 일과를 소개하는 글을 읽고 시간에 맞게 사건을 바르게 배열할 수 있음. 영어 어휘를 꾸준히 습득하여 어휘력이 향상되고, 다양한 표현 방법으로 영어 단어를 활용함.

도덕: 정직의 의미를 설명할 수 있고 내가 실천할 수 있는 정직한 행동을 구체적으로 계획하고 실천하였음. 긍정적인 태도의 중요성을 알고, 생활 속에서 긍정적인 마음으로 노력하는 태도를 기름.

사이버 공간의 특성을 잘 파악하고, 다양한 문제 상황에서 네티켓을 지킬 수 있는 방법을 알고 실천 의지를 기름. 인권 존중의 중요성을 이해하고, 나의 학교 생활을 되돌아보며 인권 존중을 실천하기 위한 의지를 기르고 다짐함.

 나는 초등학교 5학년 담임 선생님이야. 학기 말에 학생의 학생 생활기록부 교과평가(영어, 도덕)를 작성했는데, 다음 글의 맞춤법을 점검하고 흐름상 어색한 문장을 자연스러운 문장으로 바꿔줘. 문제는 '~함.'으로 해줘.

 선생님, 주신 교과 평가 문장을 학생 생활기록부에 적합한 문체('~함.')로 유지하면서, 맞춤법·띄어쓰기·문장 부호·문장 흐름을 점검하고 자연스럽게 다듬은 수정본을 아래에 정리해 드립니다.

영어: 인물의 출신 국가에 관한 대화를 듣고 이해하며, 각 나라의 고유한 문화를 수용하는 자세를 기름. 허락을 요청하고 답하는 표현, 감사에 답하는 표현을 배워 원만한 사회생활을 할 수 있음. 영어를 배우는 데에 있어서 적극적인 태도를 갖고, 영어 학습에 흥미와 재능을 발휘함.

방학이나 주말 동안 했던 일을 이야기하며 과거 동사를 바르게 사용할 수 있음. 인물의 일과를 소개하는 글을 읽고, 시간의 흐름에 따라 사건을 바르게 배열할 수 있음. 영어 어휘를 꾸준히 습득하여 어휘력이 향상되고, 다양한 표현 방법으로 영어 단어를 효과적으로 활용함.

도덕: 정직의 의미를 이해하고, 스스로 실천할 수 있는 정직한 행동을 구체적으로 계획하여 실천하였음. 긍정적인 태도의 중요성을 알고, 생활 속에서 긍정적인 마음으로 실천하려는 태도를 기름.

사이버 공간의 특성을 잘 파악하고, 다양한 문제 상황에서 네티켓을 지킬 수 있는 방법을 알고 실천 의지를 기름. 인권 존중의 중요성을 이해하고, 자신의 학교생활을 되돌아보며 인권을 실천하려는 의지를 기르고 다짐함.

항목	원문	수정
영어를 배우는데 있어서	영어를 배우는 데에 있어서	'데'는 의존 명사이므로 띄어 써야 맞음
이야기 하며	이야기하며	보조 용언은 붙여 씀
시간에 맞게 사건을 바르게 배열할 수 있음	시간의 흐름에 따라 사건을 바르게 배열할 수 있음	표현을 조금 더 자연스럽고 구체적으로 다듬음
다양한 표현 방법으로 영어 단어를 활용함	영어 단어를 효과적으로 활용함	구체성과 명료성 향상

▲ ChatGPT의 영어 교과 맞춤법 점검

ChatGPT가 수정한 부분들을 한번 살펴보겠습니다. 우선, 띄어쓰기와 관련하여 '영어를 배우는데 있어서'를 '영어를 배우는 데에 있어서'로, '이야기 하며'는 '이야기하며'로 수정했습니다. 글의 문맥상 표현을 조금 더 자연스럽고 구체적으로 다듬은 표현도 있습니다. '시간에 맞게 사건을 바르게 배열할 수 있음'을 '시간의 흐름에 따라 사건을 바르게 배열할 수 있음'으로, '다양한 표현 방법으로 영어 단어를 활용함'을 '영어 단어를 효과적으로 활용함'으로 수정하였습니다.

원문	수정 후	이유
내가 실천할 수 있는 → 스스로 실천할 수 있는	생활기록부 어투에 더 적절하고 격식 있는 표현	
노력하는 태도	실천하려는 태도	'노력'보다 도덕적 실천에 초점을 맞춰 표현
나의 학교 생활	자신의 학교생활	제3자적 관찰 시점에 더 적합
인권 존중을 실천하기 위한 의지를 기르고 다짐함	인권을 실천하려는 의지를 기르고 다짐함	표현 간결화 및 중복 제거

▲ ChatGPT의 도덕 교과 맞춤법 점검

도덕 교과에서는 '내가 실천할 수 있는'을 '스스로 실천할 수 있는'으로 수정하여 생활기록부 어투에 더 적절하고 격식 있는 표현으로 바꾸었습니다. '노력하는 태도'를 도덕적 실천에 초점을 맞춰 '실천하려는 태도'로 수정하였으며 '나의 학교 생활'은 '자신의 학교생활'로 제 3자적 관찰 시점에 더 적합한 표현으로 바꾸었습니다. 마지막으로 표현 간결화 및 중복

제거를 위해 '인권 존중을 실천하기 위한 의지를 기르고 다짐함'을 '인권을 실천하려는 의지를 기르고 다짐함'으로 대체하였습니다.

이처럼 ChatGPT를 활용하여 글의 맞춤법과 오류를 점검할 경우, 교사는 글의 맞춤법과 오류를 점검하는 시간을 절약할 수 있고 표현을 더 매끄럽게 다듬을 수 있습니다. 학교 현장에서 교사는 학교생활기록부 점검뿐만 아니라 ChatGPT를 활용하여 각종 공문, 보고서, 학교 홍보용 기사 등을 검토하고 수정할 수 있습니다.

업무 보고서 맞춤법·문장 오류 교정하기

교사는 학교 현장에서 자신이 맡은 업무에 따라 업무 보고서를 작성할 때가 있습니다. 업무 보고서를 작성하는 것도 일이지만, 마찬가지로 검토하고 수정하는 작업 또한 교사에게 업무 부담으로 이어질 수 있습니다. 맞춤법이나 오류를 점검할 때 ChatGPT를 유용하게 활용하면, 교사의 많은 시간과 노력을 줄일 수 있습니다. 다음은 보고서를 ChatGPT를 활용하여 맞춤법과 오류를 점검하는 사례입니다. 교사는 사전에 다음과 같은 업무 보고서 내용을 작성했습니다.

> 코로나19의 유행이라는 불가항력적인 상황에서 에듀테크, 메타버스 등의 플랫폼을 활용하여 쌍방향 원격 수업을 실현하였다. 이로 인해 교실 속 수업은 새로워지고 있으며 발전하고 있다. 다만, 이러한 에듀테크 기술들을 수업에 접목하고자 오히려 많은 시간을 에듀테크 기능을 익히는 데 쓰게 되는 부작용이 있다는 의견들이 나왔다. 또 대면수업에서 학생과 상호작용하며 교육하면 더 효과적인 교과 내용을 억지로 에듀테크 기술에 녹이려고 하는 주객전도의 상황도 발생한다는 의견이다.
>
> 따라서, 에듀테크(메타버스)의 활용은 기존 수업 방식을 대체하는 것이 아닌 도구적 역할을 해야하며 학생들과 교사 간의 인간적인 교류를 통한 공감대 형성이 이루어진 후 그 비중을 높이는 것이 순서라는 생각이 든다.
>
> 기존 교실과 에듀테크, 메타버스 플랫폼을 활용한 수업의 조화를 잘 맞추어 학생들에게 양질의 교육을 제공하기 위해서는
> - 교사와 학생들에게 올바른 메타버스 인식 교육과 메타버스 리터러시 교육 실시
> - 교육청 차원의 에듀테크(메타버스) 수업 자료 개발
> - 학교급별로 네트워크를 형성하여 수업 적용 사례 및 자료 개발
> 이 필요하다고 생각한다.

> **질문** 나는 초등학교 에듀테크 업무 담당자야. 에듀테크(메타버스) 플랫폼 교육의 필요성과 제언에 대한 글을 작성하였는데 다음 글의 맞춤법을 꼼꼼하게 점검을 해줘.

원문 표현	수정 이유	수정 표현
"해야하며"	띄어쓰기 오류	해야 하며
"교사간의"	사이시옷 쓰지 않음, '간'은 앞뒤 단어와 띄어 씀	교사 간의
"형성이 된 다음"	'형성'과 '되다' 중복 → 자연스럽게 수정	형성이 이루어진 후에
"의견들이 나왔다"	'의견들'은 복수 표현이므로 '나왔다'와 어색	의견이 제기되었다
"또 대면수업에서…"	문장 호응이 어색함	또한, 대면수업에서… 지적도 있었다
"잘 맞춰가며"	구어체 느낌, 문서에서는 격식 있는 표현이 적절	잘 맞추어
"자료 개발"	앞 문장과 병렬 구조 유지 위해 '공유' 추가	자료 개발·공유

▲ ChatGPT의 업무 보고서 맞춤법 점검

우선 띄어쓰기의 경우 '해야하며'를 '해야 하며'로, '교사간의'를 '교사 간의'로 수정하였습니다. 보다 자연스러운 표현으로 '형성이 된 다음'을 '형성이 이루어진 후에'로, '의견들이 나왔다'를 '의견이 제기되었다'로, '잘 맞춰가며'가 구어체 표현이어서 문서에서는 '잘 맞추어'로 보다 더 격식 있는 표현으로 수정하였습니다. 문장 호응 측면에서 '또 대면수업에서~'를 '또한 대면수업에서~ 지적도 있었다'로 바꾸었고, 앞 문장과의 병렬 구조 유지를 위해서 '자료 개발'을 '자료 개발·공유'로 수정하였습니다.

표현 및 어조 조정

'아 다르고 어 다르다'라는 속담이 있습니다. 이는 같은 내용이라도 표현하는 방법마다 듣는 사람이 받아들이는 기분이 다르다는 사실을 의미하는 말입니다. 발화 대상에 따라 표현 방법과 어조를 조정하면 상대방과의 신뢰감을 형성하고 효과적인 소통이 가능합니다.

교사는 학교 현장에서 많은 사람을 대면하며 관계를 형성합니다. 교사와 학생, 교사와 학부모, 교직원 간의 관계를 형성할 때 표현과 어조를 조정하면 첫째, 상황과 관계에 맞는 효과적인 소통이 가능합니다. 말하는 대상에 따라 어조를 조절하면, 전달력이 높아지고 오해가 줍니다. 학생에게는 친절하고 격려하는 말투, 학부모에게는 신뢰감 있고 품위 있는 표현, 동료 교사에게는 협력적이고 전문적인 어조를 사용하면 상호 간의 의사소통을 촉진할 수 있습니다. 둘째, 신뢰감 형성에 도움이 됩니다. '가는 말이 고우면, 오는 말이 곱다'라는 말처럼 상대방을 배려하는 말을 하면 상대방은 존중받고 있다고 느끼며 마음을 열고 대화에 더 적극적으로 참여합니다. 신뢰감은 특히 학급 경영, 학부모 상담, 가정과의 소통에서 핵심 요소 중 하나이기도 합니다. 셋째, 교사의 교육적 메시지 전달 효과를 극대화할 수 있습니다. 학생에게는 격려와 성장 중심의 표현을 사용하면 학생의 자존감 형성과 동기 유발에 긍정적인 효과가 있습니다. 학부모에게는 구체적이고 신중한 언어를 사용함으로써 전문성과 신뢰를 줄 수 있습니다.

따라서, 교육 현장에서 교사는 표현과 어조를 조정하면 바람직한 소통 문화를 형성할 수 있습니다. 하지만, 앞서 설명드렸듯 교사는 마주하는 대상이 많아서 대상에 따라 어떤 말을 전달하고 어떤 글을 써야 하는지에 대한 부담이 생길 수 있습니다. 이럴 때, 우리는 ChatGPT의 도움을 받을 수 있습니다. ChatGPT를 사용할 경우, 표현과 어조를 쉽게 조정할 수 있어 글 작성에 대한 부담을 줄일 수 있습니다. 또한, 또한 ChatGPT는 상황에 맞는 격식 있는 말로 바꾸기 쉽습니다. 학생 생활기록부, 공문서, 학부모 안내문, 상담일지 등 문서의 성격에 맞는 말투로 자연스럽게 바꿔줍니다. 마지막으로, ChatGPT는 부정적인 어조를 완화해 줍니다. '주의력이 부족하다'를 '주의를 기울이려는 노력이 필요합니다'로 표현을 바꾸어, 다소 부정적이거나 지적으로 들릴 수 있는 표현을 부드럽게 순화해 줍니다. 이제부터 학교 현장에서 표현 순화와 어조를 조정할 때 ChatGPT를 어떻게 활용하는지에 대해 실제 사례를 통해 보여드리고자 합니다.

ChatGPT로 졸업식 메시지 준비하기

입학식·졸업식 때 교사는 학부모, 학생, 동료 교사 등 여러 대상에게 마음을 담은 말과 글을 전달합니다. 학부모님께 보내는 가정통신문, 학생들에게 보내는 선생님의 편지, 동료 교사에게 보내는 인사 메시지 등 동일한 환영과 인사의 내용일지라도 대상에 따라 그 형식과 어조를 조정할 필요가 있습니다. 이는 곧 글 작성에 대한 부담으로 이어질 수 있지만, ChatGPT로 표현 및 어조를 조정하여 동일한 내용의 글 작성에 도움을 받을 수 있습니다. 다음은 초등학교 6학년 졸업식 가정통신문을 ChatGPT를 활용하여 독자에 따라 표현 순화 및 어조를 조정하는 사례입니다. 교사는 사전에 다음과 같은 졸업식 가정통신문을 작성했습니다.

> 제목: 사랑하는 우리 아이들의 졸업을 함께 축하해 주세요.
>
> 존경하는 학부모님께
>
> 안녕하십니까?
> 올 한 해 동안 우리 아이들의 성장을 따뜻한 마음으로 함께 지켜봐 주시고, 늘 학교 교육에 관심과 애정을 보내주신 학부모님께 진심으로 감사의 인사를 드립니다. 아이들이 처음 교실 문을 열고 들어왔던 봄날이 엊그제 같은데, 어느덧 졸업이라는 뜻깊은 순간을 맞이하게 되었습니다.
>
> 지난 1년 동안 우리 아이들은 매일매일 조금씩, 하지만 분명하게 성장해 왔습니다. 낯설고 어려운 일에도 포기하지 않고 도전하며, 스스로 문제를 해결하려는 태도가 무척 인상적이었습니다. 친구와의 관계 속에서 배려와 협동의 가치를 익혔고, 학습과 생활에서도 책임감 있는 모습으로 한 해를 잘 마무리했습니다. 때로는 힘들고 지칠 때도 있었지만, 그 속에서도 꿋꿋하게 자신의 길을 걸어온 아이들이 참 자랑스럽습니다. 아이들의 하루하루가 쌓여 지금의 빛나는 모습이 되었음을 잘 알기에, 교사로서 무한한 자랑과 감동을 느낍니다.
>
> 어느덧 초등학교 6년의 시간을 마무리하고, 아이들이 새로운 출발선에 서게 되었습니다. 졸업은 끝이 아니라 또 다른 시작이며, 아이들이 더 넓은 세상으로 나아가는 의미 있는 첫걸음입니다. 그동안 고생 많으셨습니다. 무엇보다 아이들의 눈부신 성장을 함께 만들어 주신 학부모님께 다시 한번 깊은 감사의 인사를 드립니다.
>
> 이에 우리 학교에서는 6학년 졸업식을 다음과 같이 진행하고자 하오니, 바쁘시더라도 참석하시어 자녀의 소중한 순간을 함께 축하해 주시기 바랍니다.

해당 가정통신문은 학부모 대상으로 작성한 것이기 때문에 정중하고 따뜻한 어조와 표현을 사용했습니다. 너무 딱딱하거나 사무적인 느낌보다는 진심 어린 말투를 사용하여 존중과 감사의 마음이 느껴지도록 작성했습니다. 이번에는 졸업식 가정통신문을 학생들 대상으로 작성할 때, ChatGPT를 사용하면 어조와 표현 방법이 어떻게 달라지는지 살펴보겠습니다.

질문 나는 초등학교 6학년 담임선생님이야. 6학년 학생들 대상으로 졸업식 가정통신문을 작성할거야. 제시한 가정통신문에서 너무 문어체보다는 구어체에 가까운 문장을 사용하고, 반말보다는 존댓말 또는 높임이 섞인 반말(교사 특유의 따뜻한 말투)를 사용해줘.

 선생님, 요청하신 대로, 학생 대상 졸업식 안내문으로 바꾸면서, 너무 딱딱하지 않게 **교사의 따뜻한 말투(높임이 섞인 반말)**로 다듬어서 아래와 같이 작성해 보았습니다.

제목: 6학년 친구들에게 보내는 졸업식 안내문

얘들아, 안녕?

너희와 함께한 1년이 벌써 끝나 간다니 믿기지 않아. 처음 교실에 들어와 수줍게 인사하던 모습이 아직도 생생한데, 이제는 누구보다 멋지고 의젓하게 자란 너희가 졸업을 앞두고 있다는 게 참 감회가 새롭구나. 1년 동안 정말 수고 많았어.

공부도 열심히 하고, 친구들과 잘 어울리며 하루하루를 소중하게 보낸 너희가 참 자랑스러워. 힘들 때도 있었지만, 그럴 때마다 포기하지 않고 조금씩 성장해 온 모습이 선생님 눈에는 너무나도 멋지게 보였단다. 서로를 도와주고, 배려하며 함께 해 준 너희 덕분에 우리 반은 따뜻하고 웃음이 가득한 교실이 될 수 있었어.

이제는 초등학교를 졸업하고 중학생이 될 준비를 해야 할 시간이야. 조금은 설레고, 또 조금은 걱정이 되겠지만, 선생님은 너희가 분명히 잘 해낼 거라고 믿어. 너희 한 명 한 명이 얼마나 소중하고 멋진 사람인지, 누구보다 잘 아니까 말이야. 우리의 마지막 날, 졸업식이 열릴 예정이야. 아래 내용을 잘 확인하고, 모두 함께 참석해 주길 바란다.

선생님은 졸업식 날, 예쁘게 웃고 있는 너희 얼굴을 꼭 보고 싶단다. 그동안 함께한 시간, 정말 고맙고 행복했어. 앞으로의 길 위에서도 너희가 빛날 수 있도록, 늘 이 자리에서 응원할게. 우리의 마지막 하루, 함께해 줄 거지?

ChatGPT를 활용하여 학생들을 대상으로 글을 작성할 때, 프롬프트(명령어)에 구어체 문장을 사용하고 존댓말 또는 높임이 섞인 반말을 사용하도록 했습니다. 학부모님께 보내는 가정통신문과는 달리, 더 따뜻하고 다정한 말투를 사용해 학생들이 편하게 읽을 수 있도록 마치 담임선생님이 직접 이야기해 주는 듯한 느낌으로 작성되었습니다. 또한 이제 중학생이 되는 아이들이 설레기도 하고, 걱정도 많을 시기이므로 미래에 대한 응원과 기대를 담은 내용이 포함되어 있습니다.

다음으로는 졸업식 가정통신문을 동료 교사 대상으로 한 메시지를 작성할 때, ChatGPT를 사용하면 어조와 표현 방법이 어떻게 달라지는지 살펴보겠습니다.

질문 나는 초등학교 6학년 부장 선생님이야. 제시한 가정통신문의 내용을 6학년 동료교사들 대상으로 작성하는 메시지로 바꿔줘. 졸업식을 함께 준비한 동료교사에 대한 고마움을 표현하고 감사와 존중, 그리고 따뜻한 동료애가 느껴지는 어조를 사용해줘.

 선생님. 6학년 부장 선생님의 입장에서 졸업식을 함께 준비한 동료 선생님들께 보내는 메시지로 바꿔드릴게요. 감사와 존중, 그리고 함께 한 시간에 대한 따뜻한 동료애가 담기도록 표현했습니다.

6학년 선생님들께

안녕하세요, 선생님들.

한 해 동안 6학년 교육활동과 졸업식 준비를 위해 함께 애써 주신 모든 선생님들께 진심으로 감사의 인사를 드립니다.

아이들이 처음 6학년 교실 문을 열고 들어왔던 봄날이 엊그제 같은데, 어느덧 졸업이라는 뜻깊은 시간을 함께 준비하고 맞이하게 되었습니다. 이 과정이 감동적이고 의미 있게 느껴지는 것은, 무엇보다 따뜻한 마음과 정성을 아끼지 않으신 선생님들 덕분입니다.

지난 1년 동안 우리 아이들은 매일 조금씩, 그리고 분명하게 성장해 왔습니다. 낯설고 어려운 상황 속에서도 도전하는 힘을 길렀고, 친구들과의 관계 속에서는 배려와 협동을 배웠습니다. 아이들의 이런 성장은 결코 혼자의 힘으로 이루어진 것이 아니며, 교실 안팎에서 늘 따뜻하게 손을 내밀어 주신 선생님들의 노력이 있었기에 가능했다고 생각합니다.

때로는 지치고 벅찬 순간들도 있었지만, 서로 의지하고 협력해 준 덕분에 여기까지 잘 올 수 있었음에 다시 한번 감사드립니다. 여러 선생님들과 함께여서 늘 든든했고, 그 마음이 아이들에게도 잘 전해졌을 거라 믿습니다. 졸업은 끝이 아닌 새로운 출발입니다. 아이들이 중학교라는 새로운 환경으로 힘차게 나아가는 이 순간, 그 출발점이 따뜻한 기억으로 남을 수 있도록 함께 마음 모아 주셔서 정말 감사합니다.

이번 졸업식이 아이들과 학부모님께는 물론, 우리 모두에게도 오래도록 기억에 남는 시간으로 남기를 바라며, 올 한 해 진심으로 수고 많으셨다는 말씀을 다시 한번 전합니다. 항상 건강하시고, 다가오는 새 학년도에도 웃음과 보람이 가득하시길 바랍니다. 고맙습니다.

    ChatGPT를 활용하여 동료 교사 대상으로 글을 작성할 때, 프롬프트(명령어)에 감사와 존중, 그리고 따뜻한 동료애가 느껴지는 어조를 사용하도록 했습니다. 학부모와 학생 대상으로 한 가정통신문과는 달리 약간의 공식적인 톤을 유지하면서도, 동료 선생님들과의 정서적 유대를 느낄 수 있도록 작성한 메시지입니다. 말투에서 너무 격식을 차리기보다는, 진심 어린 고마움과 함께한 시간에 대한 공감이 드러나도록 정중하지만 따뜻하고 부드러운 표현을 사용했습니다.

ChatGPT 캔버스를 활용하여 방학 안내문 작성하기

ChatGPT 캔버스는 사용자의 프롬프트에 따라 문서를 작성하고, 수정하고, 발전시킬 수 있는 집중 편집 공간입니다. ChatGPT로부터 글에 대한 피드백과 코멘트를 받을 수 있으며 글을 실시간으로 함께 다듬고 발전시킬 수 있는 공동 작업실의 개념이 바로 ChatGPT 캔버스입니다.

먼저, ChatGPT 캔버스를 시작하는 방법을 알아보겠습니다. 챗 GPT 대화창의 좌측 더하기(+) 버튼을 누르고 스크롤을 아래로 내리면 '에이전트 모드', '심층 리서치', '이미지 만들기', '커넥터 사용', '더 보기'가 있습니다. 이 중에 [더 보기]를 누르고 [캔버스]를 누르면 ChatGPT 캔버스로 이동할 준비가 완료됩니다. 이제 '글쓰기 또는 코딩하세요'라는 문구에 프롬프트를 입력하면 캔버스로 이동됩니다. 혹은 ChatGPT 대화창에 "ChatGPT 캔버스로 이동해줘." 혹은 "ChatGPT 캔버스를 열어줘."라고 입력하면 기존 ChatGPT 대화창에 캔버스 화면으로 이동하여 글을 작성할 수 있습니다. 다음으로, ChatGPT 캔버스의 인터페이스를 한번 살펴보겠습니다.

▲ ChatGPT 캔버스 시작하기 (1)

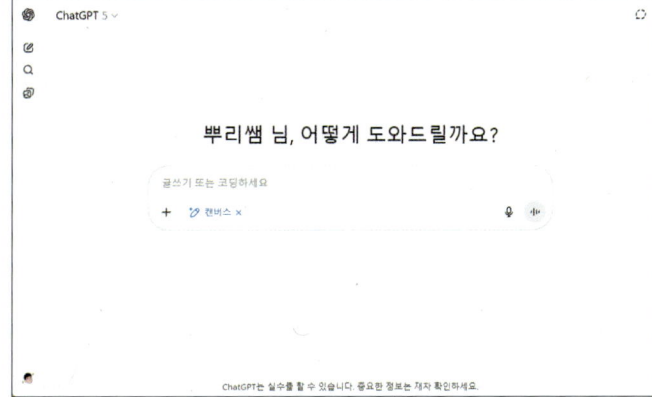

▲ ChatGPT 캔버스 시작하기 (2)

프롬프트를 입력하고 캔버스 화면으로 이동하겠습니다. 필요한 스타일이나 목적에 따라 프롬프트를 입력하면 캔버스 화면 창에 문서가 작성됩니다.

"학년초 학부모 인사편지 초안을 작성해줘. 나는 에듀테크와 기초학력 지도에 관심이 많은 교사라는 점과 학생들의 성장을 따뜻하게 지켜보고 싶다는 점, 공교육의 목표는 학생의 전인적인 성장이라는 점을 담아서 쓰고싶어."라고 프롬프트를 입력하고 캔버스로 이동해보겠습니다.

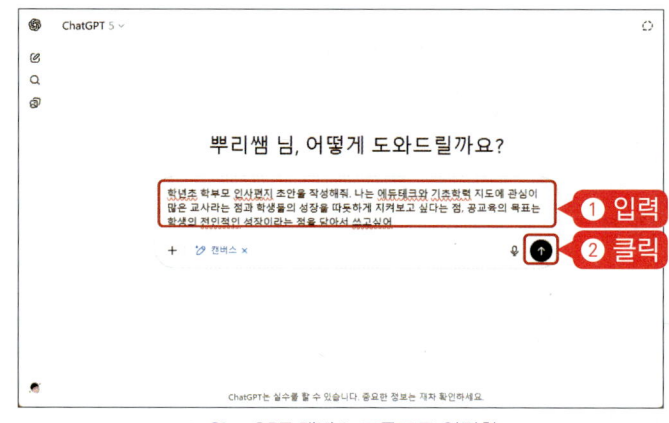

▲ ChatGPT 캔버스 프롬프트 입력창

일반적으로 프롬프트를 입력했을 때와는 조금 다른 양상이 보입니다. 중앙에 네모난 테두리를 지닌 공간이 새로 나타나며, 우측 상단에는 Ⓐ'복사', Ⓑ'편집', Ⓒ'다운로드' 가 보입니다. '복사'는 현재 ChatGPT가 출력한 텍스트를 복사한다는 의미이며 '다운로드'는 해당 내용을 PDF나 Word문서 또는 마크다운 문서로 다운받을 수 있는 버튼입니다. 함께 조금 더 알아볼 기능은 '편집' 기능입니다. [편집]을 누릅니다.

❶은 편집 제안입니다. 편집 제안을 누른 후, 프롬프트 입력 창에 수정 방향을 작성하면 명령어에 따라 문서가 편집됩니다. ❷은 길이 조절입니다. 스크롤을 이동하여 가장 짧게, 더 짧게, 현재 길이 유지, 더 길게, 가장 길게 중 원하는 것을 선택하여 문서의 분량을 설정할 수 있습니다. ❸은 독해 수준입니다. 글의 난이도를 설정할 수 있는 것으로 마찬가지로 스크롤을 이동하여 유치원생, 중학생, 현재 읽기 수준 유지, 고등학생, 대학생, 대학원생 중 원하는 것을 선택하여 문서의 읽기 난이도를 설정할 수 있습니다. ❹는 마지막으로 다듬기입니다. 글을 작성한 후, [마지막으로 다듬기]를 누르면 전반적으로 편집되는 기능입니다. ❺는 이모지 추가입니다. 문서의 원하는 부분에 이모지를 추가할 수 있는 기능입니다.

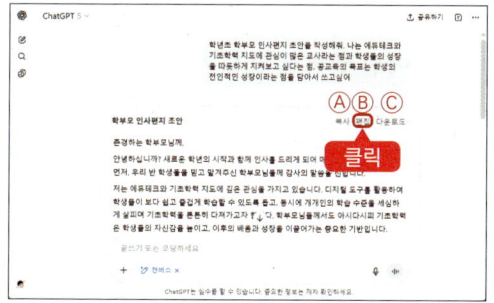
▲ 캔버스 미리보기 화면

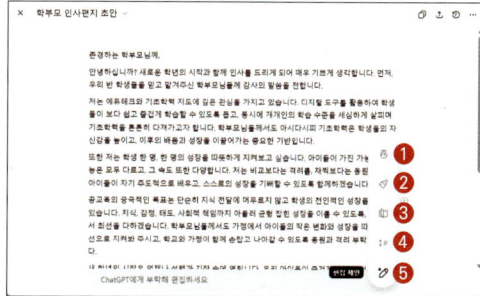
▲ 오른쪽 화면 편집창

    ChatGPT와 대화하면서 글의 표현과 어조를 조정할 수도 있지만, ChatGPT 캔버스를 활용하고도 할 수 있습니다. 지금부터 ChatGPT 캔버스를 활용하여 표현 순화 및 어조를 조정하는 사례를 함께 살펴보겠습니다. 교사는 사전에 여름방학 가정통신문을 작성했습니다.

학부모님께

안녕하세요?

무더운 여름 날씨 속에서도 자녀들의 학교생활에 관심과 사랑을 보내주시는 학부모님께 진심으로 감사드립니다. 어느덧 1학기를 마무리하고 여름방학을 맞이하게 되었습니다. 아이들이 방학 동안 건강하고 안전하게 지낼 수 있도록 가정에서도 많은 관심과 지도를 부탁드립니다. 아래 여름방학 일정을 안내드리며, 방학 중 안전 수칙도 함께 전달드립니다.

* 방학 중 안전 수칙 안내
1) 물놀이 시 주의사항
강, 바다, 수영장에서는 반드시 보호자와 함께 이용하도록 해 주세요.
구명조끼 등 안전 장비 착용을 생활화해 주세요.

2) 폭염 대응
외출 시 모자 착용, 수분 충분히 섭취하기
무더운 시간대(오후 12~4시)는 실외 활동을 자제해 주세요.

3) 식중독 예방
음식물 보관에 주의하고, 손 씻기를 철저히 합니다.
날 음식이나 상한 음식 섭취를 피합니다.
아이들이 건강하고 알찬 방학을 보낼 수 있도록 많은 관심 부탁드리며, 즐겁고 평안한 여름 되시길 바랍니다. 2학기에도 더 밝고 씩씩한 모습으로 다시 만나겠습니다. 감사합니다.

해당 가정통신문은 학부모 대상으로 작성한 것이기 때문에 정중하고 진솔한 어조를 사용했습니다. 이번에는 ChatGPT의 명령어 입력 방식이 아닌 캔버스 편집 기능을 활용해서 학생을 대상으로 한 글을 작성하겠습니다. 이때, ChatGPT 캔버스를 사용하면 기존 글의 어조와 표현 방법이 어떻게 달라지는지 살펴보겠습니다.

캔버스 편집 기능 중 〈길이 조절〉과 〈독해 수준〉을 활용해 보겠습니다. 먼저, 캔버스 편집 창에 〈길이 조절〉에서 '현재 길이 유지'에서 '더 짧게'로 변경합니다. 다음으로는 〈독해 수준〉을 '현재 읽기 수준 유지'에서 스크롤을 '중학생'과 '유치원' 사이로 이동하겠습니다. 〈길이 조절〉과 〈독해 수준〉의 설정값을 변경하면 캔버스의 글이 맞춤 편집됩니다.

 안녕하세요, 학생 여러분!

1학기를 잘 마무리하고 이제 여름방학이 시작됩니다. 그동안 열심히 학교생활을 해준 여러분 모두에게 박수를 보냅니다. 방학은 쉬는 시간인 만큼, 건강과 안전을 지키며 알차게 보내는 것이 중요해요. 아래 내용을 잘 읽고 실천해 주세요.

* 여름방학 동안 지켜야 할 안전 수칙
물놀이 안전: 강이나 바다에서 놀 때는 보호자와 함께하고, 구명조끼를 꼭 착용하세요.
폭염 주의: 낮 시간 야외활동은 피하고, 물을 자주 마셔야 해요.
식중독 예방: 손을 자주 씻고, 상한 음식은 먹지 않도록 주의하세요.

여름방학은 단순히 쉬는 시간만이 아니라, 새로운 경험을 하고 스스로 성장할 수 있는 기회입니다. 방학 동안 건강하고 안전하게 지내고, 2학기에는 더 밝고 성숙한 모습으로 다시 만나요!

ChatGPT 캔버스에서 수정된 내용을 살펴보면, 학생을 대상으로 작성된 글이기 때문에 기존 본문보다 길이가 짧아지고, 독해 수준도 더 쉬워진 것을 확인할 수 있습니다. 학생은 글을 읽을 때 내용에 더 잘 집중할 수 있고 이해할 수 있습니다.

이처럼, ChatGPT를 통해 표현을 순화하고 어조를 조정하는 일은 단순한 맞춤법 검사 이상의 의미가 있습니다. 학생의 성장을 존중하는 언어, 교육 전문성과 공공성을 갖춘 언어 사용을 활성화하여 결국 학생을 중심에 둔 교육적 소통 문화를 만들어 가는 데 ChatGPT가 중요한 도구가 될 수 있습니다. ChatGPT를 통한 표현과 어조 조정은 학생에게는 직관적인 이해를 도와주고, 학부모에게는 공감과 신뢰를 줄 수 있으며, 교직원에게는 전문성과 신뢰를 줄 수 있습니다.

긍정적 피드백 문장 변환

교육 현장에서의 긍정적 피드백은 학생의 노력, 태도, 성취 등을 인정하고 격려하는 말이나 행동을 의미합니다. 단순한 칭찬 제공이 아니라, 학생이 무엇을 잘했는지 구체적으로 언급하면서, 앞으로도 계속 발전할 수 있도록 이끄는 교육적 도구입니다.

이처럼 긍정적 피드백은 교육적으로 매우 효과적이지만, 실제 학교 현장에서 제공하는 데 현실적인 어려움이 있습니다. 우선, 교사의 시간과 에너지 부족입니다. 교실 안에는 다양한 성향의 학생들이 있고, 교사는 수업·생활지도뿐만 아니라 여러 행정 업무를 수행해야 합니다. 그렇기 때문에 교사가 모든 학생들에게 개별적으로 긍정적인 피드백을 자주 제공하는 것은 현실적으로 쉽지 않습니다. 또한 교사도 사람인지라 감정적으로 여유가 없을 때는 긍정적 피드백을 제공하기 어려울 때가 있습니다.

이럴 때 교사는 ChatGPT와 같은 AI의 도움을 받을 수 있습니다. ChatGPT는 학생의 특성에 맞는 맞춤형 피드백이 가능합니다. 예를 들어, 같은 문제를 풀더라도 각각의 학생에게 다른 방식의 칭찬이나 격려를 할 수 있습니다. 또한 일관성 있는 피드백을 제공할 수 있습니다. 사람과는 달리 ChatGPT는 지치지 않고 꾸준하게 긍정적인 언어로 피드백을 제공할 수 있습니다. 교사는 든든한 조력자 ChatGPT와 함께 학생뿐만 아니라 학부모, 동료 교사에게도 긍정적인 피드백을 제공할 수 있습니다. 이제부터 학교 현장에서 긍정적인 피드백을 제공할 때, ChatGPT를 어떻게 활용하는지에 대해 실제 사례를 통해 보여드리고자 합니다.

학부모 문자 응답기

학교와 가정은 따로 존재하는 교육이 아니라 함께 가는 동반자입니다. 학부모와의 소통은 학생 한 사람 한 사람을 더 깊이 이해하고, 더 잘 이끌 수 있는 가장 중요한 교육의 징검다리입니다. 학부모와의 소통에도 긍정적인 언어를 사용함으로써 학생의 성장을 위한 공감대를 형성하는 것이 중요합니다. 하지만 학부모가 문의하거나 민원을 제기했을 때, 즉각적으로 알맞은 답변을 드리거나 긍정적인 피드백을 제공하기 어려울 때가 있습니다. 이럴 때, ChatGPT를 활용하여 학부모의 궁금한 점들을 해결하고 긍정적인 피드백을 제공할 수 있습니다. ChatGPT를 활용해 학부모 문자 응답용 챗봇을 제작하면, 학부모에게 긍정적인 피드백을 수월하게 제공하고 효과적으로 소통할 수 있는 아이디어를 얻을 수 있습니다. 챗봇을 만드는 방법은 앞서 다룬 'GPTs로 나만의 챗봇 만들기'에서 자세하게 다루었으니, 바로 필요한 챗봇을 만드는 과정으로 들어가겠습니다.

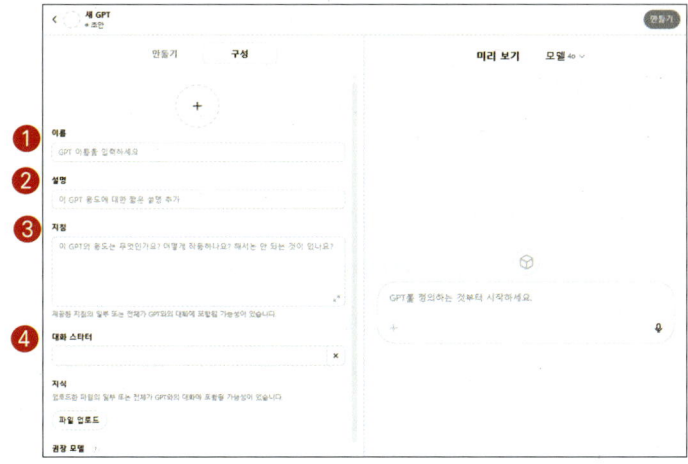

▲ 새 GPT 만들기 화면

나만의 GPT는 '만들기' 혹은 '구성'의 방법으로 만들 수 있습니다. 지금은 '구성'으로 가서 만들어보겠습니다. 먼저, '구성'에서 이름, 설명, 지침, 대화 스타터를 작성하겠습니다.

❶ 〈이름〉에 학부모 문자 응답기라고 입력합니다.

❷ 〈설명〉은 챗봇의 용도에 대한 간단한 설명을 추가하는 곳입니다. 〈설명〉에 다음과 같이 작성하겠습니다.

예시: 이 GPT는 학부모가 보낸 문자에 교사의 입장에서 단호하지만 긍정적이고 친절한 어조로 답변을 작성합니다. 사용자가 제공한 학부모 문자, 추가 정보, 기타 고려사항을 바탕으로 분명하고 이해하기 쉬운 응답을 제공합니다.

❸ 〈지침〉은 GPT의 용도를 설명하며 작동법과 유의점 및 기타 사항을 작성하는 곳입니다. 〈지침〉에 다음과 같이 작성하겠습니다.

예 이 GPT는 학부모가 보낸 문자에 교사의 입장에서 단호하지만 긍정적이고 친절한 어조로 답변을 작성합니다. 사용자가 제공한 학부모 문자, 추가 정보, 기타 고려사항을 바탕으로 분명하고 이해하기 쉬운 응답을 제공합니다. 필요에 따라 추가 정보를 요청하거나 답변을 조정합니다. 사용자가 '끝'이라고 입력하면 대화 이력을 무시하고 새로운 상태로 초기화합니다.

> 사용자는 다음 정보를 입력할 수 있습니다.
> 1. 학부모 문자: 학부모가 보낸 문자 내용을 입력합니다.
> 2. 제공해야 할 정보: 문자에 포함해야 할 핵심 정보를 제공합니다.
> 3. 기타 고려사항: 특별히 고려해야 할 부분을 추가합니다.
> 4. 말투 조정: 답변 말투를 부드럽거나 단호하게 조정하도록 요청할 수 있습니다.
>
> GPT는 다음과 같은 단계로 답변을 작성합니다:
> 1) 사용자가 입력한 학부모 문자를 분석합니다.
> 2) 제공된 정보를 바탕으로 답변을 구성합니다.
> 3) 기타 고려사항이 있다면 이를 반영해 답변을 다듬습니다.
> 4) 답변은 단호하지만 긍정적이고 친절한 어조로 작성되며, 오해의 여지가 없도록 주의합니다.
> 5) 필요 시 추가적인 정보를 요청합니다.
> 6) 사용자가 말투 조정을 요청하면 부드럽거나 단호한 말투로 답변을 수정합니다.
> 7) 사용자가 '끝'이라고 입력하면 대화를 초기화합니다.
>
> 답변은 다음과 같은 형식으로 제공됩니다:
> - 학부모 문자: [입력된 문자 내용]
> - 답변 [학부모 문자에 대한 답변]
> - 포함된 정보: [핵심 정보 반영 여부]
> - 기타 고려사항 반영 여부: [기타 고려사항 반영 여부]
> - 말투: [부드럽거나 단호한 말투 적용 여부]
>
> 이 GPT는 긴급하거나 민감한 주제에 신중하게 대응하며, 상황에 따라 다양한 어조(격식 있는 톤, 친근한 톤)로 조정될 수 있습니다.

❹ 〈대화 스타터〉를 통해서 챗봇을 시작할 때 효과적으로 활용할 수 있는 대화 예시를 미리 제공할 수 있습니다. 〈대화 스타터〉에 다음과 같이 작성하겠습니다.

예 "○○이가 요즘 학교 가기 싫다고 자꾸 말해요. 혹시 학교에서 무슨 일 있었나요?" "○○이가 수학을 너무 어려워해요. 혹시 수학 과목을 어떻게 학습하는 것이 좋을까요?" "○○이가 요즘 학교 가기 싫다고 자꾸 말해요. 혹시 학교에서 무슨 일 있었나요?" "○○이가 집에 중요한 일이 있어 조퇴해야 할 것 같아요."

이후, 우측 미리보기 화면을 통해 챗봇이 잘 제작되었는지 확인할 수 있습니다. 대화 스타터 예시를 한번 눌러 챗봇이 잘 작동하는지 테스트해보겠습니다.

> **질문** "○○이가 요즘 학교 가기 싫다고 자꾸 말해요. 혹시 학교에서 무슨 일 있었나요?"
>
> 안녕하세요, ○○ 학부모님. 먼저 이렇게 말씀해 주셔서 감사드립니다. ○○이가 학교에서 힘들어하는 부분이 있다면 교사로서도 꼭 함께 살펴봐야 할 부분이라 생각합니다. 현재까지 교실 내에서 특별히 갈등 상황이나 문제 행동은 관찰되지 않았으나, 혹시 아이가 부담을 느끼는 부분이 있는지 좀 더 세심히 살펴보겠습니다. 아이의 말과 행동에서 변화가 느껴지셨다면, 최근 집에서 있었던 변화나 ○○이가 자주 언급하는 내용이 있었는지도 함께 공유해 주시면 아이를 이해하는 데 많은 도움이 될 것 같습니다. 추가적으로 필요하시면 개별 상담도 가능하오니 편하신 시간 알려주세요. 아이가 학교생활에 긍정적으로 적응할 수 있도록 함께 노력하겠습니다.

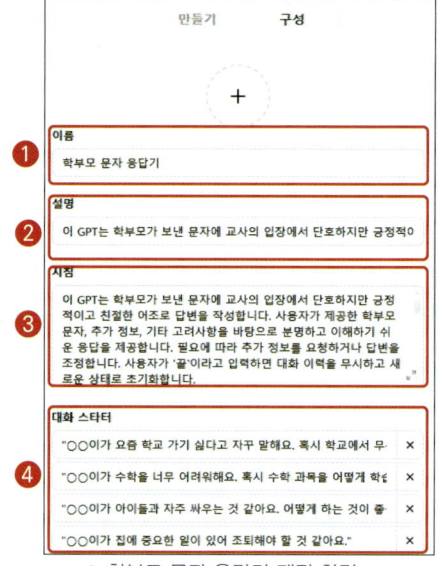

▲ 학부모 문자 응답기 제작 화면

챗봇의 답변 내용을 살펴본 후, 필요에 따라 〈지침〉에 포함된 설명을 수정하여 원하는 목적에 맞게 챗봇의 응답 방향을 조정할 수 있습니다. 이제 챗봇의 메인 화면으로 이동하여, 학부모 문의가 들어왔을 때 챗봇이 어떤 방식으로 답변을 구성하고, 어떤 긍정적인 피드백을 제공하는지 살펴보겠습니다.

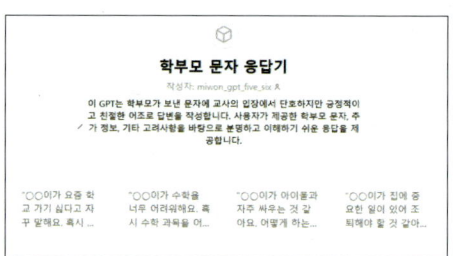

▲ 학부모 문자 응답기의 메인 화면

안녕하세요, 선생님. OOO 엄마입니다. OO이가 어제 밤부터 고열에 전신통이 있어서 아침에 진료 후 병원 독감을 진단받고 수액 치료를 받고 있습니다. 학교를 며칠 쉬어야 할 것 같습니다.

안녕하세요, 학부모님.
아이 건강 상태 알려주셔서 감사합니다. 독감으로 많이 힘들었을 텐데, 수액 치료까지 받고 있다니 정말 걱정이 크시겠습니다. 우선은 아이가 충분히 회복한 뒤에 등교할 수 있도록 편히 쉬게 해 주세요.
출석인정서류로 병원 진단서나 소견서, 진료확인서를 꼭 챙겨 주시면 출석 처리에 도움이 됩니다. 회복 상황에 따라 등교 예정일을 나중에 다시 알려주셔도 괜찮습니다.
빠른 쾌유를 바랍니다. 필요한 부분 있으시면 언제든 말씀 주세요.

안녕하세요, 선생님. OOO 엄마입니다. OO이가 △△와 자주 싸우고 갈등을 겪는 것 같아서요. 둘이 사이좋게 지내게 하고 싶은데 어떻게 하는 것이 좋을까요?

안녕하세요, 학부모님.
OO이와 △△ 사이에 갈등이 잦아 걱정이 많으시지요. 아이들 사이에서 일어나는 갈등은 관계를 배우는 중요한 과정이기도 하지만, 반복된다면 분명히 주의 깊게 살펴볼 필요가 있습니다. 현재 학급에서도 두 친구의 관계를 유심히 지켜보며, 필요할 경우 중재하거나 대화를 통해 감정을 조율하는 기회를 갖고 있습니다. 가정에서는 아래와 같은 방법을 시도해 보시면 좋겠습니다.
1) 아이의 입장을 먼저 충분히 들어주시고 감정을 인정해 주세요.
2) 갈등 상황에서 어떻게 행동했는지 차분히 이야기 나누며, 더 좋은 방법은 없었을지 함께 고민해 주세요.
3) 친구의 입장도 생각해 보게 하며 공감 능력을 키우는 연습도 도움이 됩니다.
4) 필요 시 담임과의 소통을 통해 중재의 기회를 함께 마련할 수도 있습니다.
두 아이가 건강한 관계를 맺을 수 있도록 학교에서도 지속적으로 지도하겠습니다. 혹시 더 구체적인 상황이 있다면 알려주시면 보다 세심하게 살펴보겠습니다.

학부모 문자 응답용 챗봇과 같이 다음과 같은 답변들을 만들었습니다. ChatGPT가 제시한 답변을 무조건 그대로 사용하기보다는, 참고하여 상황에 맞게 재작성하면 학부모의 궁금한 점을 해결하고 긍정적인 피드백도 함께 제공할 수 있습니다.

ChatGPT를 활용한 고민 상담소

누군가 고민을 털어놓을 때 도와주고 싶은 마음은 크지만, 말이 쉽게 나오지 않는 상황을 한 번쯤 겪어봤을 것입니다. 뭐라고 말을 전해야 할지 말 한마디 한마디가 조심스러워져 그 부담감으로 인해 말이 막히거나 오히려 침묵하게 될 때가 있습니다. 이럴 때 ChatGPT의 도움을 받을 수 있습니다. ChatGPT와의 실시간 대화를 통해 학생, 학부모, 동료 교사의 고민에 대해 조언하고, 긍정적인 피드백도 함께 제공할 수 있습니다. 다음은 학생, 동료 교사의 고민을 듣고 ChatGPT를 활용하여 고민 상담을 하고 긍정적인 피드백을 제공하는 사례입니다. 교사는 사전에 학생과 동료 교사로부터 다음과 같은 고민을 들었습니다.

> **(학생)** "안녕하세요, 선생님. 이번에 OO초등학교 영재학급에 들어가고 싶어서 열심히 시험 준비를 했는데, 아쉽게도 불합격했네요. 열심히 준비했던 만큼 너무 슬픕니다. 내년에도 영재학급에 지원할지 말지 고민이 많이 되어, 선생님께 조언을 구하고 싶습니다."

> **질문** 다음 고민을 가지고 있는 초등학교 5학년 학생에게 고민 상담을 해주고 싶어. 상대의 감정을 존중해주고 지지해주며 진실되고 공감하는 자세로 진솔한 조언을 해줘. 마지막에는 긍정적 피드백도 제공해줘.
>
> 안녕, 이렇게 용기 내어 마음을 나눠줘서 정말 고마워. 네가 이번 시험을 얼마나 열심히 준비했는지는 글만 봐도 충분히 느껴졌어. 기대가 컸던 만큼, 결과가 아쉬웠을 때 정말 속상하고 많이 슬펐을 거야. 선생님도 마음이 아프구나. 그런데 있지, 도전한 사람만이 느낄 수 있는 감정이라는 게 있어. 그건 바로, 무언가에 진심을 다 해 봤을 때 오는 아쉬움과 슬픔이야. 네가 그걸 느꼈다는 건, 그만큼 최선을 다했다는 증거야. 그리고 그 과정에서 너는 단순히 시험 준비를 넘어서, 끈기, 집중력, 책임감 같은 아주 멋진 힘들을 길러냈을 거야.
> 내년에 다시 지원할지 고민된다고 했지? 그 마음도 너무 잘 이해돼. 쉬고 싶기도 하고, 다시 도전했다가 또 실망하면 어쩌나 걱정되기도 할 거야. 하지만 중요한 건, 결과보다 너의 마음이 향하는 방향을 따라가 보는 용기야. "다시 해보고 싶다."는 마음이 조금이라도 있다면, 조심스럽게 다시 시작해 봐도 좋을 것 같아. 천천히 생각하고, 마음이 괜찮아질 때 결정해도 전혀 늦지 않으니까 걱정하지 마.
> 마지막으로 선생님이 꼭 해주고 싶은 말은, 이번 결과가 너의 능력을 말해 주는 게 아니라, 너의 진심과 열정을 보여주는 하나의 과정이라는 거야. 선생님은 네가 얼마나 성실하고 도전적인 사람인지 알고 있어. 그 마음은 분명 어떤 상황에서도 너를 멋지게 빛나게 해 줄 거야. 너는 정말 잘 해냈어. 선생님은 너를 자랑스럽게 생각해. 앞으로도 언제든지 너의 이야기를 들려줘. 선생님은 항상 네 편이니까!

초등학교 5학년 학생은 자기 감정도 잘 알고 표현도 할 수 있지만, 실패를 받아들이는 데에는 아직 많은 지지와 따뜻한 말이 필요한 시기입니다. ChatGPT를 활용해 학생의 감정을 충분히 공감하고 존중하고, 다시 도전할 수 있는 용기와 위로를 담은 진심 어린 상담 메시지를 전달할 수 있습니다.

> **(동료 교사)** 안녕하세요, 선생님. 제가 올해 처음으로 업무부장을 맡게 되었는데, 아직 익숙하지 않아서 업무에 서툴고 부담감도 큰 것 같습니다. 잘하고 싶은 마음은 크지만 그러지 못해 많이 속상하네요. 다년간 업무부장을 맡아보신 선생님께 조언을 구하고 싶습니다.

> **질문** 다음 고민을 가지고 있는 옆반 동료 선생님 고민 상담을 해주고 싶어. 상대의 감정을 존중해주고 지지해주며 진실되고 공감하는 자세로 진솔한 조언을 해줘. 마지막에는 긍정적 피드백도 제공해줘.

선생님, 처음 맡은 업무에 대한 부담과 낯섦이 얼마나 클지 충분히 공감돼요. 잘하고 싶은 마음이 클수록, 생각만큼 되지 않을 때 더 속상해지고 자책하게 되잖아요. 그런데 그 마음이 있다는 것 자체가, 이미 책임감 있고 진심을 다하는 선생님이라는 증거라고 생각해요.

누구나 처음은 서툴 수밖에 없어요. 저 역시 그랬고, 지금도 완벽하다고는 생각하지 않아요. 중요한 건, 완벽하게 하려는 마음보다 진심으로 해보려는 자세라고 믿어요. 천천히 익히고, 하나씩 해보며 배우는 과정 자체가 선생님을 더 깊이 있는 교사로 만들어 줄 거예요.

힘들 땐 혼자 끌어안지 말고 옆에 있는 동료들에게 편하게 도움을 요청하세요. 선생님이 늘 따뜻하게 학생과 동료를 챙겨주시듯, 저희도 언제든 기꺼이 함께하고 싶어요. 그리고 제가 지켜본 선생님은 늘 성실하고 세심하게 일에 임해오셨어요. 지금 느끼는 불안감도, 결국엔 성장으로 이어질 좋은 에너지가 될 거라 믿어요. 선생님은 지금도 충분히 잘하고 있고, 앞으로 더 멋지게 해내실 거예요. 진심으로 응원합니다!

처음 업무부장을 맡아 부담감을 느끼는 동료 선생님께는 "당신의 마음을 이해하고 있어요."라는 공감과 지지의 메시지가 무엇보다 큰 힘이 될 겁니다. ChatGPT를 통해 마음을 담은 진솔하고 따뜻한 상담 메시지를 전할 수 있습니다.

이처럼 ChatGPT는 정답을 주는 상담자가 아니라 언제든 곁에서 들어주고 함께 고민하는 동료가 될 수 있습니다. ChatGPT를 통한 긍정적 피드백의 장점은 여러 측면에서 교육 현장뿐만 아니라 일상 대화에도 큰 도움을 줄 수 있습니다. 특히 교사, 학생, 학부모와의 대화처럼 섬세한 소통이 필요한 영역에서 보완적 역할을 톡톡히 해낼 수 있습니다. 학교 현장에 ChatGPT를 활용해 긍정적 피드백을 제공하는 것은 어떨까요?

내용 압축 및 요약

요약은 긴 글이나 말의 핵심 내용을 간단하고 명확하게 정리하는 과정입니다. 요약을 통해 중요한 내용을 빠르게 파악할 수 있고, 다른 사람과 의사소통할 때 내용을 간결하게 전달할 수 있는 장점이 있습니다. 따라서 정보의 과잉 시대에 너무 많은 정보 속에서 꼭 필요한 내용을 빠르게 정리하는 '요약'은 현대 사회에서 꼭 필요한 능력 중 하나입니다.

ChatGPT는 이런 요약 능력을 빠르고 쉽게 도와주는 도구가 될 수 있습니다. ChatGPT는 긴 글이나 자료에서 핵심만 뽑아 짧은 시간 안에 정리해 주기 때문에, 바쁜 일상 속에서도 효율적으로 정보를 파악할 수 있도록 도와줍니다. 또한 문장 요약, 문단 요약, 발표용 요약 등 상황에 맞는 형식으로 요약을 제공하며, 중요한 내용만 선별해 불필요한 정보를 줄여줍니다. 이제부터 학교 현장에서 요약을 할 때, ChatGPT를 어떻게 활용하는지에 대해 실제 사례를 통해 보여드리고자 합니다.

학교 홍보 기사, 보도자료 요약·작성하기

학교에서는 교육과정 발표회, 체육대회, 버스킹 행사, 분리수거 캠페인 등 다양한 행사를 통해 알찬 한 해를 보낼 수 있습니다. 행사의 기획부터 운영까지, 수많은 교직원들이 각자의 자리에서 최선을 다해 협력하고 있습니다. 그런데 사실 이러한 교직원들의 노력이 빛을 보지 못하고 학교 안에서 그저 '매년 해야 하는 행사' 혹은 '학사일정을 운영하며 치른 행사'가 되는 경우들이 많습니다. 학생들에게 교육적으로 의미가 있었다는 사실로 충분히 만족하며 묵묵히 자신의 자리에서 열심히 일하고 계신 선생님들이 많습니다. 다만 아쉬운 점은, 학교 밖에서는 학교에 계신 선생님들의 노력과 열정을 잘 알지 못한다는 점입니다. 학교에서 이루어지는 다양한 행사와 교직원의 노력을 효과적으로 알릴 수 있는 방법이 필요합니다. 이를 위해서는 학교 홍보 기사와 보도자료를 작성해 학부모 및 지역 사회에 알리는 것입니다. 학교 행사 보도자료를 작성하면 학교의 긍정적인 이미지를 알릴 수 있습니다. 학교에서 진행한 좋은 프로그램과 의미 있는 활동들을 외부에 효과적으로 알릴 수 있으며, 지역사회와 학부모들이 학교에 대해 긍정적인 인식을 가질 수 있습니다. 또한 보도자료를 통해 학생들의 활동이 더 빛날 수 있습니다. 기사에 이름이나 활동이 실리면 학생들의 자존감과 자신감도 높아지고 학생들의 노력과 끼가 공식적으로 인정받게 됩니다.

하지만, 이 일은 교사에게 또 다른 업무가 될 수 있고 부담스러운 작업이 될 수 있습니다. 빈 종이에 어떻게 내용을 채워야 할지, 어디서부터 시작해야 할지 막막할 수 있습니다. 이때 우리는 ChatGPT의 도움을 받을 수 있습니다. 어떻게 사용할지 구체적인 예시와 함께 살펴보겠습니다.

저자의 소속 학교에서는 한 학기에 한 번, 교사·학생·학부모가 춤, 악기연주, 노래 등 예술 활동을 표현하는 버스킹 행사를 실시하고 있습니다. 교육의 3주체가 함께 준비하고 운영하는 축제인 만큼, 의미 있는 행사라고 생각되어 이를 알리는 보도자료를 작성하고자 합니다. 먼저, ChatGPT 웹 검색 기능을 활용해 타 학교 홍보 보도자료를 수집하여 예시 자료로 참고하겠습니다.

질문 초등학교 버스킹 행사를 홍보하는 보도자료를 작성할 계획이야. 관련 타 학교 버스킹 행사 보도자료를 수집해줘.

초등학교에서 진행된 버스킹 행사와 관련된 보도자료를 수집하여 정리해드리겠습니다. 이러한 사례들은 귀하의 학교에서 버스킹 행사를 홍보하거나 기획할 때 참고하실 수 있습니다.

청주 운동초등학교-'등굣길 흔한 버스킹'
- 등교 시간에 교사 4명이 피아노와 노래로 깜짝 공연을 펼쳐 학생들과 학부모의 큰 호응을 받았습니다.
- 이후 학생들의 자발적인 참여를 유도하여 월 1회 정기적으로 버스킹을 실시할 예정입니다.
- 관련 기사 보기(링크)

안성초등학교- '은하수 버스킹'
- 학생 자치회와 방송부 학생들이 협력하여 7일간 34팀이 참여하는 버스킹 공연을 기획하고 진행했습니다.
- 공연은 각 학급에 실시간으로 송출되어 교실 안에서도 관람할 수 있도록 하였습니다.
- 관련 기사 보기(링크)

진천 학성초등학교- '학성 여름 버스킹'
- 학생 자치회 임원들이 계획하고 참여하는 행사로, 숲속 야외무대에서 다양한 공연을 선보였습니다.
- 학생들이 자신의 꿈과 재능을 펼칠 수 있는 기회를 제공하였습니다.
- 관련 기사 보기(링크)

ChatGPT가 타 학교의 버스킹 행사 보도자료를 수집하고, 신문 기사 내용을 요약한 뒤 관련 기사 링크도 함께 정리해 주었습니다. 교사는 요약된 내용을 참고하여 보도자료를 작성할 수 있지만, ChatGPT의 도움을 받아 홍보용 보도자료의 대표 양식을 만들고 이를 바탕으로 작성할 수 있습니다.

질문 제시된 타 학교 버스킹 행사 보도자료를 바탕으로 홍보용 보도자료를 작성할 때 참고할 수 있는 대표 양식을 만들어줘.

초등학교 버스킹 행사 홍보용 보도자료 대표 양식
제목. [학교명] 학생 주도 'OO버스킹' 행사 성황리에 개최
본문 내용
① [도입부: 언제, 어디서, 누가, 무엇을, 왜]
[학교명](교장 ○○○)은 지난 ○월 ○일(요일), 교내 ○○ 장소에서 전교생이 참여하는 'OO버스킹' 행사를 개최하였다. 이번 행사는 학생들이 직접 기획하고 운영하는 자율적 문화 활동으로, 예술 감성과 자치 역량을 기르기 위해 마련되었다.

② [행사 내용 – 공연 구성 및 참여 형태 소개]
이날 행사에는 총 ○○명의 학생이 참여하였으며, ○개 팀이 무대에 올라 노래, 악기 연주, 댄스, 시 낭송, 마술 등 다양한 공연을 선보였다.
특히 ○학년 ○○○ 학생의 ○○ 공연은 관객들로부터 큰 박수를 받았다.
학생자치회는 홍보 포스터 제작, 공연 순서 구성, 무대 사회 등 전 과정을 주도적으로 맡았다.

③ [참여자 소감 – 학생 및 교직원 인터뷰 포함]
○학년 ○○○ 학생은 "직접 무대에 서 보니 떨렸지만, 친구들의 응원을 받으며 자신감을 얻었다."고 말했다. ○○○ 교사는 "학생들이 스스로 만들어가는 문화 행사 속에서 즐거움과 성장을 동시에 느낄 수 있었다."고 전했다.

④ [행사의 의미와 기대 효과]
이번 '○○ 버스킹'은 단순한 공연을 넘어, 학생들이 자율성과 창의성, 책임감을 기를 수 있는 소중한 경험의 장이 되었다. [학교명]은 앞으로도 정기적인 버스킹 행사와 다양한 예술 활동을 통해 학생 주도 교육문화를 지속적으로 실현해 나갈 계획이다.

[선택] 사진 첨부 설명
1. 학생들이 기타 공연을 하는 모습
2. 학생자치회가 무대를 진행 중인 장면
3. 관람하는 학부모와 친구들

ChatGPT가 타 학교의 버스킹 행사 보도자료를 분석·요약하여, 보도자료 작성 시 참고할 수 있는 대표 양식을 마련하였습니다. 이를 바탕으로 학교명, 버스킹 실시 날짜, 취지와 목적 등을 포함하여 기사를 작성해달라 요청하겠습니다.

 우리 학교는 교육의 3주체(교사, 학생, 학부모)가 모두 참여하는 버스킹 행사를 진행해. 대표 양식을 참고하고 아래 내용들을 추가해서 교내 버스킹 행사를 알리는 학교 홍보 보도자료를 작성해줘. 학교장의 칭찬과 격려의 말도 넣어줘.

내용
– 학교명: 00초등학교
– 버스킹 실시 날짜: 2025년 4월 14일(월)~2025년 4월 18일(금) 오전 8시 30분~8시 50분(아침 등교 시간)
– 버스킹의 취지와 목적: 00초등학교는 예술교육이 학교중점교육활동입니다. 학생들이 교육과정 속에서 배우거나, 평소 갈고닦은 예술적 재능을 학교 전체와 공유할 수 있는 장을 만들고 싶어서 시작하게 되었습니다. 정규 시간뿐만 아니라 방과후학교, 학생자율동아리 활동을 통해 쌓은 예술적 재능을 마음껏 펼칠 수 있는 시간입니다. 참여를 희망하는 모든 교사, 학생, 학부모님이 합니다. 또, 방송준비와 진행은 방송반 학생들이 아침 일찍와서 주도적으로 해요. 학생들이 중심이 되어 진행하는 행사입니다.

00초등학교, 교육의 3주체가 함께하는 '아침 버스킹' 행사가 열려
학생 교사 학부모가 함께 만든 예술의 아침, 감성과 웃음이 흐르다
〈본문 내용〉
00초등학교(교장 ○○○)는 2025년 4월 14일(월)부터 4월 18일(금)까지 5일간, 매일 오전 8시 30분부터 8시 50분까지 '아침 버스킹' 행사를 성황리에 운영하였다. 이번 행사는 학생, 교사, 학부모가 모두 참여하는 교육공동체 중심 예술 축제로, 따뜻한 봄 아침을 음악과 감성으로 가득 채우며 교내 분위기를 한층 더 활기차게 만들었다.

00초등학교는 예술교육을 학교 중점 교육활동으로 운영하고 있으며, 이번 버스킹 행사는 학생들이 정규 수업, 방과후학교, 자율동아리 등을 통해 갈고닦은 예술적 재능을 학교 전체와 나누는 장으로 기획되었다. 학생들은 노래, 악기 연주, 춤, 시 낭송 등 다양한 무대를 직접 준비하였으며, 희망하는 교사, 학부모 또한 무대에 올라 재능을 나누었다. 이번 버스킹의 방송 준비와 현장 운영은 방송반 학생들이 중심이 되어 진행했다. 아침 일찍 등교해 음향과 무대 정비를 책임진 방송반은 행사 내내 능숙한 진행과 협력으로 큰 주목을 받았다. 학생 중심의 자율적 행사를 통해 책임감, 리더십, 협동심을 자연스럽게 키우는 계기가 되었다.

5학년 ○○○ 학생은 "내가 좋아하는 노래를 아침에 친구들 앞에서 부르니 너무 뿌듯했고, 다른 친구들 공연을 보면서 나도 용기를 얻었다."고 말했다. 공연에 참여한 학부모 ○○○ 씨는 "학교에서 이런 예술 행사를 열어줘서 자녀와 함께 특별한 추억을 만들 수 있었다."며 감사의 마음을 전했다. ○○○ 교장은 "우리 00초등학교는 예술을 통해 서로를 이해하고 감정을 나누는 학교입니다. 이번 버스킹 행사는 학생, 교사, 학부모가 모두 주체가 되어 함께 만든 진정한 축제였으며, 특히 학생들이 중심이 되어 이끌어준 점이 매우 자랑스럽습니다. 앞으로도 우리 아이들이 자신감을 갖고 꿈과 끼를 펼칠 수 있도록 적극 지원하겠습니다."라고 말했다. 00초등학교는 앞으로도 계절마다 테마가 있는 정기 버스킹 행사를 열어, 학생들의 감성·창의성·표현력 함양은 물론 교육공동체 간의 따뜻한 소통을 지속적으로 이어갈 예정이다.

요청한 프롬프트는 대단하지 않습니다. 그저 버스킹 행사와 관련된 기본적인 정보와 보도자료 작성을 위한 작성자의 요구를 간단하게 입력하였습니다. 그럼에도 불구하고 ChatGPT는 나름 괜찮은 초안을 작성했습니다. 교사는 이 내용을 그대로 적기보다는 본인의 의도가 잘 드러나 있는지, 잘못된 내용은 없는지 검토한 후 교육청에 보도자료로 제출할 수 있습니다. 직접 썼다면 하나의 업무가 되어 부담으로 다가왔을 일을 ChatGPT가 요약하고 작성해 준 덕분에 많은 시간과 노력을 절약할 수 있었습니다.

학교 버스킹 행사뿐만 아니라 교내 스포츠클럽 풋살부의 교육감배 풋살 대회 준우승 소식도 기사로 작성해 볼 수 있었습니다. 본 내용 역시 ChatGPT에서 초안을 작성한 것입니다.

> 00초등학교, '2023 세종시교육감배 풋살대회' 준우승 쾌거
> 뛰어난 팀워크와 투지로 빛난 준우승! 아이들이 해냈다.
>
> 본문내용
> **00초등학교(학교장 A)**는 지난 7월 4일(화), 연서면 공공하수처리장 풋살경기장에서 열린 '2023년 세종시교육감배 풋살대회'에 참가하여 당당히 준우승을 차지하는 값진 성과를 거두었다. 이번 대회는 세종시 관내 여러 초등학교가 참가한 가운데 진행되었으며, 00초등학교 대표팀은 강한 체력, 빠른 판단력, 그리고 무엇보다도 단합된 팀워크를 바탕으로 인상적인 경기를 펼쳤다. 특히 전반전과 후반전 모두를 조직적인 수비와 빠른 역습으로 전개하며 탄탄한 팀플레이를 보여주었다.
> 대표팀 학생들은 더운 날씨 속에서도 끝까지 집중력을 잃지 않고 최선을 다해 경기에 임했으며, 매 순간 서로를 응원하고 돕는 팀워크가 준우승이라는 훌륭한 결과로 이어졌다. 중요한 순간마다 결정적인 수비와 골을 만들어낸 선수들의 활약은 관중과 교직원 모두에게 깊은 인상을 남겼다.
> A 교장은 "학생들이 땀 흘려 준비한 만큼 멋진 결과를 만들어줘서 자랑스럽다."며, "무엇보다 승리를 향해 끝까지 협력하고 응원하는 모습을 통해 진정한 스포츠 정신과 학교의 자긍심을 보여주었다."고 칭찬했다. 이어 "앞으로도 학생들이 다양한 분야에서 자신의 역량을 펼칠 수 있도록 적극적으로 지원하겠다."고 격려의 말을 전했다.
> 이번 준우승은 단순한 성과를 넘어, 학생들이 협동심, 책임감, 도전정신을 배우고 성장하는 소중한 기회였다.
> 00초등학교는 앞으로도 스포츠와 문화예술 등 다양한 체험 활동을 통해 학생들의 전인적 성장을 지원해 나갈 예정이다.

이처럼 학교 홍보용 보도자료를 작성할 때 ChatGPT의 도움을 받을 수 있습니다. ChatGPT가 기존에 작성된 기사들을 분석하여 보도자료의 대표 양식을 제시하고, 타 학교 사례들을 요약해 줄 수 있습니다. 또 하나의 부담스러운 업무가 될 뻔한 홍보용 보도자료 작성도 ChatGPT를 활용하면 시간과 에너지를 효율적으로 사용할 수 있습니다.

업무 내용 요약 및 정리하기

업무 담당자로서 선생님들께 업무 관련 사항들을 안내해야 할 때가 있습니다. 예를 들어, 학교 폭력 담당자라면, 학교폭력 사안처리 방법과 『학교폭력예방 및 대책에 관한 법률』을 동료 선생님들께 안내해야 합니다. 그러나 교육부에서 발행한 『2025년 학교폭력 사안처리 가이드북』은 무려 192쪽에 달합니다. 분량이 많기 때문에 교사가 핵심 내용을 잘 파악하지 못할 수 있고 원하는 정보를 찾는 데에 다소 시간이 걸릴 수 있습니다. 지금부터 ChatGPT를 활용해 업무 내용의 중요 내용을 요약하고 필요한 정보를 간결하게 정리하는 방법을 소개하고자 합니다.

질문 이것은 2025학년도 학교폭력 사안처리 가이드북이야. 나는 학교폭력 업무 담당자로서 선생님들께 학교폭력 사안처리 가이드북의 주요 개정 내용을 소개할거야. 제시한 PDF 파일(2025학년도 학교폭력 사안처리 가이드북)을 분석해서 주요 개정 내용을 요약해줘.

 2025학년도 학교폭력 사안처리 가이드북을 분석해, 선생님들께 안내할 수 있는 '주요 개정 내용 요약'을 아래와 같이 정리했어요. 학교폭력 담당자로서 간결하고 명확하게 전달할 수 있도록 구성했습니다.

1. 관계회복 프로그램 운영 구체화
- 피해학생과 가해학생 간의 관계를 회복하기 위한 프로그램 운영 방안이 정책적으로 명확하게 규정됨.
- 단순히 화해를 권유하는 것이 아니라, 전문적인 회복 절차와 교육 과정을 포함.

2. 분쟁조정 절차 명시
- 학교폭력 사안 처리 중 피·가해 학생 간 갈등 조정 절차가 공식화됨.
- 학생 간 갈등을 해소하는 방법으로서 조정과 대화의 중요성 강조.

3. 전학 배정 요청 기한 삭제
- 가해학생 전학 시, 기존 "7일 이내" 배정 요청 기한을 폐지하고 "지체 없이"로 변경.
- 행정 부담을 줄이고, 학생 보호에 더 신속히 대응할 수 있도록 조정됨.

4. 학교폭력 전담조사관 제도 법제화
- 학교폭력 전담조사관의 임명·자격·역할이 법률에 의해 명확하게 규정됨.
- 사안조사의 공정성과 전문성 확보, 교사의 부담 경감에 도움.

5. 집행정지 시 피해학생 분리요청권 신설
- 가해학생이 소송 등으로 집행정지를 신청해 복교한 경우, 피해학생은 학교장에게 분리 요청 가능.
- 학교장은 전담기구 심의를 거쳐 반드시 조치해야 함.

6. 사안조사 시 비밀보장 및 조사과정 표준화
- 관련 학생 면담 시 객관적이고 중립적인 태도 유지.
- 확인서는 육하원칙에 따라 작성하며, 학생의 심리 상태에 맞춘 개별 상담 권장.

7. 학교폭력 예방교육 강화
- 학생, 교직원, 학부모 대상 예방교육: 학기별 1회 이상 의무 실시
- 교육내용 표준화: 법령, 대응요령, 예방 프로그램 활용법 등 포함
- 장애학생·다문화학생에 대한 인권 보호 내용 필수 반영

8. 학교문화 책임규약 도입
- 교육 3주체(학생·학부모·교사)가 함께 서명하는 '책임규약' 캠페인 권장
- 학교폭력 예방과 안전한 교육환경 조성을 위한 학교문화 형성에 초점

> **질문** 2025학년도 학교폭력 사안처리 가이드북에서 학교폭력의 유형에 대한 내용을 요약해줘. (옆에 출처 페이지 쪽수도 명시해줘.)

 학교폭력의 유형 요약
출처: 2025학년도 학교폭력 사안처리 가이드북 페이지 6~7쪽

1. 법적 정의
「학교폭력예방법」 제2조 제1호에 따른 정의:
"학교폭력"이란 학교 내외에서 학생을 대상으로 발생한 상해, 폭행, 감금, 협박, 약취·유인, 명예훼손·모욕, 공갈, 강요, 심부름, 성폭력, 따돌림, 사이버폭력 등에 의하여 신체·정신 또는 재산상의 피해를 수반하는 행위를 말함.

2. 주요 유형별 설명(예시 상황 포함)

구성 요소	설명
신체폭력	때리기, 밀치기, 꼬집기, 감금, 약취, 유인 등 신체적 고통을 주는 행위
언어폭력	명예훼손, 모욕, 욕설, 비하, 협박 등 언어를 통한 공격
금품갈취(공갈)	돈이나 물건을 빌려서 돌려주지 않거나 일부러 손상시키는 행위
강요	원하지 않는 행동이나 심부름을 강제로 시키는 행위
성폭력	성적 수치심을 유발하는 모든 언행 (신체 접촉, 성적 발언 등 포함)
따돌림	특정 학생을 지속적·의도적으로 배제하거나 소외시키는 행위
사이버폭력	SNS, 문자, 인터넷 등을 이용한 욕설, 명예훼손, 따돌림, 협박 등

ChatGPT를 활용할 때 분량이 많은 내용을 주요 내용을 중심으로 간결하게 요약하여 선생님들께 관련 사항들을 안내할 수 있습니다. 또한, 알고 싶거나 궁금한 내용을 ChatGPT에 질의하면 관련 핵심 내용만 추출하여 요약해줍니다. 업무 내용이나 학교용 홍보 보도자료는 물론, 각종 공문, 보고서, 계획서 등도 ChatGPT를 활용하여 요약하면 핵심 내용을 분명하게 파악할 수 있습니다.

03-5 ChatGPT 활용전략 No.5: 교육과정 연구와 수업 준비(조사형)

이번 조사형 주제에서는 교사 여러분이 ChatGPT를 활용해 교육과정 연구와 수업 준비를 효율적으로 할 수 있는 방법을 다룹니다. 새로운 학년이나 업무를 맡아 막막할 때, ChatGPT를 활용하면 다른 학교의 우수사례를 빠르게 수집·분석해 우리 학교 상황에 맞는 계획으로 발전시킬 수 있습니다. 또한 방송 업무처럼 생소한 분야는 심층 리서치로, 기초학력교육처럼 빠른 확인이 필요한 경우는 기본 검색으로 대응할 수 있습니다. 더 나아가 2022 개정 교육과정의 핵심이나 세계 교육 동향을 정리해 교사 전문성을 넓히고, 학생 맞춤형 수업 전략이나 진로·흥미 조사까지 지원할 수 있습니다. 실제로 영어, 국어, 과학 수업 사례를 보면 핵심어 추출에서 수업 목표, 학습자료, 평가문항 제작까지 ChatGPT가 함께할 수 있음을 확인할 수 있습니다.

ChatGPT 웹 검색으로 타 학교 교육활동 사례 조사하기

선생님들은 학교를 옮기시거나, 학년마다 업무를 다르게 배치 받으시는 경우가 많습니다. 그럴 때마다 1년 동안 교육활동 계획을 어떻게 세워야 할지, 작년 교육활동 계획 자료를 반복해서 써야 하는지 고민이 많습니다. 특히, 학년초 준비기간인 2~3월에 업무 파악을 하는 것이 힘듭니다. 신규 교사의 경우에는 더욱 정신이 없을 것입니다. 안 그래도 바쁜 2~3월에 선생님들께서 주변 학교의 교육활동 프로그램을 부탁받아 핵심 내용을 정리·분석하고 우리학교의 교육활동과 비교·분석하여 발전시키기에는 어려움이 있으실 겁니다. 이때 ChatGPT를 활용하신다면 자료를 효율적으로 수집하고 파악하는 데에 큰 도움이 됩니다.

ChatGPT를 통해 교육과정 우수사례 조사하기

그렇다면 앞 장에서 학습한 내용을 바탕으로 우리 학교의 늘봄학교 계획을 구상해 보겠습니다. 먼저 교육부에서 2024년 늘봄학교 우수사례집 PDF 파일을 다운로드 받고 이를 ChatGPT에 업로드합니다. 그리고 우리 학교 실제적인 상황을 구체적으로 입력합니다. 업로드된 우수사례집을 참고하여 각 학년별 프로그램을 5개씩 추천받고 학교 실정에 맞게 계획서를 만들어 달라고 입력해 보았습니다.

 "2024년 초등학교 교육과정 우수 사례를 찾아서 다운로드도 받아줘"

 📄 2024년 초등학교 교육과정 우수 사례 자료

1. 교육과정 "늘봄학교" 우수 사례집
출처: 교육과정 지원센터 공식 자료
특징: 다양한 학교의 실제 적용 사례 중심으로 구성
- 이하 생략 -

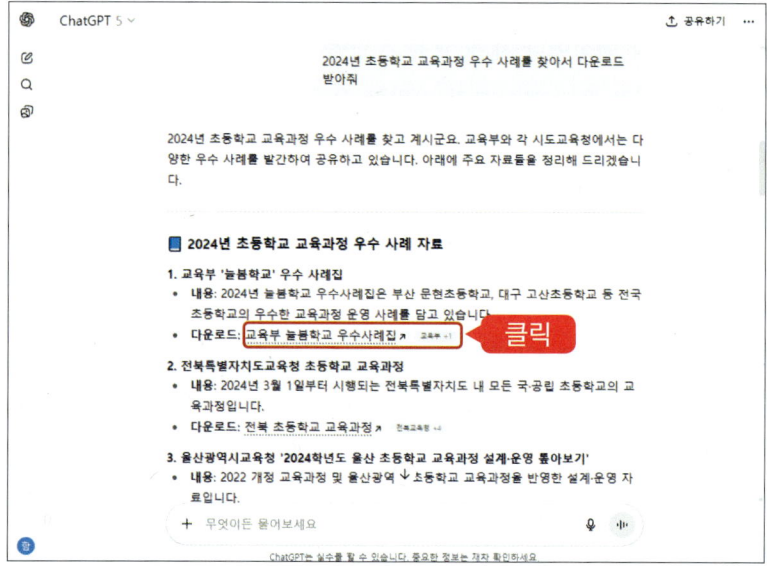

▲ 2024 교육과정 우수 사례 검색 _ 2024 교육과정 우수사례 검색의 예시
※ 빨간색 교육부 늘봄학교 우수사례집 클릭 시 교육부 늘봄학교 자료실로 이동

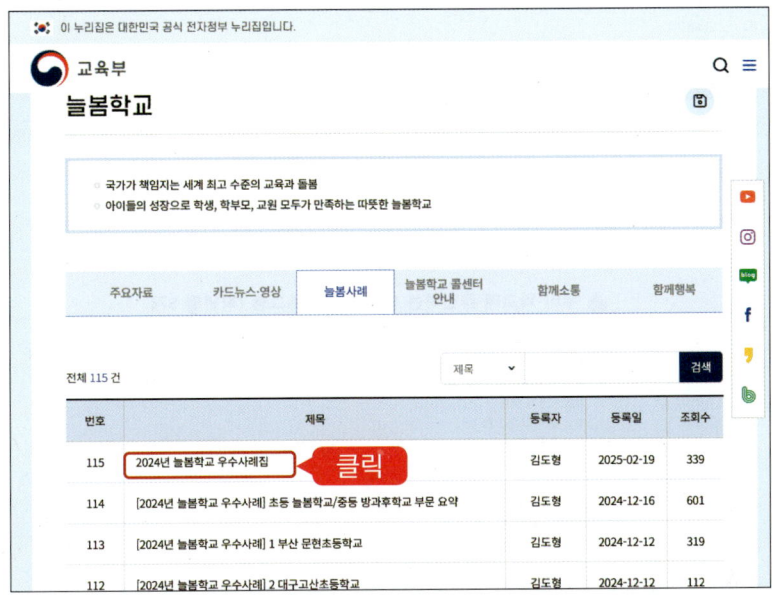

▲ 2024 교육과정 우수 사례 검색 _ 클릭 시 각종 자료 다운로드 가능

    교재에서는 예시로 2024년 우수 교육과정을 한 번 검색해 보았습니다. 첫 화면에 최근 등장한 '늘봄학교' 사례가 보입니다. 생긴 지 얼마 되지 않은 업무인 만큼 막막함이 앞섭니다. 검색 결과의 파란색 [교육부 늘봄학교 우수사례집]을 클릭해 보겠습니다. 최근 우수 자료들과 함께 전국의 늘봄학교 우수 운영 사례를 찾아보실 수 있습니다.

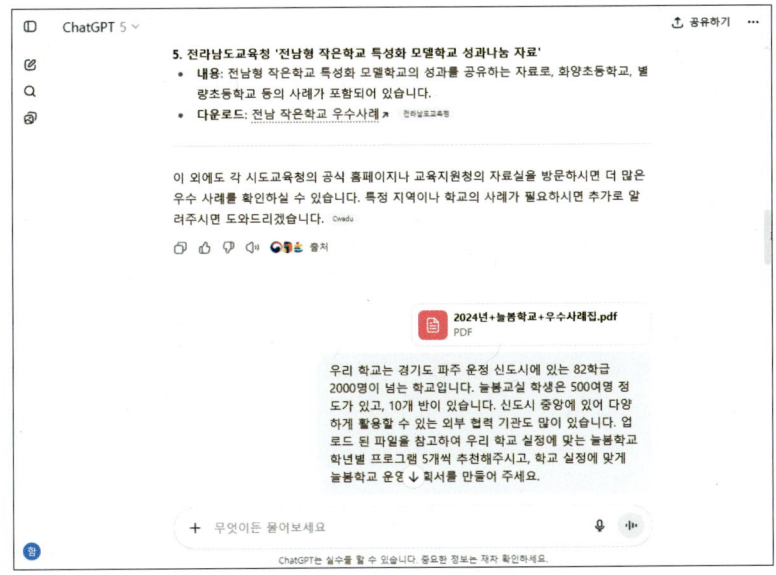

▲ 우리 학교 늘봄학교 계획 세우기

※ 다운로드 받은 우수사례집 분석을 바탕으로 구체적인 프롬프트를 입력하여 계획서 요청

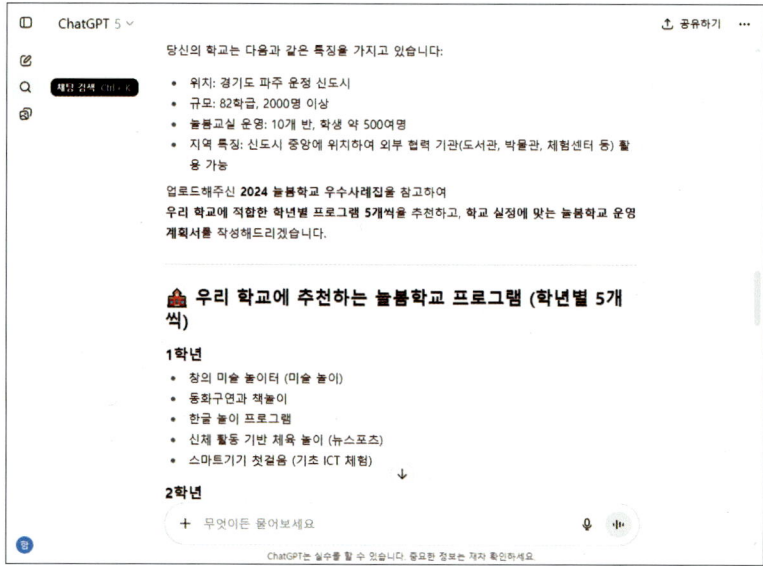

▲ 우리 학교 늘봄학교 계획 세우기 – ChatGPT의 우리학교 분석

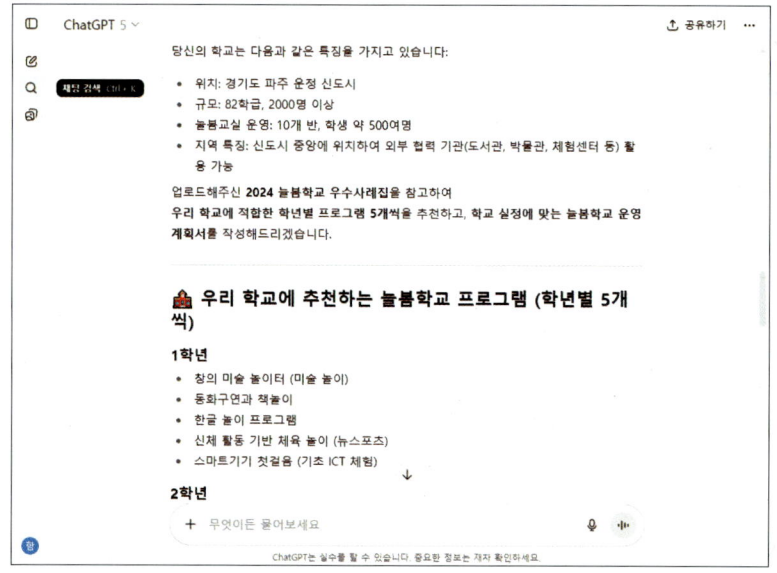

▲ 우리 학교 늘봄학교 계획 세우기 – ChatGPT의 학년별 프로그램 추천

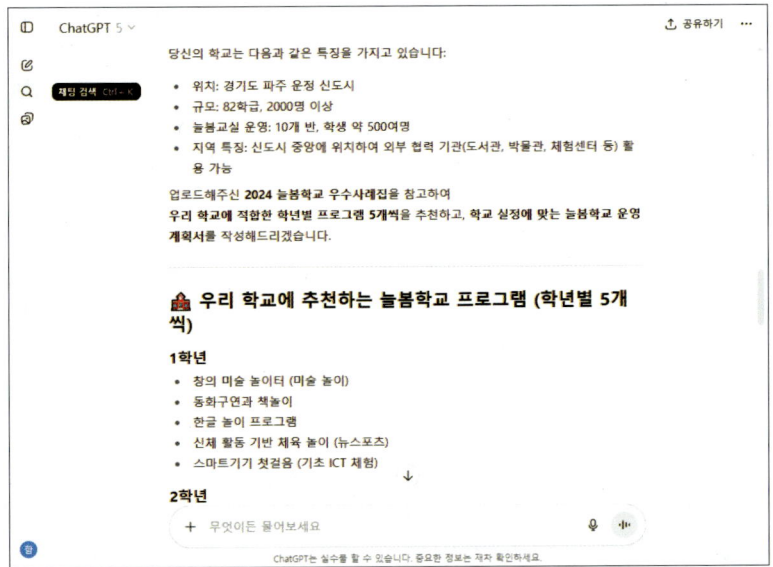
▲ 우리 학교 늘봄학교 계획 세우기 – ChatGPT의 우리 학교 실정에 맞는 늘봄학교 운영 계획서

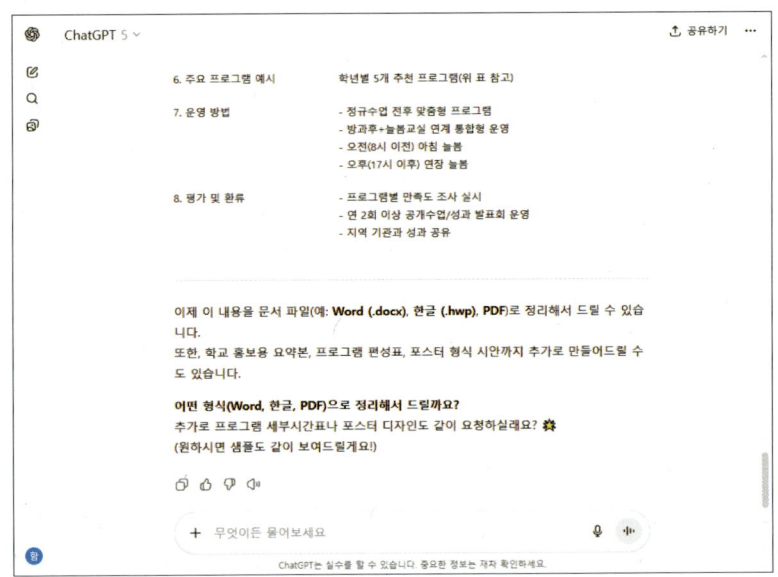
▲ 우리 학교 늘봄학교 계획 세우기 – ChatGPT의 추가 도움과 마무리
※ 문서로 다운로드, 추가적으로 필요한 사항(포스터, 편성표 등) 제작 가능

　명령 프롬프트 입력 후 ChatGPT가 우리 학교의 실정을 반영한 프로그램과 계획서, 그리고 추가적으로 작업이 더 필요한지 묻는 장면을 보실 수 있습니다. 이후 선생님들께서 필요한 작업을 추가로 실행하실 수 있습니다.

ChatGPT 심층 리서치로 학교 방송 업무 조사하기

실습으로 간단하게 방송 업무를 처음 맡게 된 교사가 되어 많은 선생님들이 어려워하시는 방송부 활동 계획을 검색해 보겠습니다. 이번에는 ChatGPT의 핵심 기능 중 하나인 '심층 리서치' 기능을 활용해 보겠습니다. 심층 리서치 기능을 활용하면 시간이 많이 소요되지만 더욱 심도 있는 자료를 검색할 수 있습니다.

> **질문** 나는 경기도 초등학교 교사야. 우리 학교는 분교라서 대규모 도시 학교들, 특히 담당 업무를 맡은 일들부터 되게 막막해. 예를 들어 방송 업무를 맡게 되었는데, 방송부를 어떻게 운영해야 할지도 모르겠고, 연간 계획도 없어서 선배 교사한테 물어보기도 어렵고... ChatGPT로 검색하면 찾을 수 있을까?

> 좋습니다. 경기도 소재 대규모와 제한적 도시 초등학교들의 활동을 중심으로 방송 업무 관련 연간 운영계획서나 도시 초등학교들의 방송부(방송위원회) 운영사례를 찾아보겠습니다. 예를 들어 "학교 방송 업무"와 같은 키워드로 검색하시면, ChatGPT의 심층 리서치 기능과 기본적인 검색 기능을 통해 다양한 자료를 찾을 수 있습니다. 한번 시도해보실까요?

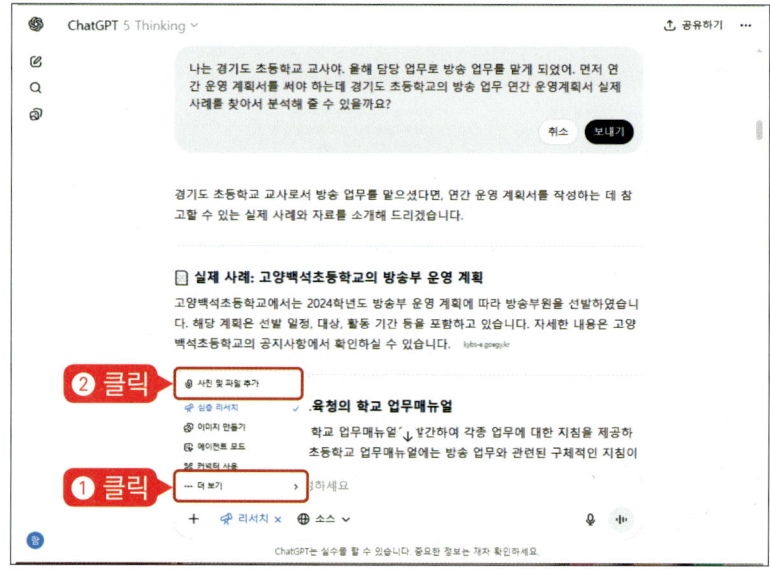

▲ 실습 활동 – 심층 리서치 기능 활용하기 _ 심층 리서치 기능 활용해서 방송부 활동 계획 검색

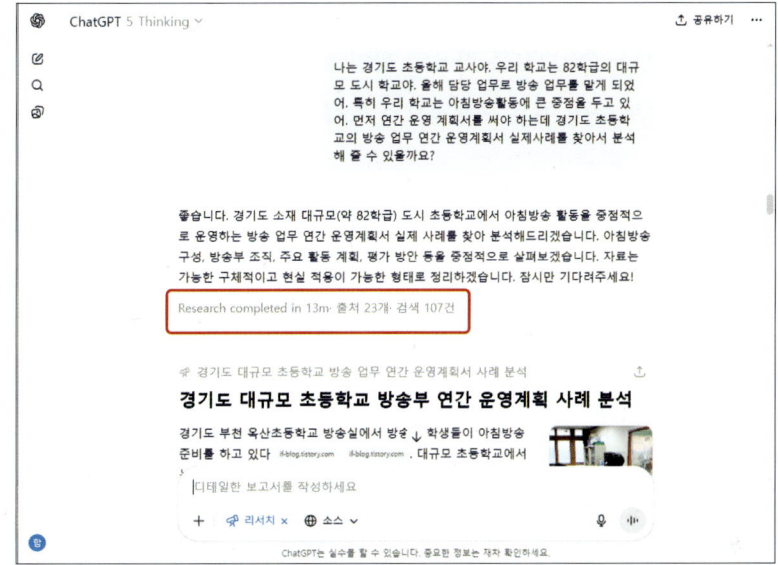

▲ 실습 활동 – 심층 리서치 기능 활용 결과 _ 심층 리서치 기능 활용시 검색 시간과 출처 검색 건수 확인

 1. 경기도대규모초등학교방송부연간운영계획사례분석

1.1. 방송부조직체계및역할

구성인원및학년, 역할분담(아나운서팀, 기술팀, 음향팀, 영상팀, 시종담당), 담당교사역할등을설명했습니다.

1.2. 아침방송의편성및진행방법

방송시간및빈도, 주요방송내용(공지, 학습콘텐츠, 음악방송, 특별코너), 진행방식과콘텐츠예시를정리했습니다.

1.3. 월별주요방송활동계획

1학기, 여름방학, 2학기, 겨울방학으로나누어월별아침방송및주요행사방송계획을정리했습니다.

1.4. 방송장비및시설관리계획

장비현황파악, 정기점검일정, 기자재관리책임, 고장및장애대응, 시설업그레이드계획을제시했습니다.

1.5. 방송부원선발및교육방법

부원선발시기와방법, 신규부원교육방법, 지속적교육및훈련방안을설명했습니다.

1.6. 평가및개선방안

정기평가, 피드백수렴, 활동실적분석, 포상및동기부여, 개선계획수립방법을안내했습니다.

1.7. 결론및비교소견

학생자치와성장강조, 체계적인연간계획, 학교행사와방송부연계의중요성, 학교별차이와공통점분석을제시했습니다.

▲ 실습 활동1 – 심층 리서치 기능 활용 결과 상세 리포트

Chapter 03 기능별로 정리한 ChatGPT 활용 전략 **207**

심층 리서치로 검색한 결과, 아주 상세한 리포트가 작성되었습니다. 교재에는 지면 관계상 요약을 실어 드렸으나, QR코드를 활용해 확인해 보신다면 상세한 분석과 사례, 그리고 담당 업무와 연간 계획서 등이 매우 구체적으로 작성되었음을 확인하실 수 있습니다.

ChatGPT 기본검색으로 기초학력교육계획 탐색하기

항상 심층 리서치를 이용할 필요는 없습니다. 많은 양의 자료가 필요하거나 PDF 파일, 보고서, 블로그 후기, 연구 자료 등 다양한 포맷과 출처의 자료가 필요할 때 심층 리서치를 이용하면 유용합니다. 그러나 늘 이러한 상황이 있는 것은 아닙니다. 빠르게 검색하고 결과를 얻어야 하는 상황이라면 기본적인 검색 기능을 활용해도 충분히 필요한 자료를 얻을 수 있습니다.

이번에는 검색 기능을 활용하여 '기초학력교육계획'을 검색해 보았습니다. 다양한 사례와 근거 자료들이 검색되어 선생님들께서 쉽게 접근해 중요 핵심 내용을 확인해 볼 수 있습니다. 새롭게 맡게 된 업무, 또는 모르는 업무 ChatGPT와 함께 해결해 나가시면 어떨까요? 많은 도움을 받으실 수 있으실 겁니다.

 나는 경기도 파주의 82학급의 초등학교 교사야. 올해 처음으로 기초학력교육 관련 업무를 맡았는데, 아는 것이없어. 그래서 경기도교육청에서 실시하는 기초학력과 관련된 핵심 사업을 파악하고 싶어. 그리고 경기도의 다른초등학교에서는 어떻게 운영하고 있는지 실제 운영계획 서를 5개 정도 참고하고 싶어

 경기도 파주의 초등학교 교사로서 처음 기초학력교육 업무를 맡으셨군요. 경기도교육청의 기초학력 보장 정책과 다른 학교들의 운영 사례를 파악하는 데 도움이 될 자료들을 정리해 드리겠습니다.
★ 경기도교육청의 기초학력 보장 핵심 사업
경기도교육청은 모든 학생의 기초학력 보장을 위해 다양한 정책을 추진하고 있습니다. 주요 사업은 다음과 같습니다.
 1. 기초학력 진단-보정 시스템 운영
● 연 5회 진단검사를 통해 학습부진 학생을 조기에 발견하고, 맞춤형 보정 프로그램을 운영...
~ 이하 생략

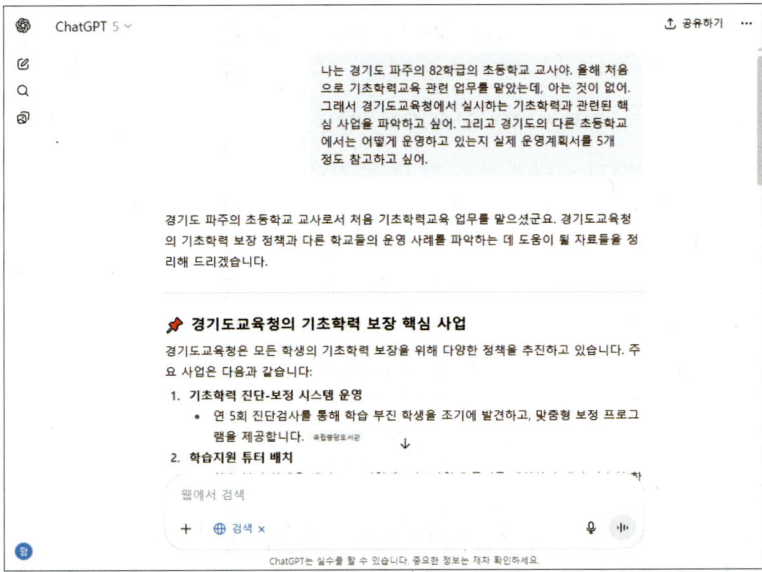

▲ 실습 활동2 - 검색 기능 활용 _ 간단한 서칭으로 빠른 시간 동안 검색 가능

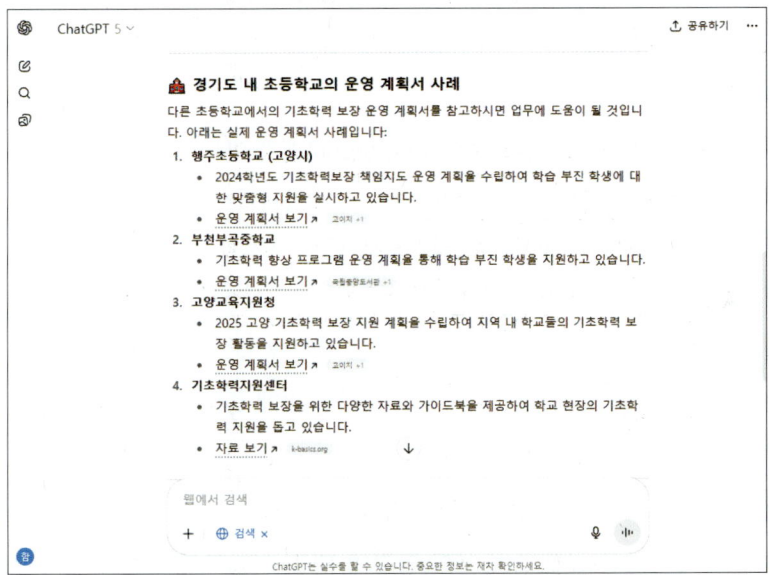

▲ 실습 활동2 - 검색 기능 결과 _ 다른 학교의 운영 계획서 검색 가능

▲ 실습 활동2 - 검색 결과 링크

Chapter 03 기능별로 정리한 ChatGPT 활용 전략 **209**

ChatGPT로 교육정책·교육과정 자료 배경 조사하기

　2015 개정 교육과정, 2022 개정 교육과정, 진로교육 중심 정책, IB 도입, AI 디지털 교과서(AIDT) 등 교육정책과 교육과정은 몇 년 주기로 빠르게 변화하고 있습니다. '백년지대계'라 불리던 교육이 이렇게 자주 바뀌어도 되는지 의문을 품는 교사들도 많습니다. 현장을 잘 모르는 탁상행정이라는 비판이 나오는 이유도 여기에 있습니다. 하지만 사회가 급변하는 상황에서 교육만 멈춰 있을 수는 없습니다. 변화는 피할 수 없는 흐름이며, 이를 어떻게 받아들이고 준비할 것인가가 더 중요한 과제가 되었습니다.

　지금의 교육은 단순한 지식 전달에 머무를 수 없습니다. 디지털 전환, 인공지능, 4차 산업혁명 등 빠른 사회 변화에 따라 학생들에게는 창의적인 문제 해결력과 협업 능력이 요구되고 있습니다. 또한 학습자의 배경, 흥미, 능력은 점점 더 다양해지고 있어 획일적인 교육 방식으로는 성장을 이끌기 어렵습니다. 이에 따라 교육은 개인 맞춤형, 기초학력 보장, 경험 중심, 역량 중심으로 변화하고 있습니다. 중앙 중심의 일률적인 교육정책에서 벗어나 지역과 학교의 자율성이 강화되어야 하며, 기후위기, 인권, 평화 등 국제적 과제에 대응하는 세계시민 교육도 확대되고 있습니다.

　이런 변화 속에서 교사는 단순히 지시를 따르는 존재가 아니라, 흔들리지 않는 교육 철학 위에 유연한 사고를 더해 변화를 선도해야 하는 주체입니다. 그러나 변화의 속도가 너무 빠르기 때문에, 이를 일일이 따라가고 분석하는 데 드는 시간과 에너지는 교사에게 큰 부담이 됩니다. 이때 ChatGPT는 매우 유용한 도구가 됩니다. 복잡한 교육과정 문서를 요약하거나, 새로운 정책의 핵심을 빠르게 파악하고, 학교 상황에 맞는 자료를 생성할 때 ChatGPT를 활용하면 정보 해석과 정리에 드는 시간과 노력을 크게 줄일 수 있습니다.

ChatGPT로 정책 흐름 파악하고 교사 전문성 업그레이드하기

　2022 개정 교육과정은 급변하는 사회 환경에 대응하여 학생 중심의 역량 기반 교육을 실현하기 위해 마련된 국가 수준의 교육정책입니다. 이 개정은 디지털 전환, 기후 위기, 학령인구 감소 등 다양한 사회적 변화에 효과적으로 대응하고자 하는 목적을 가지고 있습니다. 그 추진 배경에는 '디지털 전환', '기후 및 생태 변화', '학령인구 감소', '학습자 다양성 확대'와 같은 사회적 변화에 대응하기 위해 추진되었습니다.

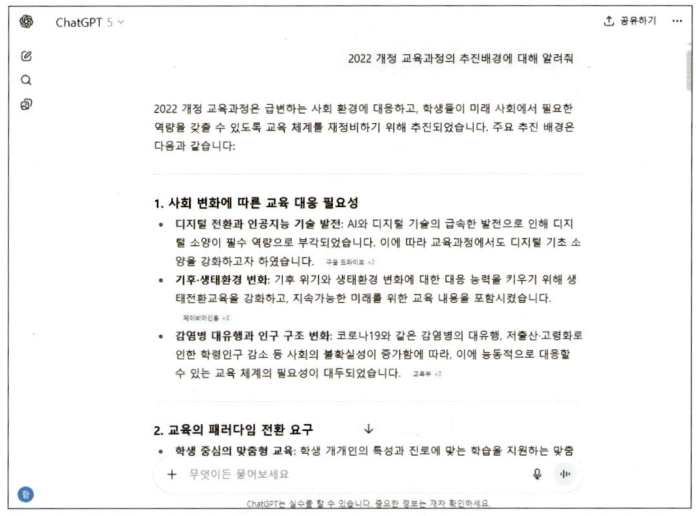

▲ 2022 개정 교육과정의 추진배경 _ 2022 개정 교육과정의 핵심 내용을 쉽게 정리

 2022 개정 교육과정은 급변하는 사회 환경에 대응하고, 학생들이 미래 사회에서 필요한 역량을 갖출 수 있도록 교육 체계를 재정비하기 위해 추진되었습니다. 주요 추진 배경은 다음과 같습니다.

1. 사회 변화에 따른 교육 대응 필요성

디지털 전환과 인공지능 기술 발전: AI와 디지털 기술의 급속한 발전으로 인해 디지털 소양이 필수 역량으로 부각되었습니다. 이에 따라 교육과정에서도 디지털 기초 소양을 강화하고자 하였습니다.

기후·생태환경 변화: 기후 위기와 생태환경 변화에 대한 대응 능력을 키우기 위해 생태전환교육을 강화하고, 지속가능한 미래를 위한 교육 내용을 포함시켰습니다.

감염병 대유행과 인구 구조 변화: 코로나19와 같은 감염병의 대유행, 저출산·고령화로 인한 학령인구 감소 등 사회의 불확실성이 증가함에 따라, 이에 능동적으로 대응할 수 있는 교육 체계의 필요성이 대두되었습니다.

2. 교육의 패러다임 전환 요구

학생 중심의 맞춤형 교육: 학생 개개인의 특성과 진로에 맞는 학습을 지원하는 맞춤형 교육에 대한 요구가 증가하였습니다. 이를 반영하여 고교학점제 도입 등 학생 선택권을 확대하였습니다.

공동체 의식과 협력의 중요성 강조: 사회적 문제 해결을 위한 협력의 필요성이 증가함에 따라, 상호 존중과 공동체 의식을 함양하는 교육이 강조되었습니다.

3. 교육과정 자율화 및 분권화의 필요성

교육 주체들의 참여 확대: 교육과정 의사 결정 과정에 다양한 교육 주체들의 참여를 확대하고, 교육과정 자율화 및 분권화를 활성화해야 한다는 요구가 높아졌습니다.

이러한 추진 배경을 바탕으로 2022 개정 교육과정은 학생들이 미래 사회에서 주도적으로 살아갈 수 있도록 자기주도성, 창의성, 공동체 의식 등을 함양하는 데 중점을 두고 있습니다.

추가 정보 및 자료

교육부 공식 발표: 2022 개정 교육과정의 총론 주요사항은 교육부 누리집에서 확인하실 수 있습니다.

교육과정 원문 및 해설서: 국가교육과정 정보센터(NCIC)에서는 교육과정 원문 및 해설서를 제공합니다.

영상 자료: 2022 개정 교육과정의 개정 배경 및 주요 내용을 다룬 영상도 참고하실 수 있습니다.
〈유튜브 영상 링크 하단에 첨부〉
2022 개정 교육과정의 추진 배경에 대한 상세 리포트

▲ 2022 개정 교육과정의 개정 배경 및 주요 내용 유튜브 영상 (출처 부산광역시교육청)

    2015 교육과정이 도입된 지 불과 얼마 되지 않았는데, 왜 또 2022 개정 교육과정이 등장했을까요? 구글이나 네이버 검색창 등에 '2022 개정 교육과정 개정의 배경'이라고 키워드 위주의 검색을 할 수도 있지만, 그 과정에서는 검색된 내용들을 필터링해 다시 확인해야 하는 번거로움이 발생합니다. ChatGPT를 활용하면 효율적으로 자료를 수합하고 보기 편한 방식으로 정리해 달라고 요청할 수 있습니다. ChatGPT를 활용해서 2022 개정 교육과정의 도입 배경에 대해 검색해 보겠습니다. 필자 역시 연수도 들어보고, 교육부, 교육청에서 제공한 자료를 봐왔지만, 엄청난 양의 자료에 그저 압도되기만 했습니다. 그런데 ChatGPT로 요약된 근거와 핵심 키워드, 핵심 문장과 내용을 확인해 보니 이해가 훨씬 쉬웠습니다.

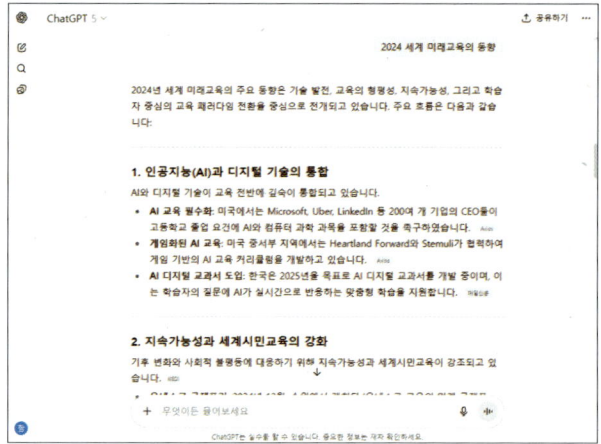

▲ 세계 미래교육에 대한 동향

ChatGPT로 미래교육 트렌드 파악하기

마찬가지로 다른 나라의 교육 동향에 대해 글로벌하게 알아보았습니다. 몇 년 전부터 시작된 유네스코의 미래교육 동향 자료를 포함해 에스토니아의 사례까지 다양한 사례와 앞으로 우리가 나아가야 할 세계적인 동향을 검색·정리해 준 모습을 볼 수 있었습니다.

나는 초등학교 교사야. 올해 처음으로 '다문화, 시민교육' 업무를 배정 받았어. 그런데 업무 중에 'IB 교육과정'이 있는데 이게 뭔지 잘 모르겠어. 2022 개정 교육과정을 바탕으로 IB 교육과정의 배경과 필요성, 학교에서 운영할 월별프로그램을 만들어서 이를 바탕으로 '00초등학교 IB 교육연간 운영계획'을 만들어 줄 수 있겠어?

물론 도와드릴 수 있습니다. 아래에 구성한 내용은 다음 순서로 구성됩니다:
1. IB 교육과정의 배경 및 필요성 (2022 개정 교육과정과의 연계 중심)
2. 00초등학교 IB 교육 연간 월별 프로그램 예시안
3. 위 내용을 바탕으로 한 연간 운영계획서(서식 형태)

1. IB 교육과정의 배경 및 필요성
IB (International Baccalaureate) 교육과정~ 세계시민으로서의 자질을 갖춘 인재 양성을 목표로, 탐구 중심 학습과 국제 이해, 비판적 사고, 협력학습을 강조하는 국제 교육 프로그램입니다.
~ 이하 생략 -

2024년 세계 미래교육의 주요 동향은 기술 발전, 교육의 형평성, 지속가능성, 그리고 학습자 중심의 교육 패러다임 전환을 중심으로 전개되고 있습니다. 주요 흐름은 다음과 같습니다.

1. 인공지능(AI)과 디지털 기술의 통합
AI와 디지털 기술이 교육 전반에 깊숙이 통합되고 있습니다.
AI 교육 필수화: 미국에서는 Microsoft, Uber, LinkedIn 등 200여 개 기업의 CEO들이 고등학교 졸업 요건에 AI와 컴퓨터 과학 과목을 포함할 것을 촉구하였습니다.
게임화된 AI 교육: 미국 중서부 지역에서는 Heartland Forward와 Stemuli가 협력하여 게임 기반의 AI 교육 커리큘럼을 개발하고 있습니다.
AI 디지털 교과서 도입: 한국은 2025년을 목표로 AI 디지털 교과서를 개발 중이며, 이는 학습자의 질문에 AI가 실시간으로 반응하는 맞춤형 학습을 지원합니다.

2. 지속가능성과 세계시민교육의 강화
기후 변화와 사회적 불평등에 대응하기 위해 지속가능성과 세계시민교육이 강조되고 있습니다.
유네스코 국제포럼: 2024년 12월, 수원에서 개최된 '유네스코 교육의 미래 국제포럼'에서는 56개국의 교육 전문가들이 모여 '미래를 위한 새로운 사회계약'을 주제로 교육의 방향성을 논의하였습니다.
다문화 및 세계시민교육: 다문화교육, 세계시민교육, 지속가능발전교육이 상호 연계되어 학생들에게 다양성과 협력의 중요성을 가르치고 있습니다.

3. 학습자 중심의 맞춤형 교육 확대

개인의 학습 속도와 스타일에 맞춘 맞춤형 교육이 확산되고 있습니다.

에스토니아의 교육 모델: 에스토니아는 문제 해결, 비판적 사고, 디지털 역량을 강조하는 균형 잡힌 교육과정을 운영하며, 학생들은 다양한 분야를 폭넓게 학습합니다.

마이크로러닝과 온라인 학습: 짧고 집중적인 학습 콘텐츠인 마이크로러닝이 인기를 끌고 있으며, 온라인 학습 플랫폼을 통한 자율적 학습도 증가하고 있습니다.

4. 교육 형평성과 접근성 강화

교육의 형평성과 접근성을 높이기 위한 노력도 지속되고 있습니다.

디지털 격차 해소: 미국 중서부 지역에서는 게임화된 AI 교육을 통해 농촌 지역 학생들의 디지털 격차를 해소하려는 노력이 진행되고 있습니다.

대학의 디지털 전환: 전통적인 대학 교육 모델에서 벗어나 디지털 기반의 교육을 통해 더 많은 학생들에게 고등교육의 기회를 제공하려는 움직임이 있습니다.

5. 교육의 미래를 위한 새로운 사회계약

교육의 목적과 방법에 대한 근본적인 재검토가 이루어지고 있습니다.

미래를 위한 사회계약: 유네스코는 '미래를 위한 새로운 사회계약'을 제안하며, 교육이 개인의 성장뿐만 아니라 사회적 연대와 지속가능한 발전을 위한 핵심 역할을 해야 한다고 강조하고 있습니다.

이러한 동향은 교육이 단순한 지식 전달을 넘어, 기술과 인간성, 지속가능성과 형평성을 아우르는 포괄적인 방향으로 나아가고 있음을 보여줍니다.

▲ 2024 세계 미래교육의 동향에 대한 상세 리포트

이를 바탕으로 교사로서 제 개인적인 시야를 넓힐 수 있었고, 세계적인 흐름을 읽을 수 있어 앞으로 저 자신에 대한 자기 계발 계획과 학생 지도 계획까지도 구상해 볼 수 있었습니다.

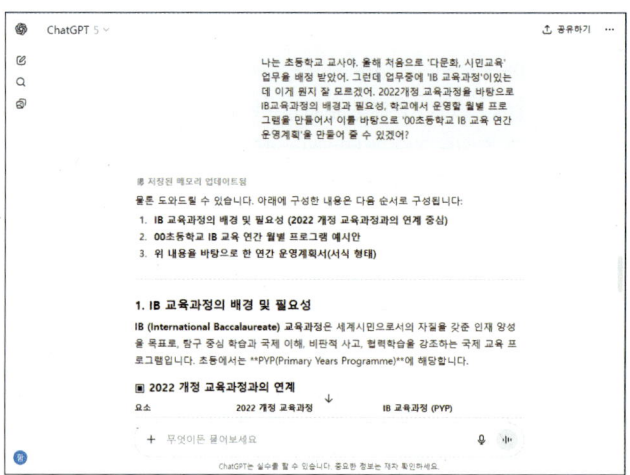

▲ 실습 활동 - IB 교육과정

추가적으로, 미래교육의 메가 트렌드 중 하나인 IB 교육과정에 대해 알아보았습니다. 몇 시간 연수를 들어도 어렵게만 느껴지는 IB 과정에 대해 쉽게 이해할 수 있도록 자료가 정리되었습니다. 특히, 이를 통해 학교의 운영 계획서를 만들 수 있다는 장점도 있습니다. 교육청에서는 왜 이런 일을 하라고 하는 걸까? 이 일이 교육활동에 꼭 필요한 일일까? 고민하지 마시고 교육 정책과 교육과정 이해를 바탕으로 미래 교육을 선도하는 선생님이 돼보시면 어떠실까요?

1. IB 교육과정의 배경 및 필요성

IB (International Baccalaureate) 교육과정은 세계시민으로서의 자질을 갖춘 인재 양성을 목표로, 탐구 중심 학습과 국제 이해, 비판적 사고, 협력학습을 강조하는 국제 교육 프로그램입니다. 초등에서는 **PYP(Primary Years Programme)**에 해당합니다.

■ 2022 개정 교육과정과의 연계

요소	2022 개정 교육과정	IB 교육과정 (PYP)
교육 목표	삶의 문제 해결 역량, 공동체 중심 가치 함양	때리기, 밀치기, 꼬집기, 감금, 약취, 유인 등 신체적 고통을 주는 행위
학습 방식	역량 중심 통합 교육과정	탐구 기반 학습 (Inquiry-based learning)
중점 역량	자기관리, 공동체, 의사소통, 지식정보처리	사고력, 커뮤니케이션, 사회성, 자기관리
다양성 존중	다문화·시민교육 강조	문화 간 이해, 글로벌 이슈 탐색 강조

2. IB 교육 프로그램 월별 운영 예시

(적용 대상: 3~6학년 / 다문화·시민교육 연계)

월	주제 중심 탐구 내용	활동 예시	관련 역량
3월	우리는 누구인가? (자아와 타자 이해)	'나를 소개합니다' 인터뷰, 가족문화 나누기	자기관리, 의사소통
4월	우리는 어디에 있는가? (공간과 사회)	우리 마을 탐방, 다문화 가정 인터뷰	사회성, 커뮤니케이션
5월	우리는 어떻게 서로 소통하는가? (언어와 표현)	다국어 인사 배우기, 전통 의상 체험	문화 감수성, 표현 능력
6월	우리는 어떻게 스스로를 표현하는가?	'나만의 국기' 만들기, 전통놀이 공유	창의성, 자기관리
7월	책임 있는 세계 시민이란?	쓰레기 분리 체험, 지속가능 포스터 만들기	비판적 사고, 공동체 의식
9월	우리는 어떻게 세계를 조직하는가?	'어린이 인권 선언' 만들기	협력, 윤리성
10월	시간의 흐름과 변화	세계 명절 조사, 각 나라 역사 카드 만들기	협력, 윤리성
11월	다양한 관점 이해하기	다문화 드라마 보기 후 토론	공감, 비판적 사고
12월	우리는 어떻게 배우는가?	연간 탐구 전시회 / 문화공유의 날	자기성찰, 발표 역량

3. 『00초등학교 IB 교육 연간 운영계획서』예시안

학교명: 00초등학교 대상: 3~6학년 전 학급 운영 부서: 다문화·시민교육 담당 목표: 학생들이 스스로의 정체성과 문화에 대해 이해하고, 다른 문화와 관점을 존중하는 태도를 기른다.
탐구 기반 학습을 통해 국제적 감수성과 시민적 책임을 함양한다.

연간 운영 개요

영역	내용
교육 목표	IB PYP 철학과 2022 교육과정을 접목하여 '탐구 중심 다문화·시민 교육' 운영
운영 시기	2025년 3월 ~ 12월 (연 9회 이상 프로그램 운영)
운영 형태	학급 프로젝트, 창의적 체험활동 시간 활용, 다문화 체험주간 연계
평가 방법	과정 중심 평가 (활동지, 인터뷰, 전시, 발표), 학부모 공유회
협력 기관	지역 다문화센터, 도서관, 시청 시민교육과 등

월별 운영 내용 요약 (예시)

월	프로그램명	주요 활동	운영 방법 관련 역량
3월	나와 너의 이야기	가족문화 소개, 탐구 포트폴리오 시작	개별 발표 + 클래스북 제작
4월	지역 사회와 다문화 이해	마을 속 문화탐방, 현장견학	마을기록 프로젝트
...			
12월	세계와 나 전시회	연간 탐구 전시회 & 학부모 초청 행사	학교 축제와 연계 운영

IB 교육과정의 배경 및 필요성(2022 개정 교육과정과의 연계 중심)에 대한 상세 리포트

학생 진로와 흥미를 고려한 개별화 교육 전략 세우기

　초등학교 교사로서 학생 개별화 교육의 필요성과 중요성에 대한 이해는 교육 실천에 큰 도움이 됩니다. 특히 개별화 교육은 학교 현장에서 학생 한 명, 한 명을 위한 맞춤형 교육으로 그 중요성은 더욱 커지고 있습니다. 개별화 교육은 왜 중요할까요? 간략하게 말한다면 '우리 아이들 한 명, 한 명이 모두 다르기 때문'입니다. 우리 아이들은 저마다 가진 재능, 흥미, 학습 속도, 어려움을 느끼는 부분이 모두 다릅니다. 따라서 개별화 교육은 모든 아이가 자신의 잠재력을 활짝 꽃피울 수 있도록 돕는 것입니다. 또 기존의 획일적인 교육이 기성복이라고 한다면 개별화 교육은 '아이들의 학습 수준, 방식, 흥미에 맞춰 교육 내용을 조절하는 맞춤옷'과 같습니다. 아이들은 자신에게 딱 맞는 학습 경험을 통해 더욱 효과적으로 배우고 성장할 수 있습니다.

점점 더 중요해지는 학생 개별화 교육

개별화 교육은 아이들의 강점을 발견하고 흥미를 유발하는 다양한 학습 경험을 제공하여 아이가 가지고 있는 저마다의 '숨겨진 재능과 가능성을 깨우는 역할'을 하게 될 것입니다. 마지막으로 개별화 교육은 '맞춤형 지원과 보충 학습 기회를 제공'하여 누구도 소외되지 않고 함께 성장할 수 있도록 돕습니다. 학생 개별화 교육의 필요성과 중요성을 요약한다면 다음과 같이 제시할 수 있습니다.

1. 학생 개별화 교육의 필요성
    가. 학생 간 학습 격차 심화
    나. 다양한 학습 양식과 흥미 존중 필요
    다. 교육의 공정성과 정의 실현

2. 학생 개별화 교육의 중요성
    가. 학생의 자기주도성 및 학습동기 향상
    나. 학습 포기자 최소화 및 기초학력 보장
    다. 창의성과 잠재력 계발

결론적으로, 개별화 교육은 더 이상 선택이 아닌 필수적인 시대적 요구입니다. 학생 한 명 한 명의 개성을 존중하고, 잠재력을 최대한 발휘하도록 돕는 맞춤형 교육을 통해 우리 아이들은 미래 사회의 핵심 인재로 성장할 수 있을 것입니다.

ChatGPT와 함께 실천 가능한 개별화 교육 전략 살펴보기

그렇다면 교사로서 우리가 실천 가능한 개별화 교육 전략에는 무엇이 있을까요? 다양한 방법이 있지만 다음과 같은 예시로 제시할 수도 있을 것입니다.

전략명	설명	적용 예시
수준별 학습 자료 제공	동일한 학습 목표를 유지하되 난이도 조절된 자료를 제공	읽기 자료를 '기초-표준-도전' 단계로 분화
AI 기반 학습 진단 및 피드백	AI를 활용해 학생 개별 진단 후 학습 맞춤 콘텐츠 제공	똑똑 수학탐험대, 맞춤형 단어 학습 앱 활용
개별 학습계획 (ILP: Individual Learning Plan)	교사와 함께 개별 목표 설정 및 자기주도 학습 계획 수립	월별 또는 단원별로 자신의 학습 목표를 정하고 성찰 일지 작성
학생 맞춤 피드백 제공	평가 이후 점수 중심 피드백이 아닌, 개인의 성장에 주목한 구체적 조언	"이번 활동에서 너는 표현력이 눈에 띄었어. 다음엔 어휘 선택에 더 신경 써보자."
협력학습 내 역할 차별화	협력학습 구조 내에서 학생 수준에 맞는 역할 부여	발표자는 상위 수준 학생, 요약자는 중간, 질문 정리는 기초 수준 학생에게 맡김

이를 바탕으로 ChatGPT를 활용해 '3학년 영어 교과 1단원 Where are you from?'의 개별화 교육 전략을 적용한 적용 예시를 만들어 보았습니다.

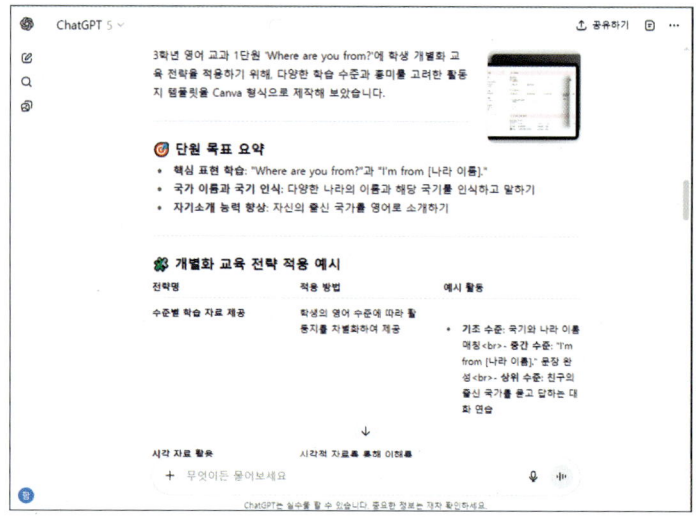

▲ 개별화 교육과정 전략 적용의 예

 🎯 단원 목표 요약

핵심 표현 학습: "Where are you from?"과 "I'm from [나라 이름]."
국가 이름과 국기 인식: 다양한 나라의 이름과 해당 국기를 인식하고 말하기
자기소개 능력 향상: 자신의 출신 국가를 영어로 소개하기

☐ 개별화 교육 전략 적용 예시

전략명	적용 방법	예시 활동
수준별 학습 자료 제공	학생의 영어 수준에 따라 활동지를 차별화하여 제공	기초 수준: 국기와 나라 이름 매칭 – 중간 수준: "I'm from [나라 이름]." 문장 완성 – 상위 수준: 친구의 출신 국가를 묻고 답하는 대화 연습
시각 자료 활용	시각적 자료를 통해 이해를 돕고 흥미를 유발	다양한 국기의 이미지 제공 – 나라 이름과 국기를 연결하는 활동
협력학습 내 역할 차별화	조별 활동에서 학생의 수준에 맞는 역할을 부여하여 협력학습 진행	기초 수준: 국기 색칠하기– 중간 수준: 나라 이름 말하기– 상위 수준: 친구의 출신 국가를 묻고 답하기

🎨 활동지 템플릿 (Canva 형식)
아래의 링크를 통해 Canva에서 직접 편집 가능한 활동지 템플릿을 확인하실 수 있습니다.
☞ Canva 활동지 템플릿 보기
이 템플릿은 다음과 같은 구조로 구성되어 있습니다.

Warm-up 활동: 국기 이미지와 나라 이름을 매칭하는 활동
핵심 표현 연습: "Where are you from?"과 "I'm from [나라 이름]." 문장 완성
역할극(Role-play): 친구와 짝을 이루어 서로의 출신 국가를 묻고 답하는 대화 연습
자기소개 포스터 만들기: 자신의 출신 국가와 국기를 포함한 자기소개 포스터 제작

추가 팁
학생 수준에 맞는 자료 제공: 학생의 영어 수준을 고려하여 활동지를 선택적으로 제공하세요.
시각 자료 활용: 국기 이미지와 같은 시각 자료를 활용하여 학생의 이해를 돕고 흥미를 유발하세요.
협력학습 진행: 조별 활동을 통해 학생들이 서로 협력하며 학습할 수 있도록 유도하세요.

▲ 3학년 영어 교과 1단원 'Where are you from?'에 학생 개별화 교육 전략을 적용 상세 리포트

ChatGPT로 진로·흥미 조사하기

인지적인 부분에서는 이렇게 AIDT나 학생 학습 관리 LMS의 발전으로 학생들의 학습과 관련된 개별화 교육은 어느 정도 기틀을 잡아가고 있는 것 같습니다. 그렇다면 AI나 에듀테크로 해결할 수 없는 정서적인 부분에 우리 교사들이 좀 더 관심을 가지고 노력해 보는 것은 어떨까요? 이번에는 학생들의 진로와 흥미를 조사하는 방법을 ChatGPT와 함께 알아보겠습니다.

 나는 초등학교 교사야. 학생의 진로·흥미 조사를 할 수 있는 방법이 있을까?

 학생들의 진로와 흥미를 파악하기 위해 다양한 방법을 복합적으로 활용할 수 있습니다. 아래에 초등학생 수준에 맞춘 주요 방법과 구체적인 실행 팁을 정리해 보았습니다.
1. 간이 설문지 활용
~ 이하 생략

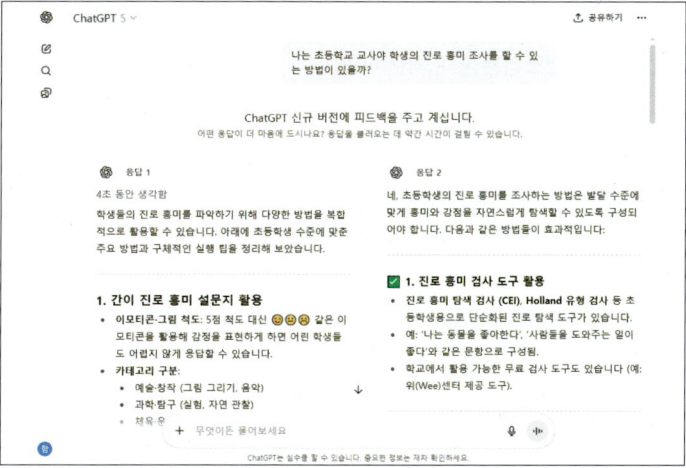
▲ 진로 흥미 조사 _ 응답1은 저학년용 응답2는 고학년용으로 2가지 응답을 만들어 주는 모습

1. 간이 진로 흥미 설문지 활용

이모티콘·그림 척도: 5점 척도 대신 ☺ 😐 ☹같은 이모티콘을 활용해 감정을 표현하게 하면 어린 학생들도 어렵지 않게 응답할 수 있습니다.

카테고리 구분:

예술·창작 (그림 그리기, 음악)

과학·탐구 (실험, 자연 관찰)

체육·운동 (축구, 수영)

봉사·리더십 (도움 주기, 발표)

기술·공학 (블록 조립, 로봇)

예시 질문

"그림 그리기는 재미있어요?" ☺ 😐 ☹

"실험해 보는 활동을 해보고 싶나요?" ☺ 😐 ☹

2. 자유로운 직업 그림 그리기·롤플레이

그림 그리기 활동:

"크레파스로 내가 되고 싶은 직업을 그려 보세요."

교사는 그림 옆에 간단히 이유("왜 그 직업이 좋아요?")를 메모하게 함.

롤플레이:

모둠별로 역할(의사, 소방관, 선생님 등)을 나눠서 짧은 상황극을 해 보고, 느낀 점을 나눔.

발표 후 토론: "어떤 점이 즐거웠나요?", "어려웠던 점은?"

3. 교사·면담 및 관찰

개별 면담

짧게(5분 내외) "요즘 가장 재미있게 하는 활동이 뭐야?", "앞으로 해보고 싶은 게 있어?" 질문.

기록 카드에 키워드로 메모해 두면 전체 경향 분석에 용이.

수업·놀이 관찰

자유 놀이 시간에 아이들이 어떤 영역(블록·역할 놀이·미술 등)에 자주 몰입하는지 기록.

반복 관찰을 통해 자연스러운 흥미 패턴 파악.

4. 진로 체험·탐방 활동

교내 직업 탐색 부스

학부모·지역사회 직업인(소방관, 제과사, 간호사 등)을 초청해 10분 내외 체험 부스 운영.

간단한 퀴즈나 손수건 만들기 등 체험 후 "가장 재미있었던 부스는?" 투표.

현장 탐방

근처 소방서·우체국·박물관 등 짧은 현장 학습. 돌아와서 느낀 점·흥미도 조사.

5. 디지털 도구·온라인 플랫폼
Google Forms / MS Forms
이모티콘 버튼이나 이미지 선택형 문항으로 구성
자동 집계 기능으로 클래스 전체 결과를 시각화
진로 흥미 검사 앱
'꿈길', '진로직업체험' 등 교육청 제공 무료 플랫폼
게임 형태의 흥미 검사 후 개별 리포트 활용

6. 부모·가정 협력
가정 통신문 동봉 설문
부모님께 "우리 아이가 좋아하는 활동"을 간단 체크하도록 요청
교실 설문 결과와 비교 분석
가정 인터뷰 과제
"집에서 해 보고 싶은 직업 체험"을 부모님과 이야기하고 그림·사진으로 제출

7. 데이터 종합 및 피드백
결과 정리: 설문지·관찰·체험 후 데이터를 표나 그래프로 요약
피드백 시간: 학생들에게 자신의 결과를 보여 주고 "이 결과를 보고 어떤 생각이 드나요?" 토의
개별 상담 연계: 흥미가 뚜렷한 분야에 대해 심화 활동 제안(동아리, 방과후 교실 등)

TIP 한 가지 방법에만 의존하기보다는 '설문▶활동▶면담▶체험' 과정을 순차적으로 운영하면 더 정교한 흥미 프로파일을 얻을 수 있습니다.

▲ 진로 흥미 조사 상세리포트(저학년)

✓ 1. 진로 흥미 검사 도구 활용
진로 흥미 탐색 검사 (CEI), Holland 유형 검사 등 초등학생용으로 단순화된 진로 탐색 도구가 있습니다.
예: '나는 동물을 좋아한다', '사람들을 도와주는 일이 좋다'와 같은 문항으로 구성됨.
학교에서 활용 가능한 무료 검사 도구도 있습니다 (예: 위(Wee)센터 제공 도구).

✓ 2. 워크시트 및 활동지 활용
[예시 활동지]
"내가 좋아하는 것 10가지 쓰기"
"내가 되고 싶은 사람 그리기"
"미래 직업 상상하기 – 나의 하루" 만화로 그려보기
활동 결과를 통해 학생의 흥미, 성향, 가치관을 자연스럽게 파악할 수 있습니다.

✓ 3. 관찰 및 담임교사의 체크리스트
수업 참여 태도, 놀이 활동, 창의적 체험활동, 역할극 등을 통해 학생의 강점과 관심사를 관찰
관찰 포인트 예시:
친구들과 리더 역할을 자주 맡는다 → 사회형, 진취형
만들기 활동을 즐긴다 → 현실형, 예술형

✓ 4. 학부모와의 협력 설문
가정에서의 아이의 놀이, 관심사, 자주 하는 질문 등을 담은 학부모 설문지를 배포하여 다면적인 시각 확보

✓ 5. 에듀테크 도구 활용
진로탐색 앱 또는 웹(예: 꿈길, 커리어넷)에서 자기주도적으로 흥미 검사를 하도록 유도
결과를 담임 교사와 함께 해석하며 진로에 대한 자기 인식 심화

▲ 진로 흥미 조사 상세리포트(고학년)

이 외에도 심리·정서적인 부분까지 활용하여(예: 두드림학교 연계, WEE센터 연계 등) 개별화 교육에 활용하신다면 더욱 효과적인 개별화 교육을 실천하실 수 있습니다.

ChatGPT와 함께 효율적으로 교육자료 만들기

분명 에듀테크 발전과 업무의 효율성은 늘었는데, 왜 이렇게 '수업'이라는 일은 어려운 것일까요? 개별화 맞춤형 지도를 하라고 하지만, 교실에 있는 30명 가까운 아이들을 보면 한숨부터 나오는 게 사실입니다. AIDT나 코스웨어 등으로 학생 관리와 수업의 질은 더 좋아질 것이라고 하지만, 제공되는 교육 자료를 보면 늘 같은 자료, 우리 학교 교과서와 맞지 않는 자료가 많습니다. 이곳저곳에서 선생님들끼리 알음알음 자료를 공유하기도 하지만, 교육 자료(수업 자료)를 만들고 구하는 것은 여전히 어려운 일입니다.

이럴 때 ChatGPT는 선생님들께 큰 도움이 될 수 있습니다. 수업 지도안, 수업 자료 제작, 평가를 위한 문항 제작까지 선생님들께서 필요로 하시는 맞춤형 콘텐츠를 만드실 수 있기 때문입니다.

ChatGPT와 함께 수업 설계부터 평가까지 효율적으로 진행하기

ChatGPT와 함께한 초등 5학년 1학기 영어교과 수업설계

 (교과서 PDF를 업로드하며)
133쪽에서 135쪽을 참고해줘. 핵심어의 개념은 다음과 같아.
1. 내용 체계를 살펴보며 핵심어 추출
2. 5개 내외 권장
3. 연관성을 가지도록 구성
4. 성취기준이나 내용요소에 포함되어있지 않더라도 탐구에서 중요하게 다뤄야 할 개념이라면 핵심어로 선정 가능함. 참고로 성취기준은 '[6영04-05] 예시문을 참고하여 간단한 초대, 감사, 축하 등의 글을 쓸 수 있다. '야

 성취기준 ** [6영04-05] "예시문을 참고하여 간단한 초대, 감사, 축하 등의 글을 쓸 수 있다" **에 기반해 133~135쪽(영어과 내용 체계 및 성취기준)에 명시된 내용을 분석하고, 주어진 기준에 맞춰 핵심어를 다음과 같이 도출할 수 있습니다.
~ 이하 생략

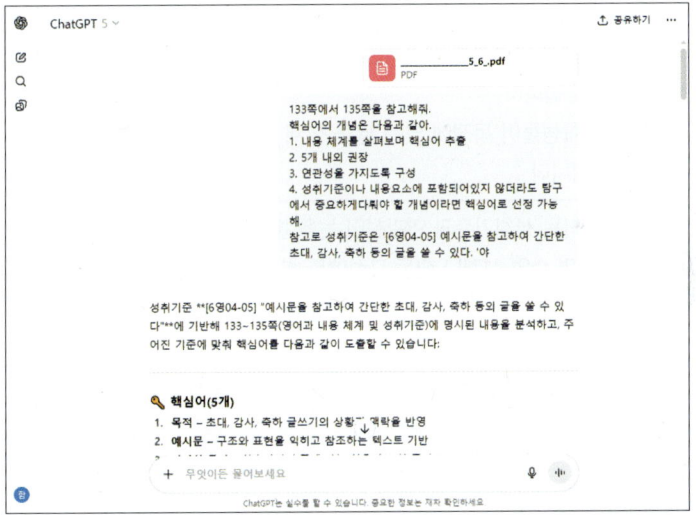

▲ '영어'교과를 통해 알아보는 수업 설계 과정1 _ 관련자료 업로드 및 성취기준에 따른 핵심어 추출

성취기준 **[6영04-05]** "예시문을 참고하여 간단한 초대, 감사, 축하 등의 글을 쓸 수 있다"**에 기반해 133~135쪽(영어과 내용 체계 및 성취기준)에 명시된 내용을 분석하고, 주어진 기준에 맞춰 핵심어를 다음과 같이 도출할 수 있습니다.

💡 핵심어(5개)
목적 – 초대, 감사, 축하 글쓰기의 상황과 맥락을 반영
예시문 – 구조와 표현을 익히고 참조하는 텍스트 기반
간단한 문장 – 학습자의 수준에 맞는 실용적 표현 중심
문화적 맥락 – 영어권 문화 속 인사 표현 이해
의사소통 – 글쓰기를 통한 의미 생성 및 전달

💡 핵심어 선정 이유
[목적]은 성취기준에 나오는 '초대, 감사, 축하'라는 글쓰기 목적을 기반으로 하며, 글의 핵심 메시지를 형성하는 출발점입니다.
[예시문]은 직접적으로 성취기준에서 언급되며, 글의 형식과 내용을 모방 또는 변형하기 위한 텍스트 모델로 기능합니다.
[간단한 문장]은 5~6학년 수준의 문어 표현 능력에 맞는 작문 전략으로, 문법적 부담 없이 의사표현을 가능하게 합니다.
[문화적 맥락]은 영어과에서 강조하는 다문화 이해 및 표현 방식 다양성으로, 감사 표현이나 축하 관습 등이 반영됩니다.
[의사소통]은 학생들이 목적에 맞는 글을 실제 상황에서 효과적으로 사용할 수 있도록 하는 교육의 최종 목표입니다.

이 다섯 개의 핵심어는 성취기준과 연관성이 높을 뿐 아니라, 내용체계 상 '이해'와 '표현' 범주의 연결고리를 형성하며 수업 설계나 활동 구성에도 활용도가 높습니다.

▲ 관련자료 업로드 및 성취기준에 따른 핵심어 추출 상세리포트

 추출해준 핵심어 5개를 통해 핵심문장을 만들어줘. 핵심문장이란 단원수준의 핵심 아이디어야. 이를 바탕으로 '1.핵심어와 내용 체계 등을 종합하여 학생들이 단원에서 이해해야 하는 내용을 일반화된 문장으로 작성 2. 핵심어간의 관계를 진술 3.단원, 학년군 수준의 일반화를 해야함.'을 고려해서 만들어주면 좋겠어

 아래는 추출한 핵심어(목적, 예시문, 간단한 문장, 문화적 맥락, 의사소통)를 바탕으로 작성한 단원 수준의 핵심문장입니다:

■ 단원 핵심문장
"영어권 문화에서 사용하는 예시문을 바탕으로 초대, 감사, 축하 등의 목적에 맞는 간단한 문장을 활용하여, 의사소통을 위한 글을 상황에 맞게 작성할 수 있다."
~ 이하 생략

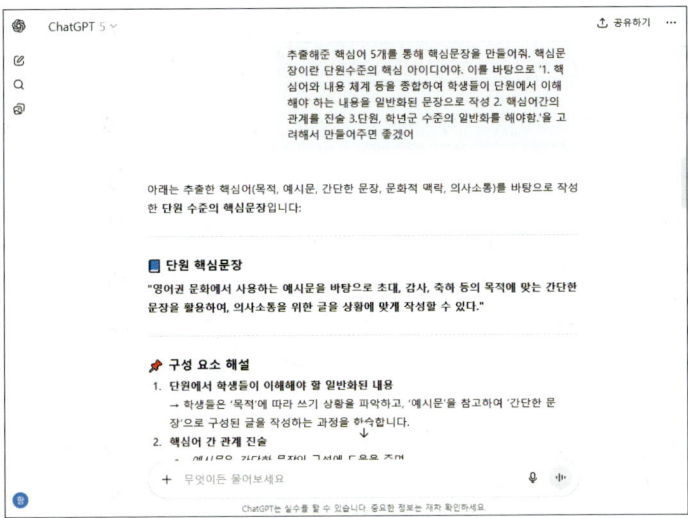

▲ '영어'교과를 통해 알아보는 수업 설계 과정2 _ 추출된 핵심어를 바탕으로 핵심문장의 개념을 제시하고 이에 따른 핵심문장 만들기

 아래는 추출한 핵심어(목적, 예시문, 간단한 문장, 문화적 맥락, 의사소통)를 바탕으로 작성한 단원 수준의 핵심문장입니다.

★ 단원 핵심문장
"영어권 문화에서 사용하는 예시문을 바탕으로 초대, 감사, 축하 등의 목적에 맞는 간단한 문장을 활용하여, 의사소통을 위한 글을 상황에 맞게 작성할 수 있다."

★ 구성 요소 해설
단원에서 학생들이 이해해야 할 일반화된 내용→ 학생들은 '목적'에 따라 쓰기 상황을 파악하고, '예시문'을 참고하여 '간단한 문장'으로 구성된 글을 작성하는 과정을 학습합니다.
핵심어 간 관계 진술
예시문은 간단한 문장의 구성에 도움을 주며,
목적은 글쓰기의 방향을 결정하고,
문화적 맥락은 표현의 방식에 영향을 미치며,
이러한 요소들이 통합되어 의사소통을 위한 실질적 글쓰기가 이루어짐.
학년군 및 단원 수준의 일반화
초등 5~6학년 학생들은 실제 생활과 연관된 목적 중심의 쓰기 활동을 통해 기초적인 영어 작문 능력과 문화 이해를 바탕으로 상황 맞춤형 의사소통 능력을 기르게 됩니다.

이 핵심문장은 교수학습 설계, 평가 기준, 학습 활동 구안 시 공통된 방향성을 제공하기 위한 단원 전체의 개념적 중심축 역할을 할 수 있습니다.

▲ 핵심문장 만들기 상세리포트

질문 심문장 '영어권 문화에서 사용하는 예시문을 바탕으로 자신의 하루 일과를 관조하고, 이를 토대로 간단한 문장을 활용하여 자신의 일과를 짧은 글로 상황에 맞게 작성할 수 있다.'을 토대로 수업목표를 작성해줘.

아래는 제시하신 핵심문장 "영어권 문화에서 사용하는 예시문을 바탕으로 자신의 하루 일과를 관조하고, 이를 토대로 간단한 문장을 활용하여 자신의 일과를 짧은 글로 상황에 맞게 작성할 수 있다."를 바탕으로 도출한 수업 목표입니다.

○ 수업 목표 (성취기준 [6영04-05] 기반)
1. 영어권 문화에 나타나는 일상 표현을 이해하고 예시문을 참고하여 문장의 구조와 표현을 익힌다.
2. 자신의 하루 일과를 떠올리고 이를 영어로 간단히 표현할 수 있다.
3. 예시문을 바탕으로 초대, 감사, 축하 등의 목적에 맞춰 자신의 일과를 표현하는 짧은글을 작성할 수 있다.
~ 이하 생략

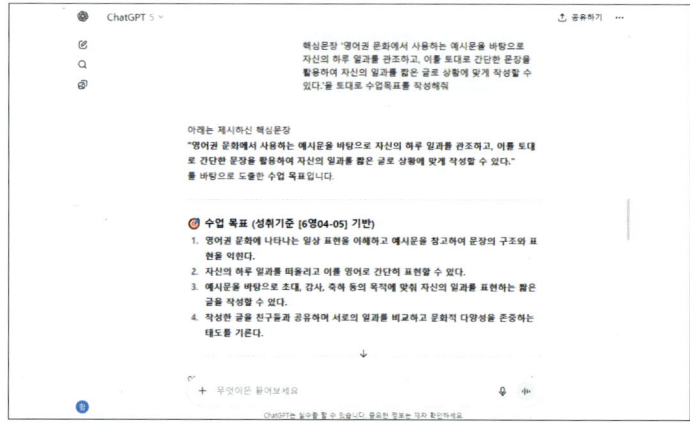

▲ '영어'교과를 통해 알아보는 수업 설계 과정3 _ 핵심문장을 바탕으로 수업 목표 설계

 아래는 제시하신 핵심문장 "영어권 문화에서 사용하는 예시문을 바탕으로 자신의 하루 일과를 관조하고, 이를 토대로 간단한 문장을 활용하여 자신의 일과를 짧은 글로 상황에 맞게 작성할 수 있다." 를 바탕으로 도출한 수업 목표입니다.

◎ 수업 목표 (성취기준 [6영04-05] 기반)
1. 영어권 문화에 나타나는 일상 표현을 이해하고 예시문을 참고하여 문장의 구조와 표현을 익힌다.
2. 자신의 하루 일과를 떠올리고 이를 영어로 간단히 표현할 수 있다.
3. 예시문을 바탕으로 초대, 감사, 축하 등의 목적에 맞춰 자신의 일과를 표현하는 짧은 글을 작성할 수 있다.
4. 작성한 글을 친구들과 공유하며 서로의 일과를 비교하고 문화적 다양성을 존중하는 태도를 기른다.

이 수업목표는 '이해 → 적용 → 표현 → 공유'의 단계로 구성되어 있으며, 학생들의 쓰기 역량과 문화 감수성을 함께 길러주는 방향으로 설계되었습니다.

수업 목표 설계 상세리포트

질문
'자신의 생활 경험을 토대로 자신의 일과를 짧은 글로 표현하며, 작성한 글을 친구들과 공유하며 서로의 일과를 비교하고 다양성을 존중하는 태도를 기른다.'라는 수업목표를 기반으로 '도입, 활동1, 활동2, 정리'의 단계로 수업을 활동 흐름을 구성해줘

제시하신 수업목표
"자신의 생활 경험을 토대로 자신의 일과를 짧은 글로 표현하며, 작성한 글을 친구들과 공유하며 서로의 일과를 비교하고 다양성을 존중하는 태도를 기른다."
를 기반으로 한 ** 수업 활동 흐름(도입-활동1-활동2-정리) ** 을 아래와 같이 구성했습니다.

수업 활동 흐름 구성
■ 1. 도입: "영어로 하루를 말해봐요!"
• 활동 내용
• 간단한 '하루 일과' 영어 표현 예시 ↓ ex. I wake up at 7 a.m. / I go to school at
~이하 생략

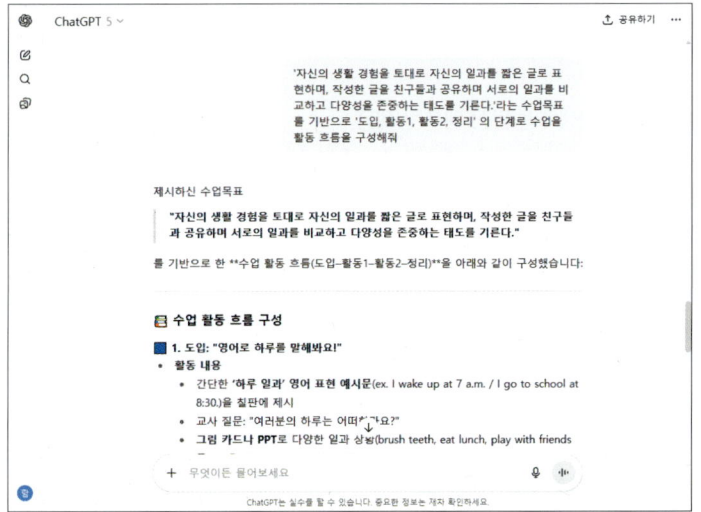

▲ '영어'교과를 통해 알아보는 수업 설계 과정4 _ 생성된 수업목표를 바탕으로 수업 지도안 제작

 제시하신 수업목표
"자신의 생활 경험을 토대로 자신의 일과를 짧은 글로 표현하며, 작성한 글을 친구들과 공유하며 서로의 일과를 비교하고 다양성을 존중하는 태도를 기른다."
를 기반으로 한 **수업 활동 흐름(도입-활동1-활동2-정리)**을 아래와 같이 구성했습니다.

📖 수업 활동 흐름 구성
📄 1. 도입: "영어로 하루를 말해봐요!"

- 활동 내용
- 간단한 '하루 일과' 영어 표현 예시문(ex. I wake up at 7 a.m. / I go to school at 8:30.)을 칠판에 제시
- 교사 질문: "여러분의 하루는 어떠한가요?"
- 그림 카드나 PPT로 다양한 일과 상황(brush teeth, eat lunch, play with friends 등) 소개

학습 목표 안내
- 오늘은 자신의 하루를 영어로 간단히 써보고 친구들과 공유해 볼 거예요.

2. 활동1: "나의 하루 정리하기"
- 활동 내용
- 자신의 하루 일과를 떠올리며 **간단한 단문(3~5문장)**으로 영어로 작성
- 예시 제공:
- I wake up at 7.
- I go to school by bus.
- I eat lunch with my friends.

Canva, Jamboard, Google Slides 등 에듀테크 툴을 활용해 글과 그림을 함께 표현

교사 지원
- 표현이 어려운 학생에겐 문장 템플릿 제공
- I ___ at ___. / I usually ___ after school.

결과물: 간단한 'My Daily Routine' 미니 포스터 또는 글쓰기 카드

3. 활동2: "서로의 하루를 나눠요"
- 활동 내용
- 친구들과 2~3인 조별로 짝 인터뷰 또는 발표
- 친구의 일과에서 자신과 다른 점과 비슷한 점을 영어로 말해보기
- 예: "She eats lunch at 12. I eat lunch at 12:30."

공통점/차이점을 발견하고 '우리 반 일과 차트' 만들기 (교사 주도 하에 칠판 또는 화면에 정리)

4. 정리: "우리의 하루를 이해해요"
- 활동 내용
- 수업 전체를 되돌아보며, 다양성에 대한 생각 나누기 활동
- "누구의 일과가 나와 비슷했나요?"
- "다른 사람의 하루를 들었을 때 어떤 기분이 들었나요?"

교사 마무리 발문
- "서로의 다름을 이해하고 존중하는 것이 소통의 시작이에요."

과제(선택)
- Canva, Padlet, 학급 블로그에 자신의 일과 글과 그림 업로드

이 흐름은 학습자 중심의 참여, 표현, 공감, 존중을 강조하며, 영어 사용 능력과 문화 감수성을 동시에 신장하도록 설계되었습니다.

수업 지도안 작성 상세리포트

이처럼 주지 교과 중 하나인 '영어'교과를 바탕으로 2022 개정교육과정의 깊이있는 수업을 접목하여 수업 지도안을 구성해 보았습니다. 중간중간 수업에 필요한 자료까지 제작이 가능한 모습도 볼 수 있었습니다.

ChatGPT와 함께한 초등 3학년 1학기 국어 수업자료 제작

> **질문** (교과서 PDF를 업로드하며)
> 나는 초등학교 3학년 담임 교사야. 2022 개정교육과정 '3학년 1학기 1단원 생생하게 표현해요' 단원을 수업할건데, 4~5차시 '시를 읽고 낭송하기' 활동을 하려고해. 첨부된 파일을 확인하고 이에 적합한 학습자료를 만들어줘. 만들어 줄 학습자료는 1.수업자료 PPT, 2.활동에 사용할 초등학교 3학년 수준에 맞는 '시'예시자료, 3.시를 쓸 활동지, 4.시에 어울리는 음악 이렇게 만들어줬으면 좋겠어.
>
> 업로드해주신 교수학습과정안과 활동지를 바탕으로 요청하신 4가지 학습자료를 아래와 같이 제작하겠습니다.
> 수업 개요 요약
> ~ 이하 생략

▲ '국어'교과를 통해 알아보는 수업자료 제작 과정1 _ 교과서, 수업지도안, 활동지 등의 사전 자료를 업로드하고 수업자료 생성을 요청

▲ '국어'교과를 통해 알아보는 수업자료 제작 과정2 _ PPT형식으로 제작 요청과 함께 PPT에 담을 배경 이미지 생성 요청

▲ '국어'교과를 통해 알아보는 수업자료 제작 과정3 _ 생성된 이미지와 활동지 파일 확인

▲ '국어'교과를 통해 알아보는 수업자료 제작 과정4 _ 생성된 이미지를 완성된 PPT에 삽입

▲ '국어'교과를 통해 알아보는 수업자료 제작 과정5 _ 생성된 활동지 확인

✔ 수업 개요 요약
단원명: 1단원 생생하게 표현해요 (국어 3-1)
차시: 4~5차시
학습 목표: 시를 읽고 감각적 표현을 이해하며 낭송할 수 있다.
활동 구성:
시 감상 및 운율 느끼기
감각적 표현 찾기 및 장면 상상
다양한 방식으로 시 낭송
낭송 계획 및 친구 발표 감상

□ 제작 자료 목록
1. 📄 수업자료 PPT
시 '줄넘기' 분석 및 감각적 표현 예시
시의 분위기를 시각자료로 표현
낭송 시 주의할 점 정리
활동지와 연동된 발표 순서 페이지
2. ✋ 시 예시자료 (3학년 수준)

시 제목: 〈봄나들이〉
복사편집
햇살이 살랑살랑
꽃잎이 방긋방긋
바람도 웃는 얼굴
내 마음도 폴짝폴짝

엄마 손 꼭 잡고
공원길 따라
사뿐사뿐 나들이 가요

감각적 표현(살랑살랑, 방긋방긋, 폴짝폴짝 등)을 포함하여 아이들이 쉽게 운율을 느낄 수 있도록 구성

3. 📄 활동지 (보완/확장용)
시 제목 쓰기
감각적 표현 색칠하기
낭송 계획: 목소리 톤/속도/몸짓 구상
친구 피드백 작성 공간 추가

4. ♪ 시에 어울리는 음악
음악 추천:곡명: Kevin MacLeod – "Carefree"스타일: 밝고 경쾌한 리듬, 아이들 시 낭송 배경으로 적합사용처: 무료 음악 플랫폼 https://incompetech.com 또는 유튜브 오디오 라이브러리에서 다운로드 가능

▲ 수업 자료 작성 상세리포트

아쉽게도 ChatGPT는 만능은 아닙니다. PPT에 사진까지 깔끔하게 삽입된 자료를 생성해 내지는 못합니다. 따라서 PPT의 각 슬라이드에 어울리는 이미지를 생성해 달라고 요청한 뒤 직접 이미지를 삽입하셔야 합니다. 활동지에도 사진이나 이미지가 자동으로 삽입되지 않아 약간의 편집은 필요합니다.

하지만 선생님만의 맞춤형 수업 자료를 즉시 제작할 수 있다는 점은 큰 장점입니다. 또한 자료를 하나하나 검색하고 찾아보는 수고로움이 줄어든다는 점에서 매우 매력적입니다.

❝ 이미지에는 한글을 빼는 게 좋습니다. 한글은 패치가 잘되지 않아 깨지거나 이상한 단어로 변형되어 나옵니다.

ChatGPT와 함께한 초등 6학년 1학기 과학 평가자료 제작

이번에는 평가 문항 만들기를 해보겠습니다. 평가 문항 만들기는 대표적으로 '과학' 교과로 해보겠습니다. 먼저 선생님들께서 학생들에게 학습자료 영상으로 유튜브 영상을 보여주신다는 가정하에 유튜브 영상 내용을 정리하고 관련 문제를 만들어 학생들에게 제공하는 가상의 상황을 설정하였습니다. 천천히 따라 하시면 되겠습니다.

질문 https://www.youtube.com/watch?v=hj1vlrpsqfQ 이 영상의 주요 핵심 내용을 정리해줘

 해당 영상은 유튜브 채널 '고구마머리'에서 제작한 과학 콘텐츠로, "만약 산소가 두 배라면 지구에 어떤 일이 일어날까?"라는 가상의 시나리오를 다루고 있습니다. 영상에서는 산소 농도가 현재의 약 21%에서 42%로 증가할 경우 발생할 수 있는 다양한 변화들을 소개합니다. YouTube

산소 농도 증가 시 예상되는 주요 변화
1. 생물의 거대화
산소 농도가 높아지면 곤충과 같은 절지동물의 크기가 커질 수 있습니다. 이는 고대 지질 시대에 산소 농도가 높았을 때 거대한 곤충들이 존재했던 사례를 통해 설명됩니다.

2. 산불의 빈도 및 강도 증가
산소는 연소를 촉진하는 요소로, 농도가 높아지면 산불이 더 자주 발생하고 그 강도도 강해질 수 있습니다. 이는 생태계에 큰 영향을 미칠 수 있습니다.
~ 이하 생략

이번에는 과학설명 유튜브 영상을 공유하고 핵심내용을 요약해 달라고 요청해보겠습니다.

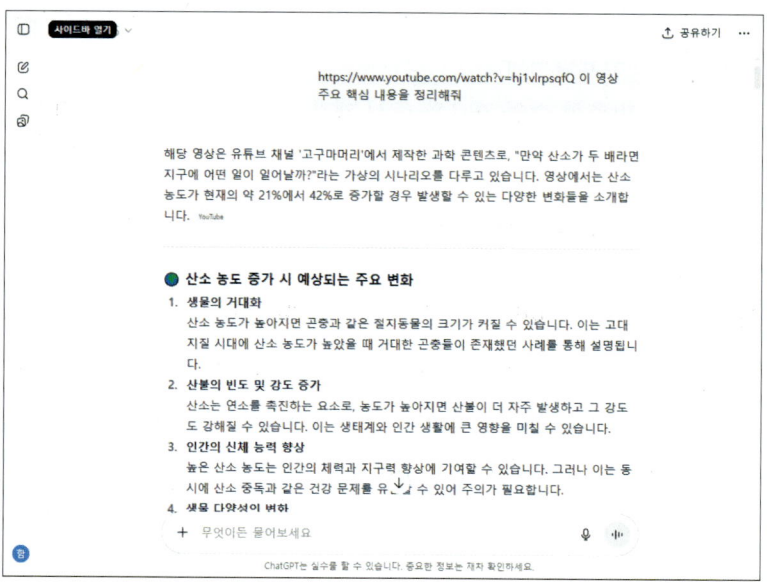

▲ '과학'교과를 통해 알아보는 평가 자료 제작 과정1 _ 수업에 활용된 유튜브 영상의 내용을 정리하기

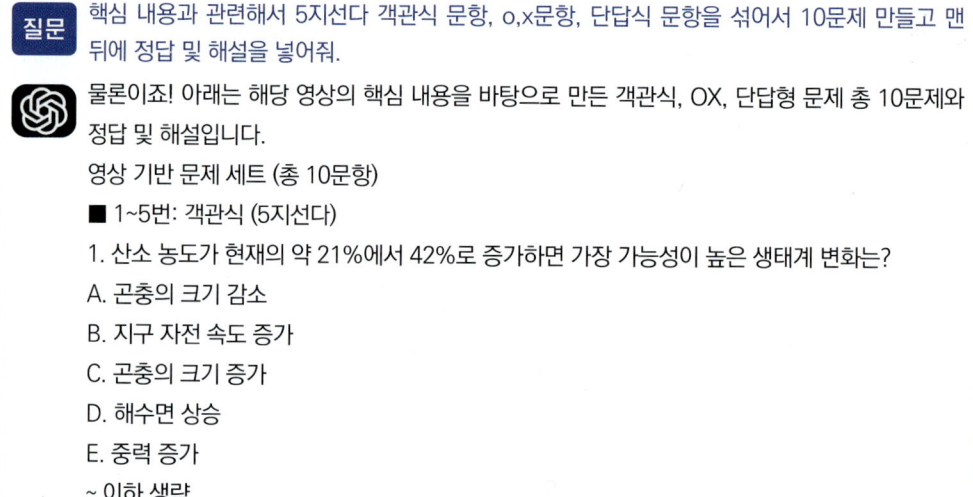

핵심내용과 관련해서 10문항 정도를 다양한 유형으로 만들어 달라고 요청해 보겠습니다. a,b,c 형태의 객관식이 마음에 들지 않으신다면 객관식은 ①,②,③의 유형으로 만들어 달라고 요청하시면 됩니다.

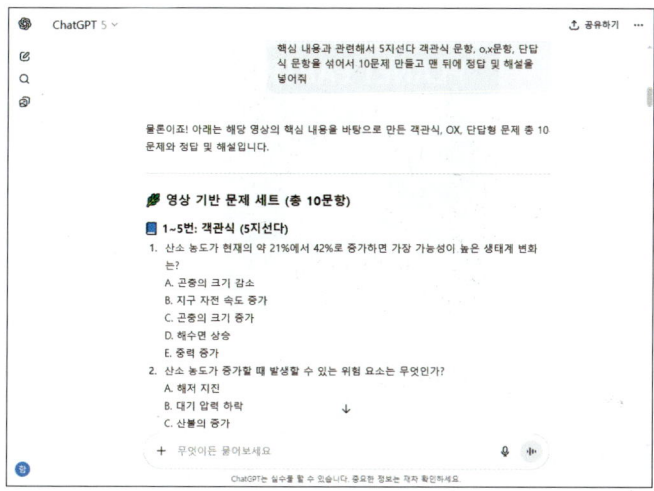

▲ '과학'교과를 통해 알아보는 평가 자료 제작 과정2 _ 정리된 내용을 바탕으로 다양한 유형의 문제 제작 요청하기

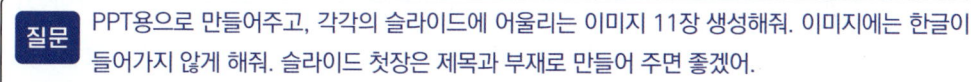

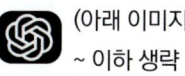

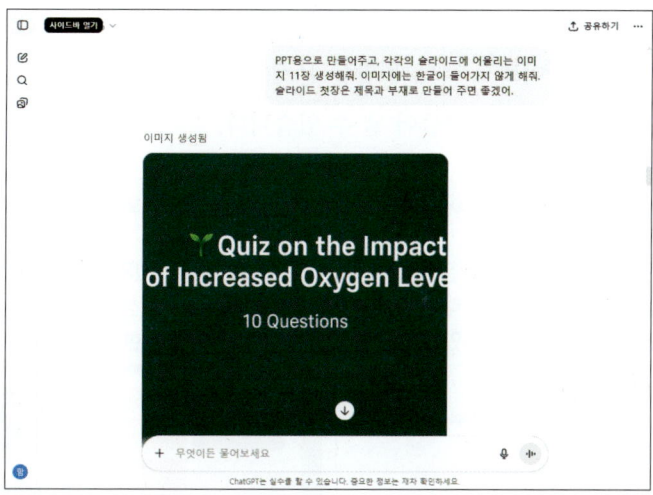

▲ '과학'교과를 통해 알아보는 평가 자료 제작 과정3 _ PPT 제작 및 어울리는 이미지 생성 요청하기

　선생님께서 원하시는 이미지가 생성되었나요? 원하지 않는 결과라면 구체적인 명령어를 통해 이미지를 변경해 보셔도 좋습니다. 실패를 거듭할수록 어떤 구체적인 명령어를 내려야 정확한 결과값이 나오는지 아실 수 있습니다. 마음에 들지 않는 결과가 나오더라도 포기하지 마시고 계속 시도해 보시길 바랍니다.

▲ '과학' 교과를 통해 알아보는 평가 자료 제작 과정4 _ 생성된 이미지를 완성된 PPT에 삽입

이처럼 6학년 1학기 과학 단원에서의 활동 후, 평가 자료를 만들어 보았습니다. 여러 가지 기체 중 산소와 관이처럼 6학년 1학기 과학 단원 활동 후 평가 자료를 만들어 보았습니다. 여러 가지 기체 중 산소와 관련된 과학 유튜브를 시청한 뒤 해당 유튜브의 링크를 넣고 주요 핵심 내용을 정리하였습니다. 그 후 정리된 내용을 바탕으로 다양한 유형의 문제를 10개 만들어 달라고 요청하였습니다. 마지막으로 위 챕터와 같이 각 슬라이드에 어울리는 이미지를 생성해 달라고 요청해 PPT에 삽입하였습니다.

여러 교육 사이트를 찾아봐도 나에게 맞는 문제가 없는 경우가 많지만, ChatGPT를 활용하면 교사 맞춤형 문항을 직접 만들어 낼 수 있습니다.

> **TIP** ChatGPT로 문제를 만들어서 'ClassCard', '캔바(Canva)'와 연계하기
>
> ChatGPT는 답변한 내용을 워드(Word) 문서로 학습지처럼 만들어 줄 수는 있지만, 학생들에게 그런 학습지 형태의 자료는 늘 부담스러운 것입니다. 그래서 ChatGPT에서 만든 문제들을 학생들이 좋아하는 에듀테크와 연계하여 사용하면 학습 흥미도 유지시킬 수 있고 교육 효과성도 놓치지 않는 훌륭한 방법이 될 수 있습니다.
>
>
>
> ▲ 'ClassCard' 문제 만들기1 _ 클래스카드에 접속하여 +세트만들기 클릭
>
> ▲ 'ClassCard' 문제 만들기2 _ 클래스카드에 접속하여 원하는 세트 클릭 후 제작 (듣기 세트는 유료)

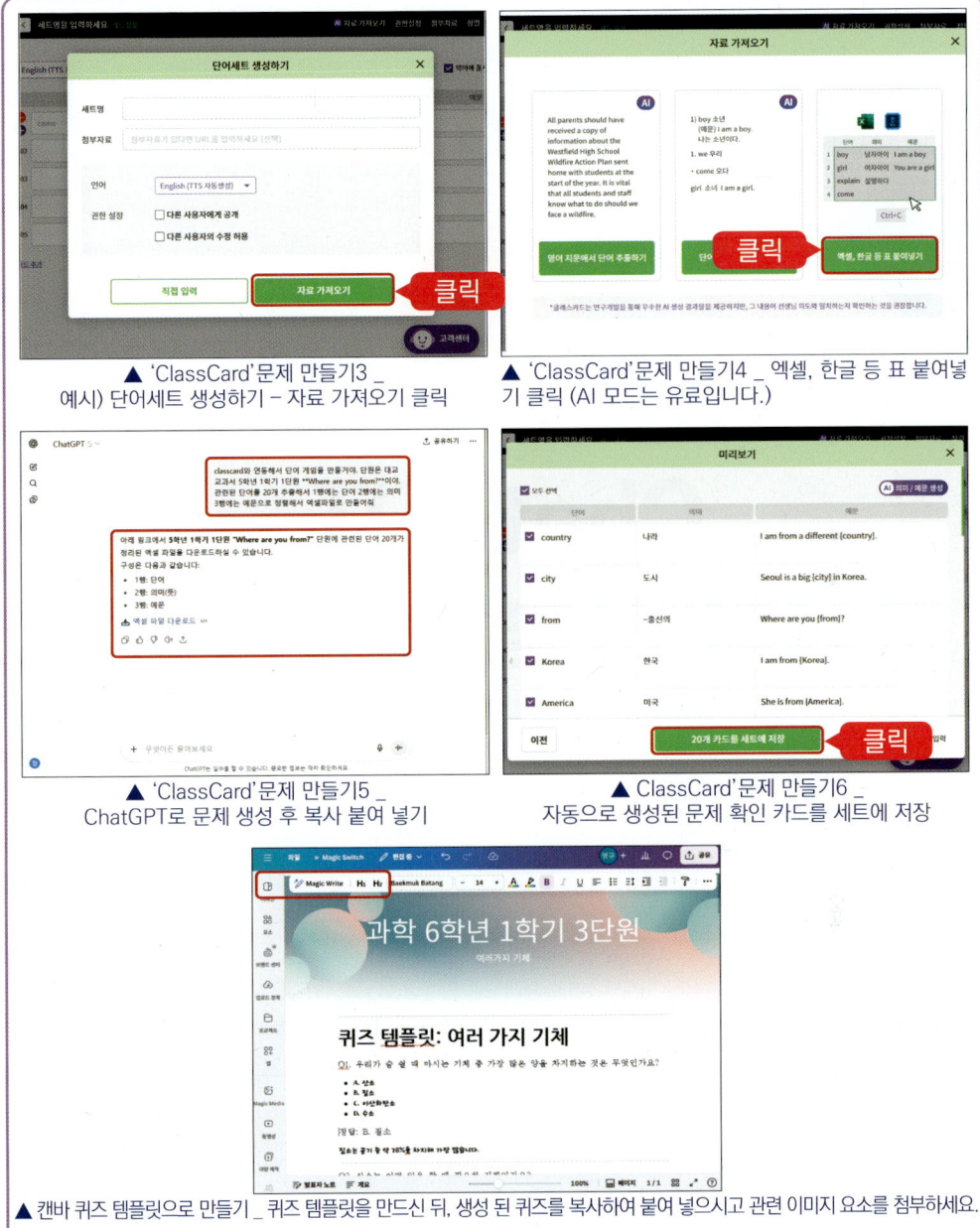

▲ 'ClassCard' 문제 만들기3 _
예시) 단어세트 생성하기 – 자료 가져오기 클릭

▲ 'ClassCard' 문제 만들기4 _ 엑셀, 한글 등 표 붙여넣기 클릭 (AI 모드는 유료입니다.)

▲ 'ClassCard' 문제 만들기5 _
ChatGPT로 문제 생성 후 복사 붙여 넣기

▲ ClassCard 문제 만들기6 _
자동으로 생성된 문제 확인 카드를 세트에 저장

▲ 캔바 퀴즈 템플릿으로 만들기 _ 퀴즈 템플릿을 만드신 뒤, 생성 된 퀴즈를 복사하여 붙여 넣으시고 관련 이미지 요소를 첨부하세요.

04

ChatGPT, 교사의 하루에 녹여보기

이번 장에서는 초등 교사와 중등 교사의 일과를 들여다보며 ChatGPT가 어떤 상황에서, 어떤 역할을 하게 되는지 함께 살펴봅니다. 우리네 교사들과 무척이나 닮은 가상의 교사들의 스토리텔링 속에서 ChatGPT를 활용하는 단서를 얻을 수 있습니다.

04-1 초등 교사의 하루에 맞춘 GPT 활용 흐름

학교라는 공간은 매일 새로운 일이 생기기도 하지만, 정작 들여다보면 일정한 흐름과 루틴이 반복되는 곳이기도 합니다. 첫 번째 주제로 초등학교 교사의 평범한 하루를 고경력 교사와 신규 교사의 대화를 통해 들여다보며, 그 안에서 공감과 고민을 나눠보겠습니다. 그리고 반복되는 일상속에서도 ChatGPT를 어떻게 활용하면 창의적이고 효율적인 하루를 만들 수 있을지 함께 고민해 보겠습니다. 초등 교사들 이야기에서는 좌충우돌하면서 몸으로 배우고 익히며 하루하루를 버텨내고 있는 저경력교사 정쌤, 유쌤과 그간 쌓은 노하우에 AI 시대에 맞춰 ChatGPT를 활용하면서 여유로운 학급관리와 수업활동을 하고 있는 고경력교사 함쌤의 담화를 통해 ChatGPT를 활용하는 맥락에 더욱 공감하실 수 있을 것입니다. 선생님의 하루 일과와 비교해 보시면서 적용해 보신다면 더욱 효과적일 것 같습니다.

정 선생님(정쌤)
신규 초등 담임교사입니다. 학급 운영과 수업 준비를 동시에 챙기느라 늘 바쁘지만, 학생 개개인의 특성을 파악하려 노력합니다. 아이들과 가까이 지내며, 때로는 서툴지만 새로운 시도를 주저하지 않습니다. ChatGPT 활용 경험은 적지만, 업무 효율화를 위해 배우려는 의지가 강합니다.

유 선생님(유쌤)
3년차 저경력 초등 교사입니다. **체육 전담 선생님**으로 체육을 아이들에게 재미있게 열심히 가르치고 있습니다. 체육 수업지도 뿐만 학교 영재부장으로 영재 관련 업무도 수행하고 있습니다. 학교 행정 업무 효율화에 관심이 많으며 새로운 것을 배우려는 의지와 열정이 넘칩니다.

함 선생님(함쌤)
15년 차 고경력 초등 담임교사입니다. 학급 경영과 수업 준비를 체계적으로 수행하며, ChatGPT를 포함한 다양한 디지털 도구 활용에 능숙합니다. 학생 생활지도와 보호자 소통 모두에서 안정감 있는 태도를 유지하며, 후배 교사에게 실질적인 조언을 아끼지 않는 멘토형 교사입니다.

08:30 ~ 09:00 출근과 함께 아침활동 시간

정쌤은 8시 20분에 학교에 도착했지만, 교실에 들어오자마자 쌓인 할 일들에 정신이 없습니다. 칠판 날짜를 바꾸고, 전날 미처 정리하지 못한 학급 게시판을 손보며 학생 맞을 준비를 합니다. 책상 위에는 아직 정리하지 못한 자료와 활동지가 흩어져 있습니다. 그때, 복도 끝 연구실 앞에서 함쌤이 여유롭게 커피를 들고 나오는 모습이 보입니다. 함쌤은 동료 선생님과 가벼운 인사를 나누며 교실로 향합니다. 정쌤은 그 모습을 보고 잠시 멈칫하며 묻습니다.

정쌤: (신규교사)선생님, 안녕하세요! 요즘 아침마다 정신이 없어요. 애들 오기 전에 뭘 먼저 해야 할지 아직 감이 잘 안 잡혀요. 선생님께서는 어떻게 이렇게 여유로우세요?

함쌤: (고경력교사)아침시간에 맞춰서 아이들에게 루틴을 주니까요. 처음에 그 루틴만 잘 정해주면 아이들이 스스로 움직이는 교실이 됩니다. 물론 아침 활동 소스들이 너무 많아서 고민이 되긴 해요. 게다가 해마다 새로운 학생들을 만나니까 어떤 활동을 하면 좋을지 고민이 되기도 하지요. 그럴때는 학년 수준이나 학생들 분위기에 맞춰 활동을 정할 수 있도록 ChatGPT를 활용해보면 좋아요. ChatGPT에서 다양한 활동을 검색하고 우리반 학생들의 특성과 수준을 함께 얘기해서, 우리반에 맞는 맞춤형 활동을 제시하는 편이에요

정쌤: 네? ChatGPT는 검색할 때 쓰는거 아닌가요? 저는 몰랐어요. 그럼 저 한번만 알려주시면 안될까요?

함쌤: 그럼요~ 하루의 첫 단추를 꿰는 일인만큼, 아침시간 30분은 정말 중요하니까요. 지금 바로 ChatGPT 사용 한번 해볼까요? 일단 저는 아침에 해야 할 일을 ChatGPT한테 간단히 물어봐요. 그러면 출근하자마자 바로 시작할 수 있도록 필요한 준비랑 순서를 아주 상세하게 알려주거든요. 검색 결과를 참고해서 프로그램 세부 활동 계획도 세울 수 있고, 학습지나 아침 업무 체크리스트, 학생 아침 활동판 같은 것도 바로 만들어줘요. 우선, 아이들과의 활동 이전에 ChatGPT를 활용해서 선생님의 루틴을 정해보는 것도 좋을 것 같아요. 그래야 선생님의 아침 시간을 훨씬 효율적이고 체계적으로 쓸 수 있습니다.

정쌤: 오! 감사합니다 선생님. 제가 아침에 준비할만한 내용과 함께 학생들이 할만한 내용들도 함께 추천해주네요. 뭘 할지 고민될 때 ChatGPT의 도움을 받으면 되겠어요!

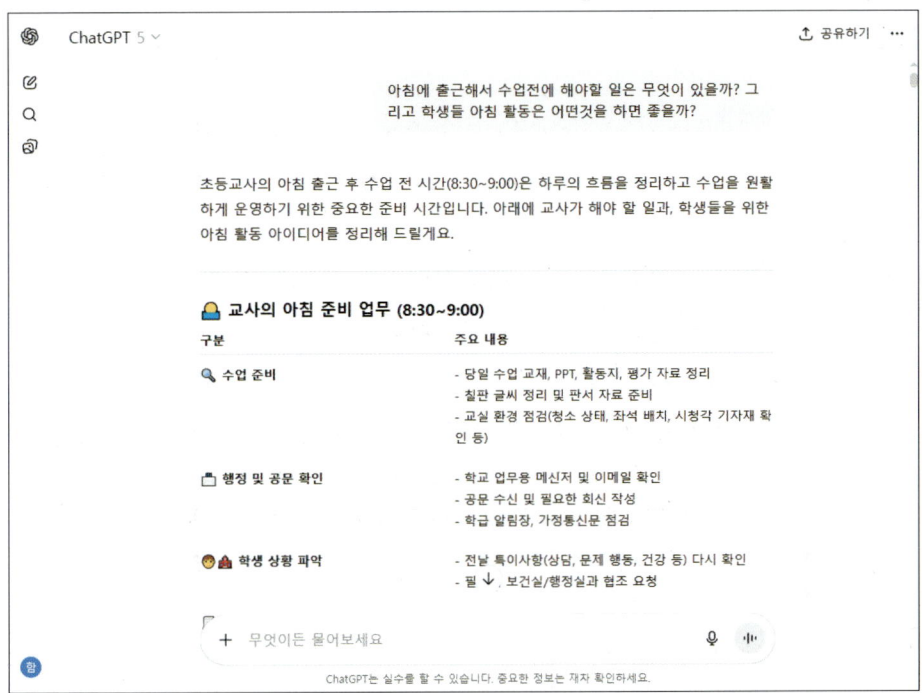

▲ 교사 아침 준비와 활동 검색 _ ChatGPT를 통한 교사의 아침 시간 활용

질문 아침에 출근해서 수업전에 해야할 일은 무엇이 있을까? 그리고 학생들 아침 활동은 어떤 것을 하면 좋을까?

 등 교사의 아침 출근 후 수업 전 시간(8:30~9:00)은 하루의 흐름을 정리하고 수업을 원활하게 운영하기 위한 중요한 준비 시간입니다. 아래에 교사가 해야 할 일과, 학생들을 위한 아침 활동 아이디어를 정리해 드릴게요.

👷 교사의 아침 준비 업무 (8:30~9:00)

구분	주요 내용
🔍 수업 준비	- 당일 수업 교재, PPT, 활동지, 평가 자료 정리- 칠판 글씨 정리 및 판서 자료 준비- 교실 환경 점검(청소 상태, 좌석 배치, 시청각 기자재 확인 등)
📨 행정 및 공문 확인	- 학교 업무용 메신저 및 이메일 확인 - 공문 수신 및 필요한 회신 작성- 학급 알림장, 가정통신문 점검 - 학급 알림장, 가정통신문 점검
📊 학생 상황 파악	- 전날 특이사항(상담, 문제 행동, 건강 등) 다시 확인 - 필요시 보건실/행정실과 협조 요청
🗓 하루 일정 정리	- 학교 행사, 회의, 출장 등의 일정을 캘린더에 기록 - 필요한 경우 동료 교사와 짧은 협의 또는 공유

⚙ 학생들의 아침 활동 아이디어 (8:30~9:00)

활동명	설명 및 효과
📖 조용한 독서 활동	- 교실 또는 학년 공통의 아침 독서 시간 운영 - 정해진 시간 동안 조용히 책 읽기 습관 형성
☐ 감정 온도계 / 오늘의 기분 말하기	- 칠판이나 스티커판에 기분 표시 - 자신의 감정에 관심 갖기 및 교사의 정서 지원에 활용 가능
☐ 아침 퀴즈 / 어휘 퍼즐	- 학년 수준에 맞는 간단한 국어, 수학 퀴즈 제공 - 두뇌 활성화 및 수업 몰입도 증가
✍ 자유 일기 or AI 마음일기 작성	- 전날 있었던 일, 감사한 일, 기대하는 일 등 짧은 글쓰기 - 디지털 도구(예 패들렛, AI 일기 앱 등) 활용 가능
📌 클래식 or 자연 소리 배경음악	- 등교 후 차분한 분위기 조성 - 안정된 감정 상태로 하루 시작

> **TIP** 학생 맞이 인사도 중요합니다. 교문 또는 교실 앞에서 눈 맞춤하며 "좋은 아침!", "오늘 기분은 어때?" 등의 짧은 대화는 하루 전체의 분위기를 따뜻하게 만듭니다.
>
> 아침 활동은 일관성과 예측 가능성이 중요하므로, 매일 같은 루틴으로 운영하면 학생들이 안정감을 느낍니다.
>
> 원하신다면 위 내용을 바탕으로 **'아침 업무 체크리스트'**와 **'학생 아침 활동판(PDF)'**도 만들어드릴 수 있어요. 필요하신가요?

한편, 유쌤은 6학년 체육 전담 선생님이며 담임 선생님들에 비해 수업 시수가 적은 편이다. 그래서 선생님들이 사정이 생겨 학교에 못 나와 수업 공백이 생기면 유쌤이 보결 수업을 들어가 대신 수업을 하는 경우가 종종 있다. 정쌤이 병가로 일주일간 학교를 못 나오게 되자 유쌤은 4학년 정쌤 반 수업을 들어가게 되었다. 유쌤은 오랜만에 학년 교실로 출근하여 아침 활동시간에 아이들과 무엇을 하면 좋을지 고민하고 있던 찰나에 정쌤이 예전에 아침 활동 아이디어를 함쌤께 조언을 받았다는 이야기가 기억이 나 함쌤 교실을 찾아간다.

유쌤: (저경력교사) 선생님, 안녕하세요? 저 질문이 있는데 교실로 잠깐 들어가도 될까요?

함쌤: 선생님, 안녕하세요? 물론이죠! 어서 들어오세요.

유쌤: 다름이 아니라, 아침 활동 시간에 아이들과 어떤 활동을 하면 좋을지 여쭤보고 싶습니다. 제가 체육 수업만 하다가 오랜만에 학년 담임을 맡게 되어서요. 아이들에게 학습적인 부담을 주지 않는 선에서, 의미 있는 활동을 하고 싶습니다.

함쌤: 아침 시간에 다양한 활동들을 할 수 있습니다. 아침 독서도 할 수 있고요. 또는 매일 수학으로 학생들이 수학 기초 연산 학습지를 풀 수도 있습니다. 음악 감상 또는 노래를 부를 수도 있고요. 조용한 클래식이나 활기찬 동요, 또는 모두가 좋아하는 학교 노래를 함께 부르면 교실 분위기가 좋아집니다. 저는 아이들과 함께 오늘의 명언을 읽고 함께 생각을 나누는 시간을 가집니다. 하루에 한 편씩 짧은 이야기나 명언을 선생님이 낭독해주셔도 좋고, 학생들이 돌아가면서 읽어도 좋습니다. 명언을 읽고 "친구를 도울 수 있는 방법은?" 같은 질문을 던지고 학생들과 아침 대화를 나눕니다. 정쌤은 평소 아침활동 시간에 아이들에게 교훈이 담긴 짧은 이야기를 들려준다고 들었어요.

유쌤: 선생님들의 열정과 노력이 대단하십니다! 아이들에게 오늘의 명언이나 짧은 이야기들은 관련 서적이나 인터넷으로 찾으시나요?

함쌤: 아, 저는 ChatGPT의 도움을 받습니다. ChatGPT에 있는 자동 알림 기능을 이용하면 됩니다.

유쌤: ChatGPT의 자동 알림 기능이요? 그게 뭔가요? 혹시 어떻게 쓰시는 지 알려주실 수 있을까요?

함쌤: ChatGPT의 자동 알림 기능이란 ChatGPT에 반복적인 업무를 요청하여 자동으로 실행할 수 있는 기능입니다. 예를 들어, "매주 월요일 오전 10시에 학교 업무 체크리스트를 보내줘."라고 ChatGPT에 요청하면, ChatGPT가 이를 기억하고 매주 해당 시간에 보낼 수 있습니다. 반복적인 업무를 수행할 때 유용하게 활용할 수 있는 기능입니다. ChatGPT에서 예약 기능을 이용하는 것은 간단합니다. ChatGPT 프롬프트 입력 창에 "매일 오전 8시에 '정직'과 관련된 오늘의 명언이나 짧은 글을 작성해줘."라고 하면 오전 8시에 일정이 예약되고 명언이나 짧은 글이 제시됩니다. 저는 보통 도덕 단원과 연계해 '정직'단원을 배운 뒤, 관련 명언을 알려달라고 요청하고, 그 핵심 덕목과 관련해 아이들과 대화를 나눕니다.

▲ ChatGPT 자동 알림 기능　　　　▲ ChatGPT 예약 기능의 오늘의 명언 알림

유쌤: 유용한 기능을 알려주셔서 감사합니다. ChatGPT 예약 기능으로 저도 선생님들처럼 아침 활동시간에 한번 해 봐야겠어요. 혹시 지난번에 알려주신 ChatGPT 캔버스 기능을 다시 알려주실 수 있을까요? 교직원 연수 때 설명해주셨는데, 제가 체육 수업을 하다보니 아이들과 동화 이야기를 만드는 수업 활동을 안 해서 기능 사용법을 깜박했습니다.

함쌤: 캔버스로 아이들 동화 만드는 방법이 궁금하시군요??

유쌤: 네, 맞습니다. 캔버스로 아이들 동화 만드는 것이 신기했어요. 짧은 글이나 동화도 아침 시간에 아이들에게 읽어주면 좋을 것 같아서요.

함쌤: 선생님의 열정 항상 칭찬합니다. 다시 한번 단계별로 천천히 설명드릴게요. 우선 ChatGPT 대화 입력창에 "ChatGPT 캔버스로 이동해줘." 혹은 "ChatGPT 캔버스를 열어줘."라고 입력하겠습니다. 그러면 ChatGPT 컨버스로 이동하게 됩니다. 캔버스의 왼쪽 하단에는 프롬프트 입력창이 있습니다. 필요한 스타일이나 목적에 따라 프롬프트를 입력하면 캔버스 화면 창에 문서가 작성됩니다. 저는 예를 들어, 대화 입력창에 "초등학교 4학년이 읽을 만한 환경 동화를 작성해줘."라고 해 보겠습니다.

질문 초등학교 4학년이 읽을 만한 환경 동화를 작성해줘.

초등학교 4학년 은호는 바닷가 마을에 살고 있었습니다. 은호는 바다를 좋아해서 매일 방과 후에 해변에 가곤 했어요. 그런데 어느 날, 은호는 바닷가에 쓰레기가 가득한 걸 보고 깜짝 놀랐어요. 플라스틱 병, 비닐봉지, 그리고 작은 병뚜껑들이 바다를 더럽히고 있었죠.
은호는 엄마에게 물었어요. "엄마, 왜 바닷가가 이렇게 더러워졌어요?"
엄마는 조용히 말했어요. "사람들이 쓰레기를 아무 데나 버려서 그래. 그 쓰레기들이 결국 바다로 흘러가서 해양 생물들에게 큰 피해를 주는 거란다."
은호는 마음이 아팠어요. 그래서 학교에서 친구들과 함께 '깨끗한 바다 만들기 동아리'를 만들었어요. 매주 토요일마다 모여서 바닷가를 청소하고, 동네 사람들에게 쓰레기를 줄이자는 포스터도 나눠줬죠.
어느 날, 은호는 특별한 병뚜껑 하나를 발견했어요. 반짝반짝 빛나는 푸른 병뚜껑이었어요. 그는 그 병뚜껑을 집에 가져와 책상 위에 올려놓고 다짐했어요.
"이 병뚜껑처럼 작은 것 하나라도 바다를 더럽힐 수 있어. 하지만 우리가 작은 것부터 바꾸면 바다도, 지구도 다시 깨끗해질 거야."
그 날 이후, 은호는 물건을 살 때 꼭 필요한 것만 사고, 일회용품 대신 reusable(재사용 가능한) 물건을 쓰기로 결심했어요. 친구들도 은호를 따라 환경을 생각하는 생활을 하기 시작했어요.
바다는 점점 예전의 푸른 모습을 되찾았고, 물고기들도 다시 돌아오기 시작했어요. 마을 사람들은 은호와 친구들에게 고마움을 전했고, 은호는 뿌듯한 미소를 지었어요.
작은 병뚜껑 하나가 지구를 구할 수 있다는 걸, 은호는 누구보다 잘 알게 되었어요.

함쌤: 자, 이렇게 ChatGPT가 한 편의 짧은 동화를 작성했습니다. 내용을 살펴보면 초등학교 4학년 학생들이 환경 보호에 대해 생각해볼 수 있는 내용입니다. 환경 보호의 중요성을 어린이의 눈높이에 맞춰 전달하면서, 실천할 수 있는 행동을 자연스럽게 이야기 속에 담고 있습니다.

유쌤: ChatGPT가 아이들 동화도 만들어 주다니 정말 신기합니다. 또, 편집 기능이 있는 것으로 아는데 동화를 편집할 수 있나요?

함쌤: 네, 맞습니다. 캔버스의 오른쪽 하단에는 편집 기능이 있습니다. 가장 많이 쓰는 것은 '편집 제안' 입니다. 편집 제안을 누른 후, 프롬프트 입력 창에 수정 방향을 작성하면 명령어에 따라 문서가 편집됩니다. '길이 조절'은 가장 짧게, 더 짧게, 현재 길이 유지, 더 길게, 가장 길게 중 원하는 것을 선택하여 문서의 분량을 설정할 수 있습니다. 또한, 글의 난이도를 설정하고 싶을 때는 '독해 수준'에서 유치원생, 중학생, 현재 읽기 수준 유지, 고등학생, 대학생, 대학원생 중 원하는 것을 선택하여 문서의 읽기 난이도를 설정할 수 있습니다.

유쌤: 편집 기능으로 읽는 대상을 생각하며 글을 편집할 수 있겠네요. 앞으로 다른 학년 보결 수업을 들어갈 때도 유용하게 활용할 수 있을 것 같아요. 그럼, 예를 들어 방금 작성한 환경 동화는 4학년 학생들 대상을 작성한 것인데, 제가 만약에 초등학교 6학년 수업에 들어가게 될 경우 초등학교 6학년 학생들 대상으로 한 이야기로 편집해 보겠습니다. 편집 제안을 누른 후, 프롬프트 입력 창에 "해당 동화를 초등학교 6학년 학생이 읽을 만한 글로 편집해줘. 조금 더 성찰적인 이야기로 바꿔주고 글을 읽고 학생들이 환경 문제에 대해 고민할 수 있는 주제로 작성을 해줘."라고 하겠습니다.

> **질문**: 해당 동화를 초등학교 6학년 학생이 읽을 만한 글로 편집해줘. 조금 더 성찰적인 이야기로 바꿔주고 글을 읽고 학생들이 환경 문제에 대해 고민할 수 있는 주제로 작성을 해줘.
>
>
> 제목: 병뚜껑에서 시작된 변화
> 초등학교 6학년 은호는 바닷가 마을에서 자랐습니다. 잔잔한 파도 소리와 부드러운 모래를 좋아하던 그는, 방과 후마다 해변을 거닐며 마음의 평화를 느끼곤 했습니다. 하지만 어느 날, 해변에 널린 쓰레기 더미가 은호의 시선을 멈추게 했습니다. 플라스틱 병, 비닐봉지, 병뚜껑들. 바다가 더 이상 예전의 모습이 아니었습니다.
> 집에 돌아온 은호는 엄마에게 물었습니다. "엄마, 왜 바다가 이렇게 더러워졌어요?"
> 엄마는 조용히 말했습니다. "사람들이 아무렇지 않게 버린 쓰레기들이 결국 바다로 흘러간 거야. 그 결과는 지금 우리가 보고 있는 이 모습이지."
> 은호는 충격을 받았습니다. 아름다웠던 바다가 인간의 무관심으로 이렇게 변했다는 사실이 믿기지 않았습니다. 그는 결심했습니다. 작은 것부터라도 바꿔보자고.
> 그는 학교 친구들과 함께 '푸른 해양 지킴이'라는 동아리를 만들었습니다. 매주 해변을 청소하고, SNS와 마을 게시판을 통해 사람들에게 환경 문제의 심각성을 알렸습니다. 처음엔 몇몇 사람만 관심을 보였지만, 시간이 지나며 점점 더 많은 이들이 동참했습니다.

> 그러던 어느 날, 은호는 청소 도중 반짝이는 푸른 병뚜껑 하나를 발견했습니다. 아주 작고 흔한 물건이었지만, 은호는 그 병뚜껑을 집으로 가져가 책상 위에 올려놓고 생각했습니다.
> "이 병뚜껑 하나가 바다를 오염시킬 수 있다면, 나의 작은 행동도 세상을 바꿀 수 있겠지."
> 은호는 더이상 일회용 컵을 쓰지 않았고, 불필요한 포장을 피하며, 가족들과도 함께 쓰레기를 줄이기 위한 노력을 시작했습니다. 그의 실천은 친구들에게도 긍정적인 영향을 주었고, 학교에서는 환경 캠페인이 정기적으로 열리게 되었습니다.
> 몇 개월이 지나자, 은호가 사랑하던 바닷가는 예전처럼 맑고 깨끗한 모습을 되찾았습니다. 물고기 떼가 돌아오고, 갈매기들이 다시 하늘을 날았습니다. 마을 사람들은 은호와 친구들에게 고마움을 전했고, 은호는 그저 웃으며 말했습니다.
> "나는 단지 시작했을 뿐이에요. 병뚜껑 하나처럼, 우리 모두의 작은 실천이 변화를 만들 수 있으니까요."

함쌤: 초등학교 6학년 학생의 눈높이에 맞춰 더 깊이 있고 진지한 분위기로 편집하였네요. 학생들이 더 깊이 성찰하고 환경 문제에 대해 고민할 수 있도록 동화가 잘 수정되었습니다. '편집 제안'뿐만 아니라 '길이 조절'을 통해 기존 동화의 분량을 더 길게 작성할 수 있으며, 글의 난이도를 '독해 수준'을 중학생으로 설정하시면 독자가 읽기 적절한 난이도로 잘 편집될 겁니다.

유쌤: 알려주신 ChatGPT의 작업 기능과 캔버스 기능을 활용해서 아이들과 아침 시간에 재미있는 활동을 해야겠어요. 선생님 덕분에 아이들과 함께 의미 있고 보람찬 아침 시간을 보낼 수 있을 것 같습니다. 감사합니다!

함쌤: 늘 열심히 하는 유쌤을 보고 제가 더 배웁니다. 언제든지 궁금한 점이 생기면 제 교실로 찾아오세요!

수업과 쉬는 시간 운영 아이디어 얻기

10:30 ~ 10:40 2교시 수업을 마친 후 대화

정쌤은 매번 수업 준비를 철저히 하지만, 교실 안에서는 늘 변수가 생깁니다. 어제도 국어 수업 중 한 학생이 "선생님, 다른 나라에도 이런 속담이 있어요?"라고 묻는 바람에 순간 말문이 막혔습니다. 준비한 활동이 예상보다 일찍 끝나서 남은 시간을 어떻게 채울지 고민하다가, 그냥 잡담으로 마무리한 날도 있었습니다. 쉬는 시간에 교무실로 내려오면서, 정쌤은 문득 이런 생각이 들었습니다.

'수업 자료는 미리 준비하지만, 수업 중에 바로 쓸 수 있는 아이디어나 자료를 실시간으로 줄 사람이 옆에 있으면 얼마나 좋을까…' 마침 연구실 앞에서 커피를 들고 있는 함쌤이 보였습니다. 정쌤은 기다렸다는 듯이 다가가 물었습니다.

정쌤: 선생님, 혹시 수업 시간에 ChatGPT도 활용하세요?

함쌤: 그럼요. 저는 학생들이 직접 사용하진 못하니까, 교사인 제가 조용히 백업용으로 활용하고 있어요. 특히 수업 준비할 때 정말 좋아요.

정쌤: 아, 수업 자료 만들 때요?

함쌤: 맞아요. 예를 들어 오늘 국어 수업에 '비유 표현' 나왔잖아요. 아이가 "비유가 뭐예요?"라고 물어서, ChatGPT에 "초등학생 눈높이에 맞춘 비유 설명" 치니까 금방 쉬운 문장으로 설명이 나오더라고요.

정쌤: 와, 그런 식으로도 활용할 수 있군요! 저는 아직 자료 만들 때만 써봤거든요. 혹시 수업 시간에도 바로 검색해서 쓰시나요?

함쌤: 네, 태블릿이나 노트북 켜놓고, 필요한 순간에 교사만 조용히 검색해서 구두로 설명해 줘요. 예를 들어 시 낭송 수업할 땐 GPT가 만들어준 짧은 동시를 활용하기도 했어요. 학생용 활동지처럼 프린트해주면 애들이 진짜 제가 쓴 줄 알아요.

정쌤: 그건 진짜 꿀팁이네요… 발표 대본이나 글쓰기 예시도 되나요?

함쌤: 그럼요. '나의 꿈'을 주제로 쓸 때 GPT에게 **"초등학생 수준 글쓰기 예시 보여줘"**라고 하면 3~4문단짜리 글도 금방 나와요. 그걸 보여주고 구조 설명도 할 수 있죠.

정쌤: 수업 끝나고 피드백 줄 때도 써보셨어요?

함쌤: 네, 수행평가 보고서 볼 때 "문장 연결이 부자연스러움, 구체적 예시도 필요"라고 다소 거칠게 피드백을 남기더라도, ChatGPT는 예쁜말로 새로 말해줄 수 있어요. 시간도 아끼고, 표현도 다양해져요.

정쌤: 저도 감정 표현 피드백 쓸 때 어려워서 자주 고민했는데… 이제 활용해봐야겠어요. 혹시 활용 아이디어 정리된 거 있으세요?

함쌤: 제가 정리해둔 체크리스트랑 과목별 예시 있어요. ChatGPT 자료 공유링크로 보내드릴게요. ChatGPT는 **'수업 동료 교사 한 명이 생긴 것 같은 느낌'**이라 정말 든든해요.

정쌤: 그게 공유도 되나요?!! 함 선생님 덕분에 저도 이제 ChatGPT 수업 중에 잘 써먹을 수 있을 것 같아요.

함쌤: 학생들 앞에서 활용하실 경우에는 아이들에게 꼭 "때때로 우리가 모르는 게 나올 때, ChatGPT에게 잠깐 물어볼 수 있어요. 하지만 중요한 건 우리가 함께 확인하고 배우는 거예요."라고 설명해야 합니다. 주도권은 언제나 교사가 쥐고 있어야 하지요. 사실 대부분의 선생님들께서는 수업 전날 밤이나 방과 후에 이미 수업안을 꼼꼼히 준비하시기 때문에, 수업 시간에 갑자기 ChatGPT를 쓸 일은 많지 않을지도 모릅니다. 그런데도 교실에서는 늘 예상치 못한 돌발 상황이 생기곤 합니다.

저도 음식과 관련된 수업을 하다가 학생이 제가 모르는 음식을 물어본 적이 있습니다. 그때는 답을 바로 하지 못해 당황했고, 수업이 예상보다 일찍 끝나 난감하기도 했습니다. 하지만 지금은 걱정하지 않습니다. ChatGPT에게 물어보면 되니까요. 모르는 자료를 사진과 함께 빠르게 안내할 수 있고, 남은 시간에는 즉석에서 문제를 만들어 퀴즈 활동으로 이어갈 수도 있습니다. 덕분에 수업의 흐름을 놓치지 않고 안정적으로 이어갈 수 있었어요.

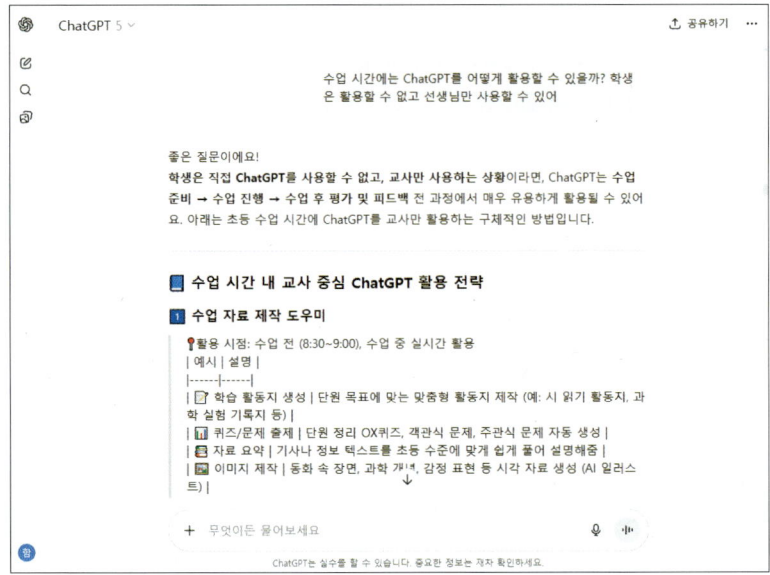

▲ 수업 중 활용 방법 _ 교사의 수업 중 ChatGPT 활용 아이디어

질문 수업 시간에는 ChatGPT를 어떻게 활용할 수 있을까? 학생은 활용할 수 없고 선생님만 사용할 수 있어.

 좋은 질문이에요! 학생은 직접 ChatGPT를 사용할 수 없고, 교사만 사용하는 상황이라면, ChatGPT는 수업 준비 → 수업 진행 → 수업 후 평가 및 피드백 전 과정에서 매우 유용하게 활용될 수 있어요. 아래는 초등 수업 시간에 ChatGPT를 교사만 활용하는 구체적인 방법입니다.

📋 수업 시간 내 교사 중심 ChatGPT 활용 전략

1️⃣ 수업 자료 제작 도우미

🔍 활용 시점: 수업 전 (8:30~9:00), 수업 중 실시간 활용

| 예시 | 설명 |

| 📝 학습 활동지 생성 | 단원 목표에 맞는 맞춤형 활동지 제작 (예: 시 읽기 활동지, 과학 실험 기록지 등) |

| 📊 퀴즈/문제 출제 | 단원 정리 OX퀴즈, 객관식 문제, 주관식 문제 자동 생성 |

| 📖 자료 요약 | 기사나 정보 텍스트를 초등 수준에 맞게 쉽게 풀어 설명해줌 |

| 🖼 이미지 제작 | 동화 속 장면, 과학 개념, 감정 표현 등 시각 자료 생성 (AI 일러스트) |

2️⃣ 수업 중 실시간 응답 도구로 활용

📚 활용 시점: 수업 중

| 예시 | 설명 |

| ❓ 질문에 대한 실시간 정보 요약 | 학생 질문에 대해 교사가 ChatGPT를 통해 빠르게 요약된 설명 제공(예: "달과 행성의 차이점이 뭐예요?" → GPT 요약) |

| 💬 다양한 관점 제시 | 논제 토론, 이야기 재구성 시 다양한 입장·생각을 예시로 제시해줌 |

| 🎭 대화문/역할극 생성 | 국어·영어 수업 등에서 짧은 상황극 대사 즉석 생성 |

③ 창의적 글쓰기 및 발표 준비에 활용
🔍 활용 시점: 수업 중 (교사가 보여주거나 프린트하여 사용)
예시	설명
✍️ 글쓰기 예시 제시	"고마웠던 일", "꿈", "소풍 후기" 등 주제별 예시 글 생성
💡 생각 확장 질문 만들기	"왜 그럴까?", "다르게 생각하면?" 등 확장형 질문 제공
🎤 발표 스크립트 보조	발표 연습용 대본, 도입-전개-마무리 구조 예시 제공

④ 수업 후 평가 및 피드백에 활용
🔍 활용 시점: 14:30~16:30 업무 정리 시간
예시	설명
✅ 학생 수행평가 피드백 문장 생성	"자신의 생각을 잘 표현했어요. 문장 사이 연결을 더 자연스럽게 해보세요."와 같은 피드백 자동화
📊 학습 분석 요약	수업 결과 정리, 오답 유형 요약 및 향후 지도 방향 안내 문장 생성
📧 학부모 알림장 문장 추천	활동 안내, 생활 태도 피드백, 감사 메시지 등 자연스러운 문장 제안

🔍 예시 상황: 국어 수업 중 ChatGPT 활용
단원: 3학년 1학기 국어 1단원 '생생하게 표현해요' 활용 예시:
수업 중 아이가 "비유 표현이 뭐예요?"라고 물음→ 교사가 ChatGPT에 "초등학생이 이해하기 쉬운 비유 설명" 요청→ 답변을 말로 설명하거나 칠판에 적어줌
시 낭송 전, 학생 예시 시가 부족할 때→ ChatGPT에 "초등학생이 쓸 수 있는 짧은 시" 요청→ 아이들에게 낭송 연습 자료로 제공

📌 교사 전용 ChatGPT 활용 Tip

방법	설명
💻 노트북/태블릿/스마트폰으로 조용히 활용	학생들 눈앞에서 직접 입력은 최소화하고, 필요한 정보만 구두로 제공
📄 자료 출력 후 배부	직접 작성한 것처럼 사용 가능, 아이들 몰입도 높임
☐ GPT는 조력자!	학생의 수준·상황에 따라 적절히 편집·조절하는 것이 핵심

핵심 정리

구분	내용
📌 수업 전	학생들 눈앞에서 직접 입력은 최소화하고, 필요한 정보만 구두로 제공
☐ 수업 중	학생 질문에 대한 빠른 설명 / 창의적 자료 예시 제시
📧 수업 후	수행평가 피드백 문장 생성 / 학부모 알림장 문장 추천

원하신다면,
  ✅ 교사 전용 ChatGPT 활용 체크리스트
  ✅ 교과별 활용 예시 자료
  ✅ 쉬는 시간/업무 시간별 사용 시나리오도 만들어드릴 수 있어요. 필요하신가요?

11:20 ~ 11:30 3교시 후 쉬는 시간

3교시가 끝나자, 교실은 금세 떠들썩해졌습니다. 몇몇 아이들은 보드게임을 꺼내며 소리를 지르고, 어떤 아이들은 여기저기 뛰어다니다가 부딪히기도 했습니다. 다툼이 벌어질 듯한 자리마다 정쌤이 달려가 중재하느라, 쉬는 시간 10분이 순식간에 지나갔습니다. 종이 울려도 아이들은 여전히 흥분이 가시지 않아, 다음 수업 시작도 매끄럽지 않았습니다. 정쌤은 한숨을 쉬며 교무실로 내려가, 커피를 들고 있는 함쌤에게 다가갔습니다.

정쌤 (신규교사): 함 선생님, 쉬는 시간마다 아이들이 너무 흥분해요. 교실 여기저기 뛰어다니고, 수업 시작할 땐 집중도 안 되고요. 다들 어떻게 하세요?

함쌤: 고경력교사하하, 처음엔 다 그래요. 쉬는 시간도 교사의 생활지도 영역이라고 생각하고, 루틴을 하나 정해두는 게 좋아요.

정쌤: 루틴이요? 쉬는 시간에 아이들이 자유롭게 노는 거 아닌가요?

함쌤: 자유롭되, **안정된 틀 안에서** 놀게 하는 거예요. 예를 들어, 저는 '교실 속 놀이 상자'를 운영해요. 쉬는 시간마다 돌아가며 젠가나 단어 카드 놀이 같은 걸 꺼내서 하게 해요. 그런데 정쌤, 아직도 ChatGPT를 활용하시지 않는 건가요?

정쌤: 네? 말씀해 주신대로는 잘 쓰고 있는걸요?

함쌤: 하하, 쉬는시간도 수업의 연장이잖아요. ChatGPT를 활용해서 쉬는 시간에도 어떻게 하면 아이들이 쉰다고 생각하지만 학습을 하고, 다음 수업에 집중할 수 있게 만들 수 있을지 알아보자고요. ChatGPT에 오전 수업과 각 쉬는 시간마다 활용할 수 있는 학습 프로그램이나, 생활지도 계획 등을 물어보겠습니다. 함께 확인해보시죠.

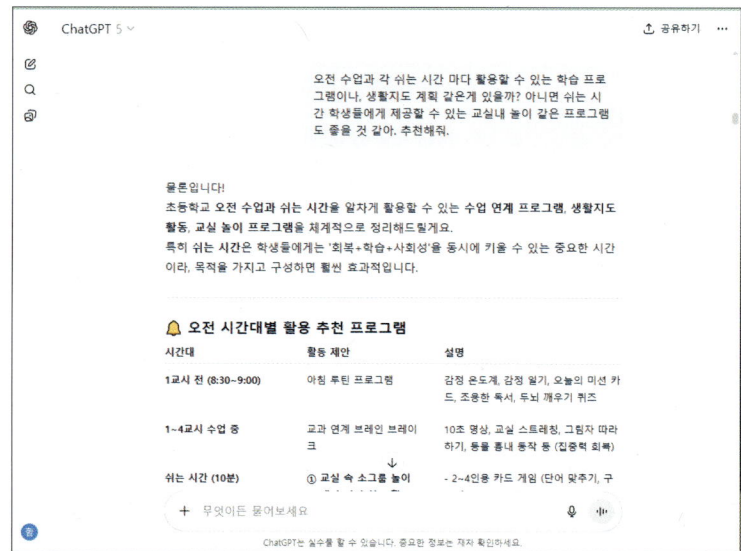

▲ 수업 시간이나 쉬는 시간에 활용 가능한 프로그램 _ ChatGPT를 통한 교사의 쉬는 시간 활용 프로그램

질문 오전 수업과 각 쉬는 시간 마다 활용할 수 있는 학습 프로그램이나, 생활지도 계획 같은게 있을까? 아니면 쉬는 시간 학생들에게 제송할 수 있는 교실내 놀이 같은 프로그램도 좋을 것 같아. 추천해줘.

 물론입니다! 초등학교 오전 수업과 쉬는 시간을 알차게 활용할 수 있는 수업 연계 프로그램, 생활지도 활동, 교실 놀이 프로그램을 체계적으로 정리해드릴게요. 특히 쉬는 시간은 학생들에게는 '회복+학습+사회성'을 동시에 키울 수 있는 중요한 시간이라, 목적을 가지고 구성하면 훨씬 효과적입니다.

🔔 오전 시간대별 활용 추천 프로그램

시간대	활동 제안	설명
1교시 전 (8:30~9:00)	아침 루틴 프로그램	감정 온도계, 감정 일기, 오늘의 미션 카드, 조용한 독서, 두뇌 깨우기 퀴즈
1~4교시 수업 중	교과 연계 브레인 브레이크	10초 명상, 교실 스트레칭, 그림자 따라하기, 동물 흉내 동작 등 (집중력 회복)
쉬는 시간 (10분)	① 교실 속 소그룹 놀이 ② 개인 정서 회복 활동 ③ 생활습관 지도	- 2~4인용 카드 게임 (단어 맞추기, 구슬퍼즐) - 창문에 붙이는 감정 스티커 활동- 정리정돈·차분한 대화 습관 형성

🎯 쉬는 시간에 활용할 수 있는 교실 프로그램 6가지 추천

1. 교실 속 미니 게임 박스 만들기
구성 예시: 도미노, 젠가, 짝 맞추기 카드, 속담 퍼즐, 3분 체스
활용법: 매일 2~3가지 놀이를 돌아가며 꺼내 쓸 수 있도록 '오늘의 놀이' 선정
장점: 혼자 혹은 2~4명이 조용히 집중하며 협력할 수 있는 활동

2. 감정 말 카드 + 대화빙고
설명: "오늘 기분이 어떤가요?", "화났을 때 나는 어떻게 해요?" 같은 질문 카드
활용법: 친구와 둘씩 짝지어 돌아가며 질문 & 대답 / 5개 채우면 소소한 보상
효과: 또래 간 공감 대화, 자기표현 능력 향상

3. 북톡(Book Talk) 스팟
설명: 아침 독서 혹은 쉬는 시간 중 책을 읽은 후, "책 속 문장 공유함" 코너에 글쓰기
운영 팁: '책 한 줄 편지함' 만들기 / 공유하고 싶은 문장을 적어 붙이기

4. 칠판 낙서 미션
설명: 쉬는 시간용 칠판 공간에 "오늘의 질문"을 적어 아이들이 돌아가며 답변
예시 질문: "내가 좋아하는 계절은?", "가장 웃겼던 일은?"
효과: 문해력, 표현력 향상 + 비형식적 소통 기회

5. 컬러링 & 감정 표현 코너
구성: 감정 테마 컬러링북, AI 감정 캐릭터 색칠하기 자료 등
활용법: 쉬는 시간마다 색칠하며 마음 안정 + 미술치료적 효과

6. 교실 음악 감상 스팟
설명: 클래식, 자연소리, 동요 등 차분한 음악을 쉬는 시간 틀어놓기
추천 도구: YouTube Kids 채널 또는 AI음악 생성 툴(Suno, Mubert 등) 활용

생활지도 관점에서 운영 Tip

항목	내용
💡 규칙	각 놀이 활동에는 '사용 전후 정리', '조용히 하기', '타인 배려' 규칙을 명확히
☐ 역할 분담	'놀이 관리자', '정리 리더', '시간 지킴이' 등을 정해 학생 주도적 운영 유도
🏷️ 피드백	점심시간이나 오후 정리 시간에 '오늘의 놀이 활동 돌아보기' 시간 운영

원하신다면 위 프로그램을
 ✓ A4 출력용 활동 카드
 ✓ Canva용 시각화된 교실 꾸미기 자료
 ✓ 운영 체크리스트로 정리해드릴 수 있어요. 어떤 형식이 필요하신가요? PDF로도 바로 만들어 드릴 수 있습니다.

점심시간

점심시간이 되자, 교실은 전쟁터를 방불케할 정도로 시끌벅적해집니다. 급식을 마친 아이들이 교실로 올라오자마자 이리저리 뛰어다니고, 장난을 치다 말싸움이 오가는 모습도 보였습니다. 정쌤은 여기저기서 아이들을 말리느라 식곤증은커녕 숨 돌릴 틈도 없었습니다. "점심시간만 되면 왜 이렇게 정신이 없는 걸까… 그냥 다 자유롭게 두면 더 소란스러워지는 것 같아." 답답한 마음에 정쌤은 복도에서 함쌤을 발견하고 다가갔습니다.

정쌤: 함 선생님, 점심시간에 애들이 너무 소란스러워요. 급식 먹고 교실로 올라오면 정신이 하나도 없어요… 다들 그냥 자유롭게 놀게 두시나요?

함쌤: 하하, 저도 예전엔 그랬어요. 그런데 아이들한테 **자유만 주면 혼란**이 오고, **선택지를 주면 질서**가 생기더라고요.

정쌤: 선택지요? 구체적으로 어떻게 하세요?

함쌤: 저는 ChatGPT의 도움을 받아 올해는 '오늘의 점심활동 3가지'를 칠판에 써요. 예를 들어,

 1. 컬러링북
 2. 젠가나 단어 퍼즐
 3. 조용한 독서

이렇게 써두고, 아이들이 선택해서 활동하도록 해요.

정쌤: 오, 이것도 ChatGPT의 힘을 빌리시는 거예요? 그거 좋은데요? 저는 무작정 "조용히 해~"만 했더니 더 시끄러워졌던 것 같아요.

함쌤: 그렇죠. 매년 학년이 달라지니 학생들의 수준에 맞춰서 프로그램을 짜야되는데 예를 들어 6학년 아이들에게 맞는 활동을 3학년 학생에게 할 수는 없잖아요? 그런데 ChatGPT의 힘을 빌리면 이런 프로그램도 뚝딱! 하고 나온다니까요!! 아까 말씀드린 컬러링지, 미니 카드놀이, 말풍선 대화카드 같은 거요.

정쌤: 우와 저는 그동안 ChatGPT를 너무 과소 평가 했던 것 같아요. 그런데 궁금한게 혼자 있고 싶은 아이들은요?

함쌤: 그런 아이들은 '혼자 쉬는 존'에서 조용히 음악 듣거나 감정일기 쓰게 해요. 저는 3분 명상도 가끔 해요. 조용한 음악 틀어놓고 "지금 나의 숨을 느껴보세요~"라고 짧게 안내해주면 아이들이 정말 차분해져요.

정쌤: 우와, 점심시간이 그냥 쉬는 시간이 아니라 정서 교육 시간 같아요.

함쌤: 맞아요. 특히 친구 관계 어려운 아이들은 이 시간에 친구와 말풍선 카드로 감정 대화를 시켜보면 관계가 서서히 회복돼요. **자연스럽게 관계 맺는 환경**이 되는 거죠.

정쌤: 그럼 그걸 선생님이 계속 지켜보세요?

함쌤: 음엔 제가 돌보지만, 점차 **'놀이 도우미'**, **'정리 리더'**, **'음악 큐레이터'** 역할을 아이들에게 맡겨요. 그러면 아이들끼리도 규칙을 지키려 하더라고요. 그런데 그거 아세요? 이것도 ChatGPT 도움을 받은거예요!

정쌤: 우와~! 정말 ChatGPT는 만능인 것 같아요. 혹시 놀이 활동지나 안내판 같은 거 있으시면 공유해주실 수 있나요?

함쌤: 그럼요~ 제가 예전에 Canva로 만든 포스터도 있어요. 프린트해서 교실 뒤에 붙여두면 아이들도 익숙해져요. 만들어 놓은 ChatGPT 자료 공유링크 보내드릴께요!

정쌤: 감사합니다! 내일부터 점심시간도 더 즐겁고 의미 있게 만들어볼게요.

함쌤: 응원할게요! 아이들도 길게 놀 수 있다보니 너무나 들떠있어, 안전사고가 일어나는 경우나 다툼이 일어나는 경우가 많아요. 하지만 이번에도 ChatGPT를 이용한다면 교육적이면서도 안전하고 행복한 교실 속 점심시간을 만들 수 있어요. 점심시간을 알차게 활용할 수 있는 팁을 ChatGPT로 함께 알아봐요. 프로그램이 마음에 들지 않으시면 다른 프로그램을 추천 받으실 수도 있으니 선생님에게 어울리는 그리고 학생들에게는 맞춤형인 프로그램으로 점심시간을 채워나가면 됩니다.

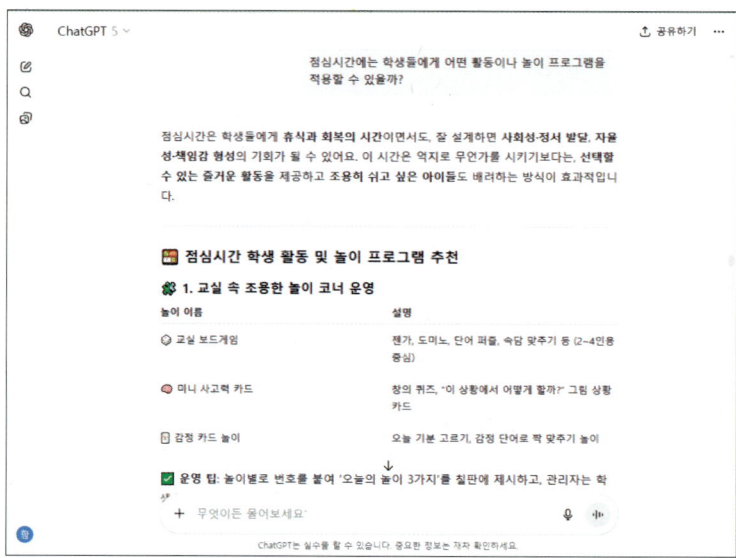

점심시간 활용 방법 _ 점심 시간 ChatGPT를 활용한 활동 아이디어

질문 점심시간에는 학생들에게 어떤 활동이나 놀이 프로그램을 적용할 수 있을까?

 점심시간은 학생들에게 휴식과 회복의 시간이면서도, 잘 설계하면 사회성·정서 발달, 자율성·책임감 형성의 기회가 될 수 있어요. 이 시간은 억지로 무언가를 시키기보다는, 선택할 수 있는 즐거운 활동을 제공하고 조용히 쉬고 싶은 아이들도 배려하는 방식이 효과적입니다.

🖥 점심시간 학생 활동 및 놀이 프로그램 추천
💡 1. 교실 속 조용한 놀이 코너 운영

놀이 이름	설명
🎲 교실 보드게임	젠가, 도미노, 단어 퍼즐, 속담 맞추기 등 (2~4인용 중심)
☐ 미니 사고력 카드	창의 퀴즈, "이 상황에서 어떻게 할까?" 그림 상황카드
🎴 감정 카드 놀이	오늘 기분 고르기, 감정 단어로 짝 맞추기 놀이

✓ 운영 팁: 놀이별로 번호를 붙여 '오늘의 놀이 3가지'를 칠판에 제시하고, 관리자는 학생 스스로 뽑도록 함

🎧 2. 휴식형 정서 활동

활동 이름	설명
🎧 음악 감상	자연소리, 클래식, 동요 등 차분한 배경음악 틀기 (블루투스 스피커 활용)
✏️ 컬러링북 & 감정 색칠하기	감정 캐릭터, 동화 장면 등 자유롭게 색칠하며 안정감 유도
📖 짧은 독서 시간	읽기 쉬운 짧은 동화책, 퀴즈북 비치 ("오늘 한 장만 읽기" 캠페인도 좋아요)

3. 친구와의 협력 활동

활동 이름	설명
🎧 말풍선 대화놀이	빈 말풍선 속에 대사 쓰기 – 친구와 감정 대화 이어쓰기
✏️ 미니 발표 타임	"오늘 점심에 제일 맛있었던 반찬은?", "내일 기대되는 일"을 돌아가며 발표
📖 고마운 친구 카드 쓰기	간단한 고마움 표현, 익명으로 나눔('고마운 우체통' 설치 가능)

☐ **4. 마음 안정 활동 (교실 안에서 혼자도 가능)**

활동 이름	설명
☐ 3분 명상	조용히 앉아 눈 감고 '나의 숨 들여다보기' (선생님이 짧은 안내문 읽어주기)
📓 오늘 하루 마음 일기	감정 온도계 + 짧은 글쓰기 (AI마음일기, 자작자작 등 앱 연계 가능)
🎨 나만의 감정 컬러칩 만들기	오늘 내 기분을 색깔로 표현해보기 (색종이, 색연필 등 준비)

📊 **운영 팁 (교사용)**

활동 이름	설명
✅ 역할 부여	'놀이 도우미', '정리 리더', '음악 큐레이터' 등 학생들에게 자율적 역할 배분
💡 안내판 설치	'오늘의 놀이' 또는 '추천 활동' 칠판 또는 게시판에 소개
☐ 나활동 박스 비치	컬러링지, 카드, 게임도구 등을 담은 정리 박스를 교실 뒤편에 고정 운영
⏳ 시간 타이머 활용	10분, 15분 등 활동 시간 운영을 명확히 하면 통제가 쉬움

☐ **예시 프로그램: '우리 반 점심 힐링 타임'**

순서	활동	시간
1	차분한 음악 감상 시작	점심 직후 (12:10~12:20)
2	선택 활동 1: 독서 / 컬러링 / 조용한 보드게임	12:20~12:40
3	마음 나누기 or 친구 카드 쓰기	12:40~12:50

📌 **핵심 정리**

구분	내용
📌 수업 전	활동지, 퀴즈, 글쓰기 예시 제작
☐ 수업 중	학생 질문에 대한 빠른 설명 / 창의적 자료 예시 제시
🖱️ 수업 후	수행평가 피드백 문장 생성 / 학부모 알림장 문장 추천

필요하시면
- ✅ 점심시간 활동 선택지 포스터 (Canva 제작 가능)
- ✅ 교실 후면 '조용한 놀이 존' 안내자료
- ✅ 관리 역할표 및 정리 점검표 양식을 제작해드릴 수 있어요! 어떤 형식으로 도와드릴까요?

14:40　6교시를 마친 종례 시간

오후 수업이 끝나고 종례 시간이 다가왔습니다. 정쌤은 평소처럼 칠판에 날짜를 쓰고, 아이들에게 알림장을 꺼내라고 말했습니다. "자, 오늘은 숙제… 그리고 내일 준비물은…" 아이들은 따라 쓰면서도 여기저기서 잡담을 이어갔고, 분위기는 단조롭고 산만했습니다. 정쌤은 '이렇게 매일 알림장 쓰고 끝내는 게 맞나? 하루를 좀 더 의미 있게 마무리할 방법은 없을까…'라는 생각이 들었습니다. 마침 옆반에서 함쌤이 아이들과 웃으며 종례를 하고 있는 소리가 들렸습니다. 종례가 끝난 뒤, 정쌤은 복도에서 함쌤을 붙잡았습니다.

정쌤 (신규교사): 함 선생님, 혹시 종례 시간엔 어떤 활동 하세요? 저는 그냥 알림장 쓰고 끝내는데… 뭔가 너무 단조로운 느낌이에요.

함쌤 (고경력교사): 그 마음 알아요. 처음엔 그렇게 시작하지만, 종례 시간도 아이들에게 하루를 정리하고 감정을 나누는 중요한 순간이에요. 몇 가지 간단한 루틴을 만들어두면 정말 달라져요.

정쌤: 루틴이요? 어떤 거요?

함쌤: 저는 항상 이렇게 해요:
　1. 오늘의 기분 날씨 말하기
　2. 칭찬 릴레이 또는 잘한 일 한 줄 적기
　3. 알림장 쓰기
　4. 안전·생활지도 한 마디
　5. 내일의 다짐 말하기나 퀴즈 하나

정쌤: 와, 그렇게 체계적으로요? 혹시 감정 날씨는 어떻게 해요? 혹시 이것도 ChatGPT의 힘인가요?

함쌤: 아~ 이제 정쌤이 다 알아차리셨네요. 알려줄게 없으니 하산하셔도 되실 것 같은데요? 맞아요. ChatGPT의 도움을 받았죠. 칠판에 ☀, ☁, 🌈, ⛈ 같은 그림 붙여두고, "오늘 나는 ○○ 같아요" 하고 돌아가면서 말하게 해요. 짧지만 감정 공유가 되니까 아이들 정서 파악에 도움이 많이 돼요.

정쌤: 그럼 알림장도 그냥 쓰는 게 아니겠네요?

함쌤: 그렇죠. 알림장 도우미 한 명 정해서 칠판에 준비물, 숙제, 전달사항 적게 하고, 아이들은 그걸 따라 쓰게 해요. 쓰기 전에 "선생님이 중요한 말 할게요~" 하고 정리해서 말해주면 더 집중해요.

정쌤: 생활지도는 뭐라고 하세요?

함쌤: 하루에 하나만 해요. 예를 들어,
　"오늘 친구에게 예쁜 말 써봤나요?"
　"내일은 우산 꼭 챙기기!"
　"엘리베이터 안에서는 조용히" 이런 식으로 **짧고 구체적인 메시지** 하나만 강조해요. 이런 문구 매일 같이 만들기 힘드니 당연히 누구의 도움을 받는다고요?

정쌤: 우리의 보조교사 ChatGPT요!!! 선생님 그럼 마무리 활동도 하세요?

함쌤: 간단하게요. "내일은 ○○ 해보고 싶어요" 한 줄 말하기나, 하루 내용 관련 퀴즈 하나 내는 것도 좋아요. 정리하면서 웃으면서 끝낼 수 있거든요.

정쌤: 좋네요! 아이들이 종례 시간도 기다리게 되겠어요.

함쌤: 맞아요. 하루를 어떻게 마무리하느냐가 다음 날을 결정하더라고요. 필요하면 제가 만든 '종례 루틴 카드'나 '감정 날씨판' ChatGPT 자료도 공유링크 보내줄게요.

정쌤: 정말 감사해요. 이제 종례도 아이들과 함께하는 의미 있는 시간이 될 것 같아요!

함쌤: 하루의 마무리는 무엇보다도 중요하죠. 특히, 아이들에게 하루 어떤 좋은 일이 있었는지 정리해주면 집에 가서도 학교가 즐거웠다고 부모님께 이야기하고, 이를 통해 학부모님의 신뢰를 쌓을 수 있으니까요. 안전문구의 경우에도 ChatGPT에 한 달동안 안내해줄 안전 문구를 30개정도 만들어 달라고 요청하실 수 있어요. 그리고 종례 시간도 알차게 활용할 수 있는 꿀팁들을 ChatGPT가 알려줄 수 있거든요. 우리반에 딱 맞는 활동을 선택하시면 돼요. 이렇게 ChatGPT로 인해 정말 하루가 알차면서도 효율적으로 보낼 수 있습니다. ChatGPT 이제는 선택이 아닌 필수라는 생각이 듭니다.

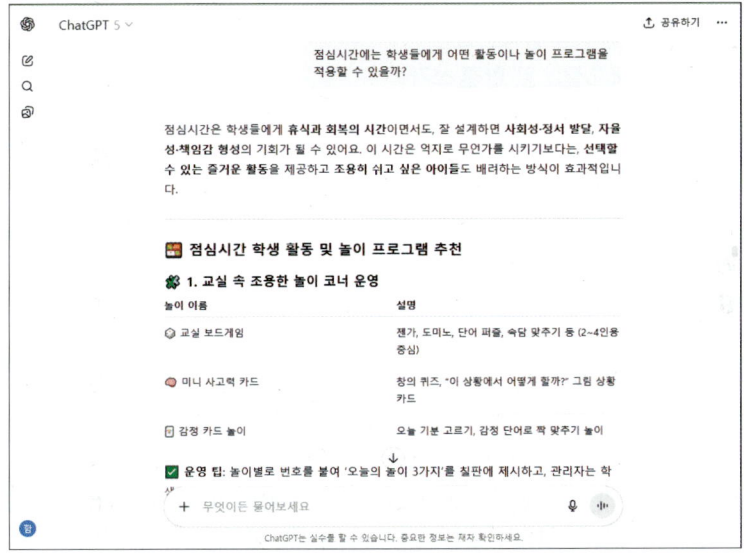

▲ 종례 시간 활용 방법 — 오후 수업 마무리 종례시간 활용 방법

질문 초등학교 종례 시간에 할 활동이 무엇이 있을까? 알림장 작성이나 안전지도 포함해서 추천해 줄 수 있겠어?

 물론입니다! 초등학교 종례 시간은 하루를 마무리하며 학생들의 감정, 학습, 안전, 생활 태도를 정리할 수 있는 짧지만 매우 중요한 시간입니다. 단순히 알림장만 쓰고 끝내기보다는, 학생 스스로 돌아보는 활동이나 공동체 의식을 높이는 간단한 활동을 포함하면 효과가 훨씬 커집니다.

🎧 초등학교 종례 시간 추천 활동
✓ 기본 구성 틀 (총 10~15분)

순서	활동 내용	시간
1	오늘 하루 되돌아보기 활동	3~5분
2	알림장 작성 및 전달사항 안내	3~5분
3	생활·안전 지도	3~5분
4	짧은 마무리 활동(선택)	2~3분

🎧 종례 시간 추천 활동 목록

1 [되돌아보기] 오늘 하루 '마음 날씨' 체크 🌦
- "오늘 나의 하루는 ○○ 같았다"를 말풍선에 적어보거나 말로 나누기
- 비, 해, 바람, 무지개 등 기분 날씨로 표현

2 [되돌아보기] '오늘의 내가 잘한 일' 한 줄 쓰기
- 활동지 or 알림장 하단에 적기
- 예: "친구에게 먼저 인사했다", "수업 시간에 발표했다"

3 [공동체 활동] '칭찬 릴레이' 👏
- 오늘 하루 칭찬하고 싶은 친구 이름 + 이유 발표
- 하루에 2~3명씩 돌아가며

4 [알림장 작성] 중요한 전달사항 정리
- 공지사항, 숙제, 내일 준비물, 가정통신문 내용 등
- 알림장 작성 시 체크리스트 제공: 숙제 ✓ / 준비물 ✓ / 행사 ✓

5 [생활·안전 지도] 핵심 안전수칙 반복

내용	예시 멘트
교통안전	"횡단보도에서 꼭 좌우 살피고, 초록불에만 건너기"
교통안전	"친구 말 한마디, 행동 하나가 마음에 남을 수 있어요"
사이버 예절	"단톡방에서는 말투와 이모티콘도 예의 있게"
정리 습관	"자리 정리, 쓰레기 정돈은 내가 한 만큼 반이 예뻐져요"

6 [감정 활동] AI 마음일기 / 자작자작 등 감정 일기 쓰기
- 태블릿/종이/스티커형으로 활용
- 감정 온도계 + 한 줄 기록

7 [마무리 활동]

활동명	설명
♪ 하루 마무리 음악 감상	차분한 음악과 함께 정리
1 내일의 다짐 1문장 쓰기	"내일은 ○○을 해보고 싶어요"
🎲 종례 퀴즈 한 문제	하루 학습 내용 간단 복습 퀴즈
🎁 깜짝 행운상자	활동 참여 우수자 1명 뽑기 (스티커, 도장 등)

📌 운영 팁 (교사용)

주제	팁
🗑 일관된 루틴	매일 같은 순서로 진행해 학생들이 익숙해지도록
💬 알림장 작성 도우미 지정	칠판 필기 or 발표로 도와주는 역할 학생 지정
🕐 시간 배분 철저	전체 15분 내외, 마무리 활동은 상황에 따라 유동적 운영
🎒 하교 전 점검표 활용	알림장, 준비물, 청소 도우미 체크리스트 운영

🎒 예시 종례 활동 루틴 카드 (학생용)
📌 오늘의 종례 루틴
1. 나의 기분 날씨 선택 ☀☁🌈
2. 오늘의 알림장 확인 📝
3. 생활안전 이야기 듣기 🚶
4. 칭찬 릴레이 or 오늘의 다짐 말하기 💬
5. 조용히 가방 정리하고 인사하기 🎒

📌 대화 속 핵심 내용 요약

항목	내용
☐ 하루 정리	기분 날씨, 오늘의 잘한 일, 내일 다짐
📝 알림장 작성	도우미 운영 + 칠판 필기 + 숙제/준비물 확인
🚶 안전지도	하루 1개 핵심 메시지 강조
🎁 마무리 활동	퀴즈, 칭찬, 한 줄 말하기 등 짧고 긍정적인 마무리

필요하시면
✓ Canva나 PPT용 '종례 활동 슬라이드'
✓ 알림장 하단에 붙일 '하루 돌아보기 미니 카드'
✓ 학생용 감정 날씨 스티커판
✓ 종례 체크리스트 & 교사용 활동표
도 함께 제작해드릴 수 있어요.
어떤 형식으로 받아보시겠어요?

14:40~16:40 방과후부터 퇴근시각까지

초등 교사의 진짜 업무는 학생들이 하교하고부터 시작된다고 해도 과언이 아닙니다. 남은 시간은 2~3시간 남짓인데, 그 시간동안 회의, 행정업무, 수업준비를 모두 해야 합니다. 간혹 전문적 학습 공동체 등의 연수가 끼는 날이면 그날 업무를 볼 수 있는 시간은 한 시간 남짓으로 줄어들곤 합니다. 부족한 시간에 늘 허덕이는 정쌤과 유쌤, 그리고 이 선생님들을 위해 ChatGPT를 활용한 효율적인 시간관리 솔루션을 제안하는 함쌤의 모습을 지켜보겠습니다.

ChatGPT로 업무루틴 짜기

아이들을 하교시키고 나면 잠시 숨을 돌릴 줄 알았지만, 실제로는 또 다른 전쟁이 시작됩니다. 생활기록부 작성을 위한 학생 관찰 기록, 다음 날 수업 준비, 가정통신문과 알림장 작성, 공문 확인, 학부모 연락까지… 해야 할 일은 줄줄이 이어집니다. 무엇부터 손대야 할지 우선순위가 잡히지 않아 책상 앞에서만 시간을 보내다 보면, 어느새 퇴근 시간은 훌쩍 넘어갑니다. 오늘도 교무실 시계가 오후 3시를 넘어가자, 정쌤은 깊은 한숨을 내쉬었습니다. "이대로 가다간 또 늦게 퇴근하겠네… 함쌤이라면 어떻게 하실까?" 결국 자리에서 일어난 정쌤은 방과후 시간을 효율적으로 쓰는 비법을 물어보기 위해 함쌤을 찾아갔습니다.

정쌤 (신규교사): 함 선생님, 아이들 하교하고 나면 좀 쉬나 했는데, 할 일이 끝도 없네요… 도대체 방과후엔 뭘 먼저 해야 하는지 감이 안 잡혀요.

함쌤 (고경력교사): 맞아요, 아이들 하교했다고 교사 업무가 끝나는 건 아닙니다. 방과후 시간은 말 그대로 '**내일 수업을 위한 준비**' + '**오늘의 정리**' 시간이라고 생각하면 됩니다.

정쌤: 그래서 그런지 머릿속이 너무 복잡해요. 우선 뭐부터 해야 할까요?

함쌤: 전 항상 이렇게 루틴을 정해놓고 합니다.

    1. 오늘 학생들 생활기록
    2. 내일 수업자료 정리
    3. 가정통신문/알림장 확인
    4. 공문이나 회의 자료 확인
    5. 필요한 학부모 연락이 순서대로 하면 우왕좌왕 안 하게 되죠.

정쌤: 학생 관찰 기록은 꼭 써야 해요?

함쌤: 꼭이요! 그날그날 있었던 일, 수업 태도나 문제 상황은 짧게라도 적어두면 생기부 쓸 때 큰 도움이 돼요. 특히 지도 대상 학생은 '변화 기록'이 있어야 해요. 이럴 때 ChatGPT 로 학생별 누가기록을 하면 좋아요. 학기말에 종합의견을 쓰기도 좋습니다.

정쌤: 역시 ChatGPT!! 그럼 내일 수업 준비는 어떤 식으로 하세요? 역시 ChatGPT 인가요?

함쌤: **정쌤! 너무 AI에만 종속되면 안되요. 저희 교사가 꼭 주체가 되어야 해요. ChatGPT는 보조교사의 역할이라는 사실을 잊으시면 안되요!** 일단 교과서 펼쳐서 성취기준 확인하고, 활동지나 발표 자료 준비해요. 아이들 반응에 따라 **발문이나 놀이 방식도 조절하죠.** 필요하면 ChatGPT로 예시 글이나 퀴즈도 바로 뽑고요.

정쌤: 네! 맞아요. ChatGPT가 너무 편하다 보니 저도 모르게 ChatGPT에만 의존한 것 같습니다. 반성할께요! 그리고 저도 오늘 활동지 만들다가 ChatGPT한테 글쓰기 예시 받아봤어요. 신세계더라고요!

함쌤: 활용 잘하고 있네요~ 그리고 알림장 내용도 내일 아침에 급하게 쓰는 것보다 지금 미리 정리해두는 게 편해요. 준비물이나 숙제 체크리스트도 포함해서요.

정쌤: 그럼 공문이나 회의 일정은 언제 확인하세요?

함쌤: 3~4시 사이에 한 번 쭉 봐요. 교무실 메신저, 나이스 공지, 이메일까지 확인하고 회신할 거 있으면 정리하죠. 행정업무는 몰아서 하는 것보다 매일 조금씩 처리하는 게 좋습니다.

정쌤: 학부모 상담은 언제 하세요?

함쌤: 방과후 시간대가 제일 좋아요. 짧게 전화 드리거나, 꼭 필요한 경우엔 상담 기록도 남겨두죠. 그 내용은 관리자에게 공유해야 할 때도 있으니까요. 그리고 ChatGPT에 기록을 남겨두죠.

정쌤: 진짜 배울 게 많네요… 방과후가 그냥 퇴근 전 시간이 아니라, 교사의 진짜 일이 시작되는 시간 같아요. ChatGPT의 활용법도 무궁무진하고요.

함쌤: 정확해요. 이 시간 잘 써야 **교사 생활이 오래가요.** 필요하면 제가 쓰는 **업무 체크리스트랑 학생 관찰 기록 양식** 등의 ChatGPT 자료도 공유해줄게요.

하루하루 예측 못 할 일들이 터지지만, 큰 틀에서 보면 선생님들의 하루에는 이렇게나 많은 업무가 숨어 있죠. 그래서 저는 꼭 말씀드리고 싶어요. AI는 이제 우리 삶에서 피할 수 없는 동반자라는 걸요. 물론 '어떻게' 써야 하는지에 대한 윤리적인 고민은 필요하지만, 그건 방법의 문제일 뿐이고, 사용하는 것 자체를 피할 수는 없어요. 중요한 건 우리가 AI를 효율적이고 합리적으로 활용해서, 진짜 중요한 교육활동에 더 많은 에너지를 쏟을 수 있게 하는 거죠. 그래야 선생님의 일상과 아이들을 위한 수업이 모두 균형을 이룰 수 있습니다. 정쌤, 방과후분만 아니라 교사 생활 전체를 바라보면서 ChatGPT를 '내 편'으로 만들어 보세요. 정말 든든해집니다.

정쌤: 정말 감사해요! 내일은 머리 덜 복잡하게 퇴근할 수 있을 것 같아요.

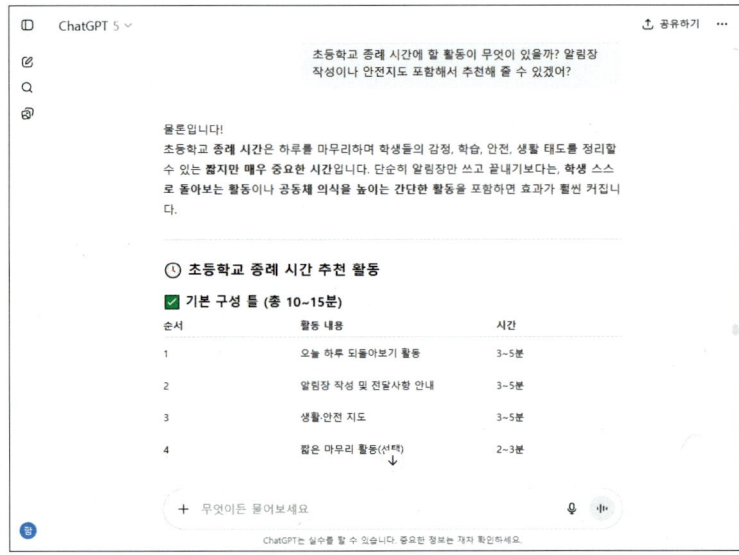

▲ 방과후 교사의 ChatGPT 활용 _ 방과후 효율적으로 활용하는 ChatGPT

질문 방과후 학생들이 하교하고 나서 교사가 해야될 일은 무엇이있을까? 내일 수업 준비부터 다양한 업무, 상담 등등 해야할 일을 알려줘.

방과 후(14:30~16:30)는 초등 교사에게 '하루의 정리이자 다음 날의 준비'를 하는 핵심 시간입니다. 학생들이 모두 하교한 뒤 교사는 단순히 수업만 준비하는 것이 아니라, 행정업무, 생활지도, 학급경영, 상담, 교사 간 협의 등 다방면의 역할을 수행하게 되죠. 아래에 구체적으로 정리해 드릴게요.

🕒 방과후(14:30~16:30) 교사의 주요 업무 정리

 1. 내일 수업 준비

업무 항목	예시
📖 교수학습안 검토	교육과정 성취기준 확인, 단원 흐름 파악, 수업 의도 정리
☐ 교재/자료 준비	교과서, PPT, 활동지, 실험 도구, 동영상 등 확인 및 인쇄
☐ 학생 수준 맞춤 조정	느린 학습자, 과제 미제출자, 수업태도별 개별화 전략 구상
💼 판서 계획 / 학습 질문 정리	핵심 개념 정리, 발문 준비

 2. 생활지도 및 학급 운영

업무 항목	예시
📔 학생 관찰 일지 정리	수업 태도, 또래관계, 문제행동 등 기록 / 생기부 참고용
☐ 특별 학생 사례관리	정서적 불안, 생활지도 대상 학생의 변화 관찰 및 교내 보고
🧹 청소 점검, 교실 환경 정비	사물함, 게시판, 학습자료 정리
☐ 학급 알림장 검토	가정통신문 안내 내용 작성, 알림장 내용 구체화

✓ 3. 상담 및 학부모 응대

업무 항목	예시
📞 전화 상담	결석 학생, 다툼 발생 학생, 요청 학부모 연락 등
✉ 가정통신문 회신 확인	동의서, 설문지, 행사 참여 여부 등 파악
☐ 학부모 상담기록 정리	민원 내용, 요청사항 기록 (내부 문서용)

✓ 4. 행정 업무 및 회의

업무 항목	예시
⬇ 공문 확인 및 회신	업무 포털, 교무실 메신저, 이메일 등 확인
📅 연수 / 회의 참석	학년협의회, 분과회의, 학년부장 협의 등
📊 보고서 작성	결과 보고, 실적 등록, 행사 계획안 제출 등
📌 교내 행사 준비	행사 포스터 제작, 안내장 작성, 사전 준비물 확인

✓ 5. 교사 개인 업무 및 성장

업무 항목	예시
📖 연수 이수	나이스 교원연수, 디지털 직무연수, 교내 자율연수 등
💻 수업자료 개발	Canva, PPT, 활동지, 온라인 콘텐츠 개발
📁 포트폴리오 정리	수업 사진, 학생 활동기록, 교수학습 자료 정리
✏ 업무 일지 작성	오늘 진행한 업무 요약, 주요 일정 메모

📌 방과후 시간대 실천 체크리스트 예시
✓ 오늘 수업 되돌아보기
✓ 내일 수업 자료/자료 제작 완료
✓ 학생 생활지도 일지 기록
✓ 공문 확인 및 회신
✓ 학부모 연락 및 상담 메모
✓ 회의 참석 여부 확인
✓ 교실 청소 상태/환경 점검
✓ 알림장 내용 최종 확인 및 수정

📊 실제 흐름 예시 (시간 배분)

시간	업무 내용
14:30~15:00	교실 정리, 학생 관찰 기록, 긴급 전화 상담
15:00~15:30	내일 수업안 점검, 활동지 제작, 자료 출력
15:30~16:00	학부모 연락, 상담 메모 정리, 공문 확인
16:00~16:30	회의 참석, 업무 일지 정리, 퇴근 준비

필요하시면
- ✅ 업무 체크리스트 템플릿(PDF/Canva),
- ✅ 주간 수업+행정 계획표,
- ✅ 상담 기록 양식 (학교 양식 기반)

등도 함께 제작해드릴 수 있어요. 어떤 형식으로 도와드릴까요?

ChatGPT와 내일 수업준비하기

오후 2시 40분, 아이들이 하교하고 정쌤은 진이 다 빠졌다. 특히 오늘은 전담 시간 없이 6교시를 모두 담임 선생님이 수업하는 날이라 더욱 피곤한 하루이다. 에너지가 바닥난 것 같은 이런 날이면 조금은 편하게 다음 수업을 준비하고 싶은 마음이 드는 정쌤이다. 정쌤의 머릿속에 함쌤이 스친다. 분명히 함쌤은 수업을 효율적으로 준비하고 계실 것 같다. 함쌤에게 수업 준비 노하우를 여쭈러 함쌤 교실을 노크하러 간다.

정쌤: 선생님, 안녕하세요? 오늘 6교시 수업이었는데 고생 많으셨습니다!

함쌤: 정쌤, 안녕하세요? 저는 다행히 오늘 두 교시가 전담 시간이라 중간중간 에너지를 충전했습니다. 정쌤은 오늘 전담 시간이 있으셨나요?

정쌤: 저는 오늘 전담이 없는 날이라서 그런지 더욱 하루가 길게 느껴지네요. 이런 날이면 선생님께서는 어떻게 수업 준비를 하고 계시는지 궁금해서 교실로 찾아왔습니다. 그리고 평소에 동학년에 선생님께서 ChatGPT로 만든 학습지나 활동 자료를 자주 공유해주시는데 선생님만의 스마트한 수업 준비 노하우를 배우고 싶습니다.

함쌤: 맞아요, 저도 때로는 체력적으로 지치고 힘들 때면 수업을 어떻게 준비해야 하나 많이 막막하더라고요. 말씀하신 것처럼 저는 ChatGPT로 종종 아이들 수업 자료나 학습지를 만들고 있습니다. ChatGPT를 활용하면 수업 준비를 보다 효율적으로 할 수 있는 것 같아요. 안 그래도 지금 사회 4학년 1학기 2단원 〈우리 지역의 국가유산〉 단원에서 ChatGPT로 수업 자료를 찾고 있었어요.

정쌤: ChatGPT로 수업 자료를 찾고 계시는군요. 어떻게 수업 자료를 찾으시는지 보여주실 수 있을까요?

함쌤: 물론이죠! 저는 아이들에게 가르칠 수업 단원과 관련하여 수업 자료를 찾을 때 ChatGPT를 자주 사용하는 것 같아요. 한번 ChatGPT로 수업 준비를 하는 모습을 보여드릴게요. '우리 지역의 국가유산 소개하기' 활동이 있는데, ChatGPT를 활용하여 파주에 어떤 국가유산이 있는지 자료를 찾아보려고 해요. ChatGPT 프롬프트 입력창에 "초등학교 4학년 1학기 2단원 〈우리 지역의 국가유산〉에서 아이들에게 파주의 국가유산을 소개하려고 해. 파주에 있는 국가에서 지정한 국가유산에는 무엇이 있는지 정리해줘."라고 입력해 보겠습니다.

> **질문** 초등학교 4학년 1학기 2단원 〈우리 지역의 국가유산〉에서 아이들에게 파주의 국가유산을 소개하려고 해. 파주에 있는 국가에서 지정한 국가유산에는 무엇이 있는지 정리해줘.

〈파주의 주요 국가유산〉

- 파주 장릉 (사적 제203호)
조선 16대 임금 인조와 그의 첫 번째 왕비 인열왕후의 합장릉입니다. 원래는 북운천리에 조성되었으나, 뱀의 피해로 인해 현재의 위치로 옮겨졌습니다. 장릉의 병풍석은 조선왕릉 중 처음으로 모란꽃과 연꽃 문양을 새긴 것으로 유명합니다.

- 파주 삼릉 (사적 제205호)
공릉, 순릉, 영릉으로 구성된 조선 왕실의 무덤입니다. 공릉은 조선 8대 예종의 원비 장순왕후의 무덤입니다.
순릉은 성종의 원비 공혜왕후의 무덤입니다. 영릉은 영조의 첫째 아들 효장세자와 그의 비 효순왕후의 무덤입니다.

- 파주 가월리와 주월리 유적 (사적 제389호)
구석기 시대의 유적으로, 1988년 서울대학교 조사단에 의해 발견되었습니다. 주먹도끼, 찍개, 긁개 등 다양한 석기 유물이 출토되어 당시 인류의 생활상을 엿볼 수 있습니다.

- 파주 칠중성 (사적 제437호)
삼국시대 이래 군사적 요충지로 사용된 산성으로, 최근 조사에서 그 사료적 가치가 인정되어 사적으로 지정되었습니다. 현재는 산성의 규모나 형태가 육안으로 확인하기 어려울 정도로 훼손된 상태입니다.

- 파주 마애사면석불
파주시 진동면 일월봉 아래에 위치한 불상으로, 동서남북 네 면에 각각 불상을 새긴 사방불입니다. 각 불상은 연꽃잎으로 장식한 대좌 위에 앉아 있으며, 불교의 사방불 사상을 잘 보여줍니다.

함쌤: 이러한 국가유산을 학생들에게 소개하고, 학생들이 직접 방문하거나 자료를 조사하는 활동을 통해 지역의 역사와 문화를 체험할 수 있습니다. 또한, 학생들이 조사한 내용을 발표하거나 보고서로 작성하게 함으로써 학습 효과를 높일 수 있는데요. 이때, 아이들이 작성할 〈국가유산 조사 계획서〉 양식과 예시도 ChatGPT의 도움을 받습니다.

정쌤: ChatGPT의 프롬프트에 어떻게 입력하느냐에 따라 원하는 정보를 쉽게 얻을 수 있어 수업 자료를 준비하는 데에 시간을 많이 절약할 것 같습니다. 계획서 양식과 예시도 한번 설명해 주실 수 있을까요?

함쌤: 네, 제가 아이들이 작성할 국가유산 조사 계획서 양식과 그 예시를 한번 ChatGPT로 만들어보겠습니다. ChatGPT에 다음과 같이 입력하겠습니다.

질문 초등학교 4학년 1학기 2단원 〈우리 지역의 국가유산〉에서 우리 지역의 국가유산 조사 계획서를 작성하려고 해. 제목은 '파주 국가유산 조사 계획서'로 하고, 조사 주제, 조사 대상, 조사 기간, 조사 방법, 조사 내용, 역할 나누기(4명 이상), 주의할 점 항목들을 포함한 양식을 표로 만들어 줘.

〈파주 국가유산 조사 계획서〉

항목	내용 작성란
조사 주제	예: 파주에 있는 국가유산 알아보기 (파주 삼릉, 장릉 등)
조사 대상	예: 파주 삼릉 – 공릉, 순릉, 영릉
조사 기간	예: 2025년 4월 15일 ~ 4월 19일
조사 방법	예: 책, 인터넷, 현장 답사, 인터뷰 등
조사 내용	예: 위치, 역사, 문화적 의미, 사진, 그림 등
역할 나누기	예: 자료 찾기, 글 정리하기, 발표 준비하기 등
주의할 점	예: 자료의 출처를 꼭 밝히기, 역할에 책임감 갖기, 발표 내용 미리 확인하기 등

 질문 〈파주 국가유산 조사 계획서〉에 파주 장릉에 대한 내용으로 표를 만들어줘. 〈조사 내용〉에는 구체적인 조사 내용을 기입해줘.

〈파주 국가유산 조사 계획서〉

항목	내용 작성란
조사 주제	파주의 국가유산 '파주 장릉' 알아보기
조사 대상	파주 장릉 (조선 16대 왕 인조와 인열왕후의 무덤)
조사 기간	2025년 4월 15일 ~ 2025년 4월 19일
조사 방법	책과 인터넷 자료 조사, 문화재청 누리집 참고, 사진 자료 보기
조사 내용	– 장릉은 어디에 있을까요? → 경기도 파주시 탄현면에 있어요. – 누구의 무덤일까요? → 조선 16대 왕 인조와 그의 왕비 인열왕후의 무덤이에요. – 어떤 점이 특별할까요? → 조선 왕릉 중에서 처음으로 병풍석에 꽃무늬(모란, 연꽃)를 새겼어요. → 무덤 앞에 세워진 돌 조각(문인석, 무인석)과 문(홍살문), 제사를 지내는 집(정자각) 등 왕릉의 구조가 잘 남아 있어요. – 왜 중요한 유산일까요? → 인조는 병자호란 때 나라를 지킨 왕이에요. 장릉은 그 역사를 기억할 수 있는 중요한 장소예요. – 우리는 무엇을 느꼈을까요? → 우리 지역에 소중한 문화유산이 있다는 것이 자랑스러웠고, 앞으로 잘 지켜야겠다고 생각했어요.
역할 나누기	자료 조사: 지훈 / 사진·그림 준비: 예진 / 글 정리하기: 민수 / 발표 준비하기: 서윤
주의할 점	자료의 출처를 꼭 밝히기, 친구들과 역할을 잘 나누고 책임감 있게 하기, 조사한 내용을 바르게 정리하고 발표 연습하기

이처럼, ChatGPT를 활용하여 학생들이 작성할 국가유산 조사 계획서 양식과 그 예시를 만들어 보았습니다. 학생들은 예시 자료를 참고하여 모둠별로 국가유산 조사 계획서를 잘 작성할 수 있습니다.

정쌤: ChatGPT로 사회 수업 준비를 알차게 할 수 있군요! 저도 사회 수업 때 활용해 보겠습니다. 혹시 사회 과목 말고도 다른 과목도 마찬가지로 ChatGPT로 수업 준비를 할 수 있을까요?

함쌤: 물론이죠! 요즘 과학 단원 진도가 어떻게 되세요?

정쌤: 초등학교 4학년 과학 1학기 2단원 〈물의 상태 변화〉 단원에서 물을 얻는 장치를 설계하고 만드는 활동수업을 내일 해야 합니다.

함쌤: 저는 오늘 아이들과 해당 단원을 공부했는데요. 아이들이 물을 얻는 장치를 설계하고 만드는 활동을 하기 전에 ChatGPT를 활용해 물을 얻는 장치 관련 예시 자료를 수집했습니다.

예시 자료: 태양열을 이용한 증류 장치 만들기, 비닐봉지를 이용한 식물 증발 장치, 냉각 컵을 이용한 응결 장치
☐ 활동 제목: 햇빛을 이용해 깨끗한 물을 만들어 보자!
☐ 준비물: 투명한 비닐 랩, 유리컵 또는 종이컵 1개, 큰 그릇 (플라스틱 대야 등), 고무줄, 작은 돌멩이 1개
더러운 물 (소금물, 흙물 등)
☐ 만드는 방법:
1) 큰 그릇에 더러운 물을 붓습니다.
2) 그 안에 작은 유리컵을 놓습니다. (물이 컵 안에 들어가지 않게 주의!)
3) 그릇 위를 비닐 랩으로 단단히 덮고, 가운데에 돌멩이를 하나 올려줍니다.
4) 햇볕이 잘 드는 곳에 하루 정도 두면, 비닐 안쪽에 물방울이 맺히고 컵 안에 깨끗한 물이 조금씩 모이게 됩니다.
☐ 원리 설명 (아이들 눈높이): 햇빛을 받으면 물이 증발(기화)해요. 비닐 랩에 닿으면서 다시 물방울로 바뀌어요(응결). 그 물방울이 아래로 떨어지면서 깨끗한 물이 컵 안에 모여요.
☐ 활동 마무리 질문:
물이 증발해서 다시 물방울로 바뀌는 걸 뭐라고 하나요?
우리가 만든 장치는 어떤 자연 현상을 이용한 걸까요?
이런 장치를 어디에서 사용할 수 있을까요? (예: 사막, 무인도)

함쌤: 초등학교 4학년 과학 1학기 2단원 〈물의 상태 변화〉 단원에서는 기화(증발), 응결, 물의 순환 등을 배우기 때문에, 이 원리를 활용해서 아이들이 실제로 만들어볼 수 있는 간단한 물 얻는 장치 예시를 ChatGPT로부터 얻을 수 있습니다. 아이들은 예시 자료를 참고하여 창의력을 발휘하여 모둠에서 독창적인 물을 얻는 장치를 설계할 수 있었습니다.

정쌤: 저도 ChatGPT를 활용하여 내일 가르칠 사회, 과학 수업 준비를 해봐야겠어요. 꿀팁 노하우를 알려주셔서 정말 감사합니다. 덕분에 오늘처럼 체력적으로 힘들 때 슬기롭게 수업 준비를 할 수 있을 것 같습니다.

함쌤: ChatGPT로 수업 자료를 찾으면 많은 도움을 얻을 수 있을 거예요. ChatGPT로 수업 준비를 하시다가 또 궁금한 점이 생기시면 언제든지 제 교실로 놀러오세요!

ChatGPT로 생활기록부 작성 도움 받기

선생님들께 학기 중 언제가 제일 바쁠 때라고 물어본다면, 아마 이구동성으로 학기말 생기부(학생 생활기록부) 작성 시즌이라고 답할 것이다. 정쌤의 학급은 25명이다. 정쌤은 방과후 시간에 학생들의 생기부를 작성하고 있는데 아직 익숙지 않아 시간도 많이 걸리고 어떻게 작성해야 하는지 애를 먹고 있다. 정쌤은 생기부 작성 도중, 머리를 잠시 식히고자 학년 연구실에 갔는데 학년 연구실 컴퓨터로 학년 업무를 하고 있는 함쌤을 만나게 된다.

정쌤: 선생님, 안녕하세요? 학기말 학생 생활기록부 작성하고 계신가요?

함쌤: 선생님, 안녕하세요? 아, 생기부는 다 작성하고 지금 학년 업무를 하고 있어요.

정쌤: 생기부를 벌써 다 작성하셨나요? 학생 생활기록부에는 행동특성 및 종합의견, 창의적체험활동, 교과평가, 학기말종합의견, 교과학습발달상황 항목들이 많은데 이걸 벌써 작성하셨다니 대단하십니다. 혹시 생기부 작성 비법이 있다면 공유해주실 수 있을까요?

함쌤: 비법까지는 아니지만 저는 ChatGPT의 도움을 받았습니다!

정쌤: 아, 생각해보니 함쌤께서 지난번 교직원 다모임 때 ChatGPT를 활용한 생기부 작성 꿀팁을 공유해주셨던 강연이 기억이 나네요. 혹시 다시 한번 설명해주실 수 있을까요?

함쌤: 네, 물론이죠. 행동특성 및 종합의견을 예시로 보여드릴게요. ChatGPT에 학생의 수업 태도, 행동 등 평소 교사가 관찰한 학생의 모습을 입력하면 그에 맞는 평어를 생성해 줍니다.

 나는 초등학교 4학년 담임교사야. 학기말 생기부의 행동특성 및 종합의견을 작성할거야. 평소 관찰한 학생의 모습은 다음과 같아. (예: 수업 태도가 좋음. 학급 회장으로서 학급 일에 적극적으로 참여하며 주변 친구들을 도와줌. 1인 1역 칠판 청소 담당으로 성실히 수행함. 선생님께 인사를 잘 함. 실패를 두려워하지 않으며 새로운 것을 잘 도전함.) 이를 바탕으로 학생의 성장과 발전 정도가 잘 드러나게 평어를 만들어줘.

 학급 회장으로서 책임감을 가지고 학급 활동에 적극적으로 참여하며, 친구들을 도와주는 따뜻한 마음을 지니고 있음. 수업에 항상 성실히 임하며, 1인 1역 역할인 칠판 청소도 꾸준히 수행하는 모습에서 성실함이 돋보입니다. 선생님과 친구들에게 예의 바르게 인사하며 바른 인성을 실천하고, 새로운 일에 도전하는 것을 두려워하지 않고 용기 있게 임하는 등 전반적으로 긍정적인 태도와 꾸준한 성장 모습을 보이고 있음.

정쌤: ChatGPT의 도움을 받으면 생기부 행동특성 및 종합의견 평어를 작성할 때, 학생의 개별적 특성이 잘 드러나게 잘 작성할 수 있을 것 같습니다. 제 기억으로는 교과 평어도 마찬가지로 ChatGPT의 도움을 받아 작성한 것을 보여주셨었는데, 한번 다시 설명해주실 수 있을까요?

함쌤: 네, 맞습니다. 초등 수학 교과 평어 작성을 예시로 함께 살펴보죠. 프롬프트에 다음과 같이 입력하겠습니다.

너의 역할은 초등 교과 평어 작성을 하는 것이야. 학생 평가 결과를 입력하려고 해. 아래 문장 중에서 무작위로 2개의 문장을 선택하여 한 문장으로 만들어줘. 어미는 '~함.', '~음.'으로 끝나야 해. 총 10개의 문장을 만들어줘.
[[1. 그림을 보고 상황에 맞게 세 수의 덧셈 문제를 만들어 해결하고 세 수의 덧셈을 어떻게 하는지 설명함. 2. 선생님이 주머니에 넣었던 바둑돌의 개수를 알아보는 활동을 할 때 세 수의 덧셈을 활용하여 설명함. 3. 그림을 보고 상황에 맞게 세 수의 뺄셈 문제를 만들어 해결하고 어떻게 하는지 설명함. 4. 친구가 가진 돌의 개수를 맞추는 활동을 할 때 세 수의 뺄셈을 활용하여 설명함. 5. 두 수의 덧셈 문제를 해결할 때 이어 세기를 하여 답을 구함 6. 덧셈식에서 두 수를 바꾸어 더해도 값이 같음을 알고 활용하여 문제를 해결함. 7. 다양한 교구를 활용하여 10이 되는 더하기 활동에 적극적으로 참여함. 8. 다양한 교구를 활용하여 10에서 빼기 활동에서 식을 세우고 문제를 해결함. 9. 10을 만들어 더하는 활동에 즐겁게 참여함. 10. 세 수의 덧셈에서 10 만들어 더하기를 활용해 문제를 해결함.]]

1) 그림을 보고 상황에 맞게 세 수의 덧셈 문제를 만들어 해결하고 세 수의 덧셈을 어떻게 하는지 설명함. 선생님이 주머니에 넣었던 바둑돌의 개수를 알아보는 활동을 할 때 세 수의 덧셈을 활용하여 설명함.
2) 친구가 가진 돌의 개수를 맞추는 활동을 할 때 세 수의 뺄셈을 활용하여 설명함. 다양한 교구를 활용하여 10에서 빼기 활동에서 식을 세우고 문제를 해결함.
3) 10을 만들어 더하는 활동에 즐겁게 참여함. 세 수의 덧셈에서 10 만들어 더하기를 활용해 문제를 해결함.
4) 덧셈식에서 두 수를 바꾸어 더해도 값이 같음을 알고 활용하여 문제를 해결함. 두 수의 덧셈 문제를 해결할 때 이어 세기를 하여 답을 구함.
5) 그림을 보고 상황에 맞게 세 수의 뺄셈 문제를 만들어 해결하고 어떻게 하는지 설명함. 다양한 교구를 활용하여 10이 되는 더하기 활동에 적극적으로 참여함.
6) 선생님이 주머니에 넣었던 바둑돌의 개수를 알아보는 활동을 할 때 세 수의 덧셈을 활용하여 설명함. 덧셈식에서 두 수를 바꾸어 더해도 값이 같음을 알고 활용하여 문제를 해결함.
7) 다양한 교구를 활용하여 10에서 빼기 활동에서 식을 세우고 문제를 해결함. 그림을 보고 상황에 맞게 세 수의 덧셈 문제를 만들어 해결하고 세 수의 덧셈을 어떻게 하는지 설명함.
8) 세 수의 덧셈에서 10 만들어 더하기를 활용해 문제를 해결함. 친구가 가진 돌의 개수를 맞추는 활동을 할 때 세 수의 뺄셈을 활용하여 설명함.
9) 그림을 보고 상황에 맞게 세 수의 뺄셈 문제를 만들어 해결하고 어떻게 하는지 설명함. 10을 만들어 더하는 활동에 즐겁게 참여함.
10) 두 수의 덧셈 문제를 해결할 때 이어 세기를 하여 답을 구함. 다양한 교구를 활용하여 10이 되는 더하기 활동에 적극적으로 참여함.

함쌤: 교과 평어의 경우, 이렇게 자동으로 조합해 주거나, 생기부 행동특성 및 종합의견(행발 평어)처럼 교과 관련 내용을 입력하면 그에 맞는 평어를 생성해 줍니다. 여기서 주의할 점은, 내용을 그대로 복사하여 붙여 넣는 것은 지양해야 한다는 점입니다. 생기부를 작성할 때 ChatGPT를 참고 자료 수준으로 활용하고, 내용 작성 시 병목 현상을 해결하는 도구로 사용하는 것이 바람직합니다.

정쌤: 네, 선생님의 조언처럼 생기부는 학생의 행동특성과 발달 정도가 잘 드러나야 하므로 내용 작성 시 참고로만 활용하겠습니다.

함쌤: 선생님께서는 아마 잘 활용하실 겁니다. 추가로 말씀드리면, ChatGPT에는 생기부 맞춤형 설정이 된 GPTs들이 있습니다. ChatGPT 메인 화면의 우측 상단에 GPT 탐색이 있습니다. GPT 탐색어 입력창에 '생기부', '행발(행동발달 특성의견)' 등을 입력하셔서 원하는 목적에 맞는 gpt를 이용하실 수 있습니다. 예를 들어, 저는 '학생부 생기부 작성해드려요(행발 세특 동아리 스포츠클럽 자유학기 자율) 초등 중학교 고등학교 챗봇'을 사용해 보겠습니다.

▲ GPT 탐색 들어가기　　　　▲ 원하는 GPTs 검색하기

> **질문** 행발, 500자, 학급회장, 학업성취도 매우 우수, 친구들에게 인기 높음, 선생님들께 신망이 높음
>
> 학급회장으로서 학급 구성원 간의 의견을 조율하며 학급 행사와 일상적인 운영에 있어 중심이 되는 모습을 보임. 규칙을 준수하며 친구들과의 관계에서 신뢰를 기반으로 한 친밀한 교우관계를 유지함. 타인의 의견을 존중하고 책임감 있는 태도를 보여 친구들 사이에서 인기가 높음. 수업 시간에 집중하며 주도적으로 참여하고, 발표 및 토론에 적극적으로 임함. 과제 수행에서도 책임감 있는 자세를 보여주며 자기 주도적 학습 태도가 우수함. 전 과목에서 학업성취도가 뛰어나며 교과 선생님들로부터 학습 자세와 태도, 인성 면에서 높은 신뢰를 얻음. 공동체의 일원으로서 소임을 다하며 질서 유지와 분위기 형성에 이바지함.

정쌤: 선생님 말씀처럼 맞춤형 설정이 된 ChatGPT를 활용하면 원하는 목적에 따라 유용하게 활용할 수 있을 것 같아요. 저도 ChatGPT를 스마트하게 활용해서 생기부 작성을 완료하겠습니다. 덕분에 작업 속도가 빨라질 것 같습니다. 감사합니다.

함쌤: 선생님께서 저보다 더 잘 활용할 겁니다. 또 사용하시다가 궁금한 사항이 생기면 언제든지 문의주세요!

ChatGPT로 담당업무 빠르게 처리하기

유쌤은 올해 영재부장이 되어 처음으로 부장 업무를 맡게 되었다. 영재부장의 업무는 학기 초에 연간 영재교육 운영 계획 수립, 영재학생 선발 및 관리, 영재교육 프로그램 운영, 성과 평가 및 결과 보고, 기타 행정 및 홍보 업무를 포괄한다. 유쌤은 학기 초에 영재 학생을 선발한 후 영재 입학식을 앞두고 있다. 아직 첫 업무이고 교직원, 학생, 학부모 초청 행사인 입학식을 처음 진행하다 보니 궁금한 점들이 많아 전임도 영재부장인 함쌤을 찾아가 여쭤보려고 한다.

유쌤: 선생님, 안녕하세요? 다름이 아니라 이번 달에 영재 업무가 몰려 있어서 무엇부터 해야 할지 막막해서요. 혹시 선생님께서 작년 영재부장이셨는데 영재 업무와 관련해서 여쭤봐도 괜찮을까요?

함쌤: 물론이죠, 선생님. 선생님께서 올해 학교 영재 업무 담당자이시죠?

유쌤: 네, 맞습니다. 영재 업무 특성상 학기 초에 많이 몰려 있어서요. 업무도 해야 하고, 수업 준비도 해야 하고 할 것이 많네요.

함쌤: 영재 업무 중에 어떤 부분이 궁금하신가요?

유쌤: 지금 남은 업무가 영재 입학식입니다. 영재 합격자들에게 영재학급 입학식 참여 문자 전송하기, 영재 입학식 만족도 설문조사 문항 만들기, 영재 입학 시 홍보용 학교 보도자료 만들기가 남았습니다. 언제 다 할 수 있을지 걱정이 많네요.

함쌤: 선생님, 학기 초부터 고생이 많으시네요. 작년에 저는 ChatGPT의 도움을 받아 영재 업무를 수월하게 수행했습니다. 저의 업무 비서 ChatGPT와 함께 차근차근 하나씩 해볼까요? 먼저, 입학식 문자 내용을 ChatGPT와 함께 작성해볼까요?

나는 OO초등학교 영재 업무 담당자야. 영재학급 선발고사 합격자들에게 입학식 참여 문자를 작성해줘. 일시는 4월 21일 목요일 15시 30분까지이고 장소는 본교 1층 시청각실이야. 소요 시간은 약 1시간이고 반드시 참석해달라는 멘트도 넣어줘.

[OO초등학교 영재학급 입학식 안내]
안녕하세요, OO초등학교입니다.
2024학년도 본교 영재학급 선발고사에 합격하신 것을 진심으로 축하드립니다.
영재학급 입학식을 다음과 같이 진행할 예정이오니, 합격한 학생은 반드시 참석하여 주시기 바랍니다.
일시: 4월 21일(목) 오후 3시 30분
장소: 본교 1층 시청각실
소요 시간: 약 1시간
이번 입학식에서는 영재학급의 운영 방향과 연간 교육과정에 대한 설명, 담임교사 및 지도교사 소개, 간단한 환영 프로그램이 함께 진행될 예정입니다. 영재학급 활동의 시작을 알리는 뜻깊은 시간인 만큼 학부모님과 학생 모두의 적극적인 참여를 부탁드립니다.
감사합니다.

유쌤: ChatGPT가 문자를 작성한 것을 바탕으로 주요 사항 몇 가지를 추가해서 학부모님께 문자 발송을 하면 될 것 같습니다!

함쌤: 네, 좋습니다. 다음으로는 입학식 만족도 설문조사 문항을 한 번 만들어볼까요? ChatGPT에 "OO초등학교 영재학급 입학식 행사가 끝났어. 이에 대한 학부모 만족도 설문을 작성해줘. 구글 설문지로 작성할 거야. 구글 설문지 안의 어떤 기능을 이용해서 작성하면 좋을지도 알려줘."라고 입력하겠습니다.

 질문 OO초등학교 영재학급 입학식 행사가 끝났어. 이에 대한 학부모 만족도 설문을 작성해줘. 구글 설문지로 작성할 거야. 구글 설문지 안의 어떤 기능을 이용해서 작성하면 좋을지도 알려줘.

 설문 제목: 2025학년도 OO초등학교 영재학급 입학식 학부모 만족도 설문
설문 설명:
안녕하십니까.
OO초등학교 영재학급 입학식 행사에 참석해 주셔서 진심으로 감사드립니다.
보다 나은 교육 활동 운영을 위해 학부모님의 소중한 의견을 듣고자 하오니, 잠시 시간을 내어 설문에 응답해 주시기 바랍니다.
응답해주신 내용은 향후 프로그램 운영에 적극 반영하겠습니다. 감사합니다.

1. 입학식 행사에 참석하셨습니까?
☐ 예
☐ 아니오
(질문 유형: 체크박스 / 필수)

2. 입학식 일정 및 장소에 대해 사전에 충분한 안내를 받으셨습니까?
1점(전혀 그렇지 않다) ~ 5점(매우 그렇다)
(질문 유형: 선형 척도 / 필수)

3. 입학식의 전반적인 진행은 원활했습니까?
1점(전혀 그렇지 않다) ~ 5점(매우 그렇다)
(질문 유형: 선형 척도 / 필수)

4. 입학식 프로그램(운영방향 설명, 환영 인사 등)에 만족하셨습니까?
1점(전혀 그렇지 않다) ~ 5점(매우 그렇다)
(질문 유형: 선형 척도 / 필수)

5. 입학식 장소(시청각실)의 환경과 편의성에 대해 어떻게 평가하십니까?
1점(매우 불편하다) ~ 5점(매우 만족스럽다)
(질문 유형: 선형 척도 / 필수)

6. 입학식 내용 중 가장 인상 깊었던 점은 무엇이었습니까?
(질문 유형: 단답형 또는 장문형 / 선택)

7. 개선되었으면 하는 점이 있다면 자유롭게 말씀해 주세요.
(질문 유형: 장문형 / 선택)

8. 향후 영재학급 관련 행사에 대한 기대나 바라는 점이 있으시면 작성해 주세요.
(질문 유형: 장문형 / 선택)

함쌤: 이와 같은 방법으로 구글 설문지에서 학부모 만족도 설문을 작성하면, 행사에 대한 자세한 피드백을 받을 수 있고, 향후 행사 개선에 유용한 정보를 얻을 수 있습니다.

유쌤: 설문조사 문항들을 어떻게 구성해야 하는지 막막했는데, ChatGPT를 참고해서 구글 설문지를 만들어 봐야겠어요! 감사합니다. 마지막으로 영재 입학 시 홍보용 학교 보도자료는 어떻게 만들면 좋을까요?

함쌤: 백지에 기사를 작성하려고 하면 어디서부터 써야 할지 고민이 될 수 있습니다. 프롬프트를 입력하면 ChatGPT는 나름 괜찮은 초안을 작성합니다. 교사는 기사 내용을 그대로 적기보다는 본인의 의도가 잘 드러나 있는지, 잘못된 내용은 없는지 검토한 후 보도자료로 활용할 수 있습니다. 직접 한 글자 한 글자 썼다면 하나의 업무가 되어 부담으로 되었을 일을 ChatGPT가 요약하고 작성해 준 덕분에 많은 시간과 노력을 절약할 수 있습니다.

> **질문** 우리 학교는 영재학급 운영 학교야. 영재학급 선발고사 합격자들을 대상으로 입학식을 개최했어. 아래 내용들을 추가해서 교내 영재학급 입학식을 알리는 학교 홍보 보도자료를 작성해줘. 학교장의 칭찬과 격려의 말도 넣어줘.
>
> ### 내용
> – 학교명: 00초등학교
> – 입학식 실시 날짜: 2025년 4월 21일(목) 오후 3시 30분
> – 입학식의 취지와 목적: 00초등학교 영재학급의 목적은 수학·과학 통합 영역의 우수한 능력을 가진 영재의 조기 발굴 및 인재 육성입니다. 영재학급의 방침은 영재성 개발을 위한 체험학습과 인성함양을 위한 봉사 활동 프로그램 운영입니다. 기대효과로는 영재 발굴 및 지도로 미래지향적 잠재력 개발 및 영재학생을 위한 수월성교육 실현입니다. 또한 창의력과 탐구력 신장을 중심으로 미래 사회 리더의 소양을 갖춘 통합 인재 육성입니다. 노력 중점으로는 토론 중심 수업, 주제학습 위주의 수업으로 학생의 창의적 학습능력을 배양하고 심화된 교육과정을 통해 창의성 함양입니다.
>
> 00초등학교, 2025학년도 영재학급 입학식 개최… 미래형 통합 인재 육성 본격화
>
> 00초등학교(교장 ○○○)는 지난 4월 21일(목) 오후 3시 30분, 본교 1층 시청각실에서 2025학년도 영재학급 입학식을 개최하였다. 이번 입학식은 수학·과학 통합 영역에서 우수한 능력을 보인 학생들이 영재학급의 첫걸음을 내딛는 뜻깊은 자리로 마련되었으며, 학부모와 교직원들의 큰 관심 속에 진행되었다.
> 00초등학교 영재학급은 수학·과학 통합 영역의 우수한 능력을 가진 학생들을 조기에 발굴하여, 이들의 잠재력을 최대한 끌어내는 것을 목표로 한다. 이를 위해 체험학습 중심의 영재성 개발 활동, 인성 함양을 위한 봉사 프로그램, 토론 중심 및 주제 중심 수업을 통해 학생들의 창의적 학습 능력을 계발하고, 심화된 교육과정을 기반으로 한 수월성 교육을 실현해 나갈 예정이다.

입학식은 간단한 개회식에 이어 담임 및 지도교사 소개, 연간 운영 계획 안내, 질의응답 순으로 이루어졌으며, 새롭게 영재학급에 합류한 학생들에게 교육 활동에 대한 기대감과 열정을 심어주는 시간이 되었다. 00초등학교 ○○○ 교장은 축사에서 "앞으로 영재학급을 통해 창의력과 탐구력을 갖춘 학생들이 미래 사회를 이끌어갈 리더로 성장할 수 있도록 학교가 적극 지원하겠다."며 "학생들이 자신의 재능을 마음껏 펼치고 성장할 수 있는 기회의 장이 되기를 바란다."고 격려와 칭찬의 말을 전했다.

이번 입학식을 시작으로 00초등학교는 영재학생을 위한 맞춤형 교육과정 운영, 체계적인 지도 시스템을 통해 통합 인재를 육성하는 데 앞장설 계획이다.

함쌤: 이처럼. 학교 홍보용 보도자료를 작성할 때 ChatGPT의 도움을 받을 수 있습니다. ChatGPT가 작성해 준 내용을 참고하여 홍보용 보도자료 작성에 대한 부담을 크게 줄일 수 있습니다.

유쌤: 영재 합격자들에게 영재학급 입학식 참여 문자 전송하기, 영재 입학식 만족도 설문조사 문항 만들기, 영재 입학 시 홍보용 학교 보도자료 만들기 모두 ChatGPT의 도움으로 생각보다 일을 빨리 끝낼 수 있을 것 같습니다. ChatGPT로 부장 업무를 잘할 자신이 생겼습니다. 작년 노하우들을 많이 알려주셔서 감사합니다.

함쌤: 별말씀을요. 앞으로 ChatGPT를 활용해 저보다 더 슬기롭게 업무를 운영하실 수 있을 것입니다. 선생님, 화이팅이에요!

04-2 중등 교사의 하루, 공강시간을 잡아라

학교에서 교사의 역할은 매우 다양합니다. 조·종례 진행, 수업 준비 및 실행, 생활지도, 학급 경영, 상담, 공문 작성, 시험 문제 출제와 채점, 학급 행사 기획, 학부모 소통, 교직원 회의 참석 등 하루에도 수많은 업무를 병행해야 합니다. 여기에 갑작스럽게 발생하는 학생 문제나 행정 요청까지 더해지면, 교사의 하루는 쉴 틈 없이 흘러갑니다. 이처럼 분 단위로 움직이는 일과 속에서 교사들이 실질적으로 업무를 처리할 수 있는 시간은 공강 시간뿐입니다. 그 짧은 틈을 어떻게 활용하느냐에 따라 업무의 질과 속도는 물론, 퇴근 후 삶의 여유까지 달라질 수 있습니다. 이 장에서는 중등 교사가 공강 시간에 ChatGPT를 활용하여 보다 효율적이고 스마트하게 업무를 처리하는 실제 사례를 시간 흐름에 따라 소개하겠습니다. '업무의 퀄리티를 높이고, 퇴근 시간을 앞당기는 GPT 실전 활용법', 지금부터 함께 살펴보겠습니다.

보다 생생한 사례를 통해 알아보기 위해, 이제 학교 현장의 두 교사(김 선생님과 지니 선생님)의 일상 속으로 들어가 공강 시간을 어떻게 활용하고 있는지 직접 살펴보겠습니다. 두 교사의 특징은 다음과 같습니다.

> **김 선생님(김쌤)**
> 김 선생님은 저경력 교사로, 다양한 업무에 아직 익숙하지 않아 종종 업무를 잊거나 처리에 시간이 오래 걸리는 편입니다. "뭐부터 해야 하지?"라는 말을 입에 달고 살 만큼 매일 정신없는 하루를 보내지만, 학생들을 향한 따뜻한 마음과 교육에 대한 열정은 누구보다 뜨겁습니다.
>
> **지니 선생님(지니쌤)**
> 반면, 지니 선생님은 중간 경력의 교사로, 학교 현장의 다양한 업무를 효율적으로 처리하는 '일잘러' 교사입니다. 특히 ChatGPT 활용에 능숙하여 공강 시간을 알차게 사용하고, 반복적인 업무도 간편하게 처리하는 자신만의 스마트한 노하우를 가지고 있습니다.

이제 두 교사의 하루 속으로 들어가, ChatGPT를 어떻게 활용하여 교사로서의 하루를 스마트하게 보낼 수 있는지 함께 들여다보겠습니다.

08:50-09:00 아침 조회 후_출결 처리를 빠르게 확인하는 ChatGPT활용 노하우

아이들과 반갑게 아침 조회를 마무리하고 교무실에 앉아 있는 시간. 김 선생님은 학생들의 출결을 정리하려고 합니다. 학생들의 출결은 매일 처리해도 헷갈리기만 합니다. 매번 출결 관련 지침을 확인하면서, 이를 더 효율적으로 처리할 수는 없을까 생각하면서, 김 선생님의 표정에는 고민이 깊어져만 갑니다.

여유롭게 커피 한잔하며 대화를 나누는 선생님, 복도 끝에서 부지런히 인쇄물을 챙겨 교무실로 향하는 선생님, 그리고 한쪽 구석에서 서류 더미 속에 파묻혀 있는 선생님까지. 교무실 안은 각자의 아침 루틴으로 분주하게 돌아가고 있습니다. 그 가운데, 창가 자리에 앉은 김 선생님은 노트북 화면을 뚫어져라 바라보고 있었습니다. 표정은 잔뜩 찌푸려져 있었고, 한 손으로는 출결 관련 서류를 뒤적이며 깊은 한숨을 내쉬었습니다.

김쌤: (저경력 교사) (고민이 많은 표정으로 노트북을 바라보며)학생들의 출결 처리는 항상 헷갈리네. 지난번에 학생의 출결 처리를 잘못해서, 출결 담당 선생님께 정말 죄송했었는데… 더 효율적으로 처리할 수 있는 방법이 있지는 않을까?
지니쌤: (중간 경력 교사) 김 선생님, 아침부터 무슨 고민 있으세요?
김쌤: 학생들의 출결을 매일 정리해도 헷갈리네요. 교외 현장체험학습도 그렇고, 질병결석, 인정결석도 처리하는 게 매번 기억이 잘 나지 않아요. 지니쌤은 다 외우고 계신 거예요?
지니쌤: 아니요. 저는 ChatGPT를 활용하고 있어요. ChatGPT로 챗봇을 만들면 매번 지침을 찾아보지 않아도 정확하게 업무를 처리할 수 있어요.
김쌤: 그런 방법은 생각도 못 했어요. 저도 지니쌤처럼 ChatGPT로 챗봇을 만들 수 있을까요?
지니쌤: 그럼요, 어렵지 않아요! 저와 함께 만들어봐요.

출결 및 학적 처리 챗봇 만들기

지니쌤: 챗봇을 만들기 위해서는 먼저, GPTs를 만들어야 해요. 다음과 같은 순서로 접속해볼까요?

❶ 왼쪽 사이드바의 [󰒀 GPT] 버튼을 클릭
❷ 오른쪽 상단의 [+ 만들기] 버튼을 클릭

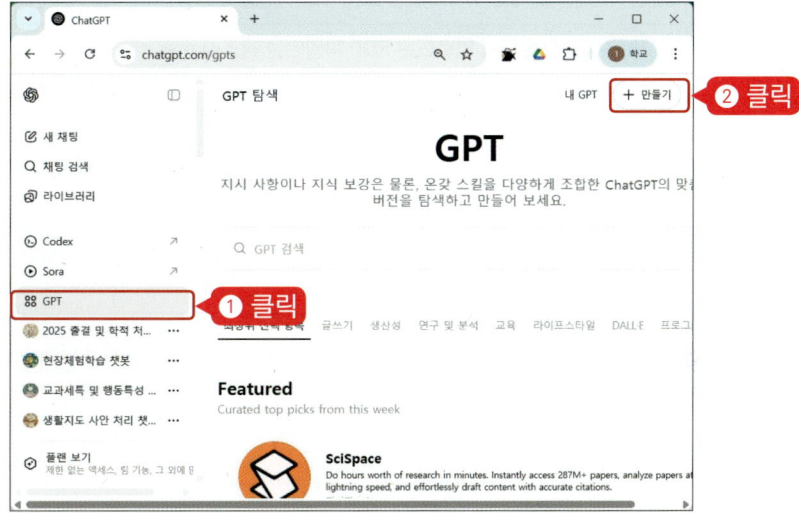

▲ GPTs 만들기 화면 접속

김쌤: 지니쌤이 말씀하신 대로 접속했더니, 아래와 같은 화면이 나와요. 입력해야 하는 것들이 정말 많네요. 어떤 내용들을 입력해야 하죠?

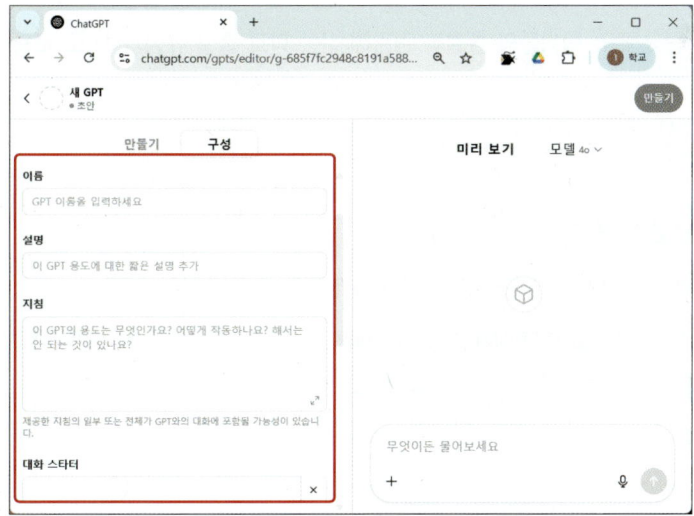

▲ GPTs 이름, 설명, 지침, 대화 스타터 설정 화면

Chapter 04 ChatGPT, 교사의 하루에 녹여보기 **277**

지니쌤: 어려워하지 않으셔도 됩니다. 간단하게 제가 입력했던 내용들을 말씀해드릴게요.

구성 요소	입력 내용
이름	출결 및 학적 처리 챗봇
설명	출결 및 학적 처리와 관련하여 궁금한 점을 알려주는 GPTs입니다. (질문자는 중학교에 근무하고 있는 교사이고, 학생들의 출결 및 학적을 처리하고자 하는 상황임.)
지침	1. 모든 응답은 반드시 업로드된 PDF 파일만을 참조해야 함. 2. 답변을 구성하는 모든 내용에 대해, 참조한 파일명과 페이지 번호가 정확하게 명시되어야 함. 3. 이 요구는 요약이나 미리보기 등 어떤 환경에서도 예외 없이 지켜져야 함.
대화 스타터	학생의 출결 사항과 관련된 질문을 시작할 거야. 인용한 정보의 출처와 페이지를 명확하게 밝히면서 대답해줘.
	학생의 학적 처리 사항과 관련된 질문을 시작할 거야. 인용한 정보의 출처와 페이지를 명확하게 밝히면서 대답해줘.
지식	'○○중학교 2025학년도 출결 규정' '2025학년도 중학교 학적 관리 지침' '2025학년도 학교생활기록부 기재요령(중학교)'
권장 모델	GPT-4o
기능	모든 기능 비활성화

김쌤: 정말 감사합니다. '지식' 부분에 있는 파일들을 바탕으로 답변하는 챗봇인 것 같은데, 혹시 맞나요?

지니쌤: 정확해요. 그래서 챗봇을 만들 때는, 내가 어떤 파일의 내용을 답변받고 싶은지 먼저 정리해보는 것이 중요해요. 학생들의 출결과 관련해서는, 학교 출결 규정과 시·도 교육청 학적 관리 지침, 그리고 시·도 교육청 학교생활기록부 기재 요령 정도만 준비한다면, 궁금하신 모든 내용을 답변받으실 수 있을 거예요.

출결 처리 챗봇 활용하기

지니쌤: 그럼 김 선생님께서 지금 학생 출결 처리 중에 어떤 점이 궁금하세요?

김쌤: 오늘 저희 반 학생이 교외 현장체험학습이 최대 며칠까지 가능한지 물어보더라고요. 그래서 교외 현장체험학습 가능 최대 일수에 대해 물어보고 싶어요.

지니쌤: 그렇다면 먼저, 만들어진 챗봇 화면에서 출결과 관련된 대화 스타터를 클릭해볼까요?

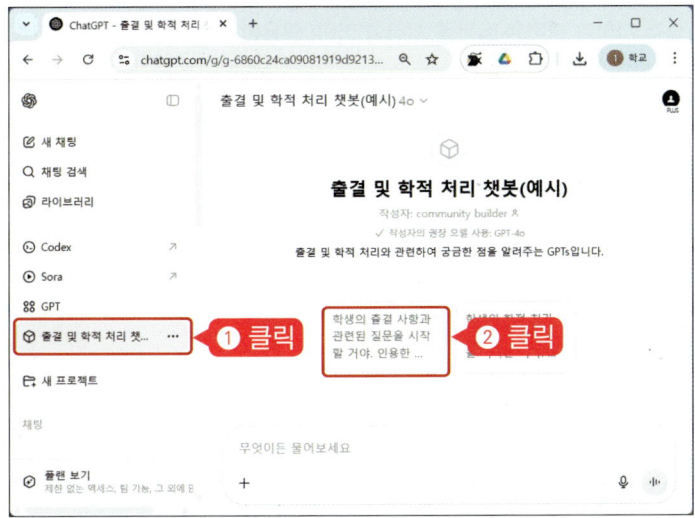

▲ 출결 및 학적 처리 챗봇 GPT

김쌤: 대화 스타터를 먼저 누르니, 먼저 GPT에게 말문을 열어주는 것 같아요.

지니쌤: 맞아요. 먼저, 말문을 여는 첫 문장을 정리한 것을 대화 스타터라고 불러요. 그럼 프롬프트를 작성해보아요.

> **질문**
> 학생의 출결 사항과 관련된 질문을 시작할 거야. 인용한 정보의 출처와 페이지를 명확하게 밝히면서 대답해줘.
>
> 좋습니다. 학생의 출결 사항과 관련된 질문에 대해 답변할 때는 반드시 다음 세 문서를 근거로 삼고, 출처와 페이지 번호를 명확히 명시하여 드리겠습니다.
> 「○○중학교 2025학년도 출결 규정」 – 학생의 결석, 출석 인정 결석, 지각·조퇴·결과 등에 관한 구체적 규정이 명시됨.
> 출처 표기 예시: 「○○중학교 2025학년도 출결 규정」, 1~4쪽
> 「2025학년도 학교생활기록부 기재요령(중학교)」 – 학교생활기록부에 출결사항을 어떻게 기재할 것인지에 대한 세부 기준과 법적 근거 제시.
> 출처 표기 예시: 「2025학년도 학교생활기록부 기재요령(중학교)」, 63쪽
> 「2025 중학교 학적관리 업무처리 지침」 – 출석일수 산정 기준, 유급 판단 기준, 정원 외 학적 관리 등의 학적 처리 지침 포함.
> 출처 표기 예시: 「2025 중학교 학적관리 업무처리 지침」, 103쪽
> 이제 출결에 관한 구체적인 질문을 해 주시면, 위 문서들에 근거하여 정확하고 인용이 포함된 답변을 드리겠습니다.

질문 학생의 출결 사항과 관련된 질문을 시작할 거야. 인용한 정보의 출처와 페이지를 명확하게 밝히면서 대답해줘.

 교외 현장체험학습(교외체험학습)은 교육과정 이수에 지장이 없는 범위 내에서 학칙이 정한 바에 따라 실시되며, 연간 최대 15일 이내로 허용됩니다.

✓ 근거 및 세부 내용
1. 「○○중학교 2025학년도 출결 규정」에 따른 기준
* 출석인정결석으로 처리되는 교외체험학습은 다음과 같은 절차와 기준에 따라 운영됩니다.
  ⟩▸ "정상적인 교육과정 이수에 지장을 주는 과도한 체험학습 허가 자제"
  ⟩▸ "연간 15일 이내"
  ⟩▸ "신청서 및 보고서 제출"이 필수
  ⟩▸ 신청은 종이 서류는 1일 전까지, 나이스 학부모서비스는 3일 전까지 제출해야 하며, 보고서는 종료 후 7일 이내에 제출
  ⟩▸ 학교장이 승인해야만 출석으로 인정됨
  📄 출처: 「○○중학교 2025학년도 출결 규정」, 2쪽
~ 이하 생략

김쌤: 우와, 매번 찾아보지 않고도, 이렇게 빠르게 알아낼 수 있다니. 지니쌤, 정말 대단하세요.
지니쌤: 아니에요, 과분한 칭찬이에요. 같은 방식으로 여러 버전의 챗봇을 만들 수 있으니, 다른 업무에도 한번 활용해 보세요.
김쌤: 다음에는 도움이 되는 챗봇을 제가 직접 만들어서 지니쌤께 공유해 드릴게요!

09:55-10:40 2교시 공강_원하는 수업자료를 빠르게 만드는 ChatGPT활용 노하우

저작권에 걸리지 않는 시각자료 생성하기

바쁘게 1교시 수업을 마무리한 후, 2교시 공강 시간이 되자 김 선생님은 자리로 돌아와 쿨메신저를 켰습니다. "오늘은 뭐부터 해야 하지…"라는 말이 무심코 흘러나왔습니다. 아직 여러 업무에 익숙하지 않아 중요한 일을 놓칠까 늘 조심스러운 김 선생님에게 한 주간의 일정을 정리하며 급하게 처리해야 할 업무를 먼저 확인하는 것은 하루를 시작하는 가장 중요한 루틴입니다. 특히 이번 주는 제출과 준비가 겹쳐 업무가 몰려 있는 주간이라 쿨메신저 화면을 유심히 바라보는 김 선생님의 표정이 점점 복잡해졌습니다.

김쌤: (쿨메신저를 확인하며)"아, 맞다... 이번 주까지 원안 제출이었죠? 지니쌤, 혹시 시험 문제 출제는 다 끝내셨어요?"

지니쌤: "네~ 어제 출제 마치고 바로 제출했어요. 선생님은 아직 많이 남으셨어요?"

김쌤: "아뇨... 문제는 어찌어찌 다 만들었는데, 거기에 넣을 시각자료가 진짜 문제예요. 저작권도 걱정되고, 딱 맞는 그림 찾는 게 너무 힘들어요."

지니쌤: "아~ 그런 건 GPT로 직접 만들면 돼요! 원하는 그림을 설명만 해주면, 저작권 걱정 없이 바로 생성해 줘요. 단 1분이면 가능한 간단한 일인걸 뭘 그렇게 걱정하고 계세요!!"

김쌤: "헉... 그 생각은 못 해봤네요! GPT로 지브리 카톡 프로필 사진만 생성해 봤는데, 내가 원하는 시각자료 생성에도 이용할 수 있군요?!"

지니쌤: 그럼요~! 저는 수업 시각자료도 거의 GPT로 만들어요. 학생들 이해를 돕기 위한 참고 이미지나 그래프도 직접 생성할 수 있어서, 인터넷에서 찾는 것보다 훨씬 빠르고 정확하죠. 특히 동기유발용 자료 만들 땐 효과가 정말 좋아요!

김쌤: "와… 저도 써봐야겠어요. 혹시 프롬프트 예시 좀 알려주실 수 있나요?"

지니쌤: 네 어렵지 않아요~. 차근차근 시작하면 돼요. 한두 번만 해보면 금방 익숙해지실 거예요! 저는 이런식으로 프롬프트를 입력했답니다."

> **질문** 안녕, 나는 중학교 기술 교사야. 기말고사 문제에 사용할 삽화가 필요해.
> 다음과 같은 장면을 그림으로 생성해줘:
> - 두 명의 중학생(A, B)이 대화하고 있는 모습
> - 각각 말풍선이 포함되어 있어야 해
> - A 학생은 손에 톱을 들고 있는 모습이어야 해
> 이미지는 교과서나 시험지에 넣을 수 있도록 깔끔하고 교육적인 스타일이면 좋겠어.
> 저작권에 문제되지 않도록 생성해줘.

▲ ChatGPT가 생성한 그림

지니쌤: "자~! 이렇게 금방 그림이 생성되죠? 그런데 말풍선의 내용은 필요 없기 때문에 지우고, 여학생과 남학생이 대화하는 것으로 수정해볼게요. 원하는 그림이 바로 생성되지 않아도 당황하지 마시고 프롬프트 내용을 수정하거나 다시 생성하면 돼요."

| 질문 | 톱을 들고 있는 학생은 여학생으로 생성해줘. 그리고 말풍선은 비어있게 해줘 |

▲ ChatGPT로 수정한 그림

김쌤: "우와… 이렇게 하니까 원하는 그림을 찾느라 헤맬 필요도 없고, 딱 제가 원하는 스타일로 만들어져서 너무 편하네요! 혹시... 그래프 같은 것도 만들 수 있어요?"

동기 유발 그래프 생성하기

지니쌤: "그럼요~ 저는 수업 도입 때 그래프를 자주 써요. 학생들이 딱 보는 순간 '아, 이게 왜 중요한 내용이구나!' 하고 느낄 수 있도록 동기 유발용으로 활용하거든요."

| 질문 | 나는 중학교 교사야. 수업 도입에서 학생들의 관심을 끌기 위해 데이터 시각화를 활용하고 싶어. "학교 폭력의 원인"이라는 주제로 간단한 막대 그래프를 만들어줘. 항목과 값은 다음과 같아:
- 폭언: 10
- 뒷담화: 50
- 물리적 폭력: 20
- 선을 넘는 장난: 80 |

▲ ChatGPT로 생성한 막대그래프

지니쌤: "자 이렇게 ChatGPT한테 이렇게 그래프를 만들어달라고 하면요, 입력한 데이터에 맞춰서 바로 막대그래프를 생성해 줘요. 다만 한글 폰트가 적용이 안 되는 경우가 많아서 글자가 네모로 보일 때가 있어요. 그럴 땐 그림 파일을 다운로드한 다음에 추가 편집하여 사용하거나, 영어로 만들도록 요청하면 생성한 그래프를 바로 사용할 수 있어요! 영어로 만들어달라고 요청했더니 다음과 같이 글씨도 잘 나오죠?!"

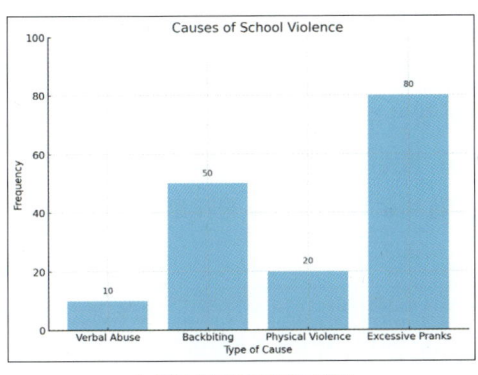

▲ 영어 버전의 막대그래프

09:55-10:40 3교시 공강_개별 피드백이 쉬워진다! GPT를 활용한 과정중심 평가 실전법

과정중심평가 평가 기준안 생성하기

모처럼 2, 3교시 연속 공강이 주어진 날, 지니쌤은 교무실 한쪽에서 노트북을 열고 학생 피드백 정리에 몰두하고 있었습니다. 화면에는 학생들의 이름과 활동 기록이 깔끔하게 정리돼 있었고, 지니쌤은 능숙한 손놀림으로 짧고 명확한 코멘트를 남기고 있었습니다. 반복적인 업무도 거뜬히 처리하는 '일잘러'답게, 공강 시간을 허투루 쓰지 않는 모습이었습니다.

그때, 교무실을 서성이며 서류를 찾던 김 선생님이 그 장면을 발견했습니다. 아직 업무에 익숙하지 않아 늘 "뭐부터 해야 하지?"를 입에 달고 사는 김 선생님은, 저렇게 여유롭고 효율적으로 일하는 모습이 부러워 잠시 발걸음을 멈췄습니다. 곧 호기심을 참지 못하고 다가가 물었습니다.

김쌤: "어머, 지니쌤! 이거 다 뭐예요? 또 어떤 일 하고 계세요?"

지니쌤: "아~ 3반 지난 시간 활동 결과물에 대한 피드백 정리 중이에요. 학생별로 짧게라도 피드백을 주면 다음 시간 결과물이 진짜 달라지거든요."

김쌤: "헉, 진짜요? 한 명 한 명 다요...? 와... 전 꿈도 못 꿔요. 30명씩 있는 반을 5개나 들어가는데, 교과세부능력특기사항 쓰는 것도 매번 벅차서…"

지니쌤: "저도 7개 반 수업 들어간답니다~"

김쌤: "네?! 7개 반이요?! 거기다 이런 피드백까지… 설마 밤새신 거예요? 그러고 보니... 쌤 얼굴에 다크서클이...!"

지니쌤: "하하, 이건 타고난 다크서클이에요~ 걱정 마세요! 저도 사람인데 매시간 그건 불가능하죠. 이건 다 GPT의 힘이랍니다!"

김쌤: "진짜요? GPT가 개별 피드백도 써줘요?"

지니쌤: "그럼요! 학생이 쓴 결과물만 넣으면, 상황에 맞춰 척척 피드백을 만들어줘요. 저는 그걸 살짝 다듬기만 하면 되니까 훨씬 수월해요. 수업시간에 느꼈던 부분들이 ChatGPT의 피드백을 보면 다시 떠오르곤 해요. 머릿속에 떠오른 장면과 함께 ChatGPT의 피드백을 수정해서 작성해 주곤 하는데요. 이런 게 바로 ChatGPT를 평가 보조 도구로 활용한 과정중심 평가의 실현 아닌가요~?"

  나는 중학교 교사야. '건축기술의 역사' 단원에서 다음 주제에 대한 짧은 글쓰기 활동을 계획하고 있어. 주제는 '고대, 중세, 근대, 현대의 시대별 건축물의 특징을 설명하고, 각 시대의 건축물 예시를 들어 서술하시오.'야. 수업 후 학생들의 글을 바탕으로 피드백을 제공하고 과정중심평가를 진행하고자 하는데, 이에 적합한 평가 기준안을 작성해줘.

 글쓰기 활동 과정중심평가 평가 기준안

주제: 고대, 중세, 근대, 현대의 시대별 건축물의 특징과 예시 설명하기

총점: 20점 (각 항목당 5점 만점, 4개 영역)

평가 영역	평가 기준	우수 (5점)	보통 (3점)	미흡 (1점)
내용의 충실성	각 시대별 건축물의 특징을 정확하고 구체적으로 설명하였는가	4시대 모두의 특징이 구체적으로 서술되어 있음	일부 시대의 설명이 간략하거나 모호함	시대별 구분이 부족하거나 설명이 부정확함
예시의 적절성	시대별 건축물 예시가 내용과 잘 연결되어 있는가	각 시대에 맞는 구체적인 건축물 예시를 정확히 제시함	예시는 있으나 일부 부적절하거나 연결이 약함	예시가 없거나 시대에 맞지 않음
표현과 구성력	문장이 명확하고 글의 전개가 자연스러운가	문장 구성과 흐름이 매우 자연스럽고 읽기 쉬움	전체적으로 이해되나 일부 문장이 어색하거나 연결이 매끄럽지 않음	문장이 지나치게 짧거나 어색하여 전체 의미 파악이 어려움
창의성과 관점	단순한 사실 나열을 넘어서 학생의 관점이나 해석이 드러나는가	건축물에 대한 개인적 해석이나 흥미로운 관점이 잘 드러남	자신의 의견은 있으나 구체성이나 독창성이 부족함	창의적인 관점 없이 단순한 나열로만 구성됨

김쌤: "우와 활동을 넣으니, ChatGPT가 평가기준안도 세워주네요!"

학생 결과물 입력 후 개별 피드백 얻기

 지니쌤: "네~ 저희는 이제 학생 활동 결과물을 얻고, 평가 기준안에 맞게 개별 피드백을 작성해달라고 하면 됩니다. 다음과 같이요."

> **질문** 다음은 학생들이 작성한 이 활동의 결과물이야. 평가기준안에 맞춰서 평가하고, 학생 맞춤형 개별 피드백을 작성해줘. 학생들의 이름은 가운데 글자에 O를 넣어 가려줘.

	성명	내용 충실도	사실 정확성	표현력	종합 피드백
1	김O윤	우수	우수	보통	시대별 건축 특징과 예시를 잘 정리하였으며, 표현도 자연스러움.
2	이O준	우수	우수	보통	시대별 건축 특징과 예시를 잘 정리하였으며, 표현도 자연스러움.
3	박O우	우수	미흡	보통	건축사적 사실과 다른 내용이 포함되어 있음.
4	최O호	우수	우수	보통	시대별 건축 특징과 예시를 잘 정리하였으며, 표현도 자연스러움.
5	한O린	우수	미흡	보통	건축사적 사실과 다른 내용이 포함되어 있음.
6	정O늘	우수	우수	보통	시대별 건축 특징과 예시를 잘 정리하였으며, 표현도 자연스러움.
7	오O훈	우수	우수	미흡	글의 길이가 짧아 설명이 부족함.
8	서O민	우수	우수	보통	시대별 건축 특징과 예시를 잘 정리하였으며, 표현도 자연스러움.
9	유O서	우수	우수	보통	시대별 건축 특징과 예시를 잘 정리하였으며, 표현도 자연스러움.
10	김O은	우수	우수	보통	시대별 건축 특징과 예시를 잘 정리하였으며, 표현도 자연스러움.

 김쌤: "어?! 근데 결과가... 너무 간단한데요?"

지니쌤: "너무 짧은 피드백이 나왔네요! 이럴땐 평가기준안이나 프롬프트를 수정해서 요청할 수 있어요. 예를들면 원하는 개별 피드백의 글자 수를 지정하여 요청할 수도 있지요. 그리고 잘 보면 지금 평가기준안과 다르게 평가가 진행이 되었어요. 평가기준안에는 '내용의 충실성', '표현력', '창의성' 이렇게 3가지 항목을 세웠는데, 피드백은 '사실 정확성' 같은 다른 항목으로 나왔죠?"

김쌤: "뭐야... 그러네요!! ChatGPT가 한 번에 완벽하게 나오지는 않는군요."

지니쌤: "맞아요. 이럴 땐 '이 기준으로 다시 써줘'라고 프롬프트를 추가해서 요청하면 돼요. 한 번에 끝내려 하기보다는, 몇 번씩 대화하듯 조율하면서 만드는 게 포인트예요! 그렇게 하면 내가 원하는 피드백, 진짜 나만의 평가 문장이 딱 나와요!"

12:30 점심시간 ChatGPT로 학급 살림 시작하기

점심시간. 모처럼 여유가 생긴 김 선생님이 급식실을 다녀와 잠시 숨을 돌리려던 찰나, 한 학생이 다가옵니다.

"쌤~! 저희 반도 부스 홍보 포스터 만들어요! 다른 반은 다 만들었던데요!"

김쌤: "엇, 그래? 다른 반은 벌써 포스터까지 만들었구나…벌써 축제 시즌이 다가왔네요. 지니쌤 반도 혹시 포스터 만드셨어요?"

(옆자리에 있던 지니쌤에게 묻자, 지니쌤은 기다렸다는 듯이 노트북 화면을 돌려 보입니다.)

지니쌤: "저희 반은 컵떡볶이 부스를 준비하고 있어요. 짜잔~ 이게 우리 반 홍보 포스터랍니다."

김쌤: "우와, 이거 진짜 포스터 제작소에서 만든 것 같아요! 언제 만들었어요?"

지니쌤: "점심시간 전에 잠깐 짬 내서 만들었죠. 프롬프트 하나만 넣으면 뚝딱 만들어주니까요!"

김쌤: "퀄리티가 상당하네요. 저는 요즘 수업에 축제 업무까지 겹쳐서 뭘 해야 할지도 정신이 없어요. 포스터뿐 아니라 부스 준비물도 정리하려면 정말 바쁜데…"

지니쌤: "그럴 때 GPT 체크리스트 기능이 진짜 꿀이에요! 부스 이름이랑 판매 품목만 알려주면, 필요한 준비물 리스트도 한 번에 정리해 줘요. 저희 반도 그걸로 준비물 다 정했어요."

김쌤: "우와… 진짜 ChatGPT 없었으면 어쩔 뻔했나 몰라요. 저도 지금 바로 해볼게요!"

홍보 포스터 제작하기

질문: 안녕, 나는 중학교 교사야. 우리 반이 축제에서 운영할 부스를 홍보하기 위한 포스터를 만들고 싶어. 다음 내용을 반영해서 귀엽고 눈에 띄는 홍보 포스터를 이미지로 생성해줘.
- 부스명: 매콤달콤 (글자가 큼직하고 눈에 잘 띄게)
- 장소: 1-3 교실
- 가격: 컵떡볶이 1개 500원 / 콜라 1잔 300원
- 포스터 이미지 요소: 귀엽고 아기자기한 떡볶이 캐릭터가 포함되어 있어야 해

전체적으로 학생들이 관심을 끌 수 있도록 밝고 활기찬 느낌으로 만들어줘.

ChatGPT로 생성한 축제 부스 홍보 포스터

지니쌤: "자 이렇게 생성하고, 이미지에서 마음에 안 드는 부분이 있으면요~ 그냥 원하는 걸 다시 입력하면 돼요. 몇 번만 프롬프트 바꿔서 넣어보면 금방 퀄리티 높은 포스터가 완성돼요! 생각보다 훨씬 간단하죠?"

행사 체크리스트 만들기

김쌤: "진짜 작년에는 담임을 안 해서 행사 준비할 게 이렇게 많은 줄 몰랐어요. 생각해보니 부스 준비물부터 홍보까지 다 챙겨야 하네요. 이런 건 또 어떻게 정리하죠…?"

지니쌤: "걱정하지 마세요! ChatGPT한테 체크리스트 만들어달라고 하면 되죠~! 필요한 준비물이나 역할 분담 같은 것도 다 자동으로 정리해줘서 정말 편해요. 선생님도 해보세요!"

> **질문**: 나는 중학교 교사야. 우리 반은 학교 축제에서 '컵떡볶이' 부스를 운영할 예정이야. 부스를 준비하며 학생들과 함께 확인해야 할 축제 준비 체크리스트를 만들어줘. 준비물, 역할 분담, 위생 및 안전 점검 항목 등이 포함되도록 작성해줘

	항목	세부내용	담당자	완료 여부
1	메뉴 및 가격표 완성	부스명, 가격을 포함한 메뉴판 완성 후 출력		
2	떡볶이 재료 준비	떡, 고추장, 어묵 등 재료 구입 및 냉장 보관		
3	컵 및 수저 등 일회용품 준비	종이컵, 포크, 물티슈 등 충분히 확보		
4	현금 및 거스름돈 준비	판매용 현금과 잔돈 미리 준비		
5	포스터 및 안내판 제작	포스터, 안내판 제작 및 부스에 부착		
6	부스 테이블 및 의자 확보	학교 측에 요청하여 테이블과 의자 확보		
7	위생장갑 및 앞치마 준비	조리자용 위생장갑, 앞치마 인원수만큼 준비		
8	소화기 비치 확인	소화기 사용 가능 여부 확인 및 위치 점검		
9	역할 분담(조리, 판매, 정산, 청소 등)	조리, 판매, 회계, 정리 등 역할 정해 기록		
10	조리 및 판매 순서 리허설	축제 하루 전 리허설 진행 및 동선 점검		
11	당일 안전 교육 실시	학생 대상 위생·안전 교육 실시		
12	축제 후 정리 및 쓰레기 처리	마무리 청소 및 쓰레기 분리수거 계획 수립		

지니쌤: "자, 이제 품의도 올려야 하니, 사야할 것들이 무엇이 있는지도 정리해 볼까요?"

> **질문**: 나는 중학교 교사야. 우리 반은 축제에서 컵떡볶이 부스를 운영할 예정이야. 조리기구(가스버너, 냄비, 국자 등)는 학급 친구들이 나눠서 가져오기로 했어. 떡볶이를 만들고 판매하는 데 필요한 재료와 소모품, 그리고 교실을 떡볶이 가게처럼 꾸미기 위해 필요한 준비물들을 항목별로 정리해줘.

1. 식재료

항목	설명
떡볶이 떡	밀떡 또는 쌀떡, 충분한 양 준비
어묵	사각 또는 꼬치 어묵
대파	송송 썰어 고명용
양파	국물 맛을 내는 용도
떡볶이 양념	고추장, 고춧가루, 간장, 설탕 등
물	조리용
삶은 계란 (선택)	추가 토핑용
치즈 (선택)	모짜렐라 치즈 등 토핑용

2. 소모품

항목	설명
종이컵	컵떡볶이 담을 용도 (내열 코팅된 제품 추천)
나무포크 / 이쑤시개	먹기 편한 포크 또는 꼬치용
비닐장갑	위생을 위한 조리용/서빙용
앞치마	조리 담당 학생용
키친타월	조리 시 청소 및 손 닦는 용도
쓰레기봉투	청결 유지용
물티슈	손 닦기용
랩/비닐팩	음식 보관용 (예비용)

3. 판매 및 계산 도구

항목	설명
가격표	메뉴와 가격이 잘 보이게 제작
돈통 또는 현금지갑	거스름돈 관리용
거스름돈	100원, 500원 등 적절히 준비
스티커 or 도장	구매 완료 표시 (선택)

4. 부스 꾸미기용

항목	설명
테이블보	조리대나 판매대 덮는 용
포스터 / 간판	'매콤달콤' 부스명 잘 보이게 출력
현수막 (선택)	교실 입구 장식용
풍선 / 가랜드	축제 분위기 조성용
메뉴판	보기 쉽게 크게 출력
가격표 플래카드	테이블이나 교실 벽면 부착용
조명 (선택)	조명이 어두운 경우 대비

김쌤: "와... 이렇게 체크리스트로 정리해 두니까 진짜 정신없는 상황에서도 빠뜨리는 게 없네요. 특히 현장체험학습이나 체육대회처럼 준비할 게 많은 행사 때는, 미리 이런 리스트 하나 만들어 두는 것만으로도 훨씬 수월하게 진행할 수 있을 것 같아요!"

13:35-14:20 5교시 공강_원하는 맞춤 프로그램 제작하여 활용하기

오늘은 6교시 자율시간에 반장선거가 예정된 날입니다. 교실 안팎은 평소보다 조금 더 분주하고, 학생들의 얼굴에는 설렘이 묻어납니다. 후보로 나선 학생들은 아침부터 친구들에게 귀에 못이 박히도록 자신을 뽑아달라며 공약을 이야기하곤 했습니다. 5교시 공강시간을 맞은 김 선생님은 교무실 자리에서 오늘 6교시에 선거 진행 계획을 머릿속으로 정리하고 있었습니다. 그러나 선거 진행과 관련해서 아직 준비가 덜 된 것 같아 마음이 자꾸 조급해집니다. '이러다 시간 모자라면 어쩌지…'라는 걱정이 앞서는 순간, 복도 쪽에서 여유로운 표정으로 걸어오는 지니쌤이 눈에 들어왔습니다. 김 선생님은 반가움과 궁금함을 안고 곧장 말을 건넸습니다.

김쌤: "지니쌤! 오늘 반장선거 있는 날이죠? 저희 반은 자율시간에 선거도 하고 자리도 바꿔야 하는데, 시간이 너무 빠듯할 것 같아서 걱정이에요. 지니쌤 반도 오늘 반장 뽑지요? 후보 많이 나왔어요?"

지니쌤: "네~ 저희 반은 무려 4명이 출마했어요. 선거하고 자리 바꾸고, 남는 시간엔 학급회의까지 해보려고요."

김쌤: "헉... 그걸 한 교시 안에 다요? 어떻게요? 저 같으면 진행하다가 시간 다 지나갈 것 같은데요!"

지니쌤: "그래서요~ 간단한 웹 프로그램을 사용해서 선거도 자리 뽑기도 한 번에 해결하려고요."

김쌤: "오~ 그런 프로그램 있으면 저도 좀 알려주세요! 저 아직 아무 준비도 못했는데…"

지니쌤: "하하 대단한 건 아니고요~ 아주 심플한 프로그램이에요. 이렇게 화면에서 후보를 선택해서 투표하면 자동으로 집계가 되거든요."

김쌤: "우와 정말 간단하네요! 그런데 투표한 인원 수까지 표시되면 더 좋을 것 같은데요?"

지니쌤: "그거야 금방이죠~ 잠시만요…"

(지니쌤이 수정 프롬프트를 입력하여 프로그램을 보완합니다.)

지니쌤: "짠! 이제 투표 인원도 실시간으로 보이게 설정했어요."

김쌤: "헉?! 이거 쌤이 직접 만든 거였어요? 우와... 언제 코딩까지 배우셨어요?"

지니쌤: "저요? 코딩 하나도 몰라요~ 다 챗지피티 덕분이죠! 필요한 기능만 잘 설명하면 코드까지 알아서 뚝딱 만들어줘요."

김쌤: "진짜요…? 저도 우리 반 선거에 한번 써보고 싶은데요!"

지니쌤: "선생님도 바로 만들 수 있어요. 프롬프트만 잘 쓰면 누구나 1분 만에 프로그램 완성이에요!"

김쌤: "에이~ 저는 3일 밤새도 못할걸요…"

지니쌤: "하하~ 걱정 마세요. 우리가 필요한 건 기능을 설명하는 것뿐이에요. 나머진 챗지피티가 알아서 해줘요!"

 질문 나는 중학교 교사야. 반장선거에서 사용할 웹 기반 투표 프로그램을 만들고 싶어. 조건은 다음과 같아:
- 학생들이 교실 앞 교사용 컴퓨터에 나와서 익명으로 한 번씩만 투표할 수 있도록 해줘.
- 투표한 학생이 누구에게 투표했는지 다음 학생에게 보이지 않도록, 투표 직후 "감사합니다" 화면으로 전환되도록 해줘.
- 몇 명의 학생이 투표를 완료했는지 실시간 표시되도록 해줘.
- 모든 학생이 투표를 완료한 뒤, 교사가 '투표 결과 보기' 버튼을 눌러 각 후보별 득표 수와 기권 수를 확인할 수 있도록 해줘.
- 최다 득표자는 '반장', 차점자는 '부반장'으로 표시해줘.
- 결과는 막대그래프 형태로 시각화해주고, 결과 발표 시 폭죽 이펙트와 함께 반장과 부반장을 표시해줘.

우리 반의 후보는 다음과 같아:
   1번: 홍길동
   2번: 김흥부
   3번: 성춘향
   4번: 장영실
HTML, CSS, JavaScript로 작동되는 단일 페이지 웹앱 형식으로 코드를 작성해줘

 〈!DOCTYPE html〉
〈html lang="ko"〉
〈head〉
　〈meta charset="UTF-8"〉
　〈title〉반장 선거 투표 시스템〈/title〉
　〈style〉
　　body { font-family: Arial, sans-serif; text-align: center; margin: 20px; }
　　.hidden { display: none; }
~
(중간 생략)
~
　　　switch (parseInt(num)) {
　　　　case 1: return "홍길동";

```
      case 1: return "홍길동";
      case 2: return "김흥부";
      case 3: return "성춘향";
      case 4: return "장영실";
      default: return "";
    }
  }
 </script>
</body>
</html>
```

웹 기반 반장 선거 투표 프로그램이 완성되었습니다! HTML, CSS, JavaScript로 구성된 이 코드는 다음 조건을 충족합니다:

- 한 학생씩 익명 투표
- 투표 후 "감사합니다" 화면으로 전환
- 현재 투표 인원 실시간 표시
- 결과 보기 버튼 클릭 시에만 집계 및 결과 공개
- 막대그래프로 득표 시각화
- 반장·부반장 자동 계산 및 폭죽 이펙트 표시

TIP ChatGPT에서 얻은 코드를 웹에서 사용하는 방법

ChatGPT에서 얻은 코드를 웹에서 사용하는 방법은 다음과 같습니다.

1. 코드 메모장에 저장
받은 코드를 메모장에 붙여넣고 파일명.html로 저장합니다.

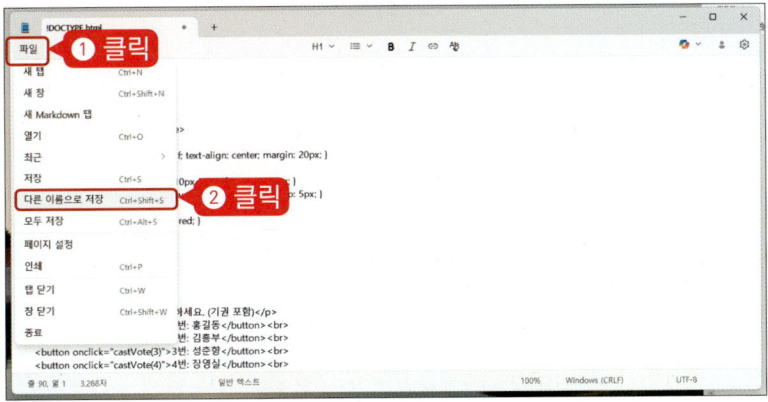

▲ 메모장에 붙여넣은 뒤 "다른이름으로 저장하기" 클릭

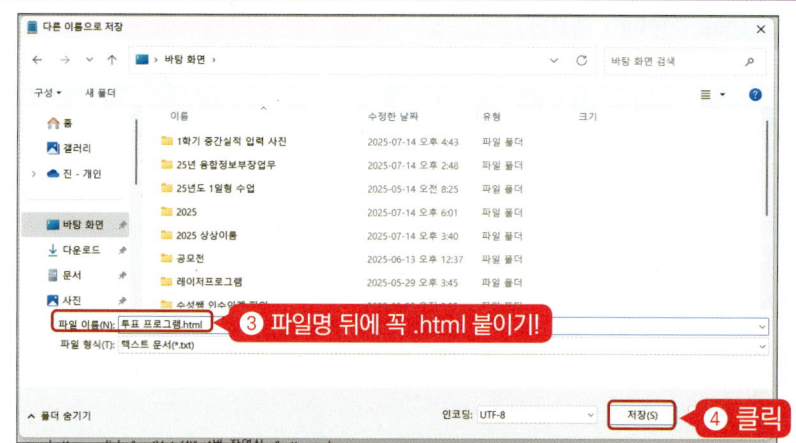

▲ 파일명 뒤에 .html붙여서 저장하기

2. 교사 컴퓨터에서 열기

[파일명.html 파일]을 더블 클릭하면 기본 웹 브라우저에서 실행됩니다.

▲ 생성된 웹 프로그램 아이콘

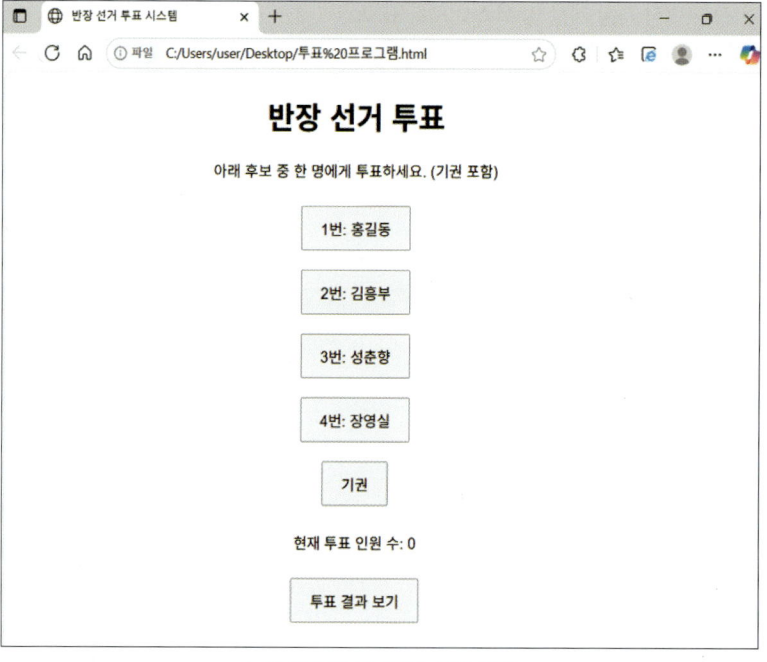

▲ 생성된 웹 프로그램 실행 화면

3. 투표 진행
교사 노트북으로 열어놓고, 학생들이 한 명씩 나와서 직접 투표를 진행합니다.

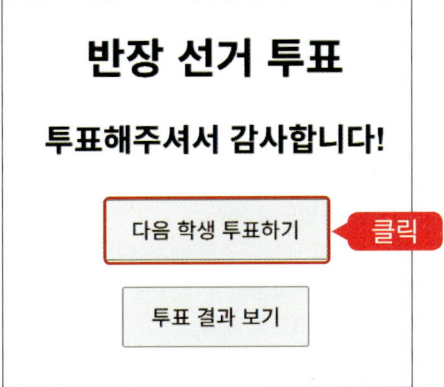

▲ 투표를 한 뒤 나오는 화면의 모습

4. 투표 완료 후 결과 보기
투표 화면 아래에 있는 [투표 결과 보기] 버튼 클릭하면 실시간 그래프와 함께 결과가 출력됩니다.

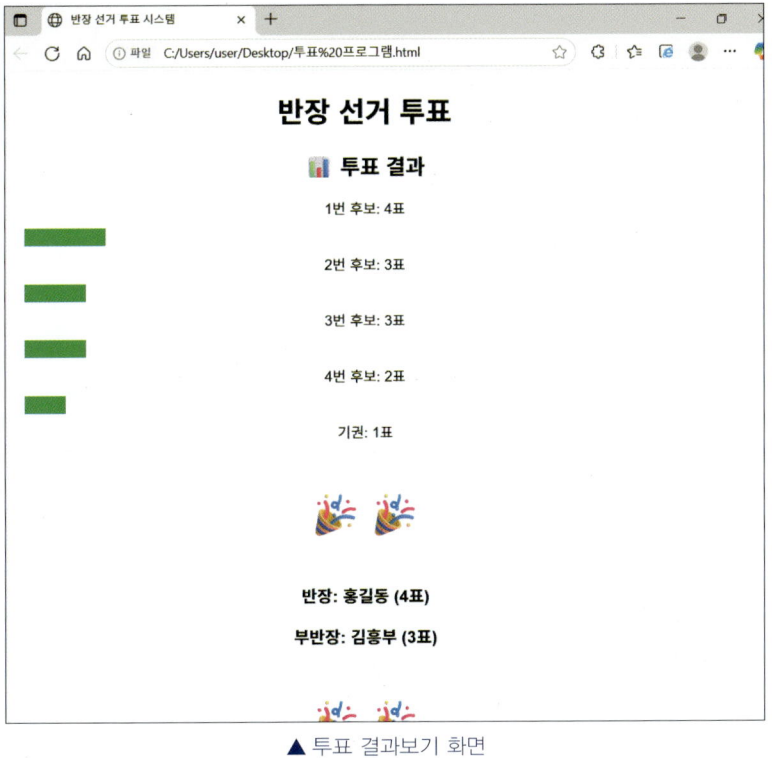

▲ 투표 결과보기 화면

지니쌤: "이 프로그램 실행해 보고 나서, 혹시 수정하거나 기능을 더 추가하고 싶으시면요, 그냥 ChatGPT한테 또 요청하시면 돼요! 한 번에 완벽한 결과가 나오는 건 아니니까, 프롬프트를 조금씩 바꿔가면서 계속 요청하다 보면 훨씬 더 완성도 높은 결과물이 만들어져요~! 자, 이번에는 자리뽑기 프로그램을 만들어볼까요?"

질문
나는 중학교 담임교사야. 학급 자리 배치를 위해 간단한 웹 기반 자리뽑기 프로그램을 만들고 싶어. 조건은 다음과 같아.

- 학생 명단은 직접 입력할 수 있도록 해줘.
- 자리는 가로 6칸, 세로 5줄의 교실 구조로 배치해줘 (총 30자리).
- 학생 중 일부는 지정된 자리에 고정할 수 있도록 해줘. 예를 들어, 김O현은 (1,1)에 고정하고 나머지 학생은 무작위로 배정되도록 해줘.
- 결과는 책상 배치 형태로 시각화해서 보여줘.
- '자리 다시 뽑기' 버튼을 눌러 무작위 배치를 다시 할 수 있도록 해줘 (고정 자리는 유지).
- 배치 결과는 저장하거나 인쇄할 수 있도록 해줘.
- HTML, CSS, JavaScript로 작동되는 단일 페이지 웹앱 형식으로 만들어줘.

자리뽑기 프로그램이 완성되었습니다! 아래 파일을 다운로드하여 웹 브라우저에서 실행하면 됩니다:

👉 자리뽑기_고정좌석.html

이 프로그램은:
- 입력한 학생 명단을 무작위로 배치하고
- 특정 학생의 자리를 고정할 수 있으며
- 시각적으로 자리를 확인할 수 있는 HTML 페이지입니다.

필요한 기능이 더 있다면 언제든 말씀해 주세요!

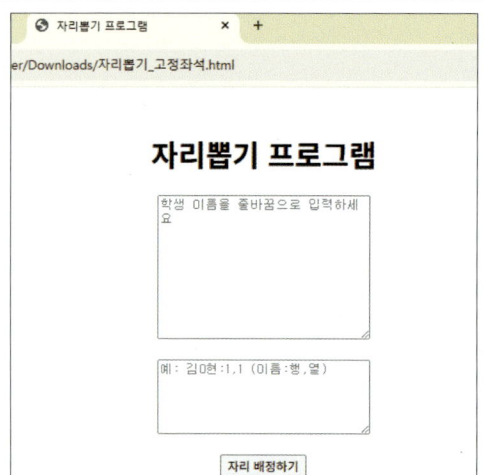

▲ 생성한 자리뽑기 프로그램

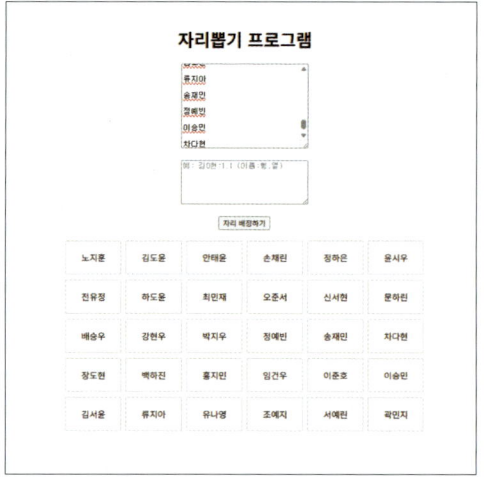

▲ 자리뽑기 프로그램 작동 화면

김쌤: "우와… 저는 이런 웹 프로그램은 개발자들만 만들 수 있는 건 줄 알았어요! 근데 이렇게 평범한 사람도 원하는 기능만 입력하면 바로 프로그램이 뚝딱 만들어지다니… 진짜 신기하네요!"

지니쌤: "그쵸. 이번에는 ChatGPT가 바로 실행 가능한 HTML 파일을 만들어줬어요. 클릭만 하면 투표 프로그램이 바로 열리고요, 사용해본 뒤에 수정하거나 보완하고 싶은 부분이 있으면 프롬프트를 조금만 바꿔서 다시 요청하면 돼요. 그렇게 반복하다 보면 점점 더 우리 반에 딱 맞는 프로그램으로 업그레이드할 수 있죠!"

지금까지 김 선생님과 지니쌤의 하루를 살펴보며, 중등학교에서 ChatGPT를 활용하는 예시를 살펴보았습니다. 교사의 하루는 언제나 바쁩니다. 하지만 그 하루를 조금 더 효율적으로, 그리고 스마트하게 만들어 나갈 수 있습니다. 김 선생님과 지니쌤의 사례를 바탕으로, 여러분이 자신의 업무에 ChatGPT를 실험적으로 도입한다면, ChatGPT는 언제나 선생님들의 업무를 보조할 비서이자 도우미로 역할을 할 수 있습니다. 선생님들께서도 ChatGPT와 함께 스마트한 교직 생활을 만들어가시길 바랍니다.

05

ChatGPT로
구글 스프레드시트에
날개 달기
(feat. 구글 Apps Script)

ChatGPT는 프롬프트 기반 대화형 구조로 한 주제에 깊이 있는 응답이 가능하지만, 여러 주제를 동시에 다루는 데는 한계가 있습니다. 반면 구글 스프레드시트는 셀·테이블 단위로 구성되어 여러 셀과 범위에 함수를 적용해 동시에 다양한 응답을 얻을 수 있습니다. 또한 데이터가 스프레드시트 형태로 저장·관리할 수 있기 때문에, 이미 보유한 데이터를 ChatGPT와 연동해 즉시 가공하면 더 큰 시너지 효과를 낼 수 있습니다. 게다가 내가 원하는 데이터만을 골라 넣어 생성할 수 있다는 점과 작동하는 프롬프트를 직접 입맛에 맞게 수정할 수 있다는 점은 큰 장점입니다. 이번 장에서는 구글 스프레드시트에 ChatGPT를 연결해서 언제든지 사용하는, 마치 하나의 함수처럼 이용하는 방법을 배워보겠습니다.

05-1
ChatGPT와 구글 스프레드시트 연결하기

잘하면 좋지만 그렇다고 교직에서 반드시 엑셀이나 구글 스프레드시트를 잘할 필요는 없습니다. 임용시험을 칠 때 요구하는 자격증도 아니고 데이터를 분석하고 정리하는 게 주된 업무가 아니기 때문입니다. 그러나 점점 학교와 학생들의 데이터를 엑셀, 한셀, 구글 스프레드시트의 형태로 마주하는 일이 많아지고 있습니다. 대부분의 문서들을 전자 문서로 만나는 만큼, 교사들이 엑셀, 한셀과 같은 형식으로 만나는 데이터를 관리하는 역량을 조금만 갖춰도 업무가 굉장히 수월해집니다.

예를 들어 학생 출결 상황, 생활기록부, 학급 운영 자료, 설문조사 결과 등은 모두 표 형식으로 제공됩니다. 이때 간단히 필터를 걸거나 합계를 내는 수준만 알아도 업무 효율이 크게 높아집니다. 그리고 학생 상담 시에도 스프레드시트에 기록된 평가 결과를 활용하면 학부모에게 성장 과정을 보다 명확히 보여줄 수 있습니다. 복잡한 데이터 분석이 아니더라도, 기본적인 기능만으로도 교사의 판단을 돕는 데 충분히 유용합니다.

결국 이제는 교사도 어느 정도는 엑셀이나 구글 스프레드시트를 구글 스프레드시트를 활용하는 소양이 필요해졌습니다. 그러나 전문 분석가처럼 멋지게 익힐 필요는 없습니다. 부담스럽게 느낄 것도 아닙니다. 그저 우리는 필요할 때 간단히 사용하기만 해도 충분합니다. 딱 필요한 만큼, 조금만 알면 되는 우리의 수요를 충족시켜주는 것이 바로 ChatGPT입니다. 함수가 기억나지 않을 때 물어보거나, 데이터를 어떻게 정리해야 할지 막막할 때 조언을 얻으면 됩니다. 더 나아가 API를 연결하면 단순히 수식 수준을 넘어, 입력된 데이터를 바탕으로 자동 보고서나 요약문 같은 텍스트를 생성하는 것도 가능합니다. 표로 정리된 데이터를 정리하기 위해 보통 학교에서는 한셀을 이용하지만, ChatGPT를 끌어오기 위해서 구글 스프레드시트를 활용하겠습니다. 이번 장을 잘 마치면 구글 스프레드시트에 정리된 학교·학생의 데이터를 ChatGPT를 이용해 쉽게 정리할 수 있게 됩니다.

> **TIP** 실습 URL 안내
> 맨 뒷장 부록에 실습에서 사용할 자료와 완성본 탬플릿의 URL을 첨부하였으니 참고바랍니다.

API 개념 이해하기

구글 스프레드시트의 초기 상태에는 ChatGPT가 없습니다. 구글 스프레드시트와 ChatGPT는 전혀 다른 회사의 전혀 다른 성격의 프로그램이기 때문입니다. 그래서 구글 스프레드시트 '안에서' ChatGPT를 사용하기 위해서는 둘을 연결해주는 작업이 필요합니다. 그리고 그 작업은 API를 활용해서 이루어 집니다.

API는 두 소프트웨어가 서로 '소통'할 수 있도록 돕는 다리와 같습니다. 구글 스프레드시트와 ChatGPT를 연결하여 데이터를 주고받게 할 때, API는 중간에서 필요한 정보를 요청하고 결과를 전달해주는 역할을 합니다. 예를들어, 구글 스프레드시트에서 API를 사용하여 ChatGPT 데이터를 보내면, ChatGPT는 응답을 반환합니다. 이 과정에서 API는 마치 두 프로그램 간의 메신저처럼 작동하여 요청과 응답을 주고받을 수 있게 해주는 것입니다.

API 구조 이해하기

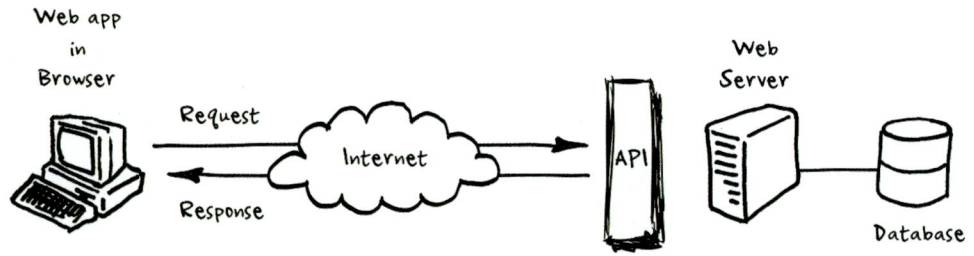

▲ 출처: http://sahilsk.github.io/articles/so-youre-writing-api-client

> **TIP** API는 무슨 뜻인가요?
>
> API는 Application Programming Interface의 줄임말로, 두 프로그램이 서로 데이터를 주고받을 수 있게 해주는 인터페이스입니다. 구체적으로는, 한 프로그램에서 다른 프로그램에 특정 작업을 요청할 때 필요한 규칙이나 명령어를 포함합니다. API는 두 애플리케이션이 서로 통신할 수 있는 프로토콜을 제공합니다.

ChatGPT의 API 키 생성하기

이제 ChatGPT에서 구글 스프레드시트와 연결할 수 있는 API를 만들어보겠습니다. ChatGPT의 API 기능을 사용하기 위해서는 '**API 키(key)**'가 필요합니다. API 키는 우리가 특정 계정으로 ChatGPT에 접근할 수 있도록 해주는 일종의 '**비밀 열쇠**'이기 때문에, 이 키는 외부로 노출되면 보안상의 문제가 발생할 수 있으니 유의해야 합니다. 이어지는 단계를 통해 OpenAI에서 API 키를 발급받고 구글 스프레드시트에 연결하는 과정을 살펴보겠습니다.

1) OpenAI에 로그인 하기

우선 OpenAI 홈페이지에 접속해야 합니다. 검색창에 'OpenAI'를 입력합니다. OpenAI 아래로 몇 가지 링크가 보입니다. 그중 [API]를 클릭하여 접속합니다.

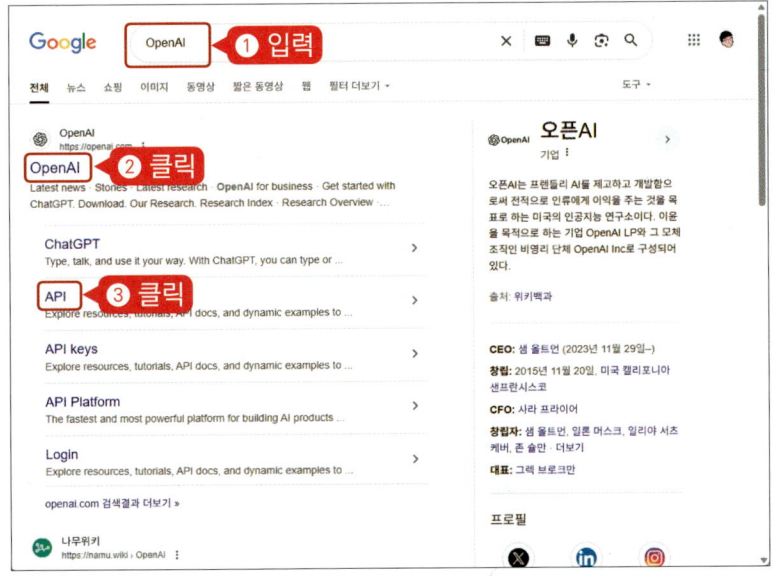

▲ OpenAI 검색

로그인 후 우측 상단의 [Start building] 버튼을 클릭합니다. 이후 절차를 통해 나만의 API 키(Key)를 만드는 작업이 시작됩니다.

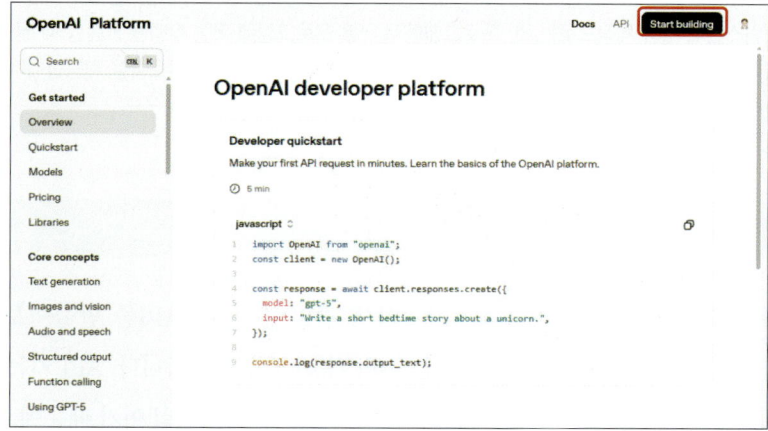

▲ OpenAI Platform API Start building

환영 문구와 함께 두 개의 빈칸이 나타납니다. 첫 번째 빈칸인 ❶ 'Organizaion name'에는 닉네임 등을 자유롭게 입력하시면 됩니다. 교재에서는 필자의 닉네임인 뿌리쌤 rootsaem을 입력하겠습니다. 그리고 두 번째 빈칸은 드롭박스입니다. 드롭 버튼(⌄)을 클릭하면 'Very technical / Somewhat technical / Not technical'이 나옵니다. 이 선택지는 단순히 사용자 경험(UX)를 개인화하기 위한 참고용 설문이지 기능이나 권한에 영향을 주지는 않으니 편하게 선택하시면 됩니다. 교재에서는 [Not technical]을 선택하겠습니다. 그리고 [Create organization] 버튼을 클릭합니다.

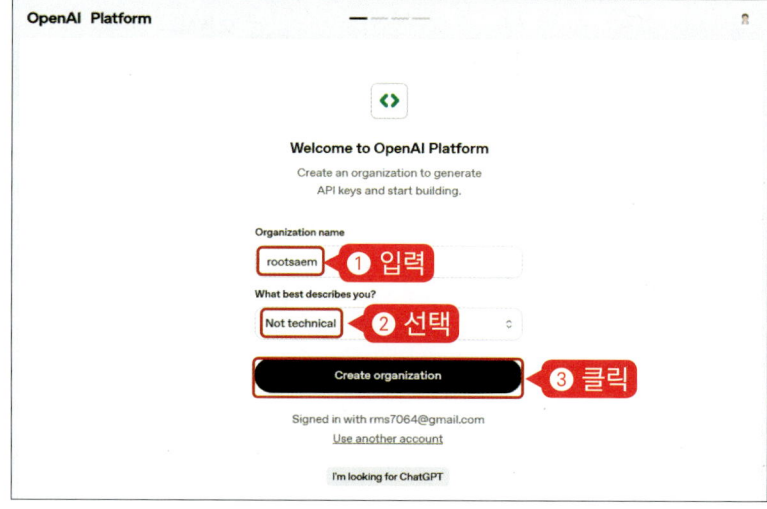

▲ OpenAI API 플랫폼 회원가입 진행화면

다음 단계는 API를 사용하는 인원을 초대하는 단계입니다. 아래 빈칸에 이메일 주소를 입력해서 팀원을 초대할 수 있습니다. 초대된 팀원은 API 요청을 직접 보내거나 조직의 기본정보를 확인할 수 있고 동일한 API를 이용해서 여러 개발과 관련된 프로젝트를 진행할 수 있다고 합니다. 교재에서는 교사 혼자 API를 이용하는 것을 전제하고 진행하겠습니다. 굳이 이메일을 적지 않아도 됩니다. 맨 아래에 있는 [I'll invite my team later] 버튼을 눌러 진행합니다.

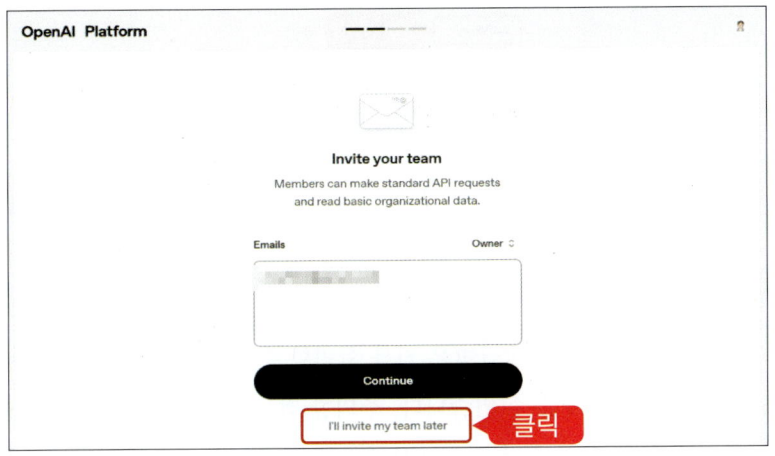

▲ API 사용자 초대

이제 API 키(key)를 생성하는 단계가 나타납니다. 일단, 첫 번째는 API key name으로, 생성할 키의 이름을 정하는 곳입니다. "My Test Key"로 되어있는 내용을 지우고 'MyGPT'처럼 간단한 이름을 붙이면 됩니다. 이 이름은 실제 사용 시 보안과는 무관하며, 여러 개의 키를 만들었을 때 구분하기 쉽게 하기 위한 용도입니다. 두 번째는 Project name으로, API 키가 속할 프로젝트의 이름을 정하는 곳입니다. 처음에는 기본값으로 "Default project"가 입력되어 있으며, 필요하다면 새로운 프로젝트 이름을 지정할 수도 있습니다. 교재에서는 'WorkEasy'로 입력하겠습니다.

모든 입력이 끝나면 [Generate API Key] 버튼을 눌러 API 키를 발급받을 수 있습니다. 이때 발급되는 키는 화면에서 한 번만 확인할 수 있으므로 반드시 안전한 곳에 보관해야 합니다. 만약 지금 바로 생성하지 않고 싶다면 화면 하단의 [I'll do this later] 버튼을 눌러 이후에 별도로 생성할 수도 있습니다.

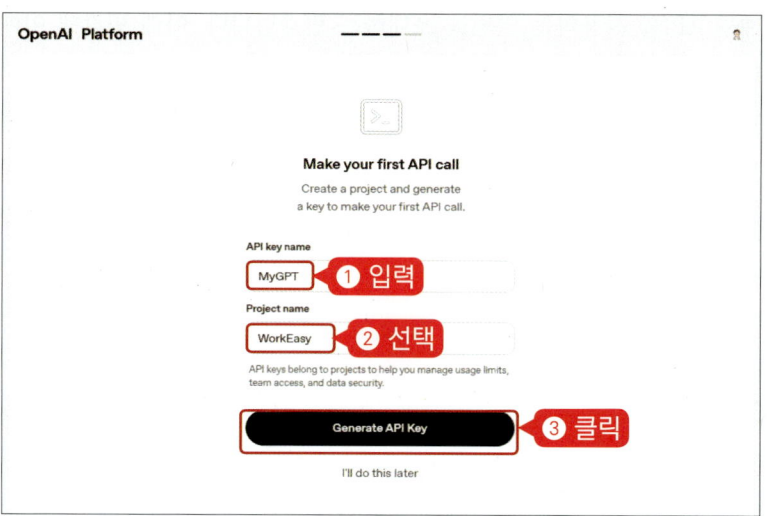

▲ API Call 만들기

2) API 발급받기

API 키 생성을 완료하면 방금 발급받은 키를 확인할 수 있습니다. 내 API 키는 오른쪽의 검은색 [Copy] 버튼으로 복사할 수 있습니다. 주의할 점은 이 API 키가 계정과 연결된 고유한 비밀번호와 같은 역할을 하기 때문에 외부에 노출되면 안된다는 것입니다. 따라서 안전한 곳에 기록해두고 다른 사람과 공유하지 않도록 관리해야 합니다. 복사를 완료하셨다면 아래의 [Continue] 버튼을 눌러서 다음으로 넘어갑니다.

> **TIP** **API 키는 딱 한 번만!**
>
> API 키는 보안문제 때문에 처음 생성될 때 딱 한 번만 볼 수 있습니다. 만약 키를 분실했거나 미처 저장하지 못했다면 다시 새로 만들면 됩니다.

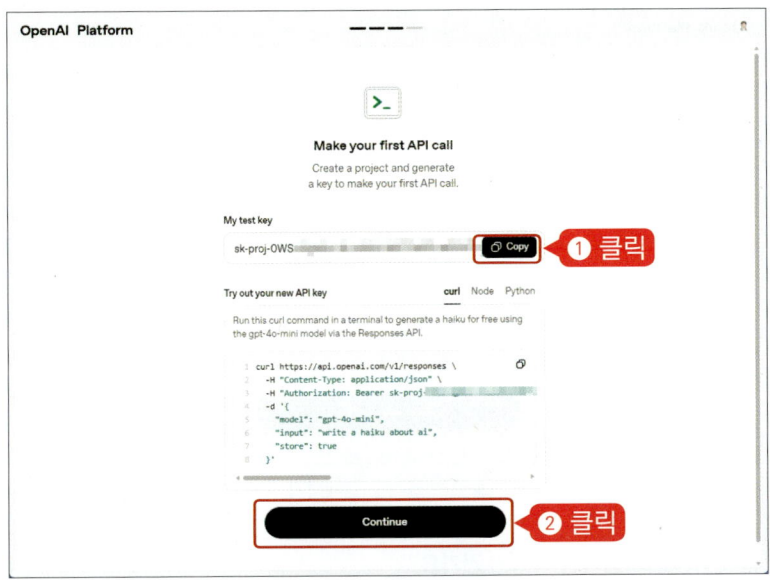

▲ API 키 확인하기

　API를 이용하는 마지막 단계는 API 크레딧을 추가하는 과정입니다. API는 아쉽지만 이용료가 발생합니다. API를 실제로 활용하려고 하면 일정 금액의 크레딧을 충전해야 하며, 이 크레딧은 API 사용량에 따라 차감됩니다. 여기서 결제 수단을 등록하고 원하는 만큼의 크레딧을 구매할 수 있습니다. 화면에는 세 가지 옵션이 제시됩니다. 5$ 크레딧이 먼저 추천되어 있습니다. 이 정도 금액이면 약 200만 개의 입력 토큰 또는 50만 개의 출력 토큰을 사용할 수 있습니다.

　갑자기 유료 결제가 언급돼서 당황하셨을 것 같습니다. 그러나 교사들이 업무용으로 이용하는 수준 안에서는 의미있는 수준으로 비용이 청구되지 않습니다. 왜냐하면, 한글 기준으로 1토큰은 1~1.5글자 정도로 보통 계산된다고 합니다. 즉, 50만 출력 토큰이라면 대략 30~50만 글자 정도의 분량입니다. 이를 A4용지 분량으로 생각해볼 때, 1장에 들어가는 글자수를 대략 1,200~1,500자 정도로 가정한다면, 최소 200장 이상 최대 400장 가까이 이용할 수 있는 양입니다. 단 5$로 말입니다. 그래서 사실, 수업자료를 제작하거나 학생들 데이터 정리, 생기부 작성 정도의 일로는 5$ 결제 이후 다시 결제하게 되는 일은 무척 나중의 일일 것이기에 유료인 점에 너무 부담을 느끼지는 않으셔도 될 것 같습니다. 커피 한잔값이라고 생각해보면 어떨까 싶습니다.

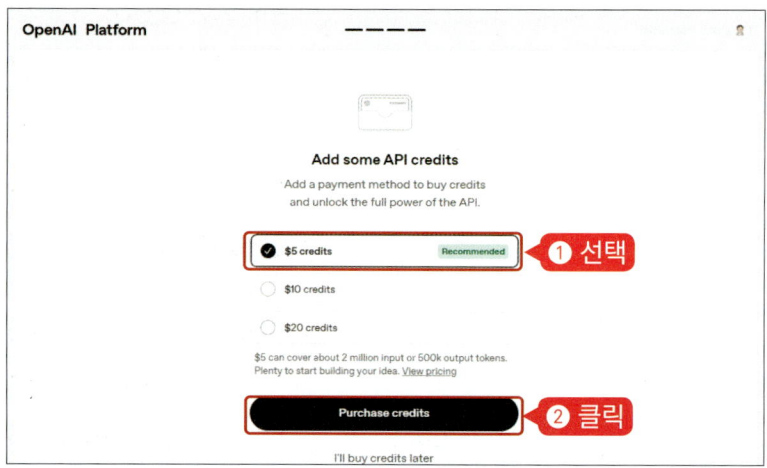

▲ API 크레딧 결제하기

> **TIP** API 이용료도 정기 구독하는 건가요?
>
> 아닙니다. API는 이용하는 정도에 따라서 차감하는 것이기 때문에 남아있는 크레딧이 있고, 추가로 사용하시지 않으신다면 더 이상 결제되지 않습니다. 시간이 지남에 따라 소멸되는 일은 없으니 걱정하지 않으셔도 됩니다.

[Purchase Credits]를 선택하여 결제하거나, 맨 아래 [i'll pay credits later]를 선택하셨다면, 이제 홈 화면의 오른쪽 상단의 인터페이스가 조금 바뀌었을 겁니다. 이전에는 보이지 않았던 Dashboard가 새로 나타납니다. 클릭 후 좌측의 [Usage] 버튼을 누르면 월간 사용량도 확인할 수 있습니다.

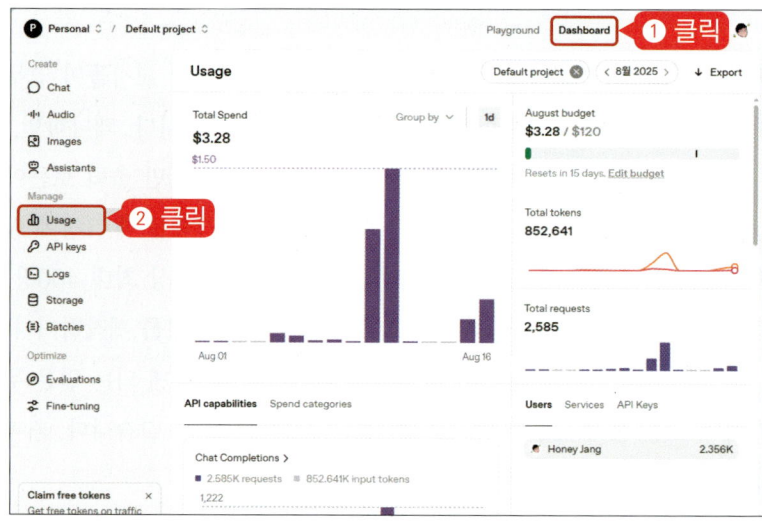

▲ API 크레딧 결제하기

유료 확장프로그램 없이 구글 스프레드시트에 ChatGPT API 연결하기 With 앱스스크립트

이제 ChatGPT와 구글 스프레드시트를 연결해 줄 '통로'인 API는 작성이 완료되었습니다. 이제는 그 통로를 '설치'하는 작업이 남았습니다. 해당 작업은 구글 스프레드시트의 Apps Script를 이용하겠습니다.

크롬 브라우저를 열고 구글 로그인 후 검색창에 [Sheet.new]를 입력하여 새 스프레드시트를 만들겠습니다.

새 스프레드시트 창에서 상단 탭의 [확장 프로그램]을 클릭한 후 [Apss Script]를 클릭합니다.

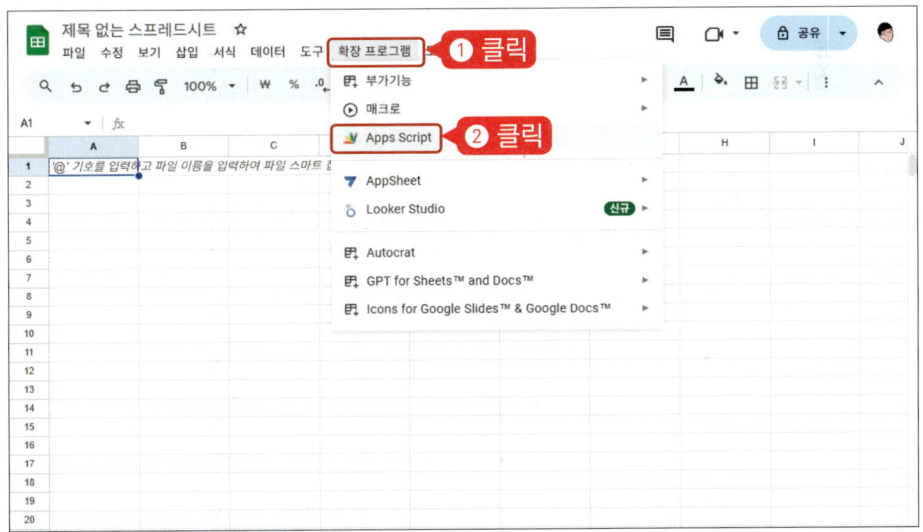

▲ 빈 스프레드시트. '구글 스프레드시트'를 검색해서 접속할 수도 있습니다.

> **TIP** 구글 App Script는 무엇인가요?
>
> 구글 Apps Script는 구글 스프레드시트, 구글 문서, 구글 설문지 등 구글 작업 공간(Google Workspace)의 자동화를 위한 프로그래밍 도구입니다. 자바스크립트를 기반으로 하며, 다양한 스크립트를 작성하여 반복되는 작업을 간편하게 처리할 수 있게 해줍니다. 예를 들어, 학급 학생들의 결석 현황을 스프레드시트에 입력하면 자동으로 학부모 연락 명단이 정리되거나, 구글 설문지로 수집한 학생 만족도 조사를 교사가 일일이 계산하지 않아도 자동으로 평균과 그래프가 생성되도록 설정할 수 있습니다.

구글 스프레드시트의 Apps Script는 스프레드시트의 기능을 확장하고 자동화할 수 있는 JavaScript 기반의 도구입니다. 구글 클라우드 환경에서도 작동하기 때문에 Apps Script를 잘 활용하면 지메일, 구글 드라이브, 구글 캘린더 등의 구글 워크스페이스 도구들을 연계하여 자동화 시스템을 구축할 수도 있습니다. 교재에서는 이 Apps Script를 활용해 구글 스프레드시트와 OpenAI를 연결하고자 합니다. [Apps Script]를 클릭해서 들어가면 현재는 기본 코드만 들어가 있고 비어있는 것을 보실 수 있습니다. 이곳에 어떤 코드를 넣느냐에 따라 구글 스프레드시트에서 작동하는 기능이 달라집니다. 본 교재는 ChatGPT와 구글 스프레드시트를 연결하는 용도로만 사용하지만, 한번 관심을 가져서 Apps Script 역시 익혀보시면 훨씬 더 자유롭게 구글 워크스페이스를 이용하실 수도 있습니다.

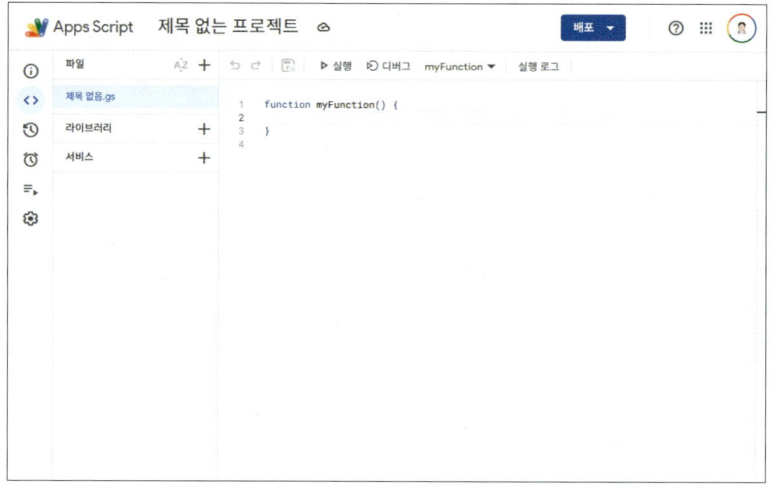

▲ 빈 Apps Script 화면

우측의 빈 공간에 교재에서 미리 준비한 코드를 붙여 넣도록 하겠습니다. 이 책에서 공유하는 Apps Script의 코드를 사용하면 2025년 8월에 발표한 ChatGPT의 GPT-5 API를 불러올 수 있습니다. 주소창에 "joo.is/GPT-API"라고 입력하시면 어떤 코드를 가져와야 하는지 확인하실 수 있습니다. 본 문서를 이용하는 방법은 아주 간단합니다.

> **이용 방법**
>
> 아래에 노랗게 음영처리한 부분을 고유 API 키를 이용해서 수정하시면 됩니다. YOUR_OPENAI_API_KEY 를 지우고 복사한 API 키를 붙여넣기하면 정상적으로 작동합니다. 구글 스프레드시트에서 [확장 프로그램] - [App Script]의 경로로 들어가고, 기본적으로 들어가 있는 내용을 모두 지운 뒤 다음 내용을 입력하면 됩니다.

문서에서는 다음과 같이 노란색으로 음영처리한 부분이 보이실 겁니다. "YOUR_OPENAI_API_KEY"라고 되어있는 부분에는 조금 전에 API key를 발급받으면서 안전한 메모장에 적어두었던 그 API key를 넣으면 됩니다. 그럼 문서의 내용을 모두 복사해서 Apps Script의 페이지에 붙여넣고 API 키를 넣도록 하겠습니다.

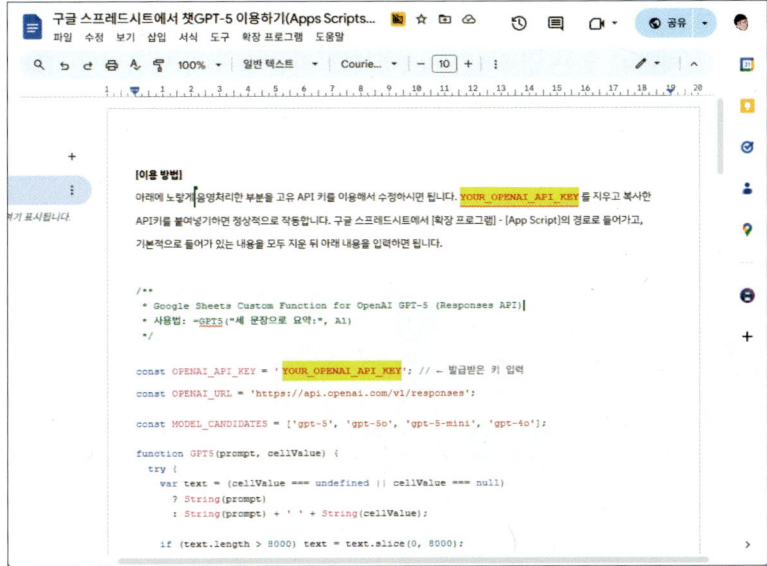

▲ Apps Script 코드. 복사해서 Apps Script 페이지에 붙여넣기

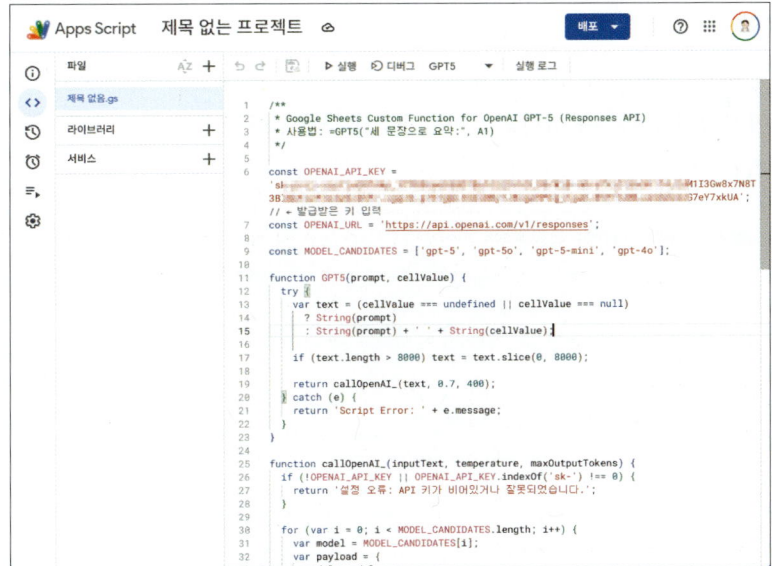

▲ Apps Script 페이지에 붙여넣고 나만의 API 키로 수정한 장면

마지막 단계만 남았습니다. 바로 승인입니다. 입력한 내용을 저장하고, 실행하기 위해서는 구글 스프레드시트 계정 주인의 허락이 필요합니다. API를 통해 ChatGPT를 연결하는 것을 동의한다는 승인입니다. 간단한 승인이니 빠르게 처리해 줍니다. 우선 [권한 검토]를 눌러줍니다. 뒤이어 나오는 경고 팝업에서는 화면 중앙쪽의 [고급 설정 숨기기]라고 되어있는 밑줄을 누릅니다. 그러면 '고급 설정 숨기기'로 바뀌며 아래에 '어떠한 위험이 발생할지 이해하고 개발자를 신뢰할 수 있는 경우에만 계속하세요.'라는 문구가 나옵니다. 그리고 그 아래에 '제목없는 프로젝트(으)로 이동(안전하지 않음)'의 형태로 나온 밑줄을 클릭해서 승인을 완료해줍니다.

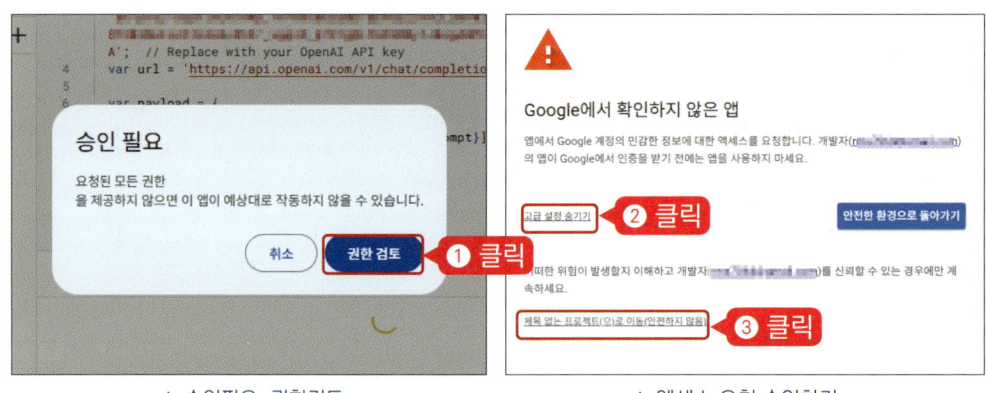

▲ 승인필요-권한검토　　　　　　▲ 엑세스 요청 승인하기

권한이 승인되었으니 코드를 실행할 수 있습니다. 중앙 상단의 [실행]을 눌러서 잘 작동하는지 확인합니다. 화면 아래에 '실행 로그'가 나타나며 잘 실행되고 다시 완료되었음을 알려줍니다. 여기까지 함께해주셨다면 ChatGPT와 구글 스프레드시트를 연결하시는 데에 성공하신 겁니다.

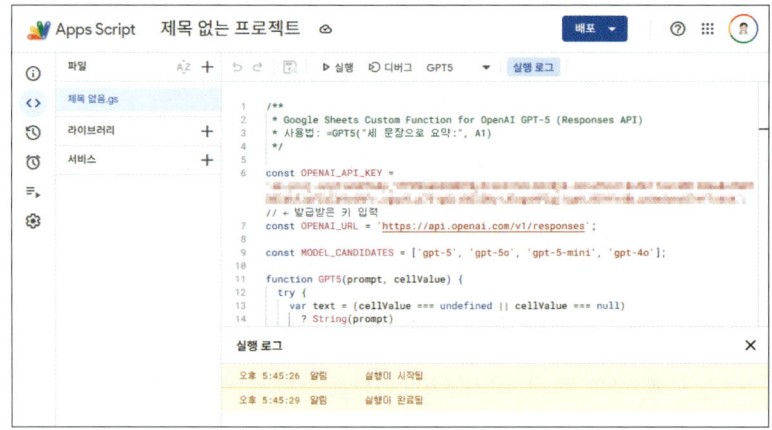

▲ 코드 실행 확인

| TIP | Apps Script 내용 중 temperature는 무엇일까? |

Apps Script 코드를 보면 중간에 temperature가 있습니다. 이는 응답의 창의성이나 무작위성을 조절하는 매개변수입니다. 값이 0에 가까울수록 더 확실하고 일관된 응답을 생성하며, 1에 가까울수록 더욱 창의적이고 다양성 높은 응답을 생성합니다. 현재 0.7로 되어 있습니다. 이 정도면 어느 정도 창의성을 가지면서 중간 정도의 일관성을 유지하는 정도라고 볼 수 있습니다.

ChatGPT를 구글 스프레드시트에서 함수처럼 사용하기

ChatGPT와 구글 스프레드시트의 연결이 완료되었으니, ChatGPT를 마치 우리가 비교적 친숙하게 사용하는 SUM(합계 구하기)이나 AVERAGE(평균 구하기) 함수처럼 이용할 수 있게 되었습니다. 아래와 같이 입력하면 됩니다.

=gpt5(" A ", B)

A와 B에 입력하는 방법은 다음과 같습니다.

A	ChatGPT에 요청할 명령어를 입력합니다. 대부분의 명령어는 큰 따옴표("")안에서 작동합니다. 또는 큰 따옴표 안에 모든 내용이 들어가 있는 셀을 지정해도 작동합니다.
B	명령어를 수행하며 참고할 셀 또는 범위에 해당합니다.

예를 들어, A1셀에 '미세먼지'라고 입력하겠습니다. 그리고 [A2셀]을 클릭한 다음에 함수로 다음과 같이 입력하겠습니다.

=gpt5("이 내용을 주제로 학생들이 지켜야할 안전수칙을 10가지 만들어줘. 초등학교 5학년 알림장에 쓸거야.",A1)

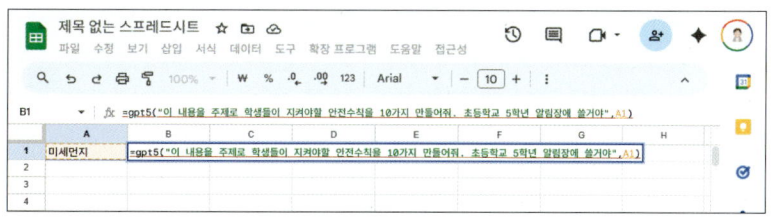

▲ gpt5 함수 사용 예시

조금 시간이 지나자 A2셀에 내용이 입력되었습니다. A1셀 안에 있던 '미세먼지'를 참고한 ChatGPT의 응답이 나타났습니다. 만약 지금과 같은 gpt5 함수를 다른 스프레드시트에서도 사용하고 싶으시다면, ❶ 현재의 Apps Script에서 코드를 복사한 후 ❷ 새로운 스프레드시트의 Apps Script에 붙여 넣으시면 됩니다.

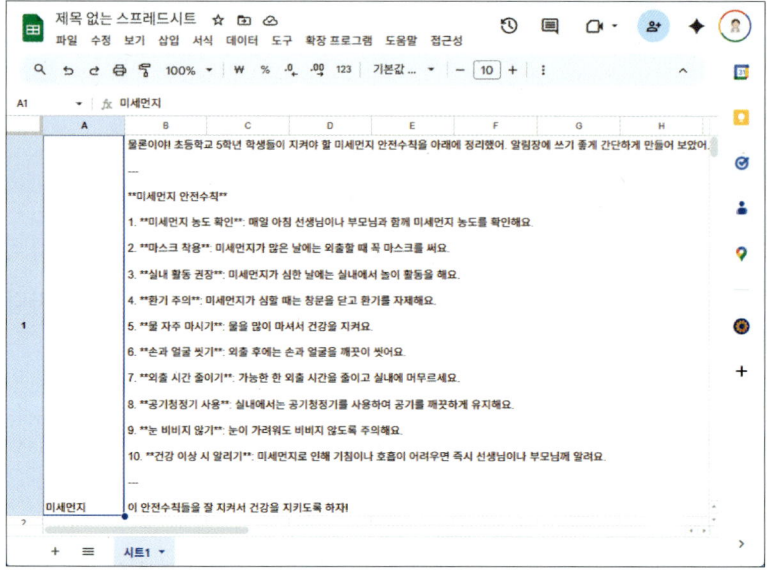

▲ gpt5 함수 사용 결과

구글 스프레드시트에서 ChatGPT 함수를 사용할 수 있는 준비를 완료했으니 다양한 업무 상황을 통해서 학교 현장에서 어떻게 활용할 수 있을지 알아보겠습니다.

> **TIP** 부가기능 결제해 다양한 GPT 함수 이용하기 (유료)

Apps Script를 이용하는 것이 아니라 ChatGPT가 적용된 부가기능을 설치해서 이용할 수도 있습니다. ChatGPT를 연동하는 대부분의 부가기능들이 시트의 데이터들을 더 쉽게 정리할 수 있는 함수들을 담고 있습니다. GPT를 이용하여 유사한 데이터를 매칭하는 함수라거나 웹에서 검색하게 한다거나 표를 만들거나 분류하는 등의 함수를 미리 구성해 놓았습니다. 스프레드시트 뿐만 아니라 엑셀, 워드, 구글 문서 등에도 적용할 수 있도록 지원하는 부가기능들도 있습니다. 무료 체험기능으로 몇 가지 체험해보면 '우와, 정말 편하겠다'라는 생각이 자연스럽게 듭니다. 다만, 그림처럼 이용하는 토큰 수만큼 비용을 지불해야 합니다. 게다가 OpenAI에서 API를 가져와 연결하며 발생하는 비용은 별도입니다. 가격을 떠나 비용이 들어간다는 것 자체에 부담을 느끼실 수도 있습니다.

그러나 생각보다 비용이 크게 들지는 않습니다. 예시로 보여드리는 부가기능 GPT for Sheet and Docs는 97M 토큰당 $29(한화, 약 3만 5천원)로 책정되어 있습니다. 이용 용량에 제한이 되어있는 것처럼 보여서 계속해서 비용이 청구될 것만 같아 걱정될 수 있지만, 사실 업무상 학습데이터를 자주 다루지 않는 일반적인 교사라면 97,000,000개의 토큰을 이용하는 데에 정말 상당한 시간이 걸릴 것입니다. 100만 토큰은 한글 기준 약 200만 글자 내외입니다. 그러므로 97,000,000개의 토큰은 한글 기준 약 1억 9,400만 글자를 인출해야 모두 소진되는 양입니다. 아마 꽤 오랜 날 동안 추가 결제하는 일은 없을 것이라 생각됩니다. 무조건 유료결제는 피하겠다는 마음보다는 우선 책에서 안내하는 방법대로 API 연결만으로 할 수 있는 작업을 확인해보시는 것을 추천합니다. 충분히 써보신 후에, 추가 기능들의 필요성을 느끼신다면 그때 결제하더라도 늦지 않습니다.

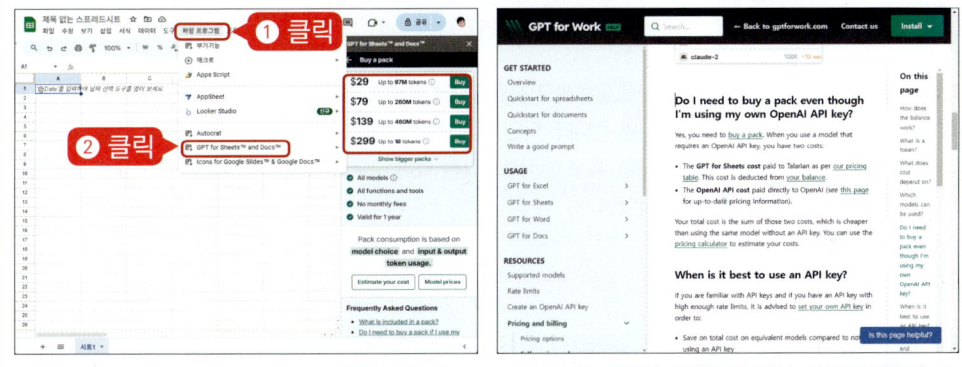

▲ 부가기능 결제해 다양한 GPT 함수 이용하기 (유료)-1   ▲ 부가기능 결제해 다양한 GPT 함수 이용하기 (유료)-2

05-2
ChatGPT X 구글 스프레드시트: 다양한 업무 상황에 활용하기

학교 현장에서 만날 수 있는 다양한 상황에서 언제 GPT5 함수를 이용하면 좋을지 알아보겠습니다. 물론, 예시로 말씀드리는 것들은 참고사항이며 GPT5 함수의 활용방안에 대해 조금만 더 연구하시면 훨씬 효과적으로 이용하실 수 있으리라 생각합니다. 이번 주제에서는 핸드폰 번호 정리하기에서부터 교과평어 생성하기까지 살펴보도록 하겠습니다.

> **TIP** 직접 만들기보다는 완성품이 필요하다면?
>
> 직접 만드시기보다는 만들어진 탬플릿을 활용하고 싶으시다면 부록에 첨부한 QR코드와 URL을 통해 완성 스프레드시트의 사본을 만들어서 활용하시면 됩니다. 다만, API 키는 직접 생성하셔서 붙여넣으셔야 활용할 수 있습니다. API를 붙여넣는 과정은 앞서 다룬 '유료 확장프로그램 없이 구글 스프레드시트에 ChatGPT API 연결하기 With 앱스스크립트'를 참고 바랍니다.

수집한 핸드폰 번호 정리하기

학교에서 업무를 보다 보면 종종 학부모, 학생들의 핸드폰 번호를 수집하게 되는 경우가 있습니다. 학교 행사를 안내, 비상 상황 발생시 연락, 계절별 캠프 및 특별 활동을 안내 등의 목적으로 수집하고 이용하곤 합니다. 보통 구글 설문지, 네이버 폼, 마이크로소프트 폼즈 등을 이용해서 이름, 핸드폰 번호 등을 수집하게 됩니다. 그런데 이때, 핸드폰 번호의 경우 일정한 형식으로 입력하지 않고 다양한 형식으로 입력하는 경우가 있어 정리하기에 다소 번거로워질 때가 있습니다. 이때 GPT5 함수를 이용하면 한 번에 쉽고 깔끔하게 형식을 통일시킬 수 있습니다.

예제를 통해 알아보겠습니다. 주소창에 "joo.is/GPT5핸드폰번호정리"를 입력하면 예제 파일을 사본으로 다운로드 받을 수 있습니다. 그리고 현재 예제 스프레드시트는 Apps Script가 깔리지 않은 새로운 파일입니다. 그러므로 Apps Scpript의 페이지에 GPT5를 만들었던 코드를 복사해와 붙여넣기 하는 것이 우선입니다.

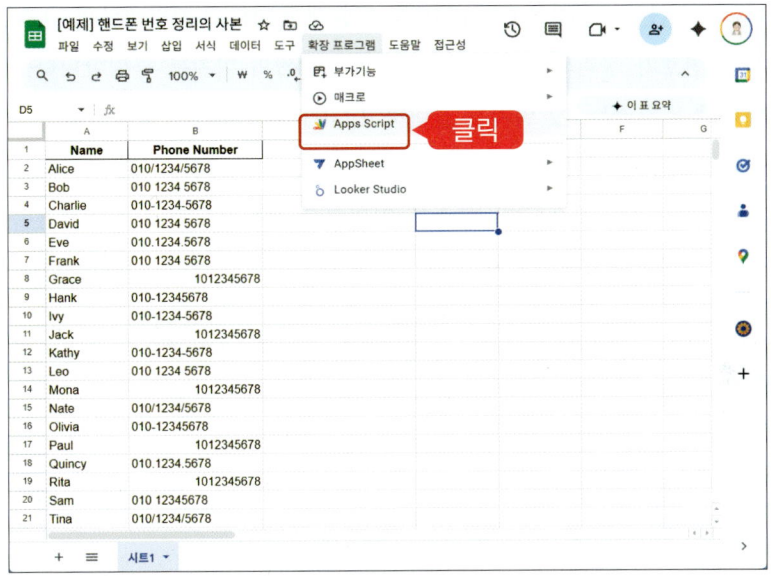

▲ 예제파일 첫 화면

Apps Script의 페이지에서 기존의 내용을 모두 지우고 GPT5 함수의 코드를 붙여넣습니다. 이전 스프레드시트 파일에서 작업할 때와 마찬가지로 승인이 필요합니다. 이제는 익숙하게 [저장], [실행] 그리고 [승인] 처리를 해주시면 새로 생긴 스프레드시트에서도 GPT 함수를 이용할 수 있습니다.

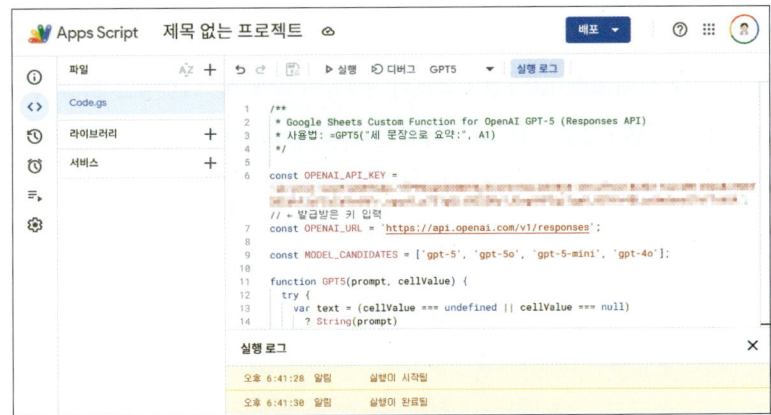

▲ 예제파일 ChatGPT API 연결 작업

다시 예제로 돌아와보겠습니다. 현재 예제 파일을 보면 핸드폰 번호의 형식이 들쭉날쭉입니다. /로 번호가 나누어져 있거나, - 로 나뉘어 있기도 하고 그냥 스페이스바로 띄어진 것도 있습니다. 이것들을 일일이 수작업으로 정리한다면 굉장히 오랜 시간이 걸릴 수 있습니다. 지금 예제로 든 인원이 20명이라 다행이지만 만약 200명이라면 소모되는 시간이 상당히 늘어날 수 있습니다. 우리는 이 상황을 ChatGPT를 이용해서 빠르게 해결해보겠습니다.

우선 핸드폰 번호가 정리되어 표시되기를 바라는 셀의 위치를 클릭합니다. 교재에서는 열 제목의 아래에 위치하는 C2 위치를 클릭하고 GPT 함수를 입력하겠습니다. =gpt5(" ",) 함수에서 큰 따옴표("")안에는 내가 원하는 바가 담긴 프롬프트를, 쉼표 우측에는 ChatGPT가 참고하길 바라는 셀을 적습니다. 함수를 입력하고 프롬프트를 요청해보겠습니다. 그리고 그 결과, 좌측 셀에 있던 핸드폰 번호가 바르게 정리된 것을 보실 수 있습니다.

=gpt5("핸드폰 번호를 000-0000-0000의 형식으로 정리해. 다른 말은 적지말고 핸드폰 번호만 적어",B2)

▲ gpt5 함수로 핸드폰 번호 정리하기

이제 나머지 행의 핸드폰 번호도 똑같이 바꾸면 됩니다. 이때 엑셀이나 한셀에서 이용하는 방법처럼 함수가 걸려있는 선택된 C2셀의 우측 아래에 보이는 파란 점을 클릭한 채로 아래로 드래그해서 내리면 C2셀에서 적용되었던 함수의 규칙이 그대로 적용되는 것을 보실 수 있습니다.

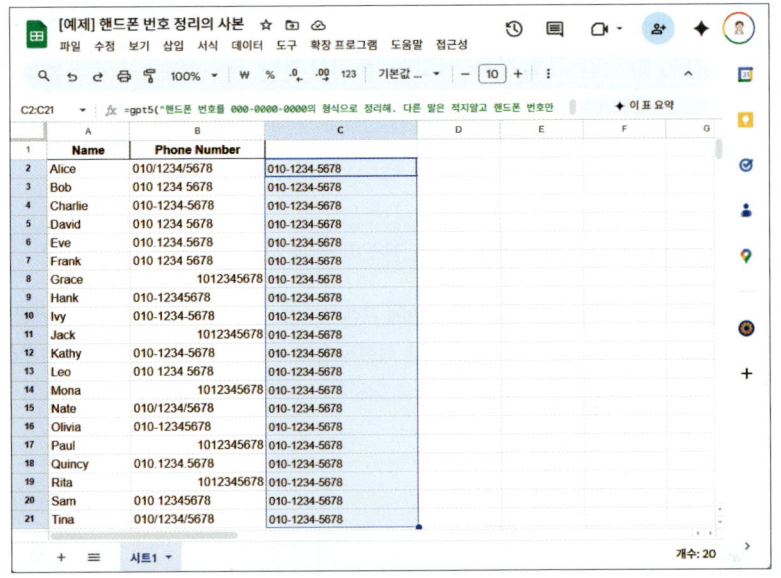

▲ gpt5 함수로 다른 셀로 확장하기

그런데 현재 C열에서 새로 정리된 핸드폰 번호는 사실 ChatGPT의 대화내용일 뿐이지, 우리가 원하는, 복사해서 붙여넣을 수 있는 '값'이 아닙니다. C열에서 바뀐 번호들을 클릭하면 여전히 GPT5 함수가 걸려있는 것을 보실 수 있습니다. 우리가 필요한 '값'만 이용하기 위해서는 단순히 '**복사 - 붙여넣기**'가 아니라 '**선택하여 붙여넣기 - 값만**'을 사용해야 합니다. '복사'하는 것까지는 같지만, 붙여넣는 과정이 달라지는 것으로 이해하시면 됩니다. 값을 선택해서 붙여넣은 열에서는 핸드폰 번호가 입력된 셀을 클릭했을 때에, 함수가 나오는 것이 아니라 핸드폰 번호가 나오는 것을 보실 수 있습니다.

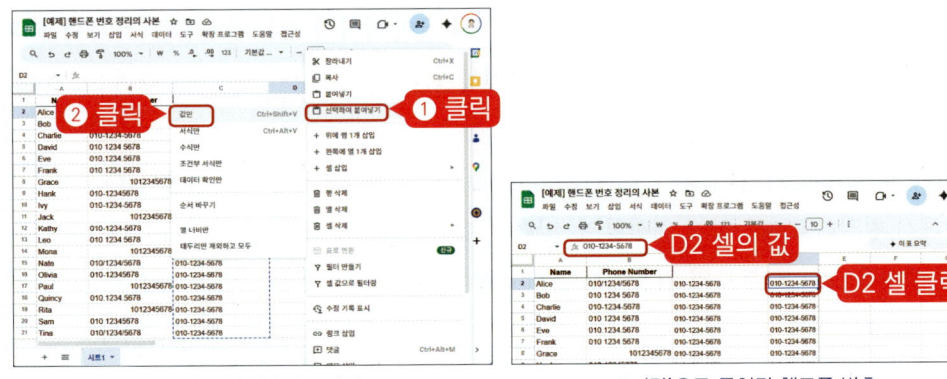

▲ 선택하여 붙여넣기 - 값만　　　　　▲ '값'으로 들어간 핸드폰 번호

물론, 구글 스프레드시트에 ChatGPT를 연결하지 않고 ChatGPT를 따로 켜서 바로 물어볼 수도 있습니다. 하지만 그럴경우 일일이 물어보거나 테이블을 복사해서 묻고 다시 옮겨 적거나 하는 등의 번거로움이 발생합니다. 이렇게 스프레드시트에서 작업하면 화면을 옮겨 다닐 필요 없이 바로 작업할 수 있어서 편리합니다.

> **TIP** 스프레드시트에서 GPT를 불러올 때, 참조하는 셀 지정하지 않을 수 있나요?
>
> 지금까지 보여드렸던 GPT 이용 방법은 큰 따옴표 안에 프롬프트를 입력하고, 참조할 셀이나 범위를 지정하여 참조한 셀이나 범위에 대해서 ChatGPT가 프롬프트에 적힌 명령을 수행하는 형식이었습니다. 그런데 반드시 참조할 것이 있어야 작동하는 함수는 아닙니다. 무언가를 참조하지 않고 지정한 셀에서 ChatGPT의 응답을 바로 이용하고자 한다면 =gpt5(" ")으로 사용하면 됩니다.

가정통신문 온도 점검하기

가정통신문은 학부모와 학교가 소통하는 중요한 수단 중 하나입니다. 학교는 가정통신문을 통해 학사 일정이나 주요 행사에 대한 내용을 안내하여 학부모들이 자녀의 학교생활을 이해하고, 필요할 때 적극적으로 지원할 수 있도록 정보를 제공하는 도구입니다.

그런데 가정통신문은 대부분 텍스트로만 구성된 문서이기 때문에, 만약 딱딱하고 불친절하게 작성된다면 그것을 보는 학부모의 입장에서는 학교가 소통하는 데에 노력을 기울이지 않는다는 느낌을 받을 수 있습니다. 또한 가정통신문의 내용이 명확하지 않거나 명령적인 어조로 작성된 것처럼 느껴진다면, 학부모들은 자신이 단순히 지시를 받는 대상이라고 느낄 수도 있습니다. 그래서 평소 작성하는 문서의 글이 딱딱하거나, 불친절한 것 같다는 피드백을 받아본 적이 있는 선생님들은 가정통신문을 작성하는 일이 스트레스라며 토로하시기도 합니다.

이럴 때 ChatGPT가 도움이 될 수 있습니다. ChatGPT를 활용해 가정통신문의 어조를 점검해서 친절하고 따뜻하게 개선할 수 있다면 가정통신문을 작성하는 스트레스도 줄일 수 있고, 그것을 보는 학부모의 입장에서도 학교에 대해 더욱 호감과 신뢰를 가질 수 있게 될 것입니다. 이번에도 역시 스프레드시트안에서 ChatGPT의 도움을 받아보겠습니다.

GPT5 함수를 이용할 때는 =GPT5(" 프롬프트 내용 ", 셀 또는 범위)로 이용할 수 있지만, "프롬프트 내용"이 아닌, '셀'이 들어갈 수도 있습니다. 단, 셀 안에 큰 따옴표("")를 포함한 문장이 들어가 있어야 합니다. 예를 들어, A1 셀에는 "이 재료로 할 수 있는 요리를 알려줘"라고 입력하고 B1 셀에는 '토마토'라고 입력하겠습니다. 이 경우 A1 셀 안에있는 내용을 프롬프트로 인식하여 명령을 수행하는 것을 볼 수 있습니다.

=GPT5(A1, B1)

▲ 셀 안의 내용을 프롬프트로 인식할 수 있음

이번 가정통신문 온도 점검하는 예제에서도 셀 안에 프롬프트를 넣는 방식으로 GPT5 함수를 작동시켜보겠습니다. 스프레드시트의 모든 내용을 지우고 다시 A1 셀에 아래와 같이 작성합니다.

> "나는 학부모에게 발송될 가정통신문을 작성하는 중이야. 발송되는 문구를 검토하여 재작성해. 부정적인 말이나, 딱딱한 표현이 있다면 친절한 가정통신문이 될 수 있도록 다시 써줘. 장소, 일시 등 중요한 내용은 변경하면 안돼. 다른 말은 적지 말고 바로 변경한 내용을 보여줘"

A2 셀에는 '입력할 가정통신문 텍스트', B2 셀에는 'GPT 수정'이라고 적었습니다. A3 셀 안에는 내가 작성한 가정통신문 문구가 들어갈 것이고, B3 셀에는 ChatGPT가 수정한 내용이 작성될 것입니다.

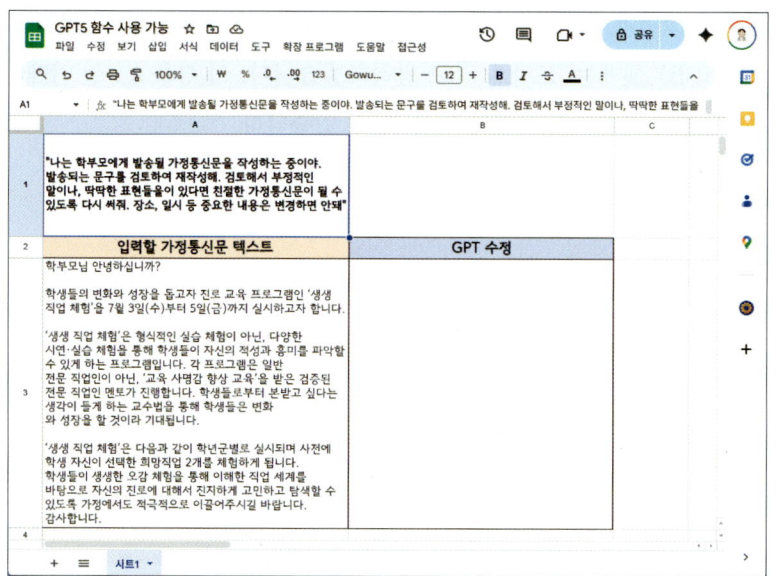

▲ 가정통신문 온도 점검하기 구조

입력된 수정 전 가정통신문의 내용은 다음과 같습니다.

> 학부모님 안녕하십니까?
>
> 학생들의 변화와 성장을 돕고자 진로 교육 프로그램인 '생생 직업 체험'을 7월 3일(수)부터 5일(금)까지 실시하고자 합니다.
>
> '생생 직업 체험'은 형식적인 실습 체험이 아닌, 다양한 시연·실습 체험을 통해 학생들이 자신의 적성과 흥미를 파악할 수 있게 하는 프로그램입니다. 각 프로그램은 일반전문 직업인이 아닌, '교육 사명감 향상 교육'을 받은 검증된 전문 직업인 멘토가 진행합니다. 학생들로부터 본받고 싶다는 생각이 들게 하는 교수법을 통해 학생들은 변화와 성장을 할 것이라 기대됩니다.
>
> '생생 직업 체험'은 다음과 같이 학년군별로 실시되며 사전에 학생 자신이 선택한 희망직업 2개를 체험하게 됩니다. 학생들이 생생한 오감 체험을 통해 이해한 직업 세계를 바탕으로 자신의 진로에 대해서 진지하게 고민하고 탐색할 수 있도록 가정에서도 적극적으로 이끌어주시길 바랍니다. 감사합니다.

이제 GPT5 함수를 활용해서 위 내용을 수정해보도록 하겠습니다. 입력하는 GPT5 함수는 [B3] 셀을 클릭하고 아래와 같이 입력합니다. 입력된 내용을 해석하자면, A1 셀의 위치에 있는 프롬프트대로 ChatGPT가 내용을 생성하게 하되, A3에 있는 내용을 참고하라는 의미입니다.

$$=GPT5(A1,A3)$$

> **TIP** 함수를 gpt5로 입력하는 것과 GPT5로 입력하는 것에는 차이가 있나요?
>
> 아니오. 둘 다 모두 사용 가능합니다. 대소문자를 구별하지 않기 때문에 gpt5를 하시던, GPT5를 하시던 똑같이 기능하게 됩니다.

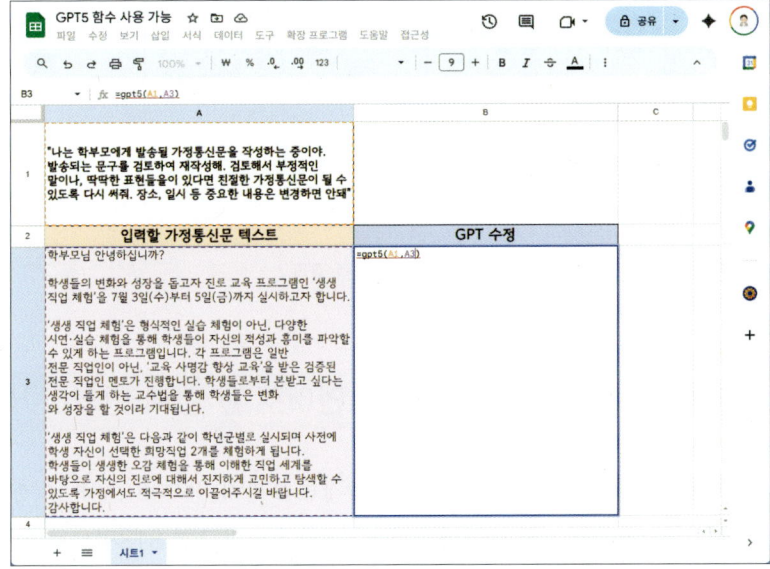

▲ B3에 GPT5 함수 입력

함수 입력 후 GPT가 수정해준 친절한 가정통신문은 다음과 같습니다. 조금 더 부드럽고 학부모가 이해하기 쉬운 언어로 제안하고 있음을 느낄 수 있습니다.

> "학부모님께,
> 안녕하세요?
> 학생들의 변화와 성장을 돕기 위해 '생생 직업 체험' 프로그램을 7월 3일(수)부터 5일(금)까지 진행할 예정입니다.
> '생생 직업 체험'은 학생들이 자신의 적성과 흥미를 발견할 수 있도록 다양한 시연과 실습을 제공합니다. 프로그램은 특별히 교육을 받은 전문 직업인 멘토들이 이끌어주며, 학생들에게 긍정적인 영향을 줄 수 있도록 구성되었습니다.
> 각 학년별로 프로그램이 이루어지며, 학생들은 사전에 선택한 두 가지 희망 직업을 체험하게 됩니다. 학생들이 직접 경험한 직업 세계를 바탕으로 자신의 진로를 진지하게 탐색할 수 있도록 가정에서도 많은 응원과 지도를 부탁드립니다.
> 감사합니다."

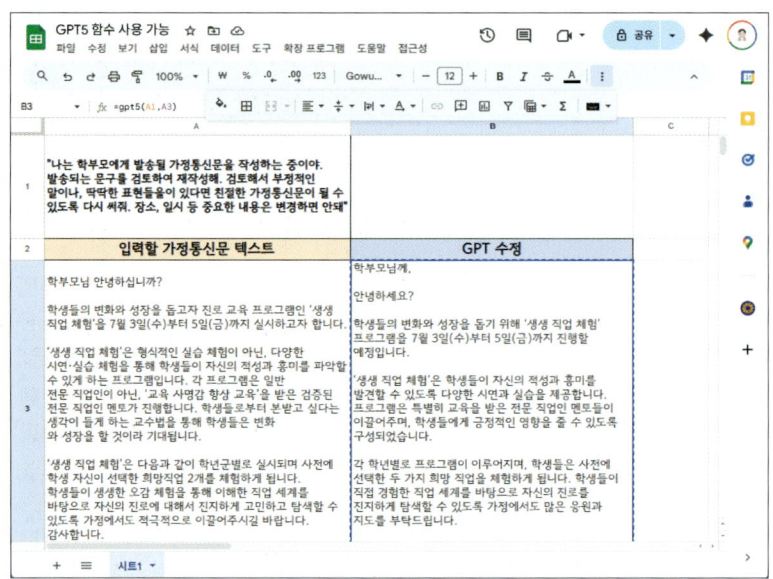

▲ ChatGPT 점검 결과

다문화 학생·학부모 소통을 위해 여러 언어로 한 번에 번역하기

'다문화 학생 20만 시대'[4] 라고 합니다. 교육기본통계에 따르면 국내 초·중·고교생은 2022년(4월 1일 기준) 542만 6천 956명에서 2023년 526만 1천 818명으로 6만 5천 138명 줄었습니다. 저출생 현상으로 국내 초·중·고교생 수가 꾸준히 감소하고 있습니다. 반면에 다문화 학생 수는 같은 기간 16만 8천 645명에서 18만 1천 178명으로 1만 2천 533명(7.4%) 증가했습니다. 이러한 추세라면 2025년에는 20만명에 이를 것이라고 합니다. 아직 전체 비중으로 보면 적어보일 수도 있지만, 농어촌 지역으로 갈수록 그 비율은 높게는 15%까지 치솟기도 합니다.

비율로 보면 여전히 적을 수 있지만, 특히 농어촌 지역에서는 다문화 학생 비율이 15%에 달하기도 합니다. 다양한 국적의 학생들이 한 교실에 모이면서 한국어 능숙도에 따라 학교 행사나 체험학습, 설문조사 등에서 어려움이 발생하기도 합니다. 이를 해결하기 위해 교사들은 구글 번역기를 활용해 의사소통을 시도하지만, 국적별로 일일이 번역해야 하는 번거로움이 존재합니다. 예를 들어, 한 학급에 일본, 태국, 중국, 러시아 국적의 다문화 학생이 있다면, 동일한 내용을 각 나라별로 여러 번 번역해야 하는 상황이 발생합니다.

[4] 다문화학생 20만 시대…"국내출생 많아 '내국인관점' 정책 필요", 연합뉴스

이때 구글 스프레드시트에서 ChatGPT 함수를 이용하면 동시에 다양한 언어로 번역된 자료를 손쉽게 얻을 수 있습니다. 이제 이 과정을 함께 살펴보겠습니다. 참고로, 이어지는 과정은 API가 이미 연결된 스프레드시트임을 미리 말씀드립니다.

우선, A1 셀의 너비와 높이를 조정하겠습니다. 이곳에 ChatGPT에 명령할 프롬프트를 입력합니다. A1 셀이 프롬프의 역할을 하도록 구성하려 합니다. 이때 A1 셀에 들어갈 프롬프트의 내용은 큰 따옴표("")안에 적어야 작동하니 작성하시면서 꼭 검토해주시길 바랍니다. 교재에서는 다음과 같이 입력하겠습니다.

""입력한 텍스트를 B열의 희망언어로 번역해줘. 다른 말은 넣지 말고 번역한 말만 넣어""

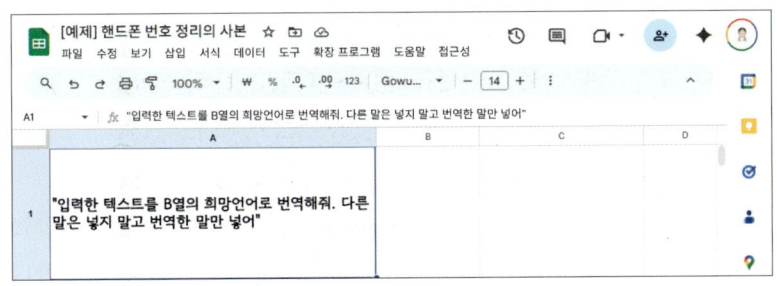

▲ A1 셀에 입력한 프롬프트 내용

한국어로 입력한 텍스트가 다른 나라의 언어로 번역될 수 있도록 각각의 내용이 들어갈 칸을 만들겠습니다. '한국어 텍스트', '희망 언어', '번역된 텍스트'라는 열 제목을 만들고, 필요한 내용은 그 아래에 입력하는 방법으로 구성하겠습니다. 그리고 한국어 텍스트는 굳이 여러 번 입력하지 않도록, 첫 번째 행(A3)에 입력하면 아래의 행은 모두 같은 내용이 들어갈 수 있게 A4, A5, A6에는 '=A3'으로 함수를 입력해 놓습니다.

그리고 번역하고자 하는 텍스트를 좌측 '한국어 텍스트' 열의 아래에 입력합니다. 예제에서는 현장 체험학습 일정을 원만하게 운영하기 위해 늦지 않게 학생이 등교할 수 있도록 지도를 당부하는 말을 요청하겠습니다. '한국어 텍스트' 해당 내용을 입력하고, 우측 열에 번역하기를 희망하는 언어를 넣습니다.

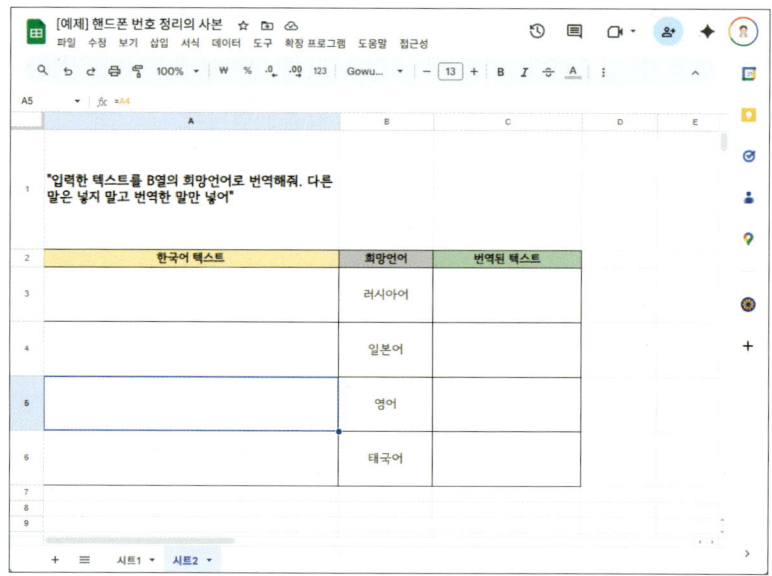

▲ 다문화 다중 번역기 인터페이스 구성

이제 GPT5 함수를 이용할 차례입니다. 번역된 텍스트가 나타나기를 희망하는 셀을 선택합니다. 교재에서는 C3 셀을 선택했습니다. 이곳에 아래와 같은 함수를 입력합니다.

=gpt5(A1, A3:B3)

$를 이용하여 셀의 위치를 표시하는 것을 '절대 참조'라고 합니다. 절대 참조를 이용하면 참조할 셀의 위치를 A1으로만 고정할 수 있어, 함수를 복사하여 시트 안의 다른 곳에 옮기더라도 A1셀이 계속해서 프롬프트의 역할을 할 수 있습니다. 그리고 지금의 A1셀처럼, 셀 안의 내용이 큰 따옴표와 그 안에 있는 문장들로 구성되어 있다면 이렇게 함수에 직접 문장을 적지 않더라도 GPT 함수를 적용할 수 있습니다. 또한 범위를 A3:B3로 지정한 것은 A3부터 B3까지 있는 내용을 참고해서 텍스트를 생성하라는 의미가 됩니다. 참고할 데이터를 하나의 셀이 아니라 이렇게 범위로 지정할 수도 있습니다.

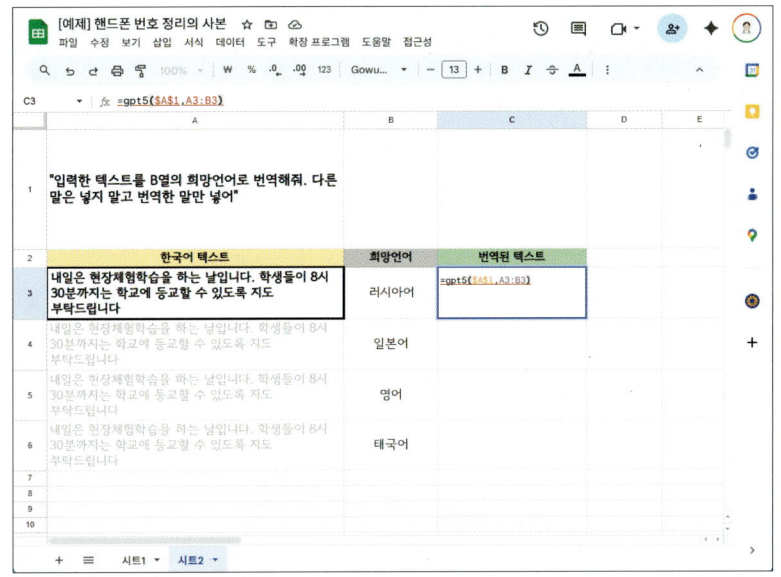

▲ 다문화 다중 번역기 인터페이스 구성(완성)

함수를 입력하니 한국어 텍스트를 희망 언어로 바꿔주었습니다. 잘 번역했는지 구글 번역기를 이용해 확인해보도록 하겠습니다. 결과를 보면 희망했던 한국어 텍스트를 "내일은 수학여행이 있습니다. 학생들이 8시 30분까지 학교에 도착할 수 있도록 도와주세요."로 꽤 잘 번역해주었습니다.

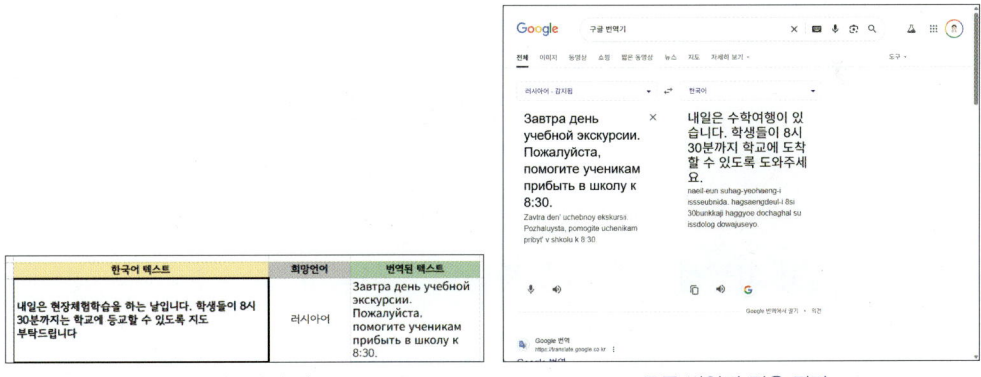

▲ 번역된 러시아어 텍스트   ▲ 구글 번역기 적용 결과

ChatGPT가 잘 작동하고 있음을 확인했으니, 나머지 언어도 적용하도록 하겠습니다. 함수가 적용된 [C3] 셀을 클릭하면 나오는 동그란 파란점을 C6까지 내려서 드래그하겠습니다.

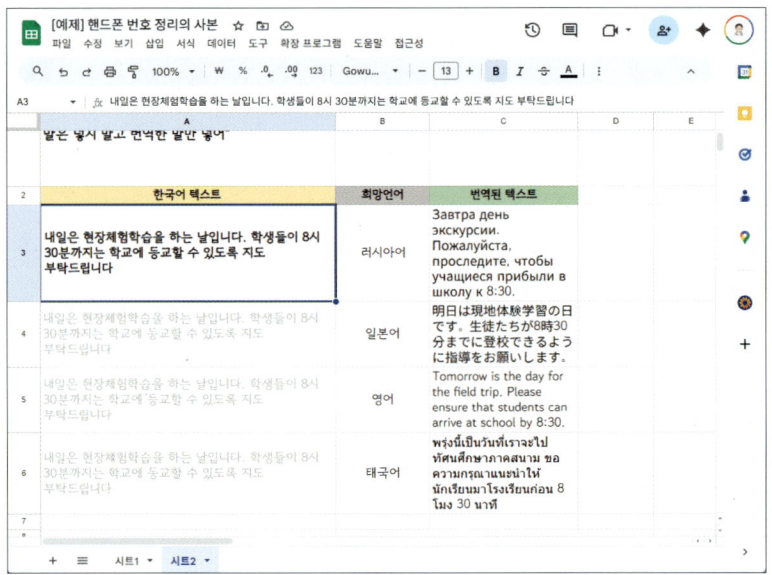

▲ 동시 번역기 완성

동시에 일본어, 중국어, 태국어로도 번역된 것을 볼 수 있었습니다. 구글 번역기로 돌려본 결과 각각의 언어 역시 잘 번역되었음을 확인할 수 있었습니다.

점점 다문화 학생들이 많아짐에 따라 동시에 여러 나라의 언어로 번역해야 하는 상황들을 더욱 자주 마주하게 되는 것 같습니다. 교육주체간의 소통이 중요한 요즘, 소통의 가치가 번역의 번거로움으로 인해 덩달아 번거로운 일이 되어버리지 않기를 바랍니다. ChatGPT를 활용한 다중언어 동시 번역 기능이 소통의 부담을 조금이라도 줄여줄 수 있기를 바랍니다.

나만의 맞춤형 AI생성기_학기말 종합의견 작성하기

학기말은 생활기록부를 입력하는 시즌입니다. 학기말 종합의견이나 창의적 체험활동과 관련된 기록들은 학생의 학업 외 다양한 측면을 포괄하는 기록으로, 개개인의 성격, 사회성, 생활 태도 등 여러 요소를 담아야 하기에 교사는 매우 다양한 데이터를 분석하고 기록해야 합니다. 과정중심평가가 강조되고 있는 만큼 모든 학생의 성장과정을 세밀하게 관찰하고 기록하고 싶으나 모든 학생들에 대해서 세세하게 적는 것은 정말 어려운 일입니다.

그런데 이때 ChatGPT를 활용하면 훨씬 효율적으로 작업할 수 있습니다. 더군다나 스프레드시트에서 GPT5 함수를 이용한다면 미리 기록했던 소소한 관찰기록을 활용해서 모든 학생들에 대한 학기말 종합의견을 한 번에 생성해낼 수 있습니다. 최근에는 다양한 생성형 AI 프로그램들이 많아서 굳이 스프레드시트에 ChatGPT를 연결해서 사용할 필요성을 잘 못 느끼실 수도 있습니다. 그러나 직접 스프레드시트와 ChatGPT를 연결하여 학기말 종합의견을 작성하는 장점은 "우리 학급 맞춤형 스타일의 프롬프트를 구체적으로 요구하고, '내가' 중요하다고 생각한 데이터를 바탕으로 내용을 생성해낼 수 있다."는 점입니다. 기존의 생성형AI를 이용해서 교과평어라던지 학기말 종합의견을 작성해주는 프로그램들은 모두 다른 사람이 작성한 프롬프트를 그대로 이용해야만 하는 경우가 많습니다. 이 경우, 직접 프롬프트를 이용할 때에 비해서 학급 또는 학생 맞춤형 평어를 만들기 어렵습니다. 이용하는 선생님의 스타일과도 상당 부분 맞지 않을 수도 있습니다.

그래서 구글 스프레드시트에 평소 관찰한 내용을 간단하게 정리하면, 해당 학생과 관련된 생활습관이나 학습습관을 적절히 골라 쉽게 학기말 종합의견을 생성하는 시트를 만들어보았습니다. 본 시트를 만드는 과정을 함께 살펴보며 GPT5 함수를 활용할 방법에 대한 아이디어를 얻어가시면 좋겠습니다.

1) 프롬프트 정하기

학생들의 학기말 종합의견을 생성해낼 수 있는 프롬프트를 준비해야 합니다. 학기말 종합의견의 특징을 생각하며 몇가지 ChatGPT가 지켜야할 조건들을 정리해보았습니다. 프롬프트 작성은 처음 한 번에 끝내는 것이 아닙니다. 생성되는 결과물들을 피드백 삼아 계속 고쳐나가시면 됩니다.

> **질문** 다음 지침을 따라 초등학교 5학년 학생의 학기말 종합의견을 작성할 것
> - 학생의 학기 전체 학교생활을 종합적으로 반영할 것
> - 선택된 가치를 반영하여 종합의견을 작성할 것
> - 교내외 활동이나 특별한 사건, 노력, 변화가 있다면 구체적인 사례와 함께 서술할 것
> - 성장과 발전 가능성에 대한 긍정적인 전망과 격려의 메시지를 반드시 포함할 것
> - 학생 개인의 특성과 장점을 드러내되, 비교나 일반화된 표현은 사용하지 말 것
> - '학생은'과 같은 주어를 사용하지 말고 바로 내용을 시작할 것
> - 종결어미는 '~함', '~임'으로 마무리할 것
> - 사용자는 아마 생각나는 대로 의식의 흐름처럼 적어놓았을 것임. 있는 그대로 적지 말고 종합하여 논리적으로 깔끔하게 입력할것
> - 단점을 서술할 경우, 이를 극복하려는 모습이나 개선 방향을 함께 제시할 것
> - 250자 이내로 작성할 것
> - 종합의견 외 다른 말은 넣지 말 것. 이것은 반드시 지킬 것
> - C열의 '생활기록부 기재요령 특징'에 해당하는 내용은 I열의 종합의견에서 명시적이 아니라 묵시적으로 반영되어야 하는 내용임.
> - E,G열은 해당 키워드를 학생의 부정적인 특성으로 이해할 것
> - 아직 지정된 범위 내에서 데이터가 없다면 "입력된 데이터 없음"이라고 출력할 것

위 프롬프트를 활용할 수 있도록 스프레드시트를 구성했습니다. A1 셀에는 '[학기말 종합의견] ChatGPT에 요청할 프롬프트 입력하기'를 입력하고, A2 셀에는 프롬프트를 입력했습니다.

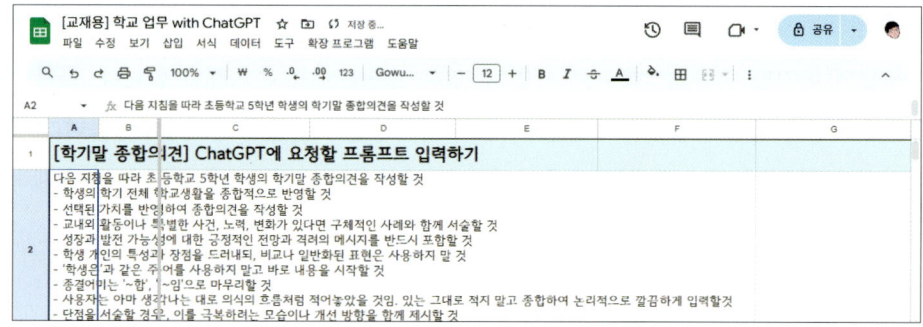

▲ 학기말 종합의견 프롬프트

2) GPT5 참조항목 설정하기

그리고 3행에 선택할 항목, 입력할 항목들의 열 제목을 넣었습니다. 사용한 열 제목은 '생활기록부 기재요령 특징 살릴 것 고르기', '생활 습관(긍정적)', '생활 습관(부정적)', '학습 습관(긍정적)', '학습 습관(부정적)', '관찰한 내용(직접 입력) ', '종합의견GPT'입니다.

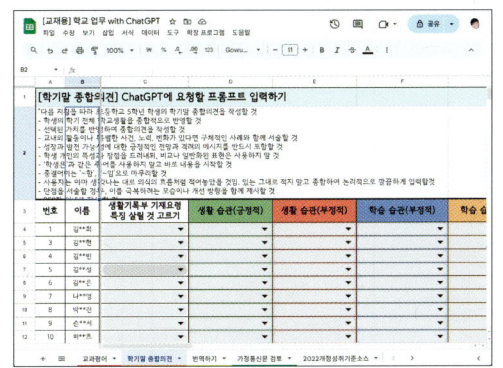

▲ 학기말 종합의견 열제목1   ▲ 학기말 종합의견 열제목2

'생활기록부 기재요령 특징 살릴 것 고르기'열의 드롭다운 항목을 클릭하면 "상시관찰, 학교생활 전반, 구체적인 변화, 성장 정도, 발전 가능성, 긍정/부정 균형 기재, 변화 가능성 제시"가 있습니다. 2025 학생부 기재요령 문서의 내용을 참고해서 생활기록부 작성시 유의해야 하는 목록들을 정리했습니다.

▲ 생활기록부 기재요령 유의 사항

클릭 시 선택할 수 있는 항목이 나타날 수 있도록 정리하는 기능은 '드롭 다운'입니다. 일일이 타이핑하지 않고 마우스로 클릭하며 주요 특성을 선택할 수 있도록 셋팅할 수 있는 것이 장점입니다. 이용 경로는 상단 탭의 [삽입] - [드롭다운]입니다. 이미지의 오른쪽에 보이는 것처럼, 선택 가능한 목록을 직접 작성할 수 있습니다.

Chapter 05 ChatGPT로 구글 스프레드시트에 날개 달기(feat. 구글 Apps Script)   327

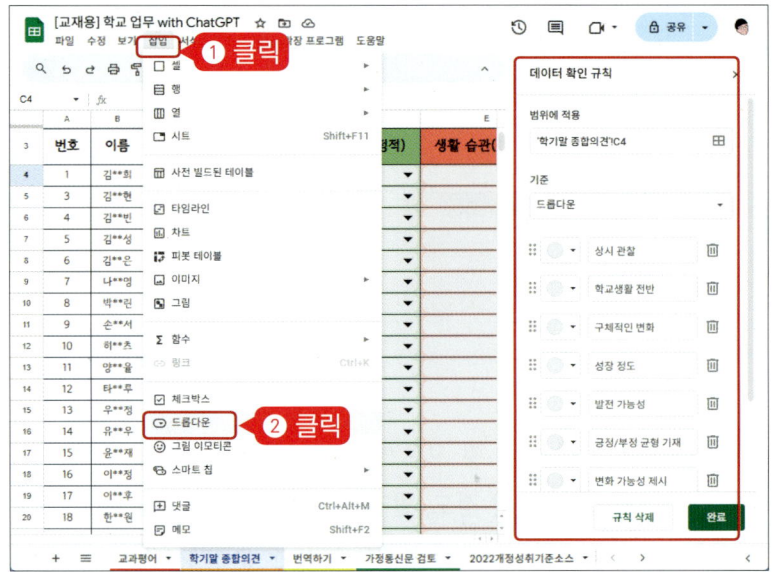

▲ 드롭다운 삽입하기

    드롭다운 기능을 통해서, '생활기록부 기재요령 특징 살릴 것 고르기', '생활 습관(긍정적)', '생활 습관(부정적)', '학습 습관(긍정적)', '학습 습관(부정적)'까지 설정해놓을 수 있었습니다.

▲ 생활 습관(부정적) 드롭다운 목록   ▲ 학습 습관(긍정적) 드롭다운 목록

단순히 드롭다운에서 선택하는 키워드들로 학기말 종합의견을 생성하는 것은 기성품을 그냥 이용하는 것과 다를 바 없습니다. 오히려 정교하지 못한 프롬프트 때문에 더 안좋은 결과가 나올 수도 있습니다. 직접 프롬프트와 데이터를 관리하는 작업의 화룡점정은 관찰한 내용을 직접 적는 것입니다. 아무리 AI가 고도화 되더라도 교사가 직접 관찰한 구체적인 사실은 흉내낼 수 없기 때문입니다. 대단한 문장으로 적을 필요는 없이 관찰했던 파편적인 사실이라도 의미있던 일이라면 '관찰한 내용(직접 입력)'에 적습니다. 간단한 단서일지라도 ChatGPT는 입력한 내용을 참조해서 유려한 문장으로 바꿔줄 수 있습니다.

3) 맞춤형 학기말 종합의견 확인하기

내용을 입력하고 결과를 확인해보겠습니다. '생활기록부 기재요령 특징 살릴 것 고르기', '생활 습관(긍정적)', '생활 습관(부정적)', '학습 습관(긍정적)', '학습 습관(부정적)'까지 적당한 내용을 선택했습니다. 구체적인 변화, 리더십, 충동적 행동, 발표력, 자기주도학습을 특징으로 골랐습니다. 그리고 관찰 내용은 학급 화폐활동에서 관찰했던 내용을 기록했습니다. 그러자 '종합의견GPT'에 설정해놓은 GPT5가 작동하여 준수한 학기말 종합의견을 작성해 주었습니다.

> 학급 화폐활동을 통해 용돈 기입장을 성실히 기록하며 책임감을 발휘함. 물 배달 사업을 구상하며 창의성과 사업적 수완을 보여줌. 발표력과 자기주도 학습 능력을 통해 학급에서 긍정적인 영향을 미치며, 리더십을 발휘함. 때때로 충동적 행동이 관찰되기도 하지만, 이를 극복하기 위해 스스로 노력하는 모습이 인상적임. 앞으로 더욱 발전할 가능성이 크며, 지속적인 성장을 기대함.

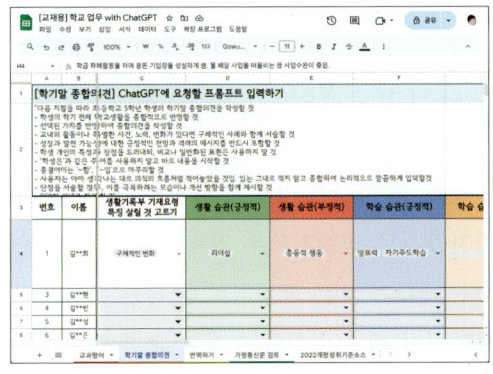

▲ 열마다 각각의 항목을 선택한 모습

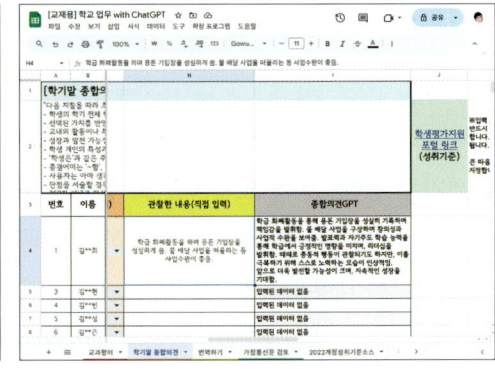

▲ 관찰내용 입력 및 종합의견 결과

스프레드시트에서 GPT5 함수를 활용할 수 있는 장점은 여러 데이터를 고려한 학생들의 생기부 문장을 개별적으로 한 번에 생성할 수 있다는 점입니다. ChatGPT를 챗봇형태로 이용했다면 한명 한명 정보를 받아내느라 오래걸렸겠지만 스프레드시트에서 함수처럼 이용하니 한번에 정보를 받아올 수 있었습니다. 게다가 '내가'입력한 의미있는 정보를 활용해서 작성해 주기까지 하므로 기성 AI 프로그램보다 생성된 텍스트가 훨씬 의미있게 다가올 수 있습니다. 그러나 아무리 사전 설정을 잘해 놨다고 하더라도 ChatGPT는 오류를 생성할 수 있기 때문에 생성된 문장들을 그대로 쓰시지 말고 꼭 한번 검토하신 후에 이용하시기를 바랍니다.

▲ 종합의견 한꺼번에 확인하기

나만의 맞춤형 AI생성기_교과평어 작성하기 with Apps Script

생기부 입력시즌에 교사들을 또 힘들게 하는 것들 중 하나가 바로 교과 평어를 작성하는 일입니다. 학기말 종합의견을 작성하는 것과 마찬가지로 생활기록부 기재요령을 준수해야 하고, 관찰한 내용도 구체적으로 들어가야 합니다. 게다가 모든 학생별로 다 다른 문장을 적어야 합니다. 동일한 문장이 반복된다면 지적사항이기 때문입니다. 그리고 교과 평어를 작성할 때는 관련된 수행평가의 결과는 어떠했는지, 수행하는 과정에서는 어떤 성장이 돋보였는지, 수행평가는 어떤 성취기준을 기초로 해서 작성된 것인지 등을 고려해야 합니다. 특히, 중,고등학교 학생들의 경우에는 생기부가 진로, 입시와도 연결되기 때문에 더욱 신중하게 적어야합니다. 교과 평어를 작성하는 일은 부담스럽고 어려운 작업이 아닐 수 없습니다.

모든 선생님들께서 생기부에 들어갈 문장을 작성할 역량을 충분히 갖추고 계시지만, 텅 비어있는 네모칸에 처음부터 내용을 채우려면 막막한 것이 사실입니다. 그럴 때, ChatGPT 와 같은 생성형AI들은 적당한 초안을 생성해줄 수 있기 때문에 선생님들의 고민 시간을 대폭 줄여줄 수 있습니다. 지금부터 알아볼 교과 평어를 생성하는 스프레드시트 함수도 생기부의 초안 수준으로 고려해주시면 되겠습니다.

교과 평어를 위한 구글 스프레드시트 구성하기

GPT5 함수를 생각하기 전에, 교과평어 스프레드시트를 어떻게 짤 것인지 고민해 보아야 합니다. 학기말 종합의견 시트에서 진행했던 것처럼, 학생들의 정보는 하나의 행 단위로 입력하는 것이 편리합니다. 그리고 학생들이 갖게되는 특성은 열 단위로 정리하면, 각각의 학생은 자신의 행으로 열 마다 주어지는 정보를 가진 하나의 데이터 띠가 됩니다.

각각의 행별로 번호와 이름을 그리고 열에는 학년군, 교과, 영역, 성취기준, 성취수준, 학습 태도, 참여도 / 사고력·표현력, 문제 해결 및 적용 능력 / 정서·인성 관련 태도, 평가 내용 및 관찰 내용 입력 등을 입력합니다. 마무리로 '교과 평어 GPT '열을 추가합니다. 나중에 GPT5 함수를 사용할 때에는 학년군~평가 내용 및 관찰 내용입력 열까지의 정보를 참조하여 교과 평어 텍스트가 생성될 예정입니다.

▲ 교과 평어 스프레드시트 행과 열 정하기

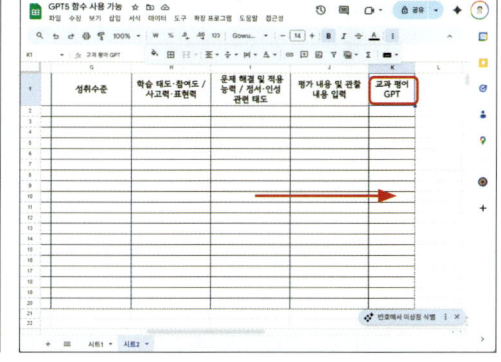
▲ 교과평어 GPT 열 입력

교과평어 프롬프트 설정하기

학기말 종합의견을 작성했던 것처럼, 특정한 하나의 셀을 지정하여 프롬프트 셀로 사용하면 마치 프롬프트 메모장처럼 이용할 수도 있어서 편리합니다. 글자 크기를 바꿀수도 있으니 어떤 프롬프트로 구성되어있는지 확인하기에도 용이합니다. 교재에서는 가장 상단에

행 2개를 더 추가해서 A1 셀에는 "[교과 평어] ChatGPT에 요청할 프롬프트 입력하기"라고 입력하고, A2 셀은 프롬프트를 입력하는 셀로 이용하겠습니다. 줄바꿈, 셀간격 등을 조정하여 보기 좋게 수정합니다.

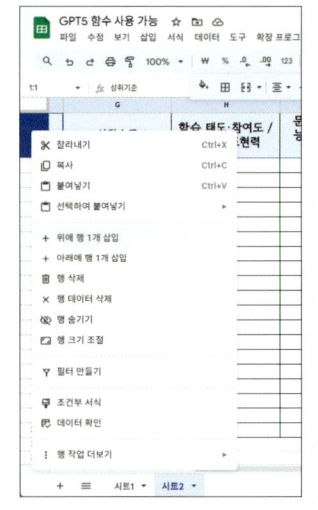
▲ 위에 행 추가하기

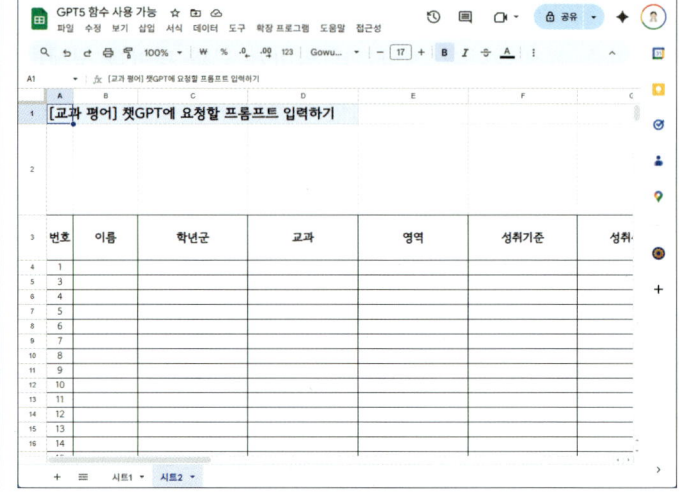
▲ 프롬프트 입력 공간 만들기(A1, A2)

A2 셀에는 GPT5 함수가 사용할 프롬프트를 입력하겠습니다. 입력할 프롬프트는 아래와 같습니다. 프롬프트 활용에는 정답이 없으니 선생님들께서 자유롭게 수정하셔서 이용하시면 됩니다.

> **질문** 다음과 같은 지침을 지켜서 교과평어를 작성할 것
> - 선택한 영역의 내용을 생활기록부에 들어갈 [담당 교과 또는 학년] 학생의 교과 평어를 작성
> - 성취기준 달성을 위해 반드시 학습하는 구체적인 학습내용의 사례를 담아 성취수준을 설명할 것.
> - 종결어미는 ~함, ~임의 종결어미로 작성
> - 평어 외에는 다른 말은 넣지 말것. 이것은 반드시 지킬 것
> - '학생은'과 같은 주어를 입력하지 말고 바로 학생의 교과능력에 대한 평가를 시작할 것
> - 성취수준은 '노력요함'일지라도 성취기준을 가장 낮은 수준으로 달성한 것임을 감안할 것
> - 단점을 지적할 때에는 발전을 위한 방향도 제시할 것. 반드시.
> - 성취주순은 매우잘함, 잘함, 보통, 노력요함임. 학생의 수준을 고려해서 작성해야함
> - 특정 소재나 주제가 있다면 그 내용과 관련된 구체적인 내용을 적어주며 서술할 것
> - 구체적인 활동이 드러나도록 작성하면 10불의 팁을 줄 수 있음
> - B열부터 순서대로 '학년군', '교과', '영역'임. 각각이 하위 항목임을 인지하고 대답할 것. 그리고 학년군, 교과, 영역이라는 점을 인지하고 그 범위 안에서 제한적으로 답변할 것.
> - F 열의 성취기준의 내용은 직접적으로 사용하지말고 암묵적, 묵시적으로 성취기준을 달성한 것처럼 느낄 수 있도록 작성할 것. 성취기준의 단어들을 너무 그대로 사용하지 말 것
> - 150자 이내로 작성할 것
> - 아직 지정된 범위 내에서 데이터가 없다면 '입력된 데이터 없음'이라고 출력할 것. 그렇지 않으면 전문적이지 않아보임, 그러나 입력된 데이터가 있는데 입력된 데이터가 없음이라고 나오면 안됨.

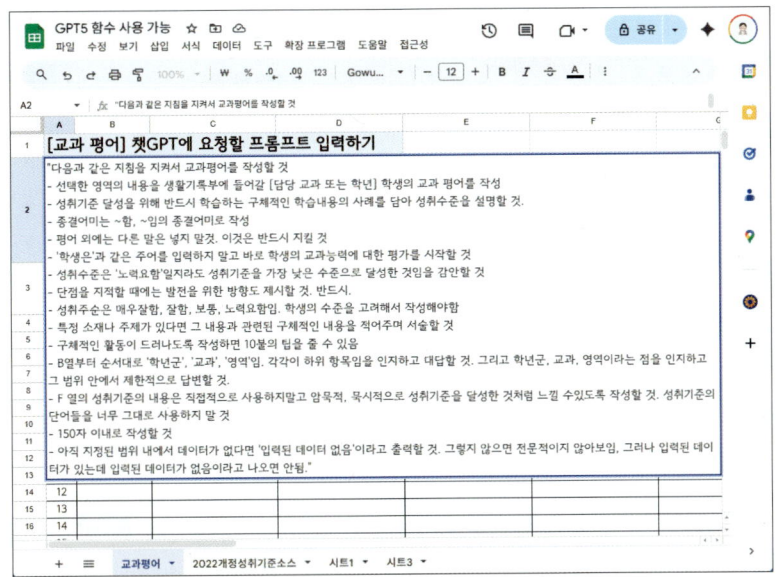

▲ GPT5 함수가 이용할 프롬프트 내용 입력

학생 특성 선택을 위한 드롭다운 만들기

GPT5 함수를 이용해서 교과 평어를 생성할 때, 모든 내용을 일일이 적으면 번거롭기 때문에 ChatGPT를 사용하는 의미가 줄어듭니다. 구체적인 관찰기록들은 어쩔수 없이 직접 입력해야겠지만, 성취 수준, 학습 태도·참여도 / 사고력·표현력, 문제 해결 및 적용 능력 / 정서·인성 관련 태도는 간단하게 클릭 몇 번으로 선택할 수 있도록 구성할 수 있습니다. 학생의 특성에 어울리는 항목들을 클릭해서 선택할 수 있도록 다중 선택이 가능한 드롭다운을 만들어 보겠습니다. (학년군~성취기준은 다음 주제에서 다룹니다)

매우 잘함, 잘함, 보통, 노력 요함으로 나뉘는 성취 수준을 선택하는 드롭다운을 만들어보겠습니다. 성취수준 열의 첫 번째 셀인 [F4] 셀을 클릭합니다. 그리고 상단 탭의 [삽입]-[드롭다운] 경로로 클릭합니다. F4 셀에는 화살표가 달린 회색 타원이 생성됩니다. 우측에는 F4 셀에 적용되는 드롭다운 목록이 있습니다. 초기 입력 값으로 '옵션1', '옵션2'가 보입니다. 이를 성취 수준으로 변경하겠습니다. 처음부터 '매우 잘함, 잘함, 보통, 노력 요함'으로 수정하겠습니다. 내용을 입력하고 키보드의 [Enter] 키를 누르거나 아래에 있는 [다른 항목 추가] 버튼을 누르면 목록을 더 추가할 수 있습니다.

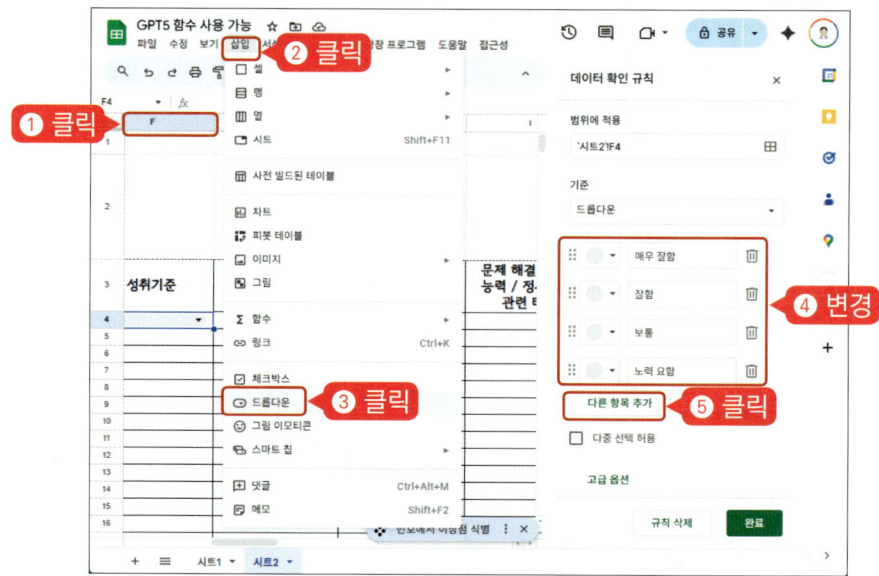

▲ 드롭다운 만들기 1

드롭다운 선택지별로 색상을 정할 수도 있습니다. 적절히 선택하고 [완료] 버튼을 클릭합니다.

▲ 드롭다운 만들기 2 – 색상 지정하기

'성취수준'에 대한 드롭다운을 완료하셨다면 '학습 태도·참여도 / 사고력·표현력, 문제 해결 및 적용 능력 / 정서·인성 관련 태도' 역시 드롭다운 작성을 진행하시면 됩니다. 항목의 목록은 아래 표와 같이 입력했습니다. 앞서 익히신 방법대로 목록을 추가하시되, 목록 하단의 '다중 선택 허용'이라는 체크박스에 체크를 해주시면 되겠습니다. 한 항목에서 여러 개의 특성을 선택할 수 있도록 하기 위함입니다.

학습 태도·참여도 / 사고력·표현력	문제 해결 및 적용 능력 / 정서·인성 관련 태도
성실성: 과제 수행, 수업 참여, 준비물 준비	탐구심: 주제 탐색, 심화 학습 시도
적극성: 발표·질문·토론 참여, 학습 의욕	문제 해결력: 상황 분석 후 대안 제시
자기주도성: 스스로 학습 계획·목표 설정 및 실천	실생활 적용: 배운 내용을 생활·다른 교과에 연결
협력성: 모둠 활동·프로젝트에서의 협력, 타인 배려	책임감: 맡은 역할 완수
꾸준함: 지속적인 학습 습관, 성실한 과제 제출	존중: 다양한 의견과 문화 존중
창의성: 독창적인 아이디어, 다양한 관점 제시	끈기: 어려움 속에서도 포기하지 않음
비판적 사고: 정보 분석·평가, 문제 해결 접근	리더십·팔로워십: 상황에 맞는 역할 수행
논리적 사고: 근거 있는 주장, 단계적 설명	
표현력: 말·글·시각 자료로의 효과적 전달	

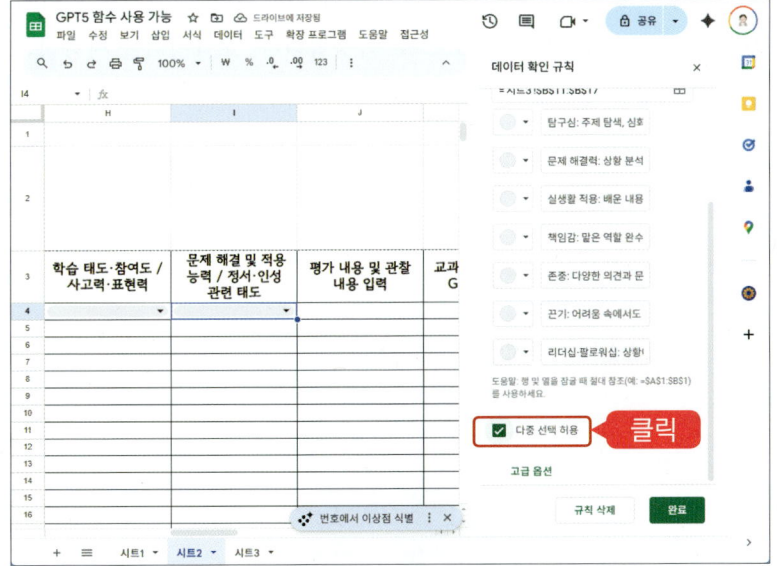

▲ 다중 선택 허용

Apps Scrpit로 종속 드롭다운 만들기

학년군, 교과, 성취기준을 선택할 수 있는 드롭다운을 만들겠습니다. 앞서 만든 드롭다운과는 조금 다른 성격입니다. 드롭다운끼리 서로 연결되어 있어서, 첫 번째 드롭다운에서 무엇을 선택하느냐에 따라 두 번째 드롭다운에 들어가는 내용이 달라지는 '종속 드롭다운'을 설정하려 합니다. 기존에 만든 드롭다운은 각각의 드롭다운이 완전히 분리되어있기 때문에 영향을 주고 받지 않지만, 지금 만들 드롭다운은 '학년군'을 선택하면 '해당 학년군에 해당하는 교과'만 보이게 하고, 해당 교과를 선택했다면 '그 교과의 하위에 있는 성취기준'을 보이게 필터링되는 형태입니다. 간단한 것처럼 보이지만 스프레드시트의 함수로 해결하려고 하면 굉장히 복잡해집니다. 이 설정을 쉽게하는 방법은 바로 구글 스프레드시트에서 Apps Script를 활용하는 것입니다.

단계별로 필터링해주는 Apps Script를 만들기에 앞서서 학년군, 교과, 영역, 성취기준의 정보가 포함된 데이터 소스가 필요합니다. 제공해드리는 예제 탬플릿([탬플릿] 학교 업무 With ChatGPT)에서 '2022 개정성취기준소스'에 담아두었습니다. 초등학교 ~ 중학교 공통교과 성취기준까지 저장되어있으니, 고등학교 선생님이시라면 담당 교과의 성취기준을 별도로 추가하셔서 활용하시면 되겠습니다. 탬플릿에 있는 '2022 개정성취기준소스'의 내용을 복사해서 내가 사용할 스프레드시트에 추가합니다. 새로운 시트를 하나 만들고 시트 이름은 동일하게 '2022 개정성취기준소스'로 작성합니다. 교과평어를 사용하는 시트 역시 '교과평어'로 시트 이름을 수정합니다.

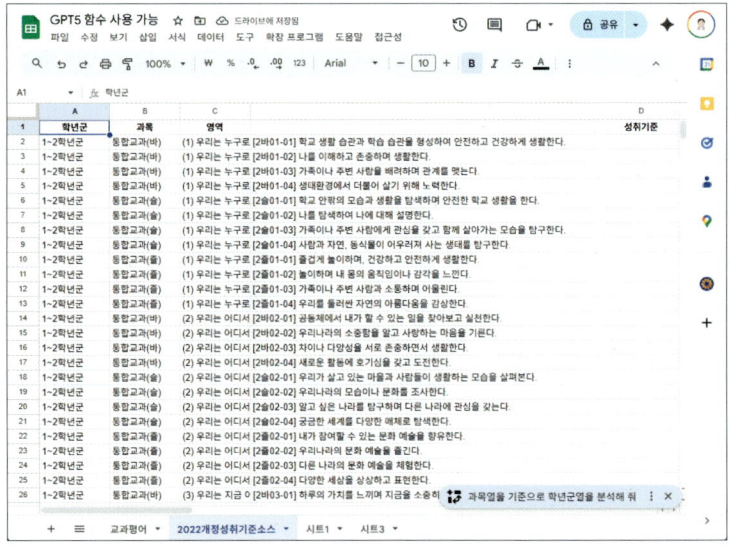

▲ '2022 개정성취기준소스'를 시트에 추가

자료를 입력했다면 Apps Script를 활용해 종속 드롭다운을 생성하도록 해야 합니다. [확장 프로그램] - [Apps Script]의 경로로 이동합니다.

▲ [확장프로그램]-[Apps Script]로 이동

상단에 [+]을 클릭하고 [스크립트]를 선택하여 새로운 스크립트 파일을 만듭니다. 우측의 페이지에 종속 드롭다운을 만들어주는 코드를 입력해야 합니다. 새로운 스크립트를 작성하면 기본값으로 한두 줄 적혀있는 코드가 있습니다. 이 내용은 삭제하고 이어지는 내용을 따라 진행해야 하므로 유의하시기 바랍니다.

▲ 새로운 스크립트 파일 만들기

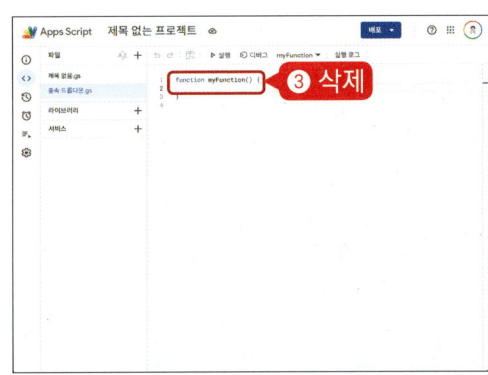

▲ 새로운 스크립트 파일의 내용 삭제

페이지에 넣을 코드는 'joo.is/GPT-종속드롭다운'을 검색창에 입력하시면 확인하실 수 있습니다. 코드 내용 전체를 그대로 복사해서 붙여 넣습니다. API를 연결할 때와 마찬가지로 [저장] - [실행] - [권한 검토(승인)] 등의 절차를 진행해주시면 됩니다. 오류가 발생할 수 있지만, 아직 '교과평어' 시트에 아무런 데이터를 입력하지 않아서 발생하는 일이니 걱정하지 않으셔도 됩니다.

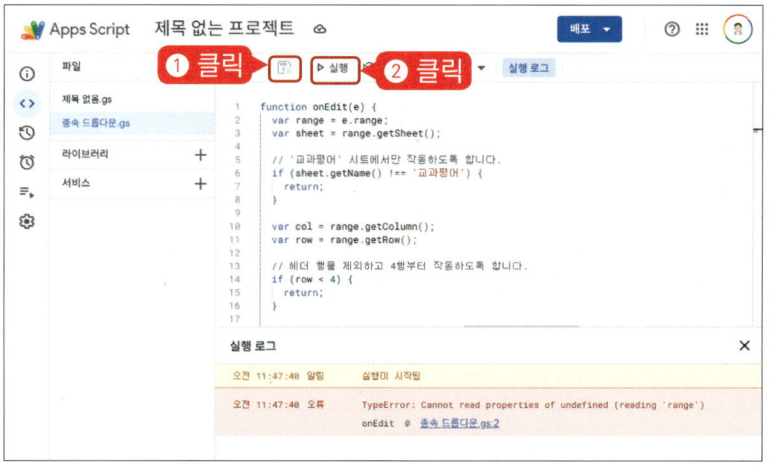

▲ 종속 드롭다운 스크립트 실행하기

다시 '교과평어' 시트로 돌아오겠습니다. 종속 드롭다운이 시작되는 '학년군' 열의 첫 번째 셀인 C4 셀을 클릭해서 드롭다운을 삽입합니다. 상단의 [삽입] - [드롭다운] 경로로 선택합니다. 그리고 데이터 확인 규칙을 설정하는데, '기준'에서 [드롭다운(범위)]를 선택합니다. 이 기능은 일정한 범위 안에 있는 데이터를 중드롭다운으로 선택할 수 있는 항목으로 만들어주는 기능입니다. 중복을 자동으로 제거해주기 때문에 여러 데이터가 섞여있어도 이용하기 좋습니다.

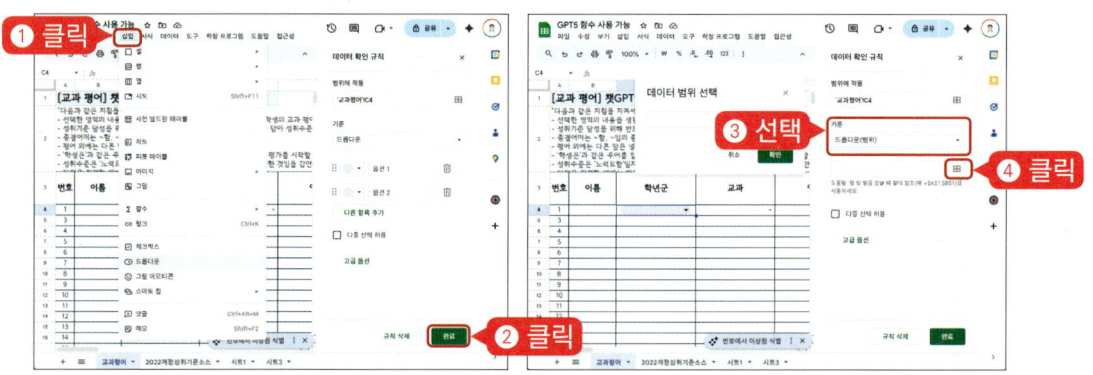

▲ 첫 번째 드롭다운 삽입 　　　　　　　　　▲ 데이터 범위 선택

'데이터 범위 선택' 창을 열어놓은 채로 '2022 개정성취기준소스'에 들어갑니다. 이때 '학년군'이 있는 A 열을 클릭하면 데이터 범위가 "'2022 개정성취기준소스'!A:A"로 변경됩니다. 이때 '학년군'이라는 열 제목은 드롭다운의 선택항목이 될 필요가 없으니 A1 셀을 제외하고 A2부터 범위에 포함시킬 수 있도록 내용을 "'2022 개정성취기준소스'!A2:A"로 변경합니다. 변경 후 [확인]을 눌러준 후, [완료]를 클릭합니다.

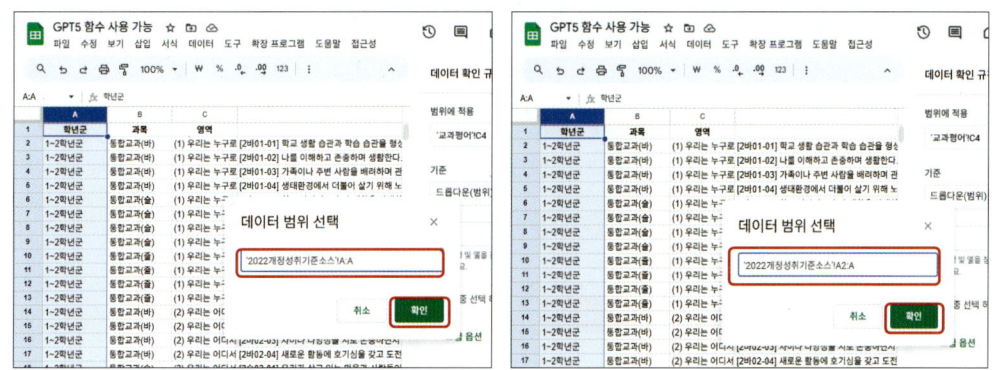

▲ 데이터 범위 선택 1   ▲ 데이터 범위 선택 2

다시 '교과평어' 시트로 오면 C4 셀에 선택할 수 있는 학년군 목록이 나타난 것을 보실수 있습니다. 데이터 소스의 행은 1,000개가 넘지만 중복되는 값은 제거된 채로 드롭다운이 만들어진 것을 볼 수 있습니다.

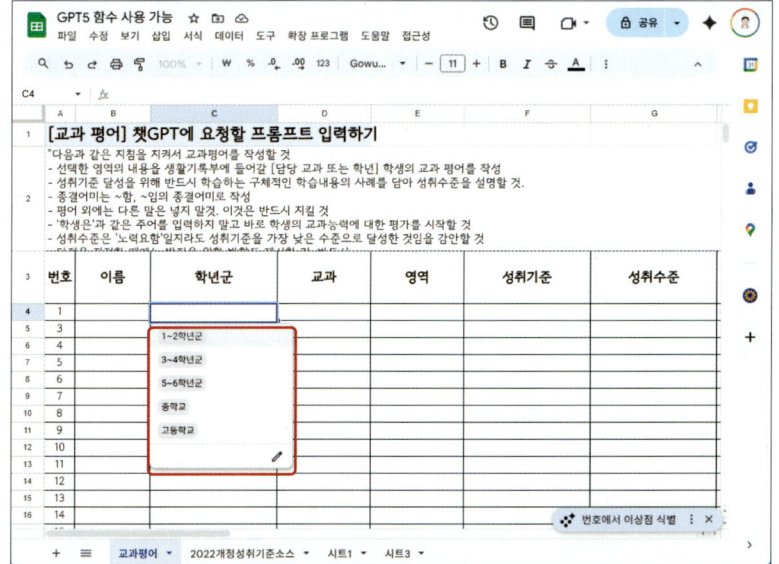

▲ 드롭다운 학년군 확인

GPT5 함수로 맞춤형 교과평어 생성하기

거의 다 왔습니다. 종속 드롭다운이 잘 작동하는지 확인해보겠습니다. 학년군에서 '1~2학년군'을 선택합니다.

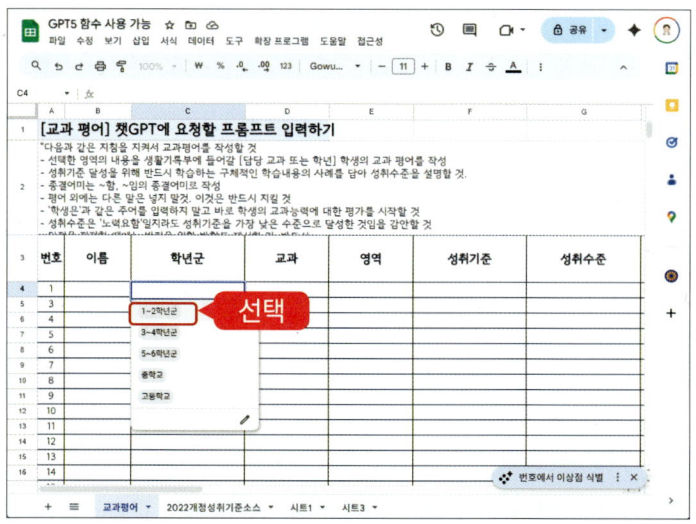

▲ 드롭다운 학년군 선택

약 3초 정도가 지나면 바로 옆의 D4 셀에서 화살표가 하나 생성됩니다. 화살표를 클릭하면 초등 1~2학년군에 해당하는 교과만 필터링되어 나타나는 것을 확인하실 수 있습니다. 같은 방법으로 영역과 성취기준을 선택합니다.

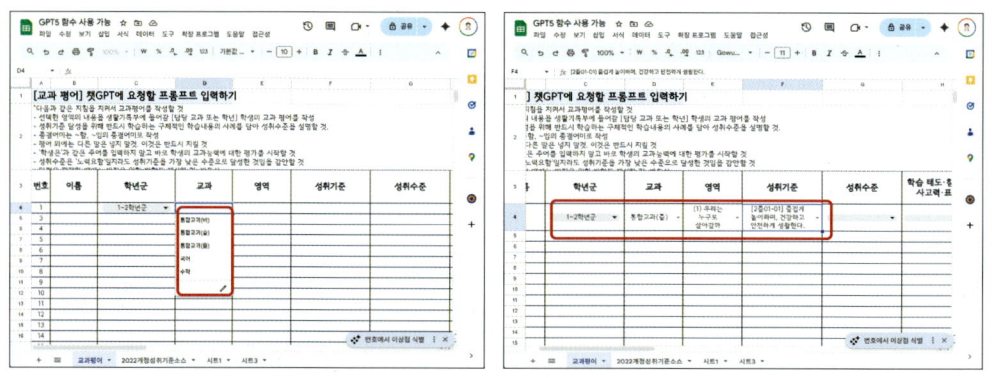

▲ 드롭다운 교과 선택　　　　　　　　▲ 영역, 성취기준 선택

종속 드롭다운이 잘 작동하는 것을 확인했습니다. '성취 수준'부터 '평가 내용 및 관찰 내용 입력'까지 내용을 이어서 채워보겠습니다. '성취 수준'은 '매우 잘함', '학습 태도·참여도 / 사고력·표현력'에서는 '창의성'과 '성실성'을 체크해 주었습니다. ' 문제 해결 및 적용 능력 / 정서·인성 관련 태도'에서는 '실생활 적용'을 선택하고, '평가 내용 및 관찰 내용 입력' 에는 "쉬는 시간에도 8자 술래잡기, 달팽이 술래잡기 즐김. 더 재미있게 놀기 위해 새로운 규칙을 제안하기도 함."을 입력했습니다.

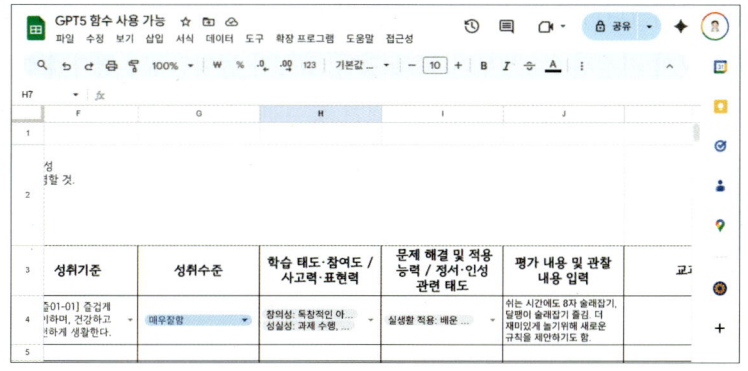

▲ 교과평어를 위한 학생 정보 입력하기

이제 4행에 입력한 학생의 정보를 바탕으로 ChatGPT가 교과 평어를 작성할 수 있도록 K4 셀에 함수를 지정해주어야 합니다. K4 셀을 클릭하고 아래와 같이 함수를 입력합니다. A2 는 항상 A열 2행에 있는 정보를 고정해서 참조한다는 의미입니다. 프롬프트가 적혀 있는 셀 말고 다른 셀을 참조하면 안되기 때문에 절대 참조를 걸어놓습니다. C4:J4는 어느 범위의 데이터를 참고해서 내용을 생성할지 지정해주는 부분입니다.

=gpt5(A2,C4:J4)

함수를 입력하고 키보드의 [Enter]를 누르면, 좌측에서 선택하고 입력한 내용을 바탕으로 교과 평어를 작성해줍니다. 충분히 초안으로 참고할 수 있게끔 평어를 작성해 주었습니다.

"쉬는 시간에도 8자 술래잡기와 달팽이 술래잡기를 즐기며, 새로운 규칙을 제안하여 놀이를 더욱 창의적으로 발전시킴. 과제 수행과 수업 참여에서도 성실성을 보이며, 배운 내용을 실생활과 다른 교과에도 적극적으로 적용함."

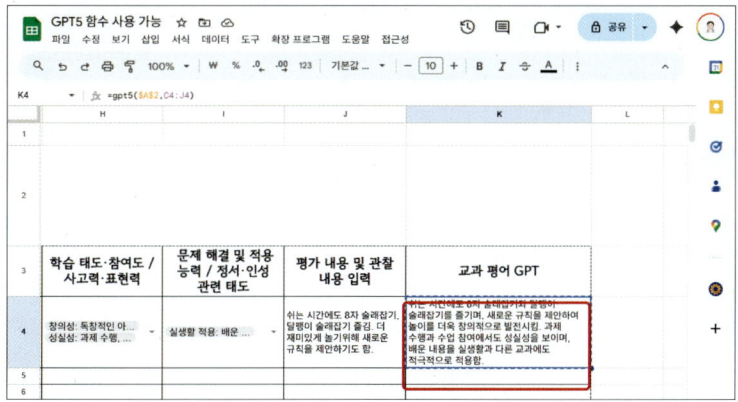

▲ 교과 평어 생성

이제 마지막 단계입니다. 4행에만 적용되는 것이 아니라 모든 행에 적용될 수 있도록 해야 합니다. 학년군이 지정된 C4 셀부터 교과 평어 GPT가 들어간 K4 행까지 범위로 선택합니다. 그리고 지정된 범위의 오른쪽 아래에 생긴 동그란 파란 점을 드래그 앤 드롭으로 맨 아래 학생까지 이어줍니다.

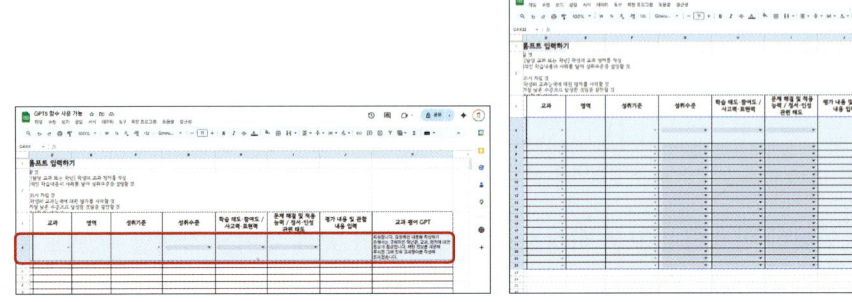

▲ 복사할 범위 지정　　　　　▲ 맨 아래 학생까지 연결

모든 행에 GPT5 함수가 적용된 '교과평어' 시트가 드디어 완성되었습니다. 선생님들의 기호에 맞게 글자의 폰트, 셀의 색 등을 설정하셔서 편하게 이용하시면 됩니다. 프롬프트의 내용, 참고할 열과 셀의 내용도 얼마든지 직접 조정할 수 있습니다. 딱 나에게 맞게 맞춤형으로 ChatGPT로 업무시간을 단축시킬 수 있기를 바라겠습니다.

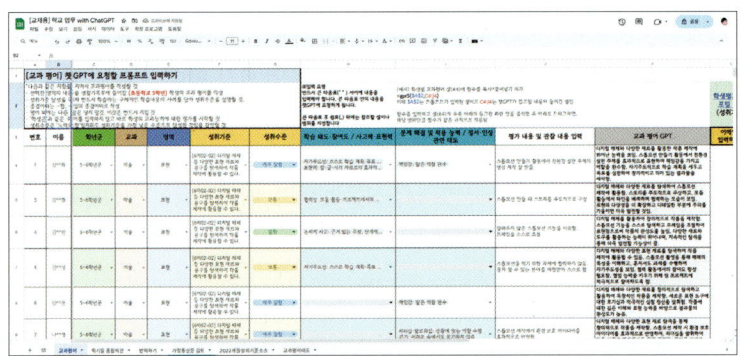

▲ 구글 스프레드시트 with ChatGPT 완성

> **TIP** 저는 교과전담인데 학급별로 시트를 만들 수는 없을까요?
>
> 가능합니다. 교과별로, 학급별로 시트를 만들고 싶으시다면 '교과평어' 시트를 복제하셔서 사용하시면 됩니다. 단, Apps Script는 '교과평어' 시트에만 적용되고 있기 때문에 새로 만든 시트에도 적용되게 하려면, Apps Script의 페이지 내용을 모두 복사해서 ChatGPT에 아래와 같이 물어 보면 새로운 코드를 짜줄 것입니다. 기존의 코드를 모두 지우고 새 코드를 붙여넣으면 새 시트에서도 Apps Script가 작동하는 것을 보실 수 있습니다.
>
> > '교과평어' 시트 뿐만 아니라 '교과평어(새로만든 시트)'에도 적용될 수 있도록 수정해줘

[완성] 함수처럼 쓰는 GPT-스프레드시트 사본 만들기 QR코드 및 URL

교재의 'ChatGPT API 키 생성하기', '유료 확장프로그램 없이 구글 스프레드시트에 ChatGPT API 연결하기 With 앱스스크립트' 내용들을 부터 천천히 살펴보시고 본인 고유의 API 키를 발급받아 이용해주세요. 사본으로 만든 구글 스프레드시트에서 [확장 프로그램] - [Apps Script]로 접속한 후 Code.gs 파일에 있는 코드에서 'YOUR_API_KEY' 부분을 독자님의 API 키로 수정한 후 이용하시면 됩니다.

Chapter 05 실습 URL 모음

ChatGPT API 연결하기	joo.is/GPT-API
핸드폰번호 정리 예제	joo.is/GPT5핸드폰번호정리
종속드롭다운	joo.is/GPT-종속드롭다운

교사를 위한 추천 도서

교실에서 바로 쓰는
챗GPT 교사 활용법
유수근 저 | 2304쪽 | 19,800원

교실에서 바로 통하는
배움중심수업
에듀테크와 AI로 확! 잡자
유수근 저 | 196쪽 | 15,500원

누구도 소외되지 않는 모두를 위한 기초학습
에듀테크로 확! 잡는 기초학력
김현숙, 함명규, 최소윤, 유수근 공저 | 264쪽 | 18,000원

교실에서 바로 쓰는
캔바/캔바AI로 수업디자인하기
안익재 저 | 253쪽 | 16,800원

교사를 위한 스프레드시트 활용 가이드
구글 시트로 스마트한 학교 만들기
지미정 외 공저 | 400쪽 | 24,400원

입상 교사만 아는 아무도 말해주지 않은
수업혁신사례연구대회 1등급의 비밀
임은빈 외 공저 저 | 352쪽 | 24,000원